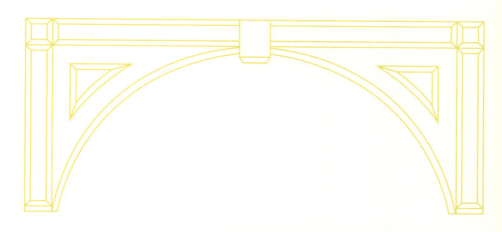

# キリスト教教父著作集 19

# ヒッポリュトス

## 全異端反駁

大貫 隆 訳

教文館

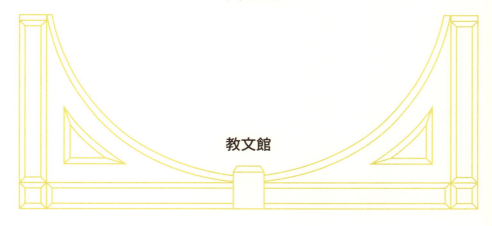

ローマのヒッポリュトス（235年頃没）。1551年、ローマで、ヒッポリュトスの地下墓所において発見された大理石の像（ヴァティカン図書館蔵）。本書8頁参照。

# 目次

装幀　熊谷博人

# 凡例

（　）例えばギリシア語の語義や発音についての補足説明

〔　〕訳者の補足説明

〈　〉写本にはないが、補足すべき文言

［　］写本にはあるが、削除すべき文言

# 序論　ヒッポリュトス『全異端反駁』について

大貫　隆

## I　ヒッポリュトスという人物——生涯・思想・著作

### 1　著者は誰か

本訳は、通常ヒッポリュトス（後二三五年没）の作とされる『全異端反駁』（ギリシア語 ὁ ἔλεγχος κατὰ πασῶν αἱρέσεων、ラテン語 Refutatio Omnium Haresium、別名『哲学誌』Φιλοσοφούμενα／Philosophumena）の現存本文の全訳である。ヒッポリュトスは、後三世紀の始めに、ローマ司教座の継承をめぐって争ったことで知られる人物である。

本書の原文はギリシア語で、合計五つの写本が現存している。いずれも一四―一七世紀に筆写された写本である（詳しくは後出のII1参照）。ところが、それらの写本で著作全体の表題として記されているのは、意外にも『オリゲネスの全異端反駁』か『オリゲネスの哲学誌』である。たしかに、内容が哲学的であること（特に第一巻）を考えれば、オリゲネス（後二五三／四年没）の名が上げられるのは首肯けるところである。しかし、これがもともとの表題ではなく、後代に初めて取って付けられたものであることは、研究上の定説となっている。原著には、著者名の表記はなかったものと考えなければならない。他方、現存する本論部そのものの中でも、著者名の言及はない。それにもかかわらず、ヒッポリュトスの作とする定説の根拠は、一体どこにあるのか。

その根拠は本文の内証と、後代の教父たちを始めとする外証の一致にある。ここでは四点にわたってその一致を挙げておく。本書の最も新しい校訂版の刊行に与って力があったのは、セルビア人の古代東方キリスト教文献学者ミロスラフ・マルコヴィッチである。以下本節の論述は、そのマルコヴィッチが自分の校訂版の序論で行っている整理分析[1]に準じることとする。この序論の後の方で詳しく論じることを、一部前倒しすることになり、かなり細かな話となるが、読者には悪しからずご了解をお願いしたい。事態がそれだけ複雑で、どうしても前後の重複が避けがたいのである。

（1）本書の著者は第一巻の〔序〕1で、次のように述べている。「異端者たちは、自称言い表しがたい奥義をひたすら沈黙の中に隠すことで、多くの人の目に、神を畏れる者と見做されてきた。われわれは彼らの教説をすでに本書に先立つ書で論述ずみである。もっとも、そこでわれわれは詳細にわたって論証はせず、概略的に反駁した」。

他方で、後九世紀のコンスタンティノポリス総主教で、博覧強記の書誌学者でもあったフォーティオスは、二八〇に及ぶ書物からの抜粋と注記（通称『図書館』）を書き残している。そのある箇所（写本一二一）には次のようにある。

ヒッポリュトスの小冊子を読んだ。ヒッポリュトスはエイレナイオスの弟子である[2]。その集成本（σύνταγμα）は三二の異端を論駁するもので、ドシテアノイ派から始まって、ノエートスとノエートス派にまで及んでいた。すでにエイレナイオスがこれらの異端派を取り上げて論駁したが、ヒッポリュトスはそれらを通覧できるように、前述の小冊子を編纂したのだと言う。

フォーティオスがここで言及する「小冊子」は、本書の著者が「詳細にわたって論証はせず、概略的に反駁した」という前著によく適合する。ここから、その小冊子、別称『シュンタグマ』（全異端集成）が、本書の著者が言う「本書に先立つ書」に当たると考えられる[3]。ただし、本書の著者は前掲の引用の直後の第一巻〔序〕2で、その前著が所期の目的を思うように達成しなかったことを示唆している。そのこともあってか、この前著はその後は失われて現存しない。本書『全異端反駁』は、同じヒッポリュトスが巻き返しを意図して著したことになる。

（2）　本書の著者は第一〇巻三〇1で、族長アブラハムの移住について語りながら、「われわれはすでに本書とは別の著作で詳細にわたって注意深く論述済みである」と書いている。また、その直後（三〇5）では、ノアの子孫の系図について語る文脈で同じ趣旨のことを述べている。その箇所は、本書の任務である「全異端反駁」が終了し、最後に著者自身が信じる「真正な教理」の開陳が始まるところである。著者はその手始めに公刊済みの前著から必要な記事を再録しているのである。

その前著とは、研究上の定説によれば、やはりヒッポリュトスの作とされる『年代記』に該当する。その内容は、創世記から始まって後二三四年までの世界年代論であり、後二世紀以降の古代教会の内部で部分的に隆盛を見たいわゆる「千年王国論」への論駁を意図している[4]。ただし表題が欠落しているため、著者がヒッポリュトスであることの確証はない。その点は本書『全異端反駁』と変わらない。ただし、『年代記』が後二三四年をもって擱筆していることが注目に値する。それは、後述する通り、ヒッポリュトスが最晩年に皇帝の勅令によってサルディニア島へ流刑となり、その地で没する前年に当たる。

『年代記』をヒッポリュトスの作と想定するには、さらに有力な外証がある。それは一五五一年にローマ市内で発見されたいわゆる「ヒッポリュトスの座像」である。[5] これは大理石の彫像で、発掘時は下半身のみの座像であったが、直ちに上半身が補修された。その後は現在のところ、ヴァティカン図書館に収蔵されている（本書巻頭の写真参照）。その座像の台座の側面には、判読可能なものでは一一点に上る著作一覧が刻印されており、その一つに目下問題の『年代記』が含まれている。[6] ただし、一連の著作の主の名前はない。しかし、リストの内の少なくとも五点（『年代記』は除く）がヒッポリュトスの著作であることは、後代の証言（ヒエロニュモス、エウセビオス）もあり、ほぼ確実である。[7] したがって、『年代記』もヒッポリュトスの著作として、ほぼ間違いないわけである。

たしかに、その座像の台座の著作リストには、本書『全異端反駁』は含まれていない。明らかにその著作リストは網羅的であろうとはしていないのである。しかし、『年代記』がヒッポリュトスの著作であるならば、それを著者の前著として挙げる『全異端反駁』も同じヒッポリュトスの著作でなければならない。

ちなみに、後代の伝承によれば、後二三五年に流刑先のサルディニア島で没したヒッポリュトスの遺骸は、ただちにローマに移送され、名誉回復の後、前述の座像の発見場所に埋葬されたという。[8] 他方で、その座像そのものについての現在の考古学的研究は、失われていた上半身（したがって、座像全体）は、もともとヒッポリュトスではなく、エピクロス派の女性哲学者ランプサクスのテミスタ（Themista of Lampsacus）であり、座像は前三世紀に彫られたものを後二世紀に復刻したものだったと推定している。[9] そうだとすれば、ヒッポリユトスが後二三五年に埋葬された時、すでにもともとの座像はそこに建立されていたことになる。そこからさらに推定されているのは、ヒッポリュトスを敬愛するキリスト教徒が、そのテミスタ像を「知識の女神《エピステーメー》」あるいは「数字の女神《アリスメーティケー》」になぞらえて解釈し直し、それをヒッポリュトスの象徴としたという可能性である[10]。その際、彼らは敬愛するヒッポリュトスを学者として顕彰するために、彼の著作のすべてではないものの（スペースの制約もあったに違いない）、一一点余を台座の側面に彫りつけたのだと思われる。その時期は、ヒッポリュトスの遺骸の埋葬後と考えるのが自然だが、ひょっとすればまだ彼の生前のことであったかも知れず、確たる判断はできない。いずれにせよ、著作リストの真正性と信憑性に疑いはない。一五五一年の座像の発見後直ちに上半身が復元された時には、かつての女神のことはとうに忘却されていたから、当然のことのように、男性のヒッポリュトスとして復元されたのである。

（3）　本書の著者は第一〇巻三二4で、次のように記している。

> さて、私が思うには、炯眼の読者の方々には、以上の解説ですでに十分であろう。もしその方々が篤学の士であって、〔神による〕万物の制作に使われたこれらの素材とその原因のことをさらに探求したいと思われるのであれば、『万物の実体について』と題したわれわれの別の著作をお読みになると、それがお分かりになるであろう。

ここでも著者は自分の前著『万物の実体について』（Περὶ τῆς τοῦ παντὸς οὐσίας）を指示している。他方、前項で述べた「ヒッポリュトスの座像」の台座の著作リストには、「『ギリシア人を駁す』および『プラトンを駁す』、あるいは『万物について』」（Πρὸς Ἕλληνας καὶ πρὸς Πλάτωνα ἢ καὶ Περὶ τοῦ παντός）という一行がある。三つの書名は互いに独立のものではなく、むしろ同一の書物の別称として読むべきである。なぜなら、すでに言及した後九世紀の書誌学者フォーティオス『図書館』（写本四八）がそう読んでいるからである。その際、フォーティオスは、特に『万物について』（Περὶ τοῦ παντός）については、本書の目下問題になっている箇所（第一〇巻三二4）とまったく同じ文言、つまり『万物の実体について』（Περὶ τῆς τοῦ παντὸς οὐσίας）という表題も知っている。

フォーティオスはこの表題の書物を実際に読んだのであるが、その写本の一つの余白に、次の傍注（scholium）を読んだことを報告している。[11]

> 『地下迷宮《ラビュリントス》』の著者は、その著作の末尾で、自分自身が『万物について』の著者でもあると明記している。

では、この傍注が「地下迷宮《ラビュリントス》」と呼ぶものは何なのか。実は、これとまったく同じ文言が、本書第一〇巻の劈頭（五1）に現れるのである。

> われわれはここまで、もろもろの異端から成る地下迷宮《ラビュリントス》を暴力によって破壊するのではなく、ただ真理の力による論駁を通して解体してきた。今やわれわれは真理そのものの証明へと進むことにする。

特徴的な単語を抜き出して、その著作全体の呼び名とすることは古代に一般に見られる習慣であった。他でもない本書の『哲学誌』という別称がその典型である。これはもともとは、第一巻のみ、あるいはせいぜい四巻までを指す別称であった。それが全巻の呼称ともなったのである。その書誌学的な経緯については、後述する予定である（Ⅱ2参照）。すなわち、フォーティオスが読んだ傍注は、本書が後代になって、『哲学誌』とは別に『地下迷宮』とも称されたことを証言しているのである。本書『地下迷宮』、つまり『全異端反駁』は、『万物の実体について』、つまり前掲の座像の銘の『万物について』と同じ著者によるのである。

（4）本書の第九巻からは、著者が同時代のローマ司教座をめぐる熾烈な権力闘争の一方の代表であることが明白である。詳しくは後述するが（Ⅰ2および3参照）、著者は教会分裂の状況の中で、「われわれの教会」という言い方をする（一二21、同六も参照）。これは明らかに、対立する司教側の教会を意識した言い方である。著者はもう一方の「われわれの教会」の指導者である自分のことを、用語として明言はしないものの、「司教」であると自任しているのみならず、それは対抗相手からも言わば「半公認」の事実だと言いたいのである。

他方で、エウセビオス（三三九年没）、ヒエロニュモス（三四七頃―四一九／二〇年）、テオドレトス（四六六年頃没）など、後代の伝承は、事実ヒッポリュトスを繰り返し「司教」として言及している。ただし、その任地についての言及はそこにはない[12]。しかし、フォーティオスの傍注は、前掲の引用と並べて次のように書き留めている。

（本書〔＝『万物について』〕の著者は）長老のガイオスで、ウィクトール[13]とゼフュリーノス[14]が教皇〔ローマ司教〕であった時代に、ローマに住んでいたが、後に異邦人のための司教となった。

ここで「ガイオス」とあるのは、いささか奇異に感じられるかもしれないが、これはヒッポリュトスの別名であったと考えられる。それ以上に重要なのは、本書の著者がローマ在住であり、執筆時は長老職にあったが、後に（異邦人のための）「司教」となったという報告である。すでに述べた通り、サルディニア島から運ばれた遺骸もローマ市内に埋葬されたことを考え合わせれば、「司教」ヒッポリュトスの活動場所もローマであったと考えるのが最も自然である。

以上、本書『全異端反駁』の著者をヒッポリュトスとすべき根拠を、マルコヴィッチの見解に準じながら、四点にわたって挙げた。いずれも厳密にはなお「状況証拠」に留まると言われればそれまでである。しかし、四点を綜合して考えれば、定説には十分以上の蓋然性があると言うべきであろう。

## 2　ヒッポリュトスの生涯

前段で述べたことは、すでにヒッポリュトスの生涯のいくつかの重要なポイントにも係っている。ここでは、その他のポイントも含めて、その生涯を時系列でたどってみよう。

前段の（1）で引照した通り、書誌学者フォーティオスの報告によれば、ヒッポリュトスはエイレナイオスの弟子であって、その『異端反駁』を通覧可能にする要綱版として自分の『シュンタグマ』を編纂したのである（『図書館』写本一二一）。そのエイレナイオスは後一七八年にルグドゥヌム（現在のフランスのリヨン）の司教となり、その後間もなくから一八五年（頃）にかけて主著『異端反駁』を執筆し、一八九年に没している。

本書『全異端反駁』のヒッポリュトス自身も、第六巻四二1では「神に祝福された長老エイレナイオス」、同五五2では、「すでに長老エイレナイオスが恐ろしいまでの労苦を注いで、彼ら〔異端派〕の教説を論破している」と、わざわざその名を挙げて敬意を表している。のみならず、詳しくは後述する通り、本書第六巻と第七巻においては、エイレナイオスのその主著から大量の抜き書きを行っているのである（Ⅱ4・3参照）。したがって、ヒッポリュトスは実際にエイレナイオスを聴講したことがある「弟子」であった可能性が大きい。今仮に二〇歳のヒッポリュトスがエイレナイオスの最晩年に聴講したのだとすれば、ヒッポリュトスの生年は一六九年となる。ただし、ヒッポリュトスはエイレナイオスの名前を挙げるに当たり、二回とも「司教」（ἐπίσκοπος）ではなく、「長老」（πρεσβύτερος）と表記しているから、「司教」以前の「長老」職の段階のエイレナイオスを聴講したのかも知れない。そうだとすれば、ヒッポリュトスの生年も約一〇年は早いことになるだろう。いずれにせよ、一六〇年代のどこかで生まれたと想定して大過ないであろう。

出自の家系については、ローマの元老院身分だったという後代の伝承[15]があるが、残念ながら確実さに欠ける。ただし、下層階級の出身ではないことは確実である。なぜなら、やがてローマ司教座を相争い、それ以後生涯の宿敵となるカリストス（後述参照）を、もともと或る高貴な人物の「家僕」、つまり奴隷身分からの「成り上がり」と見下して、口汚く誹謗しているからである（第九巻一二1以下）。そこには暗黙裡に、自分の由緒正しい出自についての誇りが垣間見える。出生地は不詳で、ローマかどうかも不明である。しかし、ギリシア語文化圏、つまり後代の区分で言えば東方ギリシア語教会のどこかであることは間違いない。ローマとその司教座と聞けば、常識的にはすぐにラテン語を話す教会を連想するが、ラテン語以前にギリシア語が公用語であった時代があったのであり、ヒッポリュトスはその最後の代表者なのである。

ヒッポリュトスがローマの教会の中で積んでいくキャリアをたどる上で、重要なのは第一三代ローマ司教ウィクトール（Victor. 一八九—一九八年在位）[16]との関係である。ヒッポリュトスは、おそらくこのウィクトールによって、まずはローマ教会の長老職に任じられたと推定される。なぜなら、前段の（4）で引照したフォーティオスの傍註が、ヒッポリュトスに「ガイオス」という名で言及しながらではあるが、ウィクトールの教皇

〔ローマ司教〕在位下に、「長老」としてローマに住んでいたが、後に異邦人のための司教となったと報告しているからである。ウィクトールによって重用され、教会内のその他の顕職にも登用されたのかも知れない。その所為ではないであろうが、ヒッポリュトスも本書の第九巻一二章で、このウィクトールについての論述に大きなスペース（10－14節）を割いている。その筆遣いは終始好意的であり、同巻一二13では、「腹の底から善人であった」と述べている。その文脈には微妙なものがあるが、少なくともこの文言は基本的に積極的な意味で言われている。

そのウィクトールが没した後（一九八年、本書第九巻一二14に言及がある）、ローマ司教座はゼフュリーノス（Zephyrinos）が継承した。さらにそのゼフュリーノスが二一七年に没した時、後任のローマ司教が選ばれる際に、おそらくヒッポリュトスはカリストス（Kallistos）とその地位をめぐって争い、結果として敗北に終ったのだと推定される。それ以後、カリストス（司教在位二一七－二二二年）との敵対関係が続き、最終的に古代教会史上「ヒッポリュトスの分裂」と呼ばれる分裂劇へ発展して行った。この分裂劇には教義上の対立も絡んでくるので、次項で改めて見てみることにしたい。

分裂後のヒッポリュトスは、ローマ市内で一定数の信奉者を集めた「教会」を主導した。このことは、すでに前段の（4）でも触れた通り、本書第九巻一二21に「われわれの教会」とあることから明らかである。そこでのヒッポリュトスは同時に、対抗教会を「カリストス派」と呼んで、種々雑多な素性の人間たちを集めて、「教勢を強めている」と述べている。その中には、もともと「異端」に属していた者たちのみならず、「われわれの教会から、破門処分された者たちも何人か含まれていた」とある。したがって、ヒッポリュトスは正式の司教にはなれなかったものの、少数ながら支持者を集めて、言わば「ヒッポリュトスの教会」を形成し、その「司教」を少なくとも自任し、相応の権力を行使していたと考えなければならない。ただし、教会法規上の役職は、それまでの「長老」（あるいは「司祭」?）のままだったのかも知れない。

ローマ教会のこの分裂状態は、カリストス没後（二二二年、本書第九巻一二26で前提されている）も、ウルバヌス（Urbanus. 二二二－二三〇年在位）とポンティアヌス（Pontianus. 二三〇－二三五年在位）の司教時代にわたって続いた。ウルバヌスやポンティアヌスの側から見ても、ヒッポリュトスの「司教」職は、半ば公認の既成事実であったと思われる。

しかし、二三五年になると、新たに登極した皇帝マキシミヌス・トラックス（Maximinus Thrax）の下で、教会に対する迫害が始まり、その時点の二人の指導者、つまりポンティアヌスとヒッポリュトスが共にサルディニア島へ流刑された。二人はそこで劣悪な環境下の牢獄生活を送ることとなり、ほどなく最期を迎えた（二三五年）。両者はその前に獄中で和解したとも伝えられる。死後、二人の遺骸はローマへ移送され、ポンティアヌスは歴代の教皇の墓地に埋葬されたが、ヒッポリュトスは、前述のいわゆる「ヒッポリュトスの座像」がやがて発見されることになる場所に埋葬された。同時に、公認教会側からかけられていた教義上の異端の嫌疑も晴れて、殉教者として顕彰されたのである。

## 3　「ヒッポリュトスの分裂」

### 3・1　ヒッポリュトスの「最大の闘い」

それでは、いわゆる「ヒッポリュトスの分裂」とは一体何であったのか。そのことを知る最良の手がかりの一つが、他でもない本書『全異端反駁』の第九巻一一－一二章である。そこでヒッポリュトスは、すでに宿敵カリストスの死（二二二年）を前提した上で（第九巻一二26参照）、ゼフュリーノスおよびカリストスの人物像と教会分裂に至る経過について、多大な紙幅を割いて報告している。その筆遣いは、とりわけカリストスへの憎悪とゼフュリーノスへの軽蔑を吐き出して余すところがない。そもそもその冒頭には、次のようにある。

この分派の勢力を確立したのはカリストスである。彼は悪事とあらば何でも持って来いの、詐欺にかけては百戦錬磨の男で、〔ローマ〕司教座を狙って猟官活動に余念がなかった。他方、ゼフュリーノスは蒙昧で無学で、教会のもろもろの約束事にも通じない男だった。（第九巻一一1）

文頭に「この分派の勢力」とあることに注意したい。後続の文章から端的に明らかであるが、この「分派」とは、他でもないカリストスによって代表される「公同の教会《カトリケー》」（第九巻一二25）のことなのである。本書を手に取られる読者の方々の多くは、『全異端反駁』という書名を目にして、これは後二―三世紀に「公同の教会《カトリケー》」を内外から脅かしたグノーシス主義を論駁するものに違いないと思っているはずである。それは間違いではないが、きわめて不十分である。著者のヒッポリュトスにとっては、カリストスが代表する「公同の教会《カトリケー》」そのものが「分派」なのであり、それを「異端」として論駁することこそが、本書が遂行すべき最大の闘いなのである。そのことを、ヒッポリュトスは第九巻六（序文）で、こう宣言している。

以上、われわれは一つの分派も看過せずに論駁しようと、すべての分派を相手に大変な格闘をしてきた。それでもなお、最大の闘い（ὁ μέγιστος ἀγών）が残されている。それは今現にわれわれに対抗している諸々の分派について論述、論駁することである。

この発言（第九巻序文）の時点で、すべてのグノーシス主義の異端派への本書の論駁はすでに終了しているのである。したがって、「今現にわれわれに対抗している諸々の分派」とは、実はカリストスの教会のことである。この最大の「異端」を含めないでは、ヒッポリュトスの異端反駁はエイレナイオスの焼き直しに過ぎなくなってしまうだろう。ヒッポリュトスが本書をエイレナイオスの主著『異端反駁』に倣って執筆しながら、その表題をわざわざ『全異端反駁』とした意図が明らかになる。彼がそのために、全巻にわたって繰り返しギリシア哲学史を持ち出してきて、グノーシス主義の異端派をギリシア哲学の「盗作者」と決めつけるのも（詳しくは後出I 4参照）、宿敵カリストスとさらにはその前任者ゼフュリーノスの無知蒙昧と対照させて、自分自身の教養を際立たせるための衒学趣味の誹りを免れない。グノーシス派に対する論駁は、ヒッポリュトスの「最大の闘い」のための言わば出汁なのである。

ただし、分裂劇の教義的側面についての記述には、論敵からヒッポリュトス側に浴びせられた論難も言及されており、一定の信頼性が認められてよいと思われる。ヒッポリュトスは分裂劇の論述に先立って、教義史上の前史から説き起こしている。

### 3・2　前史——様態論あるいは単一原理（モナルキア）主義について

ヒッポリュトスはまず第九巻七章で、ゼフュリーノスとカリストスをノエートス派の信奉者としている。ノエートス派はスミュルナ出身のノエートス（Noêtos）に始まり、エピゴノス、クレオメネースと継承されて、ゼフュリーノスの司教時代のローマで隆盛を迎えた。ヒッポリュトスはその教説を、次のように要約している。

ノエートスが子と父が同一だと主張したことを、知らない者はいない。彼の言うところでは、父は未だ生まれていない段階で、いみじくも「父」と呼ばれていた。父はやがて〈乙女からの〉誕生を自分の身に引き受けることをよしとした時には、自分自身の子として生まれたのであって、他の者の子としてではなかった。彼〔ノエートス〕の思い込みでは、そうしてこそ単一《モナルキア》の原理を確保できるはずだと言う。同一の者が、父とも子とも呼ばれるのであって、別のものが別のものから生まれたのではなく、同一の者が自分自身から生まれたのだと彼は言う。同一の者が父と子という名前で、しかも時系列の上で、そう呼ばれるのである。その結果、その同一者が出現し、乙女からの誕生を引き受けて、人間たちの間を人間として往き交い、目を留める者たちには自分が誕生によって生まれた者であることを憚りなく言い表すとともに、把握力のある者たちには、自分が同時に父であることを隠すこともなかったのだと言う。この同一の者〔神〕は苦難に〈赴き〉、木〔十字架〕に架けられ、自分自身に霊を引き渡した。死んだけれども死なず、三日目に復活した。槍で刺し貫かれ、釘づけにされ、墓に埋葬された。この者こそがすべてのものの神であり、父であるとクレオメネースとその一派は言うのである。(第九巻一〇10―12)

「子と父が同一」で、「単一の原理《モナルキア》」であることを主張するこの立場は、教理史上「単一原理主義」、あるいは同じことだが、「モナルキア論」と呼ばれる。また、「子」と言い「父」と言っても、それは同一者の「様態」(ラテン語 modus)の違いに過ぎないわけであるから、「様態論」とも呼ばれる。(17)

ヒッポリュトスは続いてサベリオス(Sabellios)という人物に言及している(第九巻一一2)。リビアのペンタポリス出身で、クレオメネースを通してノエートス説を継承したと言う。ヒッポリュトスのこの箇所での言及以外には、他に資料が乏しい人物であるが、教理史上は、様態論の中に「聖霊」も含めて、神は三つの

「かたち」（モルファイ）、あるい「顔」（プロソーパ）だと唱え、後代の三位一体論を先取りしたとされる。「子」と「父」が完全に同一であることについては、「子神」（ヒュイオパトール υἱοπάτωρ）という概念を作って一段と強調した。その結果、「子」の受難はそのまま「父」の受難ともなり、いわゆる「天父受苦説」に道を開いたことが、非正統的と見做された[18]。

### 3・3　カリストスの立場

カリストスは当初サベリオスまでのノエートス派の様態論に与していたのだが、やがてそれを――ヒッポリュトスの表現を借りれば、「裏切って」（第九巻一二16）――いわゆる「正統信仰」の側に軸足を移していく。とりわけ、異を唱えたのはサベリオスの「天父受苦説」に対してであった。その点について、ヒッポリュトスは次のように述べている。

> さて、カリストスはゼフュリーノスを言い含めて、公に「わたしが知っている神はキリスト・イエスただ一人である。彼の他に生まれ、かつ受難した神はいない」と宣言させたのである[19]。カリストスはさらに、「父が死んだのではなく、子が死んだのである」とも言って、民衆の間に絶えず騒擾を引き起こし続けた。われわれは彼のこの考えを知った時、真理の名においてこれを暴露し、〈彼に〉反論して〈闘った〉。ところが、他のすべての人々が彼の欺瞞になびいたにもかかわらず、われわれはそれに同調しなかったため、彼の無思慮が度を超してしまい、われわれを指して、「二神論者」だと呼んだのである。（第九巻一一3）

最初の傍点部は何とも分かりにくいと言う他はない。「父が死んだのではなく、子が死んだのである」のならば、「父」は「子」とは別の神ではないのか。しかし、この問いに対して「そうだ」と言う立場、つまりヒッポリュトスの立場は「二神論者」(δίθεοι)だとして排斥される。

カリストスはゼフュリーノスの口を通して発布させたこの信条文を、その後さらに補足説明しなければならなくなった。ヒッポリュトスはそのことについては、こう記している。

　カリストスは心中深く毒を含んでいるから、真っすぐに考えることができず、臆して真理を語ることができ〈ない〉。そしてすでにわれわれ〔ヒッポリュトスの陣営〕を侮辱するために、「君たちは二神論者だ」とまで言い放っていたから、さらにサベリオスからは絶えず、彼〔カリストス〕自身が以前の自分の信仰を裏切っていると告発され続けていたので、今や新たな分派を捏ち上げたというわけである。
　すなわち、その言い分では、ロゴス自身が御子であり、呼び名としては同時に「父」でもあって、存在としては分割不可能な一なる霊だと言う。父と子はそれぞれ別の者ではなく、同一〈の霊〉なのである。そして万物は上にあるものも下にあるものも、すべてが神的な霊で満たされていると言う。そしてあの乙女の中で肉となった霊も、父の傍らに異なるものとして存在するのではなく、同一の霊なのである。そしてこれこそ、「あなたはわたしが父の中におり、父がわたしの中にいるのを信じないのか」と言われている意味なのだと言う。目に見えるもの、つまり人間、これは子である。その子の中に宿った霊、これが父である。なぜなら、──と彼曰く──わたしは父と子を二柱の神ではなく、ただ一人の神だと言い表すからである。父は子において肉をまとった後、それを自分と同化させて神とし、一つにしたのである。それは父と子で「一人の神」と呼ばれるためである。そしてこれはただ一人の方であるから、二つであることはできない。こうして、父は子と一緒に受難したことになる。

すなわち、カリストスは父〔だけで〕受難したとも、一人の人格であるとも言いたくないのである。むしろ、父に対する瀆神を避けたい〈一心なのである〉。（第九巻一二16－19）。


カリストスの難渋な発言を読解する鍵は、彼が言わばあのオデュッセウスのように、二つの岩礁（スキュラとカリュブディス）の間を何とか漕ぎ抜けようともがいていることを見抜くことである。その一つは様態論（モナルキア論）の究極の帰結としての天父受苦説であり、もう一つは「二神論」に代表される神の複数論である。「父」なる神が「子」なる神と異なるのであれば、つまり「二神論」（ヒッポリュトス）に同調すれば、天父受苦説は避けられる。「子」なる神の受苦も、「父」なる神には及ばないからである。しかし、そのとき、神は複数（二神）となる。他方で、モナルキア論（サベリオス）に同調すれば、その複数性は避けられる。しかし、そのとき、「父」なる神も「子」なる神とまったく同じように受苦したとしなければならない。どうすればよいのか。カリストスの選んだ道はサベリオスの「聖霊」への妥協だった。「父」なる神と「子」なる神を「聖霊」に包括させ、不可分一体だとした上で、「子」なる神の受苦は、あくまで間接的にのみ「父」なる神の受苦だと言うのである。こうして、カリストスは「妥協の定式文」[20]で問題の沈静化を図り、ヒッポリュトスとサベリオス双方を破門措置に処したのである。

### 3・4　ヒッポリュトス自身の神学

それでは、「二神論」だと論難されたヒッポリュトス自身の神学とは、一体どのようなものであったのか。

それは教理史学の上では、通常「従属論的ロゴス・キリスト論」[21]と呼ばれる。ヒッポリュトスが本書の結びとして開陳している「真正な教理」（第一〇巻三〇章以下）から、該当する文章を拾い上げておこう。

(a) 万物を支配するこの唯一の神は、最初に思考の中で、ロゴス（言葉）を生み出した。それは発語される言葉《ロゴス》ではなく、万物についての内面の思考（エンディアテトス・ロギスモス）のことである。〔現に〕存在しているものの中で、神が生んだものは、この意味でのロゴスのみである。なぜなら、父〔神〕自身が存在そのものであったからである。そして〔個々に〕生まれたものは、その神によって生まれたのであるから。個物はそのロゴスが原因者となって生じてきた。彼〔ロゴス〕は自分を生んでくれた方の意志を自分自身の中に内包していた。そして父の考えるところを承知していないはずがなかった。彼は彼を生んだ方から出て来ると同時に、その方から最初に生まれた者《プロートトコス》となったわけである。（第一〇巻三三1－2）

(b) なぜなら、これらのものの最初の素材、つまり火、霊、水、土は、存在しないものから生じて来たのであって、牡でも牝でもないわけだから、そのいずれ〈からも〉、牡とか牝が出て来られるはずが〈ない〉からである。ただひたすら、神が欲せられる通りに起きたのであって、ロゴスはそれに仕えたのである。（第一〇巻三三4）

「子」なる神を「ロゴス」と呼ぶのは、もちろんヨハネ福音書の劈頭からきている。しかし、そこには、そのロゴスを「神が生んだもの」（aの下線部）だとする文言はない。すでに述べたように、カリストスも「子」を同じく「ロゴス」と呼んでいたが、「神と同一の霊」であって、「神が生んだもの」ではなかった。それに対して、ヒッポリュトスはロゴスを「神が生んだもの」と明言して憚らない。さらに「ロゴスはそれに仕えたのである」（bの下線部）にも、ロゴスが「父」に「従属」するという見方が鮮明である。「仕える」のギリシア語 ὑπουργεῖν は、文字通りには、「その下で働く」だからである。ヒッポリュトスのキリスト論が、後代の三位一体論争の中でのアリウスの先駆けと言われることがある[22]所以であろう。

### 3・5　倫理および儀礼の問題

いわゆる「ヒッポリュトスの分裂」は、当然のことながら、ただ教理上の諍いだけから起きたわけではない。事実、ヒッポリュトスの非難は、宿敵カリストスが司教になった後の司牧上の方策にまで及んでいる。まず、カリストスの教会には、もともと「異端」（分派）に属していた者たちのみならず、他でもないヒッポリュトスの教会を破門された者たちも含まれていたと言う。この報告（第九巻一二21）については、すでに言及した（前出Ⅰ2参照）。カリストスの教会はそのような者たちにまで、前代未聞の「二回目の洗礼」を授けているとヒッポリュトスは言う（第九巻一二26）。同じ放埒さは、聖職者自身が罪を犯した場合にも当てはまる。「たとえそれが死に値する重罪であっても、その司教は免職されるには及ばないのである。このことがきっかけとなって、二重婚あるいは三重婚を犯している者たちでさえも司教、長老、執事の聖職に叙されるようになった」（第九巻一二22）と言われる。結婚と性に関するカリストスの指針については、ヒッポリュトスはさらに次のようなことまで記して憚らない。

> その上さらに、カリストスが女たちに容認している別の件がある。それは、高貴な身分に属し、まだ夫を持っていないが、年は若いため〈男への〉情欲に燃えることがある女たちの場合である。もし彼女たちが法に即して嫁げば、現に持っている自分たちの身分を失うことになると恐れるなら、家僕でも自由人で

もよいから、手頃なパートナーを手に入れ、そのパートナーを夫の代わりと考え、法に即して結婚したわけではないことにするというのである。そこから、〔キリスト教の〕「女信者」と呼ばれる女たちは、避妊薬で妊娠回避を試みるようになった。また、コルセットをはめて、腹にいる胎児を流そうと試みるようにもなったのである。というのも、奴隷の子はもちろん、自由人の子も産みたくないからである。その理由は〔自分自身が〕高貴な生まれで、莫大な財産を持っているからである。(第九巻一二24－25)

要するにヒッポリュトスは、自分の教会を「公同の教会《カトリケー》」(第九巻一二25)と称しているカリストスの「司教」としての振る舞いが、無原則極まりない自由主義(いわゆる「リベラル」)であること、まさにそれゆえにこそ現に大勢の信徒を集めていることに、憤懣やる方ないのである。

## 4　ヒッポリュトスの品性

本書の読者は、ヒッポリュトスがカリストスに浴びせる以上のような悪口に、おそらく驚くに違いない。カリストスは「彼は悪事とあらば何でも持って来いの、詐欺にかけては百戦錬磨の男」(第九巻一一1)、信徒に「姦淫と殺人を同時に教えて、(中略)不信心へ導いた」無法者(第九巻一二25)、「ことほどさような向こう見ずを犯しておきながら、(中略)一向に赤面の気配もない」(同)人間だと言う。ヒッポリュトスはここまで言っても、まだ満足しない。カリストスのそのような資質を証明しようと、奴隷(家僕)時代のカリストスの前歴を暴露するのである。本書第九巻一二1－13で行われるその暴露には、恐ろしいほどの迫力が漲っている。

もちろん、これら一連のあまりに感情的な発言の背後に、教会分裂がもたらしたしこりがあることは明らかである。一連の罵詈雑言は、カリストスの人物をありのままに映したものではないと考えなければならない。むしろ、そこから間違いなく浮き彫りになってくるのは、逆にヒッポリュトス自身の人物とその品性である。彼が性格的に倫理的リゴリスト（厳格主義者）であったことは紛れもないであろう。

それ以上に際立つのは、ヒッポリュトスの孤独である。マルコヴィッチが「教会分裂の状況の只中で、承認を求めて叫び続ける孤独な司教」[23]と評しているのは至言と思われる。とりわけ、自分を支持する信奉者たち（前述の「われわれの教会」）からの承認を獲得して、それを保持していくためには、自分の学識と教養、そう、百科事典的な博識を印象づけることが重要と思われたに違いない。そのために、彼はギリシア哲学史の概説本のみならず、場合によっては、原文そのものを可能な限り跋渉したのである。そればかりか、『ユダヤ戦記』と『ユダヤ古代誌』の著者ヨセフスにまで手を伸ばしている（第九巻一八―三〇章）。ヒッポリュトスには、それを実際にやり遂げるだけの知的能力と功名心があったのみならず、書物の入手あるいは参照を可能にさせた財政的な後ろ盾もあったに違いない。[24]

跋渉した文献に基づいて、グノーシス系の異端をギリシア哲学のもろもろの学派と関連づけること――これは同じ異端反駁でも、本書がエイレナイオスを超える独自性の一つである。その際にヒッポリュトスが繰り返し打ち出す結論は、ほとんどのグノーシス派がいずれかのギリシア哲学の学説と言葉を「盗んで」きて、それぞれ自分たちの神話と教説を捏ち上げているというものである。グノーシスとはギリシア哲学からの「盗作者」（κλεψίλογοι）に他ならないと言うのである。[25]

ところが実際には、そう言うヒッポリュトス当人が「盗作者」の誹りを免れないのである。すなわち、研究上は早くから周知のことであるが、本書のとりわけ第一巻と第四巻でのヒッポリュトスは、ギリシア哲学のさまざまな学説を博覧強記で引照するにあたり、そのつど参照している出典（後出のII 4参照）をほとんど明記しないのである。その中でも際立った事例は、第四巻一－七章である。詳しくは該当する箇所で註記するが、ここでヒッポリュトスは、後二世紀にアレクサンドリアで活躍した医者で、懐疑派の哲学者でもあったセクストス・エンペイリコスの著作『学者たちへの論駁』、とりわけその第五巻「占星術の学者たちへの論駁」から、大量の抜き書きを行っている。このセクストス・エンペイリコスの原典は、その表題の通り、占星術に対する論駁である。ヒッポリュトスはその論駁をそのまま転写することによって、同じ占星術から「盗作」して自分たちの神話を捏ち上げている――と彼が論難する――グノーシス派に対する自分自身の論駁としているわけである。その転写はほとんど「奴隷的」で、セクストス・エンペイリコスが一人称の「われわれ」あるいは「私」で行っている間接話法まで、そのまま転写されている（例えば、第四巻三5、四4、第五巻一三6）。それまで「われわれ」あるいは「私」とあれば、ヒッポリュトスとその信従者のこととして読み進めてきた読者は、事情を知れば知るほど、仰天せざるを得ない。

たしかに古代においては、現代のような厳格な著作権の規定があったわけではない。しかし、ヒッポリュトスのやり方を決して大目に見ることはできない。なぜなら、師に当たるエイレナイオスから同じように抜き書きをするにあたっては、すでに述べた通り、その名を明示的に挙げているからである（第六巻四二1、五五2）。あり得べき説明はただ一つである。グノーシス主義者をギリシア哲学からの「盗作者」（κλεψίλογοι）と暴く当の自分自身が、他でもない一人のギリシア哲学者の「奴隷」となって逐語的に剽窃していることを、わざわざその哲学者の名を上げてまで明かすのでは、あまりに能がないということである。

後代の伝承によれば、ヒッポリュトスの著作は一〇九点に及んだと言われる。[26] その内の一一点がいわゆる「ヒッポリュトスの座像」の台座の銘文に刻まれていることについては、すでに前述した。その銘文には、本書『全異端反駁』（別称『哲学誌』）は含まれていない。主要著作とされるものを教父学の代表的教科書[27]に準じて上げれば、次の通りである。ただし、本書は次のⅡで別に取り上げる。太字は座像の銘文にあることを意味する。

1　教会法的著作

―**『使徒伝承』**（'Αποστολικὴ παράδοσις、二一五年頃）＝後代の『使徒教憲』（四世紀）その他から再構成されるもの。[28]

2　年代記的著作

―**『年代記』**＝内容については、前出Ⅰ1⑵参照。ギリシア語版は断片的にのみ残存。全体はラテン語訳とアルメニア語訳で残存。本書第一〇巻三〇―三一章に抜粋あり。

―**『復活祭の期日の証明』**（'Απόδειξις χρόνων τοῦ πάσχα、二二二―二三三年頃）

3　釈義的・説教的著作

―『反キリストについて』（二〇〇年頃）＝エイレナイオスに準じて、終末時における「反キリスト」の出現を論じるもの。

―『ダニエル書註解』（全四巻、二〇四年頃）＝古代教会史上初めての聖書註解書。全体は古スラブ語訳でのみ残存。

―『雅歌註解』＝グルジア語訳で残存。

―『族長ヤコブの祝福について』、『モーセの祝福について』、『ダヴィデとゴリアテ物語についての説教』＝いずれもアルメニア語とグルジア語訳で残存。

―『**詩編説教**』

―『**ヨハネ福音書とヨハネ黙示録のための弁明**』＝両文書の使徒性を擁護するもの。

―『**神と肉の復活について**』

4

異端論駁の著作

―『全異端集成』（シュンタグマ）＝内容については、前出Ｉ１⑴参照。原本は失われて現存しない。後代の著作家（エピファニオス他）から部分的に再構成される。ちなみに、『全異端反駁』の第一〇巻がもともとこれに当たるという仮説がある。

―『ギリシア人を駁す』＝前出Ｉ１⑶で述べた通り、『プラトンを駁す』、あるいは『万物について』とも呼ばれる。本書第一〇巻三二４に『万物の実体について』という表題で言及がある。

―『アルテモーンの異端を駁す』＝様態論（モナルキア論）への駁論。キュロスのテオドレトスによって「小・地下迷宮」と呼ばれたもの。ただし、おそらく偽作。

―『ノエートス反駁』＝本書第九巻七章以下で言及がある。『全異端集成』（シュンタグマ）の最終章だったとする仮説がある。[29]

## Ⅱ　『全異端反駁』（別名『哲学誌』）について

### 1　写本と校訂本

この序論の冒頭で触れた通り、本書『全異端反駁』は中世から近世にかけて（一四―一七世紀）作成された五つの写本によって伝わっている。その内の四つは第一巻のみ、残る一つは第四―一〇巻のみの写本である。第二巻と第三巻は、それを含む写本が現在まで一つも発見されておらず、失われたままである。第一巻の写本が四つ存在していることは、第一巻がおそらく哲学史の教科書として重宝されたことを物語っている。本書の別称「哲学誌」（Φιλοσοφούμενα/Philosophumena）が狭義には第一巻を指すことも、そのことと関係している。

第一巻の四つの写本は次の記号で表記される。

L＝Laurentianus IX 32　一四世紀（フィレンツェ・メディチ図書館蔵）

O＝Ottobonianus 194　一六あるいは一七世紀（ヴァティカン図書館蔵）

B＝Barberinianus 496　一五あるいは一六世紀（ヴァティカン機密文書館蔵、これには複写版b＝Barberinianus 362がある）

T＝Taurinensis B VI 25　一六世紀（トリノ国立大学図書館蔵）

マルコヴィッチが前述の校訂版（註1参照）に付した序によると、Oは表題を『オリゲネスの全異端反駁』

とし、欄外に『オリゲネスの哲学誌』と記している。LとBは『オリゲネスの哲学誌』と記し、その直後の一章1節の欄外に「全異端反駁の第一巻の始め」と記している。Tはいささか無造作に『畏敬すべきオリゲネスの最高傑作』と記している。

以上四つの写本以外に、もう一つ、第一巻からの抜粋を内容とする写本がある。それは一一〇〇年頃にビザンティウムの歴史家ゲオルギオス・ケドゥレーノス（Georgios Kedrenos、ラテン語表記 Georgius Cedrenus）が作った抜粋集[30]の中に合本されているものである。表題もない該当部分がヒッポリュトス『全異端反駁』第一巻の一部であることを最初に認識したのは、ドイツ古典文献学の泰斗であり、『ギリシア哲学学説史』の編纂で名高いヘルマン・ディールスであった[31]。

第四巻から第一〇巻までをカバーする唯一の写本は、パリ写本（suppl. gr. 464）と呼ばれ、Pと表記される。作成されたのは一四世紀と推定される。もともとはアトス山の修道院が所蔵していたもので、そこから一八四二年に、コンスタンティヌス・ミノイデス・ミュナス（Constantinus Minoides Mynas）によって、パリにもたらされた。ただし、パピルスの材質が劣悪なため文字面の保存状態が悪い上に、数葉が喪失しており、残った合計一三七葉の間でもいわゆる錯簡が起きている。第一－三巻を欠いているので、当然ながら、著作全体の表題も欠けている。第四巻の冒頭でも、相当量の本文が欠損しているが、同巻末尾の「あとがき」には、「哲学誌第四巻」、第九巻六章の前のスペースには、「哲学誌第九巻」という表記がある。つまり、この写本は、第一巻のみならず、『全異端反駁』全体を「哲学誌」と呼んでいるわけである。

以上の写本に基づいて、一八世紀以降、学術的な本文批評と校訂本文の刊行が重ねられていった。第一巻については、一七〇一年のヤーコブ・グロノフ（Jakob Gronov）、一七〇六および一七一三年のヒエロニュムス・ヴォルフ（Hieronymus Wolf）、一七三三年のドゥ・ラ・リュ（de la Rue）などの校本を経て、一八七九年にヘルマン・ディールスが前述の『古代哲学学説史』の巻末に[32]、校訂本文を掲出した。それはディールスが前述のケドゥレーヌス（Cedrenus）写本を既存の四つの写本に加えて行った本文校訂の成果であった。これによって初めて、信頼に足る第一巻の本文が確立されたと言われる。

それと相前後しながら、第四―一〇巻のパリ写本も含む本書全体の本文校訂が進んだ。ここでは、その主なものに限って、略号と共に掲出する。略号は本訳の訳註での言及を簡素化するためのものである。

Miller　=Emmanuel Miller, Origenis Philosophumena sive omnium haeresium refutatio e codice Parisino nunc primum edidit, Oxonii 1851.

Duncker-Schneidwin　= S. Hippolyti episcopi et martyris Refutationis omnium haeresium librorum decem quae supersunt, latine verterunt notas adicerunt L. Duncker et F.G. Schneidewin, Gottingae 1854.

Cruice　=Philosophumena sive haeresium omnium confutatio opus Origeni adscriptum e cod. Paris. productum recensuit, latine vertit, notis variorum suisque instruxit, prolegomenis et indicibus auxit P. Cruice, Paris 1860.

Roeper　=G. Roeper, Philol. VII（1852）511ff.

Wendland　=P. Wendland（Hg.）, Refutatio Omnium Haeresium（Hippolytus Werke Dritter Band, GCS）, Leipzig 1916.

Marcovich　=M. Marcovich（Hg.）, Hippolytus, Refutatio Omnium Haeresium, Berlin 1986.

本訳が底本としているのは、最後に掲げた二つである。ウェントラントのものは、ベルリンから刊行されている有名な原典叢書『最初期三世紀におけるギリシア教父著作集』に収められたものである。さきほど触れたように、パリ写本の保存状態がきわめて悪いこともあって、第四―一〇巻のウェントラントの校訂ギリシア語本文もかなり読みにくいと言わなければならない。マルコヴィッチはそれを「あまりにしばしばギリシア語とは呼べない[33]」と評して、自分の校訂に自信のほどを覗かせている。しかし、マルコヴィッチによる本文校訂は言わば「機械的」で、原著者ヒッポリュトスのそのつどの原文を復元するというよりも、前後の文脈および遠近を問わず関連する章節との論理的整合性を第一の規準にして行われている。その結果、たしかにギリシア語としては整合的になっているかも知れないが、「一体誰のギリシア語なのか」と問いたくなることが少なくない。

本訳は第一次訳出をウェントラント版で実行した。その上で、本文批評上問題があるすべての箇所について、マルコヴィッチ版と逐一突き合わせている。したがって、どちらか一方に奴隷的に準じてはいない。補足すべき本文を〈 〉の記号で表示するにあたっては、マルコヴィッチ版に準じていることが多いのは確かである。特に注記がなければ、ほとんどの場合、マルコヴィッチ版に準じていると考えていただきたい。しかし、前段で述べた理由から、むしろ校訂者あるいは訳者（大貫）の補足説明として、本訳の略号で言えば、［ ］に該当する場合がきわめて多いことをお断りしておく。

各巻における段落区分の設定についても、原則としてマルコヴィッチ版に準じているが、訳者（大貫）の独自の判断で改行した場合も少なくない。中見出し、小見出しは、読者の便宜を考えての大貫の独自の判断である。

なお、本文校訂に係る文献で右に略号とともに掲げたものの内、ウェントラントとマルコヴィッチ以外のものについては、私は直接参照していない。その刊行年代に鑑みれば、当然のことだと思う。もちろん、訳註でそれらの文献にも言及することがあるが、それはウェントラントとマルコヴィッチ（およびディールス）の校訂本の脚註（apparatus）に掲出された情報に従っているということである。なお、以下の訳註における略号は、その他の参照文献用のものも含めて、訳註冒頭部に別表一覧で掲出している。

## 2　表題と構成

さて次に、本書の表題の問題に戻りながら、全体の内容構成について考えよう。まず、本書全体に対する表題をヒッポリュトス自身が『全異端反駁』としたことは確実である。その証拠は、現存する合計八巻の内、巻頭部分が失われている第四巻を別として、それ以外のすべての巻の劈頭に、ヒッポリュトス自身によって付されている内容目次である。その第一行には、例えば第一巻の場合について見ると、「以下の『全異端反駁』第一巻の内容は次の通り」（Τὰ ἔνεστιν ἐν τῇ πρωτῇ τοῦ κατὰ πασῶν αἱρέσεων ἐλέγχου）とあるからである。(34) その際、ヒッポリュトスがわざわざ「全」（πασῶν）という全称の形容詞を付した意図は、すでに前述した通りである（I 3・1参照）。

しかし、それでは『哲学誌』という別称は、何処からくるのか。この点で注目しなければならないのは、第九巻八2の次の記述である。すでに言及したノエートス派（I 3・2参照）に対する反駁の中で、その教説をヘラクレイトスの焼き直しだと強弁する件である。

もし彼らがこのこと（＝以下の論述）を読むならば、あまりに自分を恥じて、これまでの神無き雑言を止めるかも知れない。もちろん、ヘラクレイトスの見解は、すでに本書の「哲学誌」（Φιλοσοφούμενα）

の部分で前述済みである。しかし、ここで比較対照させてみるのが良いと思われる。そうすることによって、われわれの論駁も立ち入ったものとなり、自分たちはキリストの弟子だと思い込んできた彼らも、実はそうではなくて、むしろあの蒙昧なヘラクレイトスの弟子であったことを、明瞭に教えられることになるだろう。

下線部が指示しているのは、第一巻四章で行われるヘラクレイトスについての論述のことである。したがって、『哲学誌』(Φιλοσοφούμενα)とは、差し当たりは、第一巻の別称のことであり、ヒッポリュトス自身がそのように用いているということである。ただし、それはあくまでヘラクレイトスに焦点を絞った狭義の解釈の場合である。もし『哲学誌』を広義に、つまり、さまざまな「哲学説」を取り上げた部分という意味に解すれば、次節で述べるような理由から、第一巻のみならず、第四巻までを指すと見ることも可能になる。

他方、第四巻から第一〇巻までを含むパリ写本には、本書全体が『哲学誌』と呼ばれていた証拠が残されている。まず第四巻の最末尾に、「哲学誌第四巻」φιλοσοφουμένων δ βιβλίον という表記が書き込まれているのである。さらに、第九巻六章の前には、写字生が「哲学誌第九巻」φιλοσοφουμένων θ という書き込みを行っている。どちらもヒッポリュトス自身ではなく、後代の写字生によるものである(前出Ⅱ1参照)。そこから明らかになるのは、本書の伝承過程においては、第一巻のみならず、全体が『哲学誌』と呼ばれていたということである。

## 3　失われた第二巻と第三巻の内容

第二巻と第三巻を欠いたままの本訳を読む読者の誰もが抱く問いは、そこには一体何が書かれていたのか、ということであろう。この点についての推論を下す手がかりが、いくつか残されている。まず最初は第一巻〔序〕８である。

したがって、われわれは――〔本書が以下で述べることを〕先取りして言えば――彼ら〔異端者たち〕が教説、振舞い、そしてその結果のいずれにおいても、神なき者たちであること、また彼らの企みが一体何処から生じてきているのかも証明するだろう。すなわち、彼らはそれらの企みをするに当たって、聖書からは何一つ採用しているわけではなく、だれか特定の聖者からの言い伝えを守って事を急いでいるわけでもない。むしろ、彼らが説いている教説は、ギリシア人の知恵に起源を持っているのである。すなわち、〔ギリシアの〕哲学で唱えられた教説、試みられてきた密儀（μυστήρια）、足取り不確かな占星術から起源を得ているのである。したがって、われわれとしては、先ず最初にギリシアの哲学者たちの教説を提示して、それらの教説の方が彼らよりも古いばかりか、神的なるものに対してよりふさわしいものであることを、〔本書の〕読者の方々に証明して見せるのがよいと思われる。（第一巻〔序〕８）

ウェントラントが指摘するように[35]、傍点部の中の「先ず最初に」は第一巻から第四巻までを指すと考えなければならない。なぜなら、異端説を取り上げるのは第五巻以降だからである。事実、ヒッポリュトス自身が、第四巻と第五巻の間に内容構成上の大きな区切りを置いていることを、次のように述べている。

さて、以上でわれわれは十分に論述を尽くしたと思われる。地上の知恵に属すると思われる教説はすべて残らず、以上の四巻で跋渉した。今や、その地上の知恵の弟子となった者たち、と言うよりもむしろ盗作者たちに、目を向けるのがよいであろう。（第四巻五一14）

本巻に先立つ四巻では、私は神と世界の創造に関することについて、ギリシアと蛮族のすべての〈哲学者たち〉が考えてきたことを、この上ない労苦も惜しまず十分に論述し得たものと思う。私は彼らの考えの中で余分なものとおぼしきものさえも、読者のためを思って、尋常ならざる労苦に値するものと見做して、看過せずに取り上げてきた。そうすることで私は、多くの読者を真の知識《グノーシス》について学ぶ喜びと、それがもたらす確実さに向けて励ましてきたのである。さて、今や残されているのは、異端の分派に対する反駁へと先を急ぐことである。（第五巻六1―2）

こうして、第一巻から第四巻までが内容的に一まとまりであることが証明されるのだが、それではそのまとまりそれ自体の内側での内容区分は、どうなっていたのか。第一巻については、疑問の余地がない。本訳に付した内容目次からも一目瞭然、そこではギリシア哲学の学説史が概説される。その最後の最後にあたる二六章4節では、そこまでの論述を振り返りつつ、続く第二巻以降での論述予定について、次のように述べられる。後述のための便宜として、⑴、⑵、⑶、⑷という段落記号を挿入しておく。

⑴哲学を試みたギリシア人たちが提示してきた見解については、以上で十分に論述されたものと私は思う。⑵やがて〔われわれが扱う〕異端者たちが語ろうと試みる教説は、そのギリシアの哲学者たちから発端を得ているのである。しかしわれわれとしては、それ以前に、⑶ある者たちが空想に任せて唱えてきた

神秘説（μυστικά）、(4)および星辰あるいは大きさに関する饒舌の限りについて語っておく方が良いと思われる。なぜなら、異端者たちはその者たちからも唆しを受けて、多くの人々には摩訶不思議と賛嘆されるような言説を弄しているからである。われわれはその報告が終ってから、それに続けて異端者たち自身が唱えている薄弱な教説を暴露するであろう。（第一巻二六4）

段落(1)は今論述が終ろうとする第一巻のこと、(2)は第五巻以降の異端派に対する直接的な論駁のことである。残る二つの段落の内、(4)は占星術と魔術について詳細にわたって論じる第四巻に相当することは、ほぼ確実である。そうすると、(3)が失われた第二巻と第三巻の内容を指すと見ることができる。つまり、それは「空想に任せて唱えられてきた神秘説（μυστικά）」を報告して論駁するものであったと推定されるのである。そこから改めて、すでに引照した第一巻〔序〕8をもう一度見直してみよう。そこには次のようにある。

彼らが説いている教説は、ギリシア人の知恵に起源を持っているのである。すなわち、〔ギリシアの〕哲学で唱えられた教説、試みられてきた密儀（μυστήρια）、足取り不確かな占星術から起源を得ているのである。

ここで「〔ギリシアの〕哲学で唱えられた教説」、「試みられてきた密儀（μυστήρια）」、「足取り不確かな占星術」の三項に分けられている内の、第一項が第一巻、第三項が第四巻に相当するから、第二項が失われた第二巻と第三巻に相当することになる[36]。したがって、第一巻二六4からの推論と見事に一致するわけである[37]。

# 4　資　料

すでに触れた通り、博覧強記のヒッポリュトスは本書でも多数の資料に依拠している。ただし、そのほとんどの場合に、出典を明かすことがない（前出I 4参照）。本書の研究史上、その資料の解明と分析に係って力があったのは、ウェントラントである。[38] ここでは、そのウェントラントが自分の校訂版に付した総括から、重要と思われる資料に絞って挙げるにとどめたい。

## 4・1　第一巻

資料研究上最も問題が錯綜するのは、当然ながらギリシア哲学史に係る第一巻である。そのため、まず第一巻だけの内容を論述の順番に注目して整理すると、次のようになる（括弧内の数字は章番号である）。

一－四章　タレース（1）→ピュタゴラス（2）→エンペドクレス（3）→ヘラクレイトス（4）
（五章　移行部）
六－一六章　アナクシマンドロス（6）→アナクシメネース（7）→アナクサゴラス（8）→アルケラオス（9）→ソクラテス（10）→パルメニデース（11）→レウキッポス（12）→デーモクリトス（13）→クセノファネス（14）→エクファアントス某（15）→ヒッポーン（16）
（一七章　移行部）
一八－二六章　ソクラテス（18）→プラトン（19）→アリストテレス（20）→ストア派（21）→エピクロス

（22）→ピュローン派（23）→インドのブラーマン（24）→ケルトのドリュイダイ人（25）→ヘシオドス（26）

ウェントラントは前述のヘルマン・ディールスの『ギリシア哲学学説史』に大きく依存しながら、第一巻の背後に三つの資料を想定している[39]。

一―四章の主要資料（第一資料）は年代順、つまり年譜的叙述になっている（五章 κατα διαδοχήν という文言を参照）。エンペドクレス（3）とヘラクレイトス（4）がピュタゴラスの弟子とされるは奇妙だが、前二世紀の学説史家ヘラクレイデス・レンボス（Herakleides Lembos）にも確認されるものと同じである。おそらく、前二世紀の学説史家アポロドーロスに依拠していると思われる[40]。

第二の資料は六―一六章の背後に想定されるもので、今度は教説の内容に即した区分に従っている。至るところで、テオフラストス[41]『自然学者たちの見解』（Φυσικῶν δόξαι）の抜粋版に依拠している[42]。ただし、ウェントラントによれば、個々には年譜的資料からの追加がある。特にアルケラオス（9）までのいわゆるイオニア自然哲学者の後に、突然パルメニデース（11）が来る点が不自然だとして、ウェントラントはここでヒッポリュトスが四章で一旦離れた年譜資料に再び戻っているとする。ただし、パルメニデースの教説は第二資料から取っていると言う。

第三の資料は一八章から巻末（二六章）にわたって想定される。二四章以降、インドのブラーマン（24）→ケルトのドリュイダイ人（25）、最後にヘシオドス（26）が言及される順番は、ディールスによると、前二世紀のアレクサンドリアで活動したソティオンの『哲学者年代記』の最終巻（第一三巻）と似る[43]。さらに、学派別にみると、一九―二二章がアカデメイア派→ペリパトス派→ストア派→エピクロス派の順番で並べ、その最後にヘシオドス（26）を置くのは、前述のヘラクレイドス・レンボスと同じである[44]。さらに、この第三資料は、明らかに折衷哲学に属する。その証拠に、例えば一九章16節では、徳論の文脈で、プラトンが「言うところでは、もろもろの徳は価値〔名誉〕としては至高のものであるが、本質としては中間物である」とあり、アリストテレスの『ニコマコス倫理学』(II,6 p.1107a6) の文言がプラトンのものとされている。ウェントラントはディールス[45]とともに、その背後に紀元後の哲学学説要綱 (Kompendium) の伝統 (アルビノス、アプレイウス、ディオゲネス・ラエルティオスなど) を認めている。

### 4・2 第四巻

第四巻の資料分析も、ギリシア哲学史と密接に関連する。巻冒頭の一章から七章までは、セクストス・エンペイリコス『学者たちへの論駁』の第五巻「占星術の学者たちへの論駁」から大量な本文を抜き書きしている。グノーシス主義のさまざまな分派をヘレニズムの占星術からの「盗作者」と暴きたてるヒッポリュトス本人が、セクストスの名をあげることなく「剽窃」しているのである。このことについては、またその動機についても、すでに述べた通りである (I 4参照)。

八章から一二章までは、詳細にわたって大地からさまざまな天体までの距離を問題にしている。グノーシス主義の分派もそれを問題にしていると言うのである。ヒッポリュトスはそれに対する論駁を始める冒頭の八章1節で、「彼らのお喋りは、いくつかの要綱本に基づいている。私はそれらの要綱本を利用しながら先へ進むことにしたい」と書いている。ヒッポリュトスは自分が依拠する要綱本が誰によるものかは記していない。しかし、それがプラトン『ティマイオス』(特に36BC) についての古代の註解書であったことは間違いない。ウェントラントはポセイドニオス (前二―一世紀) によるものを示唆している。

ウェントラントはその他にも、一四章 (ホメーロスの叙事詩における英雄たちの決闘の勝敗を、それぞれの英雄の名前に含まれる「数価」から解釈)、一五―二七章(黄道一二宮と人間の運命の関係づけ)、二八―四二章(魔術に対する論駁)の背後にも、それぞれ匿名の資料を想定している。また、相次いでアラトスの『星辰譜』から引用する四六―五〇章の背後には、アラトス抜粋集のようなものがあったに違いないとする。

### 4・3　第五巻―第一〇巻

第五巻から第一〇巻までについては、次の三つの場合がある。(1)ヒッポリュトス自身が資料として使ったことを表記しているもの、(2)使われている資料自体が本書とは別に実在し、ヒッポリュトスがそれをほぼ転写していることが証明できるもの、(3)表記はなく、転写の証明もできないが、匿名の資料が使われていることが間違いない場合。

(1)に該当するのは次の通りである。

第五巻九5　ナハシュ派の『大いなる力能の宣明《アポファシス》』(46)

第五巻一四10　ペラータイ派の『領民(プロアステイオイ)』

第五巻二二　セート派の『セートの釈義』

第五巻二四2　グノーシス主義者ユスティノスの『バルク「の書」』

第九巻一三　アルキビアデースが携えていた書物＝「それはエールカザイ(Ἠλχασαΐ)とかいう義人がパルティアのセール(Σηρ)人から手に入れたもの」

(2)に該当するのは次の通り。

第六巻一九3、6―7(シモン派)、三八(セクンドス)、四〇2および四二―五四(マルコス・ヴァレンティノス派)→エイレナイオス『異端反駁』から転写(47)

第七巻二八（サトルニロス）、三二（カルポクラテス）、三三（ケリントス）、三四（エビオン派）↓エイレナイオスから転写

第九巻一八－三〇（ユダヤ教徒について報告）↓ヨセフス『ユダヤ戦記』第二巻一一九－一六一からほぼ転写

（3）に該当する典型的な記事は、第六巻二九－三六章のヴァレンティノス派に対する論駁である。この論駁には、該当する箇所の訳註でそのつど指示する通り、エイレナイオス『異端反駁』第一巻に並行箇所がある。ただし、その並行関係は、（2）の場合のように、逐語的な転写ではない。そうではなくて、ヒッポリュトスは明らかにエイレナイオスとは独立の別資料を使っているのである。その別資料が報告するヴァレンティノス派の神話は、エイレナイオスの報告と並行しつつ、微妙に異なっている。その異同関係は現代のグノーシス研究においても、重要な研究対象となっている。ヒッポリュトスもその微妙な差異に気が付いていたからこそ、自分の著作に収録したはずである。

前掲の一覧表に挙げられていないその他のグノーシス派の神話と教説についても、ほぼすべての場合に、同様の事情だと考えるべきである。ヒッポリュトスが一定の資料に依拠していることは間違いないのである。ただし、彼がその資料を転写しているのではないとして、どこまで要約あるいは抜粋しているのかは、多くの場合、判断がむずかしい。

この範疇に入る異端派の中では、とりわけバシリデース派（第七巻二〇－二七章）とマルキオン（同二九－三〇章）が重要である。どちらも、すでにエイレナイオスが取り上げているのであるが、本書の報告の内容はそれとは根本的に異なっている。明らかにヒッポリュトスは、エイレナイオスとは独立の資料を入手して用いているのである。その点では、（1）に挙げられた異端派の中では、セート派も同様である。（1）のその他の異

端派の場合は、エイレナイオスには見るべき並行記事がなく、ヒッポリュトスが新たに入手した資料に基づいている。

エイレナイオスとは独立のそれらの資料を全体として通観すると、顕著な特徴が浮かび上がる。それは一言で「三原理主義」と呼ぶことができる。それぞれの神話（教説）全体が三つの原理《アルケー》から出発するのである。詳細はそれぞれ該当する箇所の訳文で確認していただくことにして、ここでは分派と三原理の名前だけを一覧表で示すにとどめる。

ナハシュ派＝「人間」の叡智的部分、心魂的部分、泥的部分（第五巻六6）
ペラータイ派＝「生まれざる完全なる善」、「自分自身で生まれた善」、「生まれたもの」（第五巻一二1）
セート派＝「光」、「霊」、「闇」（第五巻一九2）
グノーシス主義者ユスティノス＝「善なる者」（男性）、「すべて生まれたものの父エローエイム」、「エデム」（女性）（第五巻二六1―2）
バシリデース派＝世界種子の中の第一、第二、第三の「子性」（第七巻二二7）
ドケータイ派＝無花果（第一の神）の幹、葉、実（第八巻八5）

もちろん、この「三原理主義」はヒッポリュトスが初めて造り出したものではない。おそらく彼はこれらの異端派に関する資料を個々バラバラにではなく、一まとまりの文書群として入手したのであろう。すでにその資料集そのものが、「三原理主義」で編纂されていたのだと推測される。[48]

最後にもう一点、注意しておかねばならないことがある。それはヒッポリュトスがそれぞれの「異端」に対する論駁を本格的に開始する前に、そのつどの必要に応じて、特定のギリシア哲学をもう一度引き合いに出し、その学説を再論することである。そうすることによって、彼は当該の「異端」がそのギリシア哲学派の言葉を「剽窃」しているという論証に万全を期したいのである。その再論関係は次の通りである。

第六巻二一―二八章　ヴァレンティノス派に対する論駁に先立って、ピュタゴラスとプラトンの再論
第七巻二九章　マルキオンに対する論駁に先立って、エンペドクレスの再論
第七巻一五―一九章　バシリデース派に対する論駁に先立って、アリストテレスの再論
第九巻八―一〇章　ノエートス派に対する論駁に先立って、ヘラクレイトスの再論
第一〇巻五―七章　全異端派の教説の再総括に先立って、ギリシア哲学誌の再論

資料分析の視点から見逃せないのは、そのつどの再論には、第一巻での初論箇所にはなかった文言が含まれていることである。典型的なのは、第七巻一五―一九章である。ここでは、アリストテレスの『範疇論』、『形而上学』、『心魂について』からの新しい論点が切り出されている。おそらく新しい要綱本が用いられているのだと思われる。その他の箇所についても、ほぼ同じ消息である。

## 5　著作年代

本書の著作年代は、すでに述べたところから、比較的確実に推定することができる。まず、本書の第九巻一二26では、著者の宿敵カリストスの死が前提されている（前出Ⅰ2参照）。カリストスが没したのは、二二二年である。他方で、著者のヒッポリュトスが流刑地サルディニア島で没したのは、二三五年であるから、本書が

執筆されたのは、その間のどこかである。

## 6　グノーシス研究上の意義について

古代キリスト教会史の中で、本書に前後して書かれたグノーシス主義への反駁書は、残存するものに限っても、無数にある。その中で本書は、先行するエイレナイオスの『異端反駁』(一八〇年代前半)、後続するエピファニオス『薬籠』(三七〇年代)と並んで、もっとも有名かつ重要なものである。これらはいずれも、原則としてキリスト教の内側に登場したグノーシス教派(研究上は、キリスト教の枠外のグノーシス主義と区別して、「キリスト教的グノーシス主義」と呼ばれる)を取り上げている。

先行するエイレナイオスと比較した場合の本書の独自性については、すでに触れたとおりであるが、念のためもう一度確認しておくことにしよう。ヒッポリュトスの「最大の闘い」が対抗するカリストスの教会に対するものであることは、ここでは別としよう。それ以外の取り上げられているグノーシス教派について言えば、第五巻のナハシュ派、ペラータイ派、セート派、グノーシス主義者ユスティノスが、エイレナイオスにはないヒッポリュトス独自の報告である。彼自身もそのことを知っていればこそ、グノーシス教派の真っ先(第五巻)に取り上げたのであろう。第二に、続く第六―七巻が取り上げるシモン派、ヴァレンティノス派、バシリデース派などの教説は、すでにエイレナイオスによっても取り上げられていたものの、ヒッポリュトスは独自に入手した資料(ヴァージョン)を提示している。第三に、そしてこれこそが本書全巻にわたる特徴であるが、ギリシア哲学史上のさまざまな学説を持ち出しては、そのつど特定のグノーシス教派をその「盗作者」だと決めつける(前出Ｉ４参照)。

他方で、欧米のキリスト教文化圏における学術的グノーシス研究は、一九世紀中葉から始まった。その中では、グノーシス主義とは、パレスティナにおいてイエスの宗教から始まったキリスト教が「急速に世俗化（ヘレニズム化）」したものだとしたA・フォン・ハルナックの命題がよく知られている[49]。もちろん、ハルナックは「ギリシア哲学からの盗作」というヒッポリュトスの説を受け入れてはいない。しかし、「ヘレニズム化」という観点でハルナックがエイレナイオスやエピファニオスよりもヒッポリュトスとこそ親和的であることは明らかである。そのハルナックに代表されるグノーシス研究では、グノーシス主義とは一義的にキリスト教の異端のことであった。つまり、キリスト教的グノーシス主義以外のものは存在しなかったのである。そしてそれは参照可能な原史料そのものが、ヒッポリュトスを初めとして、キリスト教を前提とするグノーシス主義だけを取り上げていたことと対応している。

しかし、二〇世紀初頭から、キリスト教との接触の痕跡を示さないグノーシス主義、いわゆる「非キリスト教的グノーシス」の存在が、多くの場合、新発見の一次資料に基づいて、知られるところとなった。たとえば、M・リツバルスキーによるマンダ教文書の刊行とドイツ語訳（一九一五―一九二五年）、R・ライツェンシュタインによる『ポイマンドレース』（いわゆるヘルメス文書　第一冊子、一九〇四年）の刊行がそれに当たる。その結果、「グノーシス」の概念が一挙に拡大されることとなった。すなわち、地理的にはメソポタミアも含めて、ギリシア・ローマまでの「古代末期の精神」（ハンス・ヨナス）全般を指すものとなった[50]。

中世ユダヤ教のカバラー神秘主義の研究で知られたゲルショム・ショーレムがカバラー神秘主義に先行したメルカヴァ神秘主義（メルカヴァとは、神が乗る玉車のこと）を新約聖書の時代にまで遡らせながら、「ユダヤ教グノーシス」について語ったのも、おそらくその一環なのだと思われる[51]。

また同時に、グノーシス主義の歴史的起源もキリスト教の枠をはるかに突破して、むしろ東方（オリエント）に求められることになった。その結果、研究史上「宗教史学派」と呼ばれるグループによって、いわゆる「動機史的研究」が繰り広げられていった。すなわち、グノーシス神話に現れる実にさまざまなモティーフや観念に並行するものをオリエントを含むヘレニズム諸思潮の中に捜して、そこから導出し、その混淆体としてグノーシス神話を説明したのである。(52)

そのような動機史的研究を「観念の錬金術」と呼んで根源的に批判したのが、ハンス・ヨナスの浩瀚な研究『グノーシスと古代末期の精神』（一九三四―一九九三年）である。ヨナスによれば、一見雑多な観念の混淆体と見えるグノーシス神話の根底には、革命的に新しい「現存在の姿勢」が存在論的統一根拠として潜んでいるのであって、それをこそ実存論的分析によって析出することが肝要なのである。ただし、そのヨナスにおいても、前述したグノーシス概念の拡大は稔りあるものとして承認されており、グノーシスの東方（オリエント）起源説も堅持されている。(53)

さらに二一〇世紀のちょうど半ば（一九四五年）には、ナイル河中流域でナグ・ハマディ文書が発見された（ちなみに一九四七年には『死海文書』が発見されている）。これは四世紀に制作されたコプト語の写本群で、その原本の多くがグノーシス主義者自身の手による著作である。その中には、キリスト教との接触の形跡を残さない「非キリスト教的グノーシス」（ユダヤ教グノーシスも含む）の存在を跡づける文書も多数含まることが、これまでに明らかになっている。(54)

以上のような研究史に照らすとき、本書が現代のグノーシス研究にとって有する意義はどのようなものであろうか。まず最初に、グノーシス主義をギリシア哲学からの盗用だとする説はまったく不可能である。ギリシア哲学からの借用はもちろん紛れもないが、そのことが持つ意味は、ヨナスの実存論的分析を踏まえて理解されねばならない。反対に研究上積極的な意義を有するのは、本書が個々のグノーシス教派についてエイレナイオスを超えて提供している情報である。それは、たとえば新発見のナグ・ハマディ文書の一つ一つを、多岐にわたるグノーシス教派の展開史の中に位置づける上で、つまりグノーシスの系譜学にとっては、依然として不可欠で第一級の資料である。

なお、すでに繰り返し述べたところから明らかであり、改めて言わずもがなのことではあるが、ヒッポリュトスがギリシア哲学と文学から行っている大量の抜き書きは、そのやり方が往々にして剽窃まがいであるがゆえにこそ、かえって西洋古典文献学にとっては貴重な資料となっているのである。

本書がグノーシスの系譜学にとって依然として不可欠で第一級の資料であるにもかかわらず、本書の近代語への翻訳は、私の書誌検索の能力が及ぶ限りでは、K. Preysing, Des Heiligen Hippolytus von Rom Widerlegung aller Häresien (Philosophumena), Kempten 1922 (BKV40) のドイツ語訳が一つあるのみである。現在教父学の分野で国際的に著名な叢書 Sources Chrétiennes (Paris) および Fontes Christiani (Freiburg, Brepoles) のいずれにも該当巻は見当たらない。近刊の予定もないようである。その理由は、おそらく本書の翻訳が今なおそれだけ難題視されているということだと思われる。

本訳は前掲のドイツ語訳を参照している。しかし、それが依拠する底本はウェントラントの校訂本であり、本文も章の区分はあるものの、節の区分を全く欠いているので、参照には大いに注意が必要である。本訳はそのような状況の中で敢えて試みられるものであり、自らの向こう見ずを十分承知しているつもりである。いくつかの箇所では、本文が壊れていることもあって、文意を読解し切れずに終わっている（そのつど註記）。その他、誤訳や勘違いも少なからず残っているに違いない。識者の方々のご叱正とご教示を給わりたい。

なお最後に、本訳の訳註について一言すれば、訳註での参照指示は必要最小限に限定した。最優先したのは、本文の翻訳に直接かかわる文献学的な問題である。次に優先したのは、本書自体の内側での関連箇所への参照指示である。これは読者に全体的な読解を可能にすることを意図している。それに対して、本書に相前後して書かれた教父文書、本書で取り上げられているグノーシス派に関連する膨大な文書との、概念、観念、モティーフ、イメージのレベルでの並行関係については、どうしても必要と思われた場合以外には、ほとんど指摘を断念している。特にグノーシス神話については、ナグ・ハマディ文書との関連づけを、もちろん考えないではなかったが、最終的には断念した。一旦それを始めると、文字通り、きりがないからである。ナグ・ハマディ文書はすでに邦訳が完結しており(55)、マルコヴィッチの脚註にはその参照指示もあるので、読者それぞれが必要に応じて、そちらを参照していただければ幸いである。

1　Miroslav Marcovich, Hippolytus Refutatio Omnium Haeresium, Berlin 1986（PTS 25), 8-17.
2　後二世紀のリヨンの司教。浩瀚な『異端反駁』の著者。後出「2　ヒッポリュトスの生涯」の項参照。
3　『シュンタグマ』がヒッポリュトスの作であることは、フォーティオスの外に、エウセビオス『教会史』（VI, 22)、ヒエロニュモス『著名な人々について』六一にも証言がある。
4　ギリシア語版は断片でのみ残存。全体はラテン語訳とアルメニア語訳で伝存している。校本は A. Bauer/O. Cuntz, Die Chronik des Hippolytus im Matritensis graecus 121, Bd. 29, Lepzip 1905. その後 R. Helm の改訂による GCS 版が出ている（Hippolytus. Die Chronik, 2. Aufl. Berlin 1955, GCS Hippolytus Bd.4).
5　発見場所は Via Nomentana と Via Tiburtina の間とされる。Marcovich, ibid., 12 参照。
6　著作リストの校訂本文については、Margherita Guarducci, Epigrafia Greca IV: Epigraphi sacre pagane e Chritiane, Roma 1978, 535-547 参照。
7　M. Marcovich, ibid., 12-13 参照。
8　その伝承については、Marcovich, ibid., 11 参照。
9　Margherita Guarducci, ibid., 535f.

10 Margherita Guarducci, ibid. Marcovich, ibid.,13は「ソフィア」への再解釈もあり得るとしている。たしかに、後述するように、ヒッポリュトスにとっては、『全異端反駁』も自分の博識を大向こうにひけらかすためであったことを考えれば、あり得べき想定である。

11 Photius, Bibliotheca, Bekker 版 [1824-25] p.11b 7-9.

12 エウセビオス『教会史』（第六巻二〇2）、ヒエロニュモス『著名な人々について』（六一）、テオドレトス『異端の無駄話要綱』（第三巻一）。その後の教会史の中でのさまざまな言及については、『聖ヒッポリュトスの使徒伝承——B・ボットの批判版による初訳』土屋吉正訳、燦葉出版社、一九八三年（重版、オリエンス宗教研究所、一九九六年）、XVIII頁を参照。

13 一八九—一九八年、ローマ教皇。

14 一九八—二一七年、ローマ教皇。

15 ヒエロニュモス『書簡』七〇3の異読。

16 歴代のローマ司教の名前については、エイレナイオス『異端反駁』第三巻三3（小林稔訳、教文館、一九九九年所収、一〇頁）に第一二代のエレウテロスまでの一覧表がある。ウィクトールはその後の「第一三代」司教となる。ただし、この数え方には異説がある。同じ小林稔訳の訳註84を参照。

17 A. von Harnack, Marcion. Das Evangelium vom fremden Gott, 2.Aufl. 1924, S.45, 48, 51, 64, 123によれば、すでにノエートス派以前に、マルキオンが様態論者であった（S.123, Anm.1参照）。テルトゥリアヌス『プラクセアス反論』一4は、様態論を最初にローマに持ち込んだのはプラクセアスだとする。しかし、ヒッポリュトスはプラクセアスに全く言及しない。この点および三位一体論との関係については、本シリーズの一冊『テルトゥリアヌスI』（教文館、一九八七年）所収の邦訳に付された訳者解説（土岐正策）一二八—一二九頁も参照のこと。

18 K. Heussi, Kompendium der Kirchengeschichte, 14.Aufl., Tübingen 1976, 71による。

19 教会史上初めて司教座から宣布された信条文と言われる。

20 „Kompromissformel": K. Heussi, ibid. 参照。この「妥協の定式文」がその後のいわゆる三位一体論への展開と関係していくことは明白である。三位一体論が正式に正統教会の教理となるには、その後の長い論争とニカイア公会議（三二五年）、ニカイア・コンスタンティノポリス公会議（三八一年）、カルケドン公会議（四五一年）を経なければならない。なお、この分裂劇の背景に、ローマ教会の聖職階級内部のより深刻な教会政治的および社会的な抗争があったとされる。詳しくは、J・ダニエルー『キリスト教史1　初代教会』上智大学中世思想研究所編訳、講談社、一九八〇年、二九九－三一二頁を参照。

21 B. Altaner/A. Stuiber, Patrologie, 8. Aufl., Freiburg i. B. 1978, 164.

22 K. Preysing, Des heiligen Hippolytus von Rom Widerlegung aller Häresien, München-Kempten 1922 (BKV40), 9. ただし、『ノエートス駁論』一四章における議論は「三体論」的であるから、ヒッポリュトスの将来の三位一体論との関係は複雑である。

23 M. Marcovich, ibid., 41.

24 ヒッポリュトスの信奉者の中にローマの上流階級が含まれていたことについては、M. Marcovich, ibid., 36参照。

25 第一巻〔序〕11、第四巻五一14、第七巻二九3、三一8、第九巻三一1、第一〇巻三四2。

26 ヒエロニュモス『著名な人々について』六一。ただし、大半が周辺原語への翻訳で部分的にのみ残存。

27 B. Altaner/A. Stuiber, ibid., 165-168.

28 次の邦訳がある。『聖ヒッポリュトスの使徒伝承――B・ボットの批判版による初訳』土屋吉正訳、燦葉出版社、一九八三年。重版はオリエンス宗教研究所、一九九六年。

29 小高毅訳『ノエトス駁論』、『中世思想原典集成1』上智大学中世思想研究所編、平凡社、一九九五年、四六七－四九四頁（特に四七二－四七三頁）を参照。そこには、かたや『ノエートス駁論』とかたや本書『全異端反駁』（および前述の座像の台座に刻まれた一連の著作）とは別の著者によるものだとするP・ノータン（Nautin）の仮説、およびそれをめぐる論争について、詳しい紹介がある。ギリシア語の本文はTertullian, Adversus Praxean, FC34, p.257 以下に付録として収録。

30 Σύνοψις ἱστοριῶν = Histr. comp. I p.275-284. Bonn, ed. Bekker.

31 H. Diels, Doxographi Graeci, Berlin 1879, 156.

32 H. Diels, ibid., 553-576.

33 M. Marcovich, ibid., 7.

34 全巻の冒頭、あるいは各巻の冒頭に序文をおいて、論述予定あるいは既述部分の内容を示すことは、長編になりやすい歴史叙述では、ごく通常のことで、古代においてもすでに文学的な慣例になっている。ポリュビオス『歴史』第二、四巻、ヨセフス『ユダヤ古代誌』八、一三、一四巻などにその例を見ることができる。ヒッポリュトスの本書の各巻の場合は、それを超えていわゆる「目次」（κεφαλαιώσις, προγραφαί）となっている。つまり、前掲のような第一行で各巻全体の表題を示した後、各巻の論述の内容を段落に区分して、それぞれの段落のキーワードを掲げるのである。現代で言えば、いわゆる「章見出し」に当たる。このような目次もすでに古代で文学的な慣例となっていた。例えばアレクサンドリアのクレメンス『教育者』全三巻、エウセビオス『教会史』全一〇巻、ディオ・カシウス『ローマ史』第三七－五〇巻がよい事例である。加えて、ヒッポリュトスの各巻第一行の書き方とまったく同じ書き方のものも、見つかっている。それはテオポンポス『フィリッポス伝』（前四世紀）のいずれかの巻の目次を含むパピルス（前二世紀、オクシュリンコスで発見：Hellenica Oxyrhynchia cum Theopompi et Cratippi fragmentis, ed. Grenfell et Hunt, Oxford 1909, fr.211）である。ウェントラントが前掲の校訂本の序論（XIV頁）に掲出しているギリシア語は次の通りである。―― [Τάδε ἔνεστι]ν ἐν τῇ ἑβδόμ[ῃ καὶ τεσσαρακο]στῇ τῶν Θεοπόμπου Φιλιππικῶν. 巻頭の内容目次が著者自身によるものか、それとも後代の写字生によるものかは、そのつど事例ごとに判断すべきことであるが、ヒッポリュトスの本書の場合は、間違いなく著者自身が記したものである。ただし、前掲の第一行以下に続く段落区分に付された章節番号（例えば一1）は、言うまでもなく、後代の学者によるものである。

35 P. Wendland, ibid. XV-XVI.

36 密儀（μυστήρια）とは何か。その典型的な例として、アプレイウス『黄金のロバ』を参照。その他の事例については、ハンス・ヨナス『グノーシスと古代末期の精神』（第一部神話論的グノーシス、第二部神話論から神秘主義哲学へ、大貫隆訳）、ぷねうま舎、二〇一五年の随所で行われている詳細な研究を参照のこと。

37　第二巻と第三巻については、それが実は現在の第四巻に含まれてしまっているとするA. d'Alès, La théologie de Saint Hippolyte, Paris 1906, 84ff. の説がある。それによると、第四巻の冒頭の本文欠損部では、第四巻の表題、目次、序文が失われたのではなく、実際には、第二巻のそれが失われた。さらに第四巻二七章と二八章の間にある本文欠損部では、第三巻の導入部が失われた。本来の第四巻は、その後に続く「魔術」に関する部分（本訳の二八－四二章）を指していた。第六巻三九2に「先行する巻でわれわれが魔術師たちを論駁して、如何に多くの者たちを彼らが騙して滅ぼしているか語ったところで」とあるのが、その証拠だと言う。この仮説に対しては、ウェントラント（前掲書XVI－XVII頁）が詳細にわたって反証を行っている。その結びに曰く、「もしそうなら、元来のIVにもあったはずの『目次』（κεφαλαίοις）と序文は何処へ行ってしまったのか！」

38　この点は、マルコヴィッチも認めている。前掲書七頁。マルコヴィッチ自身も詳細にわたる資料分析を一覧表にしている（一八－三二頁）。

39　以下は、P. Wendland, ibid., XVIII-XX による。

40　H. Diels, ibid., 149, 152 参照。

41　前三七〇－二八八年頃、アリストテレスの教え子の一人。ディオゲネス・ラエルティオス『ギリシア哲学者列伝』第五巻三七参照。

42　H. Diels, ibid., 153-154 に一覧表がある。

43　H. Diels, ibid., 147.

44　H. Diels, ibid., 149.

45　H. Diels, ibid., 153.

46　第六巻九4、同一一、一八2にも言及がある。

47　四二1と五五2に、エイレナイオスの名前の言及がある。

48　マルコヴィッチはその資料集は、ヒッポリュトスにとって、現代のグノーシス研究にとってのナグ・ハマディ文書にも比すべき発見であったと表現している。Marcovich, ibid., 32.

49　A. v. Harnack, Lehrbuch der Dogmengeschichte, Bd.1, (1. Aufl. 1885), 4. Aufl. Tübingen 1964, 266.

50　以上の段落全体について、より詳しくは、ハンス・ヨナス『グノーシスと古代末期の精神』第二部巻末の私（大貫）による訳者解説を参照。

51　G. Scholem, Die jüdische Mystik in ihren Hauptströmungen, Zürich 1957（英語初版は New York 1941）, 6, 37f, 59, 70, 72.

52　ハンス・ヨナス、前掲書第一部の序論（研究史と方法論について）第15節を参照。

53　ハンス・ヨナス、前掲書第一部の序論（研究史と方法論について）第8－11節を参照。

54　K・ルドルフ『グノーシス　古代末期の一宗教の本質と歴史』大貫隆・入江良平・筒井賢治訳、岩波書店、二〇〇一年、三二一頁以下、大貫隆『グノーシスの神話』講談社学術文庫、二〇一四年、五一頁以下を参照。

55　『ナグ・ハマディ文書　Ⅰ救済神話、Ⅱ福音書、Ⅲ説教・書簡、Ⅳ黙示録』荒井献・小林稔・筒井賢治・大貫隆編訳、岩波書店、一九九七－一九九八年、『ナグ・ハマディ文書　チャコス写本　グノーシスの変容』荒井献・大貫隆編訳、岩波書店、二〇一〇年。

ヒッポリュトス

# 『全異端反駁』

# 目次

## 第一巻

## 第五巻



## 第六巻



## 第七巻

## 第八巻

『全異端反駁』目次

# 第一巻（哲学誌）

一　以下の『全異端反駁』第一巻の内容は次の通り。

二　自然学者たちが考えた教説は何なのか、およびそれは誰なのか。倫理学者たちが考えた教説は何なのか。およびそれは誰なのか。弁論術論者たちが考えた教説は何なのか、およびそれは誰なのか。

三　自然学者に当たるのは、タレース、エンペドクレス、ヘラクレイトス、アナクシマンドロス、アナクシメネース、アナクサゴラス、アルケラオス、パルメニデース、レウキッポス、デーモクリトス、クセノファネス、エクファントス、ヒッポーン。

四　倫理学者に当たるのは、自然学者アルケラオスの弟子のソクラテス、ソクラテスの弟子のプラトン。この人は三種類の哲学を合体させた。

五　弁論術論者に当たるのは、プラトンの弟子のアリストテレス。この人は弁論術《ディアレクティケー》を集大成した。ストア派に当たるのは、クリュシッポスとゼノン。

六　エピクロスは、これらすべての者たちとはほとんど正反対のことを試みた。アカデメイア派に属するピュローンは、万物が把握不可能であることを説いた。インドのブラーマンたちとケルトのドリュイダイ人たち、そしてヘシオドス。

〔序〕 1ギリシア人たちの間でその名を知られている話《ミュートス》のどれ一つとして、軽く扱うことができない。彼らの教説の中の最もまとまらないものでも、異端者たちの大法螺吹きと比べれば、信じるに値するのである。異端者たちは、自称言い表しがたい奥義をひたすら沈黙の中に隠すことで、多くの人の目に、神を畏れる者と見做されてきた。われわれは彼らの教説をすでに本書に先立つ書(1)で論述ずみである。もっとも、そこでわれわれは詳細にわたって論証はせず、概略的に反駁した。それは、彼らが言う語りがたい事柄をただちに白日の下に曝すことは適切ではないと考えたからである。その際のわれわれの目論みは、まずは彼らの教説をぼかした形で露にしておけば、ひょっとするとわれわれが彼らのその語りがたい事柄そのものをも公言して、彼らを無神の輩として暴露するかも知れないと彼らが畏れるだろうということ、そして彼らが自ら恥じ入って、あまりに理性を欠いた考えと瀆神的な企みを中止するだろうということであった。2しかし、私が見るところ、われわれの側のそのような慮りに彼らの気が咎めている気配はない。また、神が彼らから侮辱を受けながらも、広い心で忍耐しておられるのは、彼らが自分を恥じて回心するか、または何も変わらずにそのままで行くならば、当然ながら裁きに遭うか、そのどちらかになるためなのであるが、彼らはそのことにも気づいていない。そうであるからには、私としてはやむを得ず先に進んで、彼らの言う語りがたい奥義を暴露する他はない。

その奥義は〔彼らの仲間に〕入ろうとする者たちにとっては、大いに信じるに値するものである。しかし彼らは、そのような〔入信希望〕者を前もって長い時間をかけて奴隷状態にして、自分たちに従属させ、真の神に対する冒瀆のための訓練を施し、その結果その者が好奇心から〔奥義の〕告知を受けたくてたまらなくなっているのを見るまでは、その奥義を伝授しないのである。3その者がすでに罪に縛り付けられてしまったことが確信できて初めて彼を入信させ、もろもろの悪の中でも極め付きの悪を伝授するのである。その際、彼らは彼に、決して口外しないこと、また、たまたま出会った人にも、その人が同じように奴隷にならない限り、奥義を分与しないことを誓約させる。もっとも、それが一度伝授されてしまえば、もはや誓約は必ずしも不可欠ではなくない。4 なぜなら、彼らの言う最高の奥義を植えつけられ、自分からもそれを唯々諾々と受け取る者はだれでも、すでにその事実だけで、良心をすでに十分に拘束されて、他の人に口外することもないからである。というのは、もし仮に彼がだれか他の人にかくも破廉恥なことを漏らすようなことがあれば、彼はもう人間の一人とは数えられないであろうし、陽の光を見るに値しない者と見做されるからである。彼は、理性はなくてもそのような破廉恥を試みることがない〈動物たちにも劣って、神を畏れない者とされる〉[2]。この点については、本書のしかるべき場所に来たら、あらためて語ることにしよう。

5 本書のわれわれの論述は、しかるべき理由から、巨大な深淵も敢えて渡らざるを得ない。われわれとしては、すべての〔異端の〕教義を詳細にわたって論述し、何一つ黙ったままで通りすぎることはしないつもりである。仮に本書が非常に長大なものとなっても、その労を厭わないことが大切だと思われる。なぜなら、そうすることでわれわれは人々の人生にとって少なからざる助けを残すことになるであろうから。すなわち、もはや迷わされることがなくなり、彼らが秘められたもの、そして言葉で表しがたいものだとして、入信者にしか明かさない儀礼行為をすべての人々が明瞭に見抜くようになるからである。

6 これらのことを暴露するのは、他でもない教会に授与されている聖なる霊なのである。その霊に最初に与ったのは、使徒たちであった。彼らはそれをさらに正しい信仰の持ち主たちに分け与えてきた。われわれはその彼らの後継者であって、同じ恩寵、大祭司と教師の務めに連なり、教会の見張り役に選ばれているのであるから、居眠りで目をつむることなく、正しい発言をせずに沈黙することもない。むしろ、ありったけの心魂と身体をささげて倦むことなく働き、善行者《エウエルゲテース》なる神にふさわしいものをふさわしくお返しするよう試みなければならない。そして、そのように倦まずにふさわしくお返しをすることは、われわれが今現に信じていることに関して弛緩することなく、それぞれ定められた時機《カイロス》の升目を満たして行くこと、また聖なる霊がもたらしてくれるものを、惜しみなくすべての人々と分かち合うことによる他はない。7 われわれが反駁によって明らかにすることは、奇天烈なことばかりではない。真理が御父の恵みから受け取って人間たちへの奉仕として行ったこと、このことも論述によって明らかにし、書かれたものでその証拠も示しながら、恥じることなく堂々と宣べ伝えて行くであろう。

8 したがって、われわれは――〔本書が以下で述べることを〕先取りして言えば――彼らが教説、振舞い、そしてその結果のいずれにおいても、神なき者たちであること、また彼らの企みが一体何処から生じてきているのかも証明するだろう。すなわち、彼らはそれらの企みに当たって、聖書からは何一つ採用しているわけではなく、だれか特定の聖者からの言い伝えを守って事を急いでいるわけでもない。むしろ、彼らが説いている教説は、ギリシア人の知恵に起源を持っているのである。すなわち、〔ギリシアの〕哲学で唱えられた教説、試みられてきた密儀[3]（μυστήρια）、足取り不確かな占星術から起源を得ているのである。したがって、われわれとしては、先ず最初にギリシアの哲学者たちの教説を提示して、それらの教説の方が彼ら〔異端者たち〕よりも古いばかりか、神的なるものに対してよりふさわしいものであることを、〔本書の〕読者の方々に証明して見せるのがよいと思われる。9 その後で、個々の異端の分派を個別に比較して、如何にして分派の頭領が〈ギリシア哲学の〉[4]それぞれの試みをさらに増築して拡大したか、ところが実際には、そこから発端を得たにもかかわらず、より劣悪な教説へと頽落して行ったものか、示すのがよいと思われる。

10 もちろん、われわれのこの企ては労苦に満ちたもので、多くの探索を必要とする。しかし、われわれが困窮することはないだろう。なぜなら、それはやがてわれわれの喜びに変わるだろうから。それはちょうど、例えば闘技者が多くの労苦の後で、勝利の王冠を手にしたとき、貿易商が大荒れの海に苛まれた後で、利益を上げたとき、農夫が額に多くの汗[5]を流した後で、作物の稔りを得たとき、預言者がさんざん侮辱と高慢さの犠牲となった後で、〔自分が〕預言したことが実現するのを見たときと同じである。11 それでは、われわれはギリシア人のもとで一体だれが最初に自然哲学を提示したのかを見てみよう。もろもろの異端の分派の頭領たちが剽窃者となって言葉を盗んでくる先は、大抵の場合、その自然哲学者たちだからである。そのことは、まもなくわれわれが両者を互いに比較して証明する通りである。われわれは〔ギリシアの自然哲学者たちの〕それぞれに、その人が最初に唱え始めたことを返すことによって、異端の分派の指導者たちをして恥ずべき裸を曝させよう。

## 自然哲学者

### タレース

一 1 七賢人の一人に数えられるミレートスのタレースが最初に自然哲学に着手したと言われている。彼は水が万物の始原《アルケー》であり、かつ終わり《テロス》であると唱えた。2 なぜなら、水が凝固し、また溶解することによって、そこから万物が構成されるからであると言う。また万物は水によって運ばれているからとも言う。地震もそれによって生じ、もろもろの風の吹き寄せも、星々の運行もそれから〈生じている〉[6]のである。3 万物は揺れ動き、流動している。それは万物の生成を司る第一原因〔である水〕の本性に従って、一緒に揺れ動いているからである。これこそが、始めも終わりも持たない神である。4 このタレースは星々の原理《ロゴス》と探求に余念がなかった。その結果、ギリシア人の間で、この学問を最初に基礎付けた者となった。彼は〔あるとき〕天を見上げていた。天上にあるものが気になって、それに思いを潜めていたのだ、と彼自身は言うのだが、つい〔側の〕

泉に足を滑らしてしまった。それをタラッタという名の下女が見ていた。そして大笑いしながら、この人は天上のことばかりが気になって、自分の足下にあるものを何一つ見ていなかったのだと言った。これはクロイソスの時代の出来事である。

## ピュタゴラス

二 1それからそう遠くない時代に、もう一つ別の哲学が存在する。それを始めたのはピュタゴラスである。その学派のことを、人々はイタリア学派と呼んだ。なぜなら、ピュタゴラスはサモスの専制君主のポリュクラテースの手を逃れて、イタリアの町に住み、そこで生涯を閉じたからである。この分派の跡を継いだ者たち〔の唱えたこと〕は、彼自身が考えたこととさほど違ってはいなかった。2ピュタゴラス自身も自然に関する事柄の探求を進め、天文学と地理学と音楽〈と数学〉を合体させた。彼は単一性《モナス》を神として示す一方で、数の本性を丹念に探求して、宇宙《コスモス》は音階を奏でており、その調和によって保たれていると唱えた。そして彼は七つの〔惑〕星の運行をリズムと音階に割り振った最初の人であった。3彼はすべての事物を貫く摂理を敬うあまり、自分の弟子たちにも、万物の奥義に通じた者となるためにこの世にやってきたのであれば、最初は沈黙を守るように命じた。やがて彼らがすべての原理《ロゴス》の教育に十分与ったと思われるときがくると、そして星辰と自然についての哲学を進める能力が十分だと思われると、彼は彼らを清浄な者と見做す。そしてその上で言葉を発するように命じるのである。4彼は弟子たちを二つに分けて、一方を「内なる者たち」とし、他方を「外なる者たち」と呼んだ。前者には一段と進んだ見識を授け、後者には通常のそれを授けた。5人々の言うところでは、彼は魔術にも手を付けて、人相学も自分で発明した。

(7)彼は数と尺度を想定した上で、算術の原理《アルケー》が哲学を包括するものであることを、次のように主張した。6原初の数が原理《アルケー》となった。原初の数（アリトモス）は一《ヘン》であり無限定かつ把握不可能である。なぜなら、それは自分の中にすべての数を内包していて、量において無限にまで至り得るからである。実体としては、原初の単一性《モナス》がもろもろの数の原理となった。それは男性であって、父としてその他のすべての数を生み出した。第二は二つ《デュアス》である。それは女性であり、(8) 算術の専門家たちによって、偶数とも呼ばれる。7第三は三つ《トリアス》であって、男性である。これは算術の理論家たちによって、奇数とも呼ばれる。これら三つに続くのが四つ《テトラス》であり、女性である。これも偶数と呼ばれる。なぜなら、女性だからである。

8それゆえ、これらの数すべてでは、種族《ゲノス》から見れば、四つである――なお、〔原初の〕数は、種族の点では、無限定であった――。一〇という完全数はこれら四つから構成されている。なぜなら、もし一《ヘン》、二《デュオ》、三《トリア》、四《テトラ》の数それぞれの本性に準じて固有な名前〔数価〕が保持されれば、〔合計は〕一〇《デカ》になるからである。9ピュタゴラスはこれが聖なる四個組《テトラクテュス》だと言った。それには「永遠の本性《フュシス》の根っ子が内在していて」、そこにすべての数の起源があるのである。たとえば一一と一二、さらにはその他の数も、それぞれの存在を一〇という起源から分与されている。この一〇という完全数の四つの部分が、原初の数《アリトモス》、単一性《モナス》、平方数《デュナミス》、立方数《キュボス》と呼ばれる。10これらの部分が結合し合い、混じり合うことが増殖を生み出すようになる。すなわち、本性上生殖力を持った数へと完成されるのである。なぜなら、平方数が自分自身に掛け合わされて、平方数の平方数が生じたからである。また、平方数が立方数と掛け合わされて、〈立方数の平方数が生じた。また、立方数が立方数と掛け合わされて〉、立方数の立方数が生じた。こうして、七つの数すべてが生じた。生成したもろもろの事物はそこから生成した。七つの数とは、原初の数、単一性、平方数、立方数、平方数の平方数、立方数の平方数、立方数の立方数のことである。

11ピュタゴラスによれば、心魂は不死であって、身体から身体へ転生する。そのために彼は、自分自身がすでにトロイア人たちよりも前の時代に、アイタリデースとなっていたと言った。また、トロイア人たちの時代にはエウフォルボス、その後はサモス出身のヘルモティモス、その後はデーロス出身のピュッロス、そしてやっと五番目にピュタゴラスとなったのだと言う。12 エレトリア出身のディオドーロスと音楽家のアリストクセノスが言うところでは、ピュタゴラスはカルデア人のザラタスを訪れたことがあった(9)。このザラタスは彼［ピュタゴラス］に、存在するものには原初から二つの原因があるという説を開陳したと言う。その二つの原因とは父と母である。父は光、母は闇であり、その光の部分が熱、乾、軽、速である。闇の部分は冷、湿、重、遅である。宇宙万物はこれらのものから成り立っていて、女性と男性に分かれている。13 彼［ザラタス］が言うには、宇宙は音楽的な調和に従っている。そのために、太陽も調和した周期運動を行っている。大地と宇宙から生じてきたものについては、ザラタスは次のように述べたそうである。すなわち、二種類の神霊《ダイモーン》がある。一つは天のそれ、もう一つは地下のそれである。大地から生じるものを送り出しているのは、地下の神霊である。水がその神霊である。他方、天のそれは〈この世界からのものである。なぜなら(10)〉それは火であり、大気を含んでいるからである。それは熱く、かつ冷たい。それゆえ、心魂はこれらのものをどれ一つとして滅ぼしたり、穢したりしないのである。なぜなら、これらのものが万物の本質を成しているからである。

14 伝えられるところでは、彼［ピュタゴラス］は豆を食べるのを禁じたと言う。その理由は、ザラタスがこう語ったことにある(11)。すなわち、豆は原初に万物が混ぜ合わされて大地が固まり、発酵させられたときに生じてきたものである。その良い証拠として彼［ピュタゴラス］が挙げるのが次の例である。すなわち、豆を咬んで皮をむいてから、ほんのしばらく日に干しておくと――その効果を豆はすぐ受けるものであるが――、人間の精子の臭いがしてくると言う。15 それ以上に明瞭な事例がある、と彼は言った。すなわち、豆の花が咲いたときに、豆と花を一緒に壺に入れて、その壺を油脂で密封して土に埋めておき、ほんの数日経った後で取り出して開けてみると、われわれが目にするその形は、始めはちょうど女の恥部とそっくりで、その後さらによく見てみると、まさしく形を成し始めたばかりの胎児の頭部とそっくりだと言う(12)。

16 ピュタゴラスはイタリアのクロトーンで死んで、弟子たちと一緒に火葬された。誰であれ彼の教えを受けるためにやってくると、財産を売り払って、封印されたままの金子をピュタゴラスの足下に差し出すのが慣例であった。その者はその後、時には三年、時には五年にわたって、沈黙を守りながら学ばねばならなかった。〔その縛りから〕解放されるや否や、彼はその他の弟子たちと一緒にされ、弟子としてとどまった。しかし、そうでない場合は、自分の財産を受け戻した上で、追放された。17 弟子たちの中の「内なる者たち」は「ピュタゴレイオイ」と呼ばれたが、別の者〔外なる者〕たちは「ピュタゴリスタイ」と呼ばれた。彼の弟子たちの中で火事を免れ〔て生き延び〕たのは、リューシス、アルキッポス、彼の家僕だったザモルキスだった。このザモルキスはケルト人の間にいるドリュイダイ人たち(13)にピュタゴラス哲学を教えたと言われている。18 ピュタゴラスはエジプト人から数と度量衡を学んだと伝えられる。その地の祭司たちが持っている知恵が信じるに値し、想像に余るほど見事で、公には説きがたいものであることに驚嘆した彼は、自分自身でもそれを真似て、〔弟子たちに〕沈黙を守ることを命じた。そして地下の聖なる場所に隠棲して学ぶようにさせたのだと言う。

## エンペドクレス

三1 以上の者たちの後に続いたのがエンペドクレスであった。〈彼は〉自然の中には実に数多くの神霊たちがいて、大地に存在するものに宿っているかについて、沢山のことを論じた。エンペドクレスが言うところでは、万物の始原は憎悪と友愛である。そして単一性が持っている叡智的な火が神である。万物はその火から構成されるとともに、再びその火へと解消されて行くだろう。この教説では、〔大火による〕世界焼尽を唱えるストア派の者たちも一致している。 2 彼がすべての者に勝って賛同するのは、〔心魂が〕身体から身体へ転生するという説である。彼はこう言っている。

なぜなら、わたしはこれまでにも、若者にも乙女にも、
灌木にも鳥にも、さらには潮を渡る魚にもなってきたからだ(14)。

さらにエンペドクレスが言うところでは、すべての心魂はすべての生き物に変成する。 3 というのは、彼ら〔エンペドクレス派?〕が師と仰いだピュタゴラスも自分がすでにエウフォルボスとなって、トロイア攻めの指揮を取ったことがあり、そのために彼〔エウフォルボス〕の盾を知っていると主張していたからである。以上がエンペドクレスである。

## ヘラクレイトス

**四** 1 エフェソス出身の自然哲学者ヘラクレイトスは、いつもあらゆる事物について嘆いていた。すなわち、すべての人間が生涯全体について無知であることを告発するとともに、死ぬべきものたちの生活を憐れんでいた。なぜなら、彼自身はすべてのことを知っているのに対して、他の人間たちは何一つ知っていない、と言っていたからである。 2 そして彼自身の唱えた説はほとんどエンペドクレスのそれと一致していた。すなわち、対立と友愛が万物の始原であって、叡智を具えた火が神であると言っていた。また、万物は互いに出会っていて、決して静止していないとも言っていた。 3 さらに、ヘラクレイトスは、エンペドクレスと同じように、われわれを取り巻いている場所全体が悪に満ち満ちていると言っていた。そして大地を取り巻く場所から月まで

の領域では、悪が勢力を張っている。しかし、それを超えた領域まで悪が侵入することはない。なぜなら、月より上の領域では、すべてのものが一段と清浄だからである、と言っていた。ヘラクレイトスの見解は以上の通りであった。

**五** それに続いて、また別の自然哲学者たちが現れてきた。しかし、彼らの学説を述べることは必要ないとわれわれは考える。なぜなら、それはすでに述べた者たちの学説と何も異なるところがないからである。しかし、この学派[15]の成長は全体としてみると、決して小さいものではなかった。加えて、そこからは多くの自然哲学者が派生して、万物の本性についてそれぞれの意見を語った。それゆえ、ピュタゴラスに始まる哲学を論述してきた者たちを年代順に取り上げて、タレースより後の者たちが考えた教説にまで至り、それを語り終わった後は、倫理と弁論術に関する哲学へ進むのが適当だとわれわれには思われる。倫理哲学はソクラテスが、弁論術の哲学はアリストテレスが創始者となったものである。

## アナクシマンドロス

**六** 1 さて、アナクシマンドロスはタレースの聴講生となった人で、ミレートスの人プラクシアドスの子であった。彼が言うところでは、存在するものの始原は或る無規定《アペイロン》な本性《フュシス》〔自然〕である。その本性からもろもろの天とその中にあるもろもろの世界《コスモス》が生じた。その本性は永遠で不老長寿、もろもろの世界すべてを包括している。彼が言うには、存在するものには生成と消滅が定められているように、時間《クロノス》〈もまた〉そうである。[16] 2 アナクシマンドロスは、前述の無規定なもの《アペイロン》が存在するものの始原と元素であると語っていた。[17] その始原をそう〔アルケーと〕名付けたのは彼が最初であった。これに加えて、永遠の運動も存在する。もろもろの天はその運動の中で生じたのである。[3]しかし、大地はそれらの間に浮かんでいて、何物によっても拘束されておらず、むしろすべてのものから等距離で隔たっている。大地の形状は丸みを帯びており、円筒形の石柱に似ている。〔柱の一方の端の〕円形の平面の上にわれわれが生じてきたが、もう一方の〔円形の〕平面はそれと対向している。

[4]星辰は円形の火として生じた。それは世界に内在する火〈とは〉異なっており、大気によって取り巻かれている。〔それぞれの星には〕ちょうど葦の茎のように、中空の通気路があって、その通気路に従って星は輝く〔現れる〕のである。そのため、もし反対にその通気路が塞がれてしまうと、「蝕」となる。[5]月は満ちて輝く時もあるが、欠けて小さくなる時もある。それも通気路が塞がれたり、開けられたりするためである。太陽の円形は〈大地〉のそれの二七倍大きい。月の〈それは一九倍である〉。そして太陽は一番上にあり、〈その後に月が続き〉(18)一番下にはもろもろの恒星〈と惑星〉のそれが位置している。

[6]動物たちは〈湿ったものが〉太陽によって蒸発することから生じた。(19)他方、人間は最初に生じたときには、別の動物、すなわち魚に似ていたと言う。[7]風は大気の中の最も軽い蒸気が分離されて、運動によって集合するときに生じる。雨は大地から太陽によって(20)引き起こされる蒸気から生じる。雷光は風がもろもろの雲とぶつかって、それを引き裂くときに生じると言う。以上のことがあったのは、第四二回オリンピア祭の三年目〔前六一〇年〕のことであった。

## アナクシメネース

七[1]アナクシメネースもミレートス出身で、エウリュストラトスの子であった。彼は、無窮の大気こそが始原であると言った。それから〔生じて来るもの、すでに生じて来たもの、これから生じて来るものが、〕神々および神的なものが生じてくるのだと言う。その他のものは、大気のその子孫たちから生じてきたのである。

[2]大気の特性は次のとおりである。もしそれがこの上なく均質であれば、肉眼には見えない。しかし、冷気、熱気、湿気、そして運動によって、目に見えるようになる。それは常に運動している。なぜなら、すべて変化するものは、運動しなければ変化しないからである。[3]それは凝縮するか、希薄化するかで、さまざまな現れ方をする。希薄になって拡散すると、火になるが、再び大気に凝縮すると、〈風〉になる。大気からの凝縮が極まると雲になり、さらに進めば水となり、最も凝縮が進めば、大地となり、その中でも［最高に凝縮したものが］石である。その結果として、生成を司る最たるものは互いに対立し合うもの、すなわち、熱いものと冷たいもの［の対立］である。

[4]大地は平板の形をしていて、大気によって担われている。それと同じように、太陽、月、その他の星々もすべて燃える火であって、［それぞれの平板の］広さのゆえに、大気によって運ばれている。[5]星辰は大地から立ち上った湿気から生じた。その湿気が気化して火が生じ、その火が上昇して、もろもろの星が形成された。しかし、その星辰の領域でも、大地の性質を持った本性も存在し、星辰と一緒に運ばれている。[6]しかし、彼の説では、星辰は、他の者たちが想定してきたような仕方で、大地によって動かされているのではない。星辰はむしろ大地の周りを動いているのである。それはちょうど帽子がわれわれの頭の周りを動くのと同じであると言う。太陽が隠れてしまうのは、大地の下側に入るからではなく、大地の中の最も高い部分に覆われるため、また、われわれからの太陽の距離が膨大になったからである。しかし、星辰は［われわれからの］距離が大きすぎるために、熱を送ってくることがない。

[7]もろもろの風が生まれるのは、大気が〈部分的に〉凝縮して上へ運ばれる[21]場合である。大気がさらに強く集積して厚くなると、雲が生まれ、やがて水に変わる。雹が生じるのは、群雲から水が落ちて氷結するときで

ある。雪になるのも同じ事情であるが、より多く水分を含むために結露にとどまるときである。8 雷光が生じるのは、強風で雲が引きちぎられるときである。というのは、雲が引きちぎられる際に、火のように輝く光が生じるからである。虹がかかるのは、静止している大気の中に太陽の光が射し込むときである。地震が起きるのは、熱と冷たさによって、大地が激しく変容するときである。以上がアナクシメネースである。彼の活動の最盛期は第五八回オリンピア祭の初年〔前五四八／七年〕の前後であった。

## アナクサゴラス

八 1 その後に登場したのが、ヘーゲシブーロスの子でクラゾメネイア出身のアナクサゴラスである。彼が言うところでは、万物の始原は叡智《ヌース》と質料《ヒューレー》である。叡智は〔能動的に〕制作する者、質料は〔受動的に〕生じる者である。万物はすでに同時に現存しているところへ、叡智が到来して、秩序づけた。質料的な始原の方は限りなく多く、その微小さにおいては、限りなく小さいものだと言う[22]。2 叡智によって動かされているすべてのものは運動に参与している。また、似たもの同士が集合する。あるものは、天上にあって、円周運動によって秩序づけられている。別のもの、すなわち、凝縮していて、湿っており、暗く冷く重いものはすべて中央の場所に集合する。それらが固まったことで、大地が形成された。他方、これらと反対のもの、すなわち、〈薄くて〉[23]熱く明るく、乾いて軽いものは、アイテールの彼方に向かって急ぐのである。

3 大地の形状は平板であり、〔その〕大きさのゆえに、同時にまた、空虚ではないために、〔中空に〕漂ったままである。それゆえに、大気には、大地を周りから取り囲んで運ぶ力があるのである。4 大地の上にある水分の内の一部は海であり[24]、それは大地の中にある水分から〈生成して〉きた。そしてそれらの水分が気化することによって、また、流れ下る川によって、〔下方にあるものが〕現在のように形成された。5 もろもろの川は雨から成り立っており、大地の中にある水からも補給を受けている。なぜなら、大地の中には空洞があって、その空洞の部分に水を保っているからである。ナイル河が増水するのは、夏になって、北向きの領域で雪の溶けた水がそれに流れ込む時である。6 太陽と月、およびその他の星辰は火を含んだ石であり、アイテールの回転運動に随伴させられている。それらの星辰よりも下のところで、われわれの目には見えないが、また別の天体があって、太陽と月と歩調を合わせて運動している。7 星辰たちの熱が感じ取れないのは、大地からの距離があまりに大きいからである。また、それらの熱も太陽のそれには匹敵しない。なぜなら、それらは〔太陽〕より冷たい領域に位置しているからである。月は太陽よりも下にあって、われわれにより近いところにある。8 太陽の大きさはペロポンネーソス半島に勝ると言う。月は太陽と同じ光を自分に具えているわけではなく、太陽からもらっているのである。星辰の周回運動が大地の下で生じる。9 月は、大地によって塞がれると、あるいは場合によっては、月よりも下にある天体によって塞がれると、光を失う。他方、太陽が触となるのは、新月の度ごとに、月によって塞がれる場合である。太陽の回帰も月の回帰も、大気によって押し戻されることによって起きる。ただし、月の回帰は、しばしば冷たさを支配し切れなくなることによっても生じる。

10 このアナクサゴラスは触と光の回帰《ファーティスモス》(25)の説を最初に唱えた人だった。彼が唱えたところでは、月にも大地があって、そこには平原もあれば〈山も〉断崖もある。銀河は太陽の光が届かない星辰の光の反射である。流星たちは天の枢軸の運動によって振りまかれた火花である。

11 風が生じるのは、大気が太陽によって〔暖められて〕軽くなるとき、また、〔大気の塊が〕焼かれて天の枢軸に向かって移動し、運ばれるときである。雷鳴と雷光は、熱が雲の群れの中へ落ち込むときに生じる。

12 地震が起きるのは、上にある大気が地下にある大気の中へ落ちて侵入するときである。なぜなら、このことが生じるときには、大気によって取り囲まれている大地も揺り動かされるからである。動物は、始めは湿ったものの中に生じたが、その後は互い〔の生殖行為〕から生じてきた。あるものは雄《オス》であった。それは精子が〔雄の睾丸の〕右側から出て来て母体〔子宮〕の右側で受胎される場合である。他方、それと逆の場合には、雌《メス》となった。13 アナクサゴラスの活動の最盛期は〈……〉で、第八八回オリンピア祭の初年〔前四二八／七年〕に〈死んだ(26)〉。ちょうどその時に、プラトンが生まれたと言われている。アナクサゴラスは未来を予知することもできるようになったと言われている。

## アルケラオス

九 1 アルケラオスは、素性の上ではアテナイ人で、アポロドーロスの子であった。彼はアナクサゴラスと同じように、質料の混合が生成(27)の始原だと主張した。2 彼が〔言うところでは、〕叡智には端的に一定の混合が内在している。運動の始原は、熱いものと冷いものが互いに分離されたことである。そのうちの熱いものは運動し、冷たいものは静止していた。溶けた水はその中間へ流れるが、そこで焼かれて大気と大地になった。前者は上に向かって運ばれ、後者は下方にとどまった。3 大地は静止していたので、〈冷たく(28)〉なった。中間の場所にあったものの、言わば、万物のいかなる部分でもなかった。〈反対に〉、火で焼かれて成立した〈大気は万物を支配した(29)〉。その焼かれた大気から、最初に星辰の本性が生じて来た。その中で最大のものは太陽で、二番目が月であった。その他のものには、この二つよりも小さいものも、大きいものもあった。

4 彼が言うには、天は〔大地の上に〕張られた。その結果、太陽は大地に光を送るようになり、大気は透視が可能となり、大地は乾いたものになった。なぜなら、それ〔大地〕は最初は〔大きな〕池だったからである。それは周囲が盛り上がっていて、中央が窪んでいた。その窪みを証拠立てる徴がある。それは太陽がいたるところで同時に昇ったり、沈んだりはしないことである。もし大地が平板であったならば、そうなってしかるべきであるはずだろう。[5]彼は動物については、こう言った。大地は先ず最初に、熱いものと冷いものが混じり合っていた下の深いところで熱せられた。その結果、［その他の］多くの動物が現れてきた。人間たちも現れた。そのすべてが泥を食べ物として自分を養っていた。――これらの動物は短命だった――その後、彼らの間で、互いの生殖行動による生成が成り立った。[6]そして人間は他の〈動物〉(30)から分離されて、支配権、法律、技術、都市、その他のものを築き上げた。しかし、彼が言うには、すべての生き物に生まれながらに叡智が具わっている。なぜなら、それぞれの生き物が叡智を用いるのだが、ただある生き物はそれがゆっくりであるのに対して、別のそれはより俊敏だと言うのである。

一〇 [1]タレースからアルケラオスまで、自然哲学は続いた。この後者の聴講生となったのがソクラテスである。その他にも実に多くの者たちが、神的なるものと自然の本性についてそれぞれ異なった意見を述べてきた。それらの意見のすべてを並べて述べるとしたら、何巻分もの紙を用意しなければならないことであろう。[2]それらの者たちの中で最も名前が知られていて、言わば指導的な立場にあったために、その後哲学を志すことになった者たちすべてにきっかけを与えることになった者たちに限り、［それぞれの］試論を、記憶のため順を追って取り急ぎたどってみたい。

パルメニデース

一一 [1]パルメニデースもまた、万物は一つで、永遠かつ生まれざるもので、球状をしているという説を立てた。彼もその他の多くの者たちの意見から外れることなく、万物の始原は火と大地であると言った。そのうち、大地は言わば質料であり、火は能動因である。彼は世界が消滅すると言った。しかし、それがいかにしてかは語らなかった。2その同じ人物が、万物は永遠で、生成したこともなく、球状をしていて均質で、自分自身の中に〔空の〕場所を持たず、運動もせず、限定もされていないものだ、と言うのである。

### レウキッポス

三〇 1ゼノンの友人のレウキッポスは〔ゼノンと〕同じ意見を堅持しなかった。彼が言うところでは、〈存在するものは[31]〉無窮で、常に動き続けている。それは絶え間ない生成と変化であり続ける。元素は満ちていると同時に空の〈もの〉である。2彼が言うには、〈この〉世界が生成したのは、巨大な空虚の中へ、それを取り囲んでいるものから多数の体《ソーマタ》が一気に流れ込んだことによる。それらは互いに衝突し合い、形が同じか姿が似たもの同士で合体した。〈その合体されたものが成長して[32]〉星辰が生成した。しかし、それらは必然性に従って成長し消滅する。彼はその必然性がどのようなものであるかの定義はしなかった。

### デーモクリトス

三四 1デーモクリトスはレウキッポスの弟子となった。デーモクリトスはアブデラ出身のダマシッポスの子で、インドの裸の賢者たち、エジプトの祭司たち、バビロニアの占星術師たちの多くと交流があった。2彼が元素に関して、また、満ちているものと空のものに関して言うところは、レウキッポスと似ている。すなわち、満ちているものは存在するが、空のものは存在していない。彼が主張したところでは、存在するものは常に空虚の中で運動している。大きさの異なるもろもろの世界が存在して、そのいくつかにおいては太陽も月もない。別のいくつかでのそれらは、われわれの世界のものよりも大きく、さらに別のいくつかでは、もっと数が多い。3それらの世界の隔たりは同じではない。隔たりが大きい世界もあれば、小さい世界もある。成長中のもの、今最盛期のものもあれば、消滅しつつあるものもある。生成しつつあるものもあれば、無くなりつつあるものもある。それらの世界は互いに衝突して滅びて行く。動物、植物、湿気がない世界もいくつか存在する。[4] 現にわれわれがいるこの世界では、大地の方が星辰よりも先に生じた。月が一番下にあり、その上に太陽、さらにその上に恒星がある。惑星たちは同じ高さにあるわけではない。世界の最盛期は、外部からもはや何物も受容できなくなるまで続く。デーモクリトスはすべてのことを笑い飛ばした。人間の間で生じることはすべて笑う他はない〈ものである(33)〉からと言う。

## クセノファネス

**一四** [1] クセノファネスはコロフォーン出身で、オルトメネースの子であった。彼はキュロス王の時代まで生きた。彼は万物が把握不可能だと言った最初の人だった(34)。例えば、こう言ったのである。

　最大の幸運に恵まれて、至言を語る者がいるとして、
　彼もまた分かってはいないのだ。すべての人が手に入れるのはただの思い込み(35)。

[2] クセノファネスが言うところでは、何も生じず、消滅も運動もしない。そして万物は一つであって、変化を免れている。彼がまた言うところでは、神は永遠でただ一人、いつも同一で、あらゆる面において一様で、かつ、限定されていて、球状を呈し、どの部位でも感覚することができる。[3] 太陽は日ごとに、小さな火の粉が集合して生まれている。大地は無窮で、大気によっても天によっても包まれてはいない。[4] 彼が言うところでは、海が塩辛いのは多くのものがその

中に流れ込んで混じり合った結果である。〔この点では〕メートロドーロスが、海は大地の内部で浸出してくるために、塩辛くなるという意見であった。

5 しかし、クセノファネスは、大地と海の混じり合いが生じ、それが時間の経過の中で水分に溶けたのだという意見だった。そしてそれには証拠があると言った。それは大地と山々の只中に貝殻が見つかることである。さらに彼が言うところでは、シュラクースにある石切場でも、魚〔やアザラシ〕の化石《テュポス》が見つかり、パロスでは大理石の岩盤の深いところにイワシの化石が見つかり、さらにメリト〔マルタ〕では、〈アザラシや〉ありとあらゆる海の生き物の〔化石を含む〕石板が見つかると言う。6 彼の主張では、これらのものは、太古にすべてのものが泥にまみれたときに生じた。その際、あるものが泥の中で乾燥して化石となったのである。しかし、〔やがてまた〕大地が海の中へ運ばれて泥になる時には、すべての人間が取り去られる。しかし、その時にはやがてまた生成が始まる。そしてこの変容はすべての世界の上に起きるのだと言った。

## エクファントス

**五** 1 エクファントス某という人はシュラクースの出身であった。彼が言うところでは、存在するものについて真の認識《グノーシス》は不可能である。〈誰が〉行う定義も、その人がそう見做したということなのである[36]。すなわち、原初のもろもろの身体《ソーマタ》は分割不可能で、それらの変化〔違い〕は、大きさ《メゲトス》、形《スケーマ》、力能《デュナミス》の三つである。これら三つのものから、感覚を具えたものが生じる。2 それらの数は限定されていて、無限で〈はない〉[37]。それらの身体が運動するのは、重さによるのでも、衝撃によるのでもない。むしろ神的な力能による。その力能のことを彼は叡智《ヌース》および心魂《プシュケー》と呼んだ。この世界はその力能の現れ《イデア》である。その球状の形もその神的な力能によって可能となったのである。大地はこの世界の真ん中で、自分自身の中心の周りを、東に向かって動いている。

ヒッポーン

一六 1 ヒッポーンはレーギノスの人で、〔万物の〕始原は水および熱い火だと言った。火は水の下で生じたが、自分を生んでくれた者の力を打ち負かして、この世界を構成した。2 彼の言うところでは、心魂は脳であるときもあるが、水のときもある。というのは、われわれの目に見える精子も湿っており、心魂はそれから生じるからである。

一七 さて、以上でわれわれは十分に論述したと思われる。すなわち、自然哲学者たちが考えた学説を十分に跋渉したと思われるので、最後にここでソクラテスとプラトンへ進むことにしよう。この二人は主として倫理学に意を注いだ。

## 倫理哲学者

ソクラテス

一八 1 ソクラテスは、自然哲学者アルケラオスの聴講生となった。「汝自身を知れ」を重要視して、大きな学派を構えた。すべての弟子たちの中で最も秀でていたのはプラトンだった。しかし、ソクラテス自身は何も書き残さなかった。2 しかしプラトンが彼のすべての知恵〔哲学〕を受け継いで学校を創設し、自然学、倫理学、弁論術を綜合した。そのプラトンが説いたことは、以下の通りである。

一九 1 ［[38]プラトンが言うところでは、］万物の始原は神《テオス》、質料《ヒューレー》、そして範型《パラディグマ》である。神は現下の万物の創造主であり、それを秩序づけ、前もって配慮している。質料は万物の根底にあるもので、彼はそれを母胎あるいは乳母とも呼んだ[39]。それが秩序づけられることによって、四つの元素が生じた。それらの元素は、この世界が現にそれによって成り立っているもので、火、大気、大地、水のことである。その他すべてのいわゆる合成物、動物、そして植物も、これらの元素から成り立っている。2 範型は神の思考である。プラトンはその範型を「イデア」とも呼んだ。それは一種の像であって、神は心魂の中でそれを注視しながら、万物を創造したのである。

3 彼がさらに言うところでは、神は身体を持たず、形として目に見えず、ただ賢者たちにのみ把握可能である。質料は可能態としては身体であるが、現実態としてまだ身体になっていない。なぜなら、それはまだ形も性質も具えていないからである。それは形と性質を受け取って初めて身体となる。4 それゆえ、質料は始原〔原理〕であって、神と同時的である。この点では、この世界は生成したものではない。なぜなら、この世界はその質料から成り立っているからであると彼は言う。生成したのではないものには、いつでも必ず、不滅性が随伴する。しかし、身体は多数の性質とイデアから合成されて成り立っている。それに応じて、身体は生成したものであり、したがって可滅的なのである。

5 プラトン学派に属する何人かの者たちは、この両者を結び合わせた。その際、彼らが用いた比喩はこうである。すなわち、車というものは、どこかの部分が壊れても、そのつどその部分を交換すれば、車そのものは全体として保全される。それと同じで、この世界もつねにどこかの部分は滅びて行くが、消滅してしまった部分が元と同じものと交換されれば、永遠に存続する。

6 ある者たちの言うところでは、プラトンは、神は一人であって、生成したものでも可滅的でもないと唱えた。そのことを彼は『法律』の中で、こう述べている。「古の諺にも言う通り、神は存在するすべてのものの始原と終わりと真ん中を持っている(40)」。——それゆえに、彼〔プラトン〕は神が一人で万物を貫く者だと言っているのである。——7 別の者たちによれば、彼〔プラトン〕は「神々の神々よ、わたしこそが〈おまえたちを〉造った者、そして父なのだ(41)」と言うとき、不特定多数の神々が存在すると言っているのだ、と言う。8 さらに別の者たちによれば、彼〔プラトン〕は、「天上の大神ゼウスは有翼の車を駆る(42)」と言うとき、また、ウラノスとゲーの子孫たちの系譜をたどるときにも、不特定多数の神々がいると言っているのだ、と言う。他の者たちの意見では、彼〔プラトン〕は、確かにその神々は生成したのだと想定した。そしてそれゆえ、その神々も全く必然的に滅びなければならないと考えた。しかし、その神々はあの神〔単数〕の御心によって不死とされているのである。この意味で彼はこう付け加えているのである。すなわち、「神々の神々よ、わたしこそがおまえたちを造った者、そして父なのだ。わたしがそう欲すれば、〔おまえたちは〕不滅である(43)」と。これはあたかも、神がそれらを消滅させることを欲すれば、たやすくそうできるかのようなのである。9 プラトンは神霊という本性が存在することを容認していた。そしてその中には善良なものもいれば、劣悪なものもいると言っていた。

10 何人かの者たちが言うところでは、心魂についてプラトンは、それが生まれざるもので、しかも不死だと言っていた。それは彼が例えば、「すべての心魂は不死である。なぜなら、常に運動しているものは不死だからである(44)」と述べる場合、さらに、心魂が自分で自分を動かしていること、そして運動の始原〔原理〕であると言う場合である。さらに何人かの者たちによれば、プラトンは心魂は生まれたものではあるが、神の御心によって不滅なのだと言っていた。また別の者たちによれば、プラトンは心魂は合成されたもの、生まれたもの、そして可滅的なものだと言った。なぜなら、彼は心魂のための混合器を想定し、心魂の身体は光の形状をしているが、生まれたものはどれでもすべて必然的に滅びるものだからというのである。[45] 11 また、心魂が不死であると主張する別の者たちが自説を固める足場にするのは、プラトンが死んだ後にも冥界での審判があって、善良な心魂たちは善き報いを受けるが、劣悪な心魂たちには裁きが下ると語っている箇所である。12 さらに別の者たちが言うところでは、プラトンは〔心魂が〕身体から身体へ転生すること、そして変容するという説に同意していた。すなわち、心魂はそれぞれに相応しい別の身体へ転生して、そこで一定の期間を過ごした後は再びこの世界へ送り戻されてくるように定められている。それは自分自身で行った選択が吟味されるためである。13 別の者たちはこの見方を退けて、むしろそれぞれの心魂が自分に相応しい場所を割り振られるのだ〔とプラトンは言っていた〕と言う。その証拠として彼らが用いるのは、プラトンが何人かの善良な男たちの心魂はゼウスと一緒にいることになるが、他の男たちの心魂は別の神々と一緒にいることになり、現下のこの世界で劣悪で不義なことを仕出かした者たちは、永遠の刑罰に処されることになると述べている箇所である。[46]

14 さて、プラトンは、ある事物には中間概念がなく（ἄμεσα）、別の事物には中間概念があり（ἔμμεσα）、また別の事物は中間概念そのもの（μέσα）であると言った。例えば、覚醒と睡眠およびこれに類することには中間概念がない。さらに例えば、善と悪には中間概念がある。さらに例えば、白と黒の中間概念は灰色ないし他の色である。15 言葉の優れた意味での善とは、心魂に関係するものだけであり、身体とその外側にあるものに係るそれは真の意味での善ではなく、善だと言われているに過ぎないと彼〔プラトン〕は言ったそうである。彼はそのような善をしばしば中間概念とも名づけた。なぜなら、それらは善用も悪用もされるからである。

16 彼が言うところでは、もろもろの徳は価値〔名誉〕としては至高のものであるが、本質としては中間物である[47]。なぜなら、徳よりも価値のあるものはたしかに何もないが、徳が過剰あるいは過少の場合は、最後は悪〔徳〕に成り下がるからである。彼は以下の四つを徳として数え上げた。すなわち、賢智《フロネーシス》、思慮《ソーフロシュネー》、正義《ディカイオシュネー》、勇気《アンドレイアー》である。そのいずれにも、それぞれの過剰と過少に応じて、二つの悪徳が随伴する。賢智には、過少として無智《アソーフロシュネー》、過剰として奸知が。思慮には、過少として懲りのなさ、過剰として愚鈍が。正義には、過少として気弱さ、過剰として勝ち気が。勇気には、過少として怖じ気、過剰として無謀が。

これらの徳が人間に具わるならば、それはその人を完成し、その人に幸福をもたらす。17 プラトンが言うところでは、幸福とは可能な限り神に似ることである。神に似るとは、だれであれ敬虔で、正義に適い、思慮を身に付けることである。なぜなら、このことこそが最高の知恵と徳の目標とするところだからである[48]。18 これらの徳は互いに一致するもので、同じ形相をしており、決して互いに対立し合うことがない。しかし、悪徳は多種多様であって、たしかに互いに一致し合うこともあるが、時として互いに対立し合う。19 プラトンが言うところでは、宿命《ヘイマルメネー》は存在する。しかし、すべてのことが宿命に従って起きるのではなく、何がしかのことはわれわれの掌中にある。その意味で、彼はこう言った。「原因は選択した者にあり、神に責めはない[49]」、「これはアドラステイアの定めである[50]」。こういうわけであるから、彼は宿命に関しては、われわれの掌中にあるものの範囲についても承知していたのである。彼が言うところでは、過失は自由意志によるものではない。20 なぜなら、だれであれ、われわれの内側にある最善のもの、つまり心魂の中へ、悪、すなわち不正を受け入れたりはしないであろう。何か善いことをしようと思った人が、無知のためか、あるいは善に関して思い違いを犯したために、悪を仕出かすのである。21 このことについて、この上なく明瞭な言及が『国家』篇の中にある。そこで彼はこう言っている。「君たちはまたしても、悪は恥ずべきことで、神に疎んじられることだと言っている。ところで、人はなぜそのようなものを〈進んで〉選び取るのだろうか。君たちは『快楽に屈した者が』と言うことだろう。してみると、これ〔快楽に屈すること〕も本人の意志に反することなのだ。まさしくそれに勝つことが欲するところなのだから。従って、あらゆる根拠に照らして、理性《ロゴス》が不正を犯すことを選ぶのは、自分の意志に反してのことなのだ[51]」。22 この点に関して、ある人がこう言って反論した。「もし人々が意志に反して罪を犯すのであれば、一体どうしてその人々は刑罰を受けるのか[52]」。彼がそれに答えて言うには、それは他でもないその人自身ができるだけ早く悪から離れ、刑罰に服するためである。――なぜなら、刑罰に服することは悪いことではなく、善いことだからである。それによって悪からの浄化が生じるのだから。――またさらに、その他の人間たちも、そのことを耳にして、何一つ過失を犯さないようになるため、そして同じ過ちを犯さないように気をつけるためである。23 悪の本性は神によって生じたのではない。それは自分自身として実体を具えているわけでもない。それはむしろ善に対立したこと、そして善と関係したことから生じたのである。その関係が過剰と過少のいずれかであることは、徳の場合についてすでに述べたとおりである。プラトンは哲学全体の論点が三つの部分にわたっていたものを綜合した。そのことは前述した通り[53]であるが、彼がそのために行った哲学の実際は以上の通りである。

## 弁論術哲学者

アリストテレス

二〇 1 アリストテレスはプラトンの聴講生となり、哲学を専門学科とした上に、〔プラトンよりも〕さらに鋭敏となった。彼はすべてのものの基礎《ストイケイア》を成すのは本質《ウーシア》と状況《シュンベベーコス》であると想定した。本質は一つであって、すべてのものの根底にある。状況には九項目ある。すなわち、大きさ〔多さ《ポソン》〕、性質《ポイオン》、関係《プロス・ティ》、場所《プー》、時《ポテ》、所有《エケイン》、状態《ケイスタイ》、能動《ポイエイン》、受動《パスケイン》である。2 本質は、例えば神、人間、その他同一の概念に含まれ得るものすべてがそれに当たる。状況〔の九項〕についての彼の見方では、まず性質は例えば白いあるいは黒い、大きさは例えば二ペキス、三ペキス、関係は例えば父親と息子、場所は例えばアテナイあるいはメガラで、時は例えば第一〇回目のオリンピア祭の時、所有は例えば財を成したこと、能動は例えば書くこと、あるいはそもそも何かを遂行すること、状態は例えば横になっていること、受動は例えば殴られることである。

3 アリストテレスも中間という概念は存在すると想定した。しかし、中間を持たないものも存在するとした。この点はわれわれがすでにプラトンに関して述べたところと同じである。[54] アリストテレスは大抵の点でプラトンとほとんど同意見であったが、心魂に関する学説だけは別であった。4 というのは、プラトンは心魂を不死と見做したが、アリストテレスはそれが〈……〉[55] 存続し続けるものの、その後五番目の身体において消滅するとした。その五番目の身体というのは、その他の四つの身体と並ぶものであって、火、土、水、大気から成るが、より軽く、気息《プネウマ》のようなものであると想定した。

5 プラトンが言うところでは、ただ心魂に関係するものだけが真に善きものであって、それだけで幸福になるのに十分なものであった。しかしアリストテレスは善には三種類あるとした。[56] そしていかなる賢者も、身体に係る善と外的な善を身につけていない限りは、まだ完全な賢者ではないと言った。すなわち、身体に係る善は、美しさ、強さ、健全な感覚、そして真っすぐさである。他方、外的な善とは、財産、良き育ち、名誉、権能、平和、そして友愛である。しかし心魂に係る内的な善については、プラトンと同じ意見だった。[57] すなわち、賢智《フロネーシス》、思慮《ソーフロシュネー》、正義《ディカイオシュネー》、勇気《アンドレイアー》である。6 アリストテレスもまた悪は善との対立から生じてきたものであり、月から下の領域には存在するが、それより上にはもはや存在しないと言った。[58] また、世界全体の心魂は不死であり、この世界そのものも永遠であるが、個別の心魂は、すでに前述した通り、消滅すると言った。
7 アリストテレスはリュケイオンで議論を交わしながら哲学するのが常だった。ゼノンがそうしたのは、「アテナイの」彩色柱廊《ストア・ポイキレー》であった。ゼノンの後に続いた者たちはその場所から、即ち柱廊《ストア》から名付けられて、ストア派と呼ばれた。他方、アリストテレスの後に続いた者たちはその習慣に因んで名付けられた。なぜなら、リュケイオンで逍遥《ペリパテイン》しながら探求していたので、逍遥学派《ペリパテーティコイ》と呼ばれた。以上がアリストテレスである。

## ストア派

二 1 ストア派は推論法によって哲学をさらに成長させた。そしてクリュシッポスとゼノンの教説が一致した結果、定義集でもってそれを総括した。彼らが唱えた説によれば、神が万物の始原であり、この上なく清浄な身体である。その神の摂理《プロノイア》がすべてのものを貫通している。[59] 2 彼らもすべてのものが宿命《ヘイマルメネー》によって起きると主張した。その際、彼らは好んで次の比喩を用いた。すなわち、今仮に車に犬がつながれているとしよう。もしその犬が車について行くのを欲すれば、引きずられることとついてゆくことが同時に起きる。その場合、その犬は宿命《ヘイマルメネー》に比すべき必然性に引きずられながら、同時に自分の権能で行動しているわけである。反対に、もしその犬がついて行くのを欲しないならば、その犬はまるっきり必然性に強制され「て引きずられ」て行くことになるだろう。[60] それと同じことが、人間にも当てはまる。従って行くことを欲しないならば、まるっきり必然性に強制されて、自分の分け前に甘んじる他はないだろう。

3 彼らが言うところでは、心魂は不死であるが、身体は周囲の大気が冷えたこと《ペリプシュクシス》で生じてきたものである。それゆえ心魂は「プシュケー」と呼ばれているのである。[61] 彼らは心魂が「それまでの身体から」分離されると、別の身体へに転生するという見方に賛同した。[62] 4 また、この世界がやがて火によって焼尽されて、浄化されるという見方も受け入れた。ただし、〔その世界焼尽は〕ある者たちによれば世界全体に及ぶが、別の者たちによれば、世界のある部分がそうなると言う。すなわち、後者の者たちが言うのは、この世界は部分ごとに浄化されて行くのである。彼らはまた、〔ある物が〕消滅し、そこからまた生成が生じることを浄化と名付けていた[63]。5 彼らの想定によれば、すべてのものが身体であり、ある身体はたしかに別の身体に入っていくものの、互いに混じり合うにすぎないのである[64]。すべてのものは満たされており、空虚なものは何もない。ストア派については以上である[65]。

## エピクロス

三 1 エピクロスはほとんどすべての者たちとは反対の説を唱えた。すべてのものの始原は原子《アトモイ》と空虚《ケノン》だと想定した。その際、空虚とはこれから生じてくるもののための場所のことであり、原子とはすべてのものを構成する質料《ヒューレー》のことである。2 原子の集合から神、〔すべての〕元素と〈世界、そして〉[66]それらの中にあるすべてのもの、生き物その他が生じてきた。そのように原子から生じるのでなければ、何一つ生じ〈ず〉[67]、存続もしない。原子は身体を構成する最も軽い部分であり、それには中心も点もなく、いかなる分割[68]もあり得ないと彼は言った。

3 それゆえに、彼は原子のことを「アトモイ」と呼んだのである。彼は神が永遠不滅であることに同意したが、その神は何一つ予め計画する《プロノエイン》ことがなく、摂理《プロノイア》なるものも宿命《ヘイマルメネー》もそもそも存在しないのであって、むしろすべてのことは自動的に生じて来るのだと言った。なぜなら、神が座しているのは、彼の表現で言えば、「メタ世界」だからである。彼は神の住処はこの世界の外側の何処かにあると考え、その場所のことを「メタ世界」（τὰ μεταχόσμια）と呼んだのである。神はそこでこの上ない善慮の内に、喜んで安らいでいる。神自身が物事を為すことも、それを他者に課すこともない。4 彼は賢者論もそれに対応する仕方で展開し、知恵《ソフィア》の目標は快楽《ヘードネー》であると主張した。しかし、その快楽という概念を人はさまざまに解釈した。ある者たちは死につながるようなもろもろの欲望のことだと解したが、別の者たちは徳から得られる快楽のことだと考えた。

5 人間の心魂は身体と一緒に誕生してきたのと同じように、身体と同時に解消されるとエピクロスは考える。なぜなら、心魂とは血のことであって、それが流出して分散してしまうと、人間全体が滅びるからである。その後に、冥界での審きや訴訟が続くことはない。たとえこの現下の生活で誰が何を為そうとも、それがまったく人に知られず、その責任が問われずにいるかぎりは。以上がエピクロスである。

## ピュローン派哲学

二三 1 さらに別のアカデメイア学派と呼ばれる分派がある。この呼び名の由来は、彼らがアカデメイアで議論を交わしていたことにある。その始祖はピュローンであったので、ピュローン派哲学とも呼ばれた。ピュローンはすべてのことが不可知であると最初に唱えた人であった[69]。彼は二つの結論を同時に試みた。そしてそのどちらかだけを自説として説明することはなかった。2 なぜなら、叡智的なものであれ、感覚的なものであれ、どれも真実ではなく、ただ人間の目にそのように見えているだけだからである。すべての本質《ウーシア》は流動し変化していて、一時も同じ状態に留まっていない。

3 アカデメイア学派のある者たちは、いかなる事柄についてもその始原を証明する必要はなく、むしろ単純に仮説を立ててみて、途中で放棄すればよいのだと言っていた。また別の者たちは、「より以上に」ということは〈ない〉[70]と付け加えるのが常だった。例えば、火が他の何かに比べて、「より以上に」〈火〉[71]だということはないというのである。彼らは、何であれ、まさにそれが何であるかではなく、そのような状態にあるものとして説明するのが常であった。

## 蛮族の哲学

### ブラーマン哲学

二四 1 さらにインドのブラーマンの間にも哲学的な分派がある。ブラーマンたちは独自な自足的生活を営んでおり、有魂のものや火で調理された食物を避けている[72]。彼らは樹木に実る果実だけで十分としていて[73]、それも樹からもぎ取るのではなく、地に落ちたものを拾って生きており、水はタガベナ河[74]のものを飲んでいる。2 彼らは常時裸で生活していて[75]、身体こそが神から心魂の衣服として造られたものだと言っている。

彼らが言うところでは、神は光であるが、その光は太陽や火のように肉眼で見ることができるものではなくて、彼らにとっては神なるロゴス（言葉）なのである[76]。ただし、分節されて声に出される言葉ではなく、認識の言葉である。それを用いれば、賢者には自然の隠された奥義も見抜くことができる。ブラーマンたちは、この光、すなわち神なるロゴス（言葉）を知っているのは、自分たちだけだと言う。なぜなら、自分たちだけが空しい憶見、つまり心魂の最も外面的な衣服を、投げ捨てているからであると。3 彼らは死を軽蔑している[77]。むしろ常に自分自身の声で〈光である〉[78]神を賛美し、すでに述べた通り、賛美の歌を上に向かって送り出している。彼らは妻帯せず、子供もつくらない。

4 彼らと同じ生き方をしたいと憧れ、〔ガンジス〕河の反対側の土地からも河をわざわざ渡ってやって来て、彼らと住いを共にし、もはや元の土地には戻らない者たちがいる。その者たちもブラーマンと呼ばれる。しかし、その生活の仕方は同一ではない。というのは、彼らには元の土地に妻がいて、その妻たちから生まれた子孫がその土地に住んで、生まれたり生んだりしているからである。

5 彼らが神と名付けるロゴス（言葉）は身体を具えている。(79) なぜなら、それは自分の外側から取り囲まれている身体だからである。それは、ちょうどだれかが羊の皮から造った衣を身につけている場合と同じである。その衣を取り去られると、それで包まれていた身体が目にも鮮やかに見えてくる。

ブラーマンたちが言うには、彼らはその衣に包まれた身体の内側には戦いがある。彼らは自分たちの身体がもろもろの戦いで満ちていると考えているのである。すでにこの章でわれわれが明らかにした通り、彼らは言わば隊列を整えて、敵と戦っているのである。6 彼らが言うには、すべての人間はそれぞれ自分と同時に生まれてきた敵たちの手に虜となっている。その敵たちとは、腹、恥部、喉、怒り、喜悦、悲嘆、欲望、およびこれに類するもののことである。これらのものに対して勝利を収めた者だけが、神のもとに至る。7 それゆえに、一方でブラーマンたちは、ダンダミスを神と見做したのである。ダンダミスとは、マケドニアのアレクサンドロスがわざわざ訪ねた人物で、身体の中でのその戦いに勝利を収めた者と見做されていたのである。他方で、彼らはカラノスのことは、自分たちの哲学を裏切った者として軽蔑していた。(80) 身体を脱ぎ捨てたブラーマンたちは、ちょうど水面に浮上してくる魚のように、上なる清浄な大気を見上げて、太陽を見るのである。

## ドリュイダイ人の哲学

二五 1 ケルトのドリュイダイ人たちはピュタゴラス哲学にすっかりはまってしまった。その原因となったのが、ピュタゴラスの弟子でザモルクシドスという名の男であった。(81) 彼はもともとトラキアの出身で、ピュタゴラスの死後その地へ移住したのである。そしてその地のピュタゴラス学派の種を蒔いたわけである。2 ケルト人たちは彼らのことを予言者とも先見者とも見做して崇拝していた。それは彼らが小石や数字を使ったピュタゴラス学派の技能で、人々に何がしかのことを予告したことによる。その技能の起源については、われわれも黙って看過するわけには行かないだろう。[82] いくつかの異端の分派が憚りもなくそれを受け入れようとしたからである。なお、ドリュイダイ人たちは魔術も用いていた。

## ヘシオドス

二六 1 詩人のヘシオドスが言うところでは、彼もまたムーサの女神たちから、自然に関して次のことを聞いたと言う。まず、ムーサたちはゼウスの娘たちである。というのも、ゼウスはもの凄い性欲を抑えがたく、九日の間、昼夜を分たずムネーモシュネーと交わったのである。その結果、ムネーモシュネーは自分のたった一つの胎に一夜に一人ずつ孕んで、計九人の娘を身ごもったわけである。2 さてヘシオドスは、そのムーサの女神たちをピエリアーから、すなわちオリュンポスから呼び寄せると、彼女たちに教えを乞うたのである。[83]

108　まずはじめに、いかにして神々と大地が生まれたのか
109　またもろもろの河　涯しない海と大波が
110　また輝きわたる星辰　高く広がる天空が　いかにして生まれたのかを。
〔111欠〕
112　また神々がどのように王冠を配り、いかに名誉を分かち合い、

113 さらにまた　どのようにして　はじめに山狭多きオピュンポスの高嶺を手中に納めたのかを。
114 これらのことどもを ―― と彼〔ヘシオドス〕曰く ―― わたしに語り給え　オリュンポスに宮居する
ムーサたちよ
115 はじめから。物語り給え　それらのうちで最初に生じたものは何かを。

116 まず最初にカオスが生じた　さてつぎに
117 胸幅広い大地《ガイア》が　永久に揺るぎない御座として
118 雪を戴くオリュンポスの頂きに　宮居する不死なる神々のために、
119 つぎに　路広《みちひろ》き大地の奥底にある模糊としたタルタロス
120 さらに不死の神々のうちでも並びなく美しいエロースが生じた。
121 この神は四肢の力を萎えさせ　神々と人間ども　よろずの者の
122 胸のうちの思慮と考え深い心を拉ぐ。
123 カオスから　幽冥《エレボス》と暗い夜が生じた
124 つぎに夜から　澄明《アイテール》と昼日《ヘーメレー》が生じた
〔125欠〕
126 さて大地は彼女自身と同じ大きさの
127 星散りばめる　天《ウーラノス》を生んだ　天が彼女《ガイア》をすっかり覆いつくし
128 幸《さきわ》う神々の　永久に揺るぎない御座となるようにと。
129 また大地は　神々しい山々を生んだ

130 崖多き山々に棲む女精《ニュンフェー》たちの楽しい遊山の場所として。
131 また大地は　大波荒れる不毛の海
132 ポントスを生んだ　喜ばしい情愛の契りもせずに。さてつぎに
133 天と添い寝して生んだのは　深く渦巻く大洋《オーケアノス》
134 コイオス　クレイオス　ヒューペリオーン　イアペトス
135 テイア　レイア　テミス　ムネーモシュネー
136 黄金の冠を戴くフォイベー　愛らしいテテュス
137 これらの後から　末っ子　悪智慧長けたクロノス
138 一番恐るべき鬼子が生まれた　この者は強壮な父親〔天《ウーラノス》〕を憎んだ。
139 さて大地はまた　傲慢な肝を持つキュクロープスたちを生んだ[84]

ヘシオドスはクロノスから生まれた巨人族《ギガンテース》もすべて数え上げている。その後、さらにどのようにレアからデイアが生まれたかも語っている[85]。

3 本書が以上取り上げて来た者たちはすべて、万物の本性と生成について、それぞれの考えに従って、前述のようなことを公言してきた。彼らは全員が〔真に〕神的なものより低いところばかりを低回して、生成した事物の本質についての探求だけに明け暮れた。そして造られた物の大きさに驚嘆させられた結果、その大きさを神的なものと思い込んでしまった。その際、ある者は被造物のこの部分を、他の者は他の部分を好んで優先したが、それらの物の上におられる〈創造者なる[86]〉神と造り主を知るには至らなかった[87]。

4 哲学を試みたギリシア人たちが提示してきた見解については、以上で十分に論述されたものと私は思う。

やがて〔われわれが扱う〕異端者たちが語ろうと試みる教説は、そのギリシアの哲学者たちから発端を得ているのである。しかしわれわれとしては、それ以前に、ある者たちが空想に任せて唱えてきた神秘説（μυστικά）、および星辰あるいはその大きさに関する饒舌の限りについて語っておく方が良いと思われる。なぜなら、異端者たちはその者たちからも唆しを受けて、多くの人々には摩訶不思議と賛嘆されるような言説を弄しているからである。われわれはその報告が終ってから、それに続けて異端者たち自身が唱えている薄弱な教説を暴露するであろう。

# 第四巻

## 占星術について（1）

一 1 ……[1]〈彼らは〔黄道十二宮の〕それぞれの支宮の中にそれぞれの星が占める「区界《ホリオン》」について語る。それぞれの星は、その区界の中の特定の部分《モイラ》から〉特定の部分にかけて、最大の権能を持っていると言う[2]。〔ところが〕彼らの間では、〔そのための図表をめぐって〕少なからずの論争がある。彼らが言うところでは、それぞれの星が他の星々を護衛として従えていると言えるのは、次のような場合である。すなわち、ある星が獣帯のつながりの中で他の星々の中央に来る場合である。例えば、〔十二宮の〕どれか一つの中で、一つの星が始めの位置〔一方の端〕を占め、別の星が〈終わりの位置〔反対の端〕を、そしてもう一つの星が[3]〉中央の位置を占める場合である[4]。この場合、その中央の位置を占める星が、両端に位置する星たちによって護衛されると言われるのである[5]。2〈三分《さんぶん》（トリゴーノン、三角形）あるいは矩《く》（テトラゴーノン、四角形）として出現する場合は〉、彼らは互いを眺めながら協和しているのだと言われる。「三分」になるためには、彼らは互いに観察し合いながら、互いの間の開きが支宮三つ分になるような配置を取るが、「矩」になるためには、その開きが二つ分になるように取るのである[6]。〈人間の場合には[7]〉〔身体の〕下方の部分は頭の部分と共感し、逆に

**頭は下方の部分と共感するが、地上にあるものは、〈それと同じようには〉、月より上の領域のものと共感し〈ない〉のである。むしろ、これらの間には一定の差異と〈非〉共感が存在して、完全な同一性と一致を示すには至らないのである。**

二 [1] ペラータイ派のエウフラテースとカリュストス出身のアケムベース、(8) さらにこの二人に従う一群の者たちが、この理論を利用した。彼らはそれに〔自称〕真理の言葉で名前をつけ直し、諸々の世界《アイオーン》の争乱、そして諸々の善の力が悪へと離反すること、しかし、善が邪悪と調和することを予告している。彼らは「トポアルケース」(9)、「プロアステイオス」(10)など、無数の名前を造り出して口にしている。(11) 私はこの異端の企みのすべてを暴露して徹底的に論駁するつもりである。〔もちろん本格的に〕そうするのは、彼らについて論じるべき場所に到達してからのことになる。[2] ただし、カルデア人によって占星術において考えられたことが、信じるに値し、確実でもあるなどと、誰も思い込んだりしないためにも、われわれは今ここで、ためらわず彼らに対する論駁を簡潔な形で行っておきたい。われわれはそれが虚栄な技能であって、人を助けるというよりも、むしろ心魂に虚栄な希望を抱かせて惑わし、やがて滅ぼすかも知れない技能であることを証明してみせよう。われわれは技能そのものの経験からではなく、むしろ実践的な行動についての認識からそうするのである。[3] カルデア人の同じ理論を聞き知って、その同調者となった者たちは、人々の耳目にまだ馴染んでいない何とも不思議と思われる奥義を分け与えるかの振りをして、その名前を変えた上で、異端の党派をまとめ上げたのである。彼ら自身は占星術師たちの技能を大いに力ある技能だと考えており、彼らの証言を利用すれば、自分たち自身の企みも信じられるに違いないと思っている。それゆえ、さしあたりまずその占星術の技能そのものが首尾一貫しないものであることを証明するのが適切であろうと思われる。他方、ペラータイ派〔のエウフラテース〕の技能はその首尾一貫しない根っこから発した枝葉である。それを無効なものとするのは、その後からとしよう。

三(12) [1]〔占星術の〕根本原理《アルケー》、つまり〈カルデア人の〉基礎となるのは、まずホーロスコポス(13)を設定することである。なぜなら、その他の「中心《ケントラ》」、「離傾《アポクリーマ》」と「次昇《エパナフォラー》」、「三分」と「矩」、およびこれに準じて行われる星同士の「星相《スケーマティスモス》」の図形化、そしてそのすべてを踏まえて行われる予言が、まさにそこから引き出されてくるからである。[2]したがって、もしホーロスコポスが取り去られてしまえば、必然的に、「天頂《メスーラヌーン》」〈も「入没《デュノン》」も「天底《アンティ・メスーラヌーン》」〉(14)も知り得ないことになる。そしてこれらが把握できないとなれば、カルデア人の方法はその全体が消滅してしまう。事実、ホーロスコポスで〔そのつど〕該当する獣帯の支宮を見つけ出すことが彼らにもできないということ、これはいろいろな方面から示すことができる。[3]すなわち、それが把握されるためには、最初に先ず、今まさに観察《エピスケプシス》に付されている者の〔受胎としての〕成立が確実に摑まれねばならない。第二に時計（ホーロスコピオン）に〈曖昧さがない〉こと、そして三番目には、昇ってくる支宮が確実に見極められねばならない。[4]なぜなら、胎児が生まれて来るについては、天空に昇ってくる支宮との関連づけが堅持されねばならないからである。というのは、カルデア人は〈ホーロスコポスを使って〉規定と関連づけを行い、そこから〈他の〉星々の図形化〔星相〕を行うのである。それは〔星辰の〕「天宮図《ディアテマ》」(15)と呼ばれる。彼らはそれに基づいて、予言を教義化しているのである。しかしながら、観察の対象となっている者たちの誕生について知ることは、〈われわれが〉(16)まもなく後述するように、不可能である。また、ホーロスコポスに曖昧さがないわけでもなく、昇ってくる〔該当の〕支宮がどれであるかも正確には摑めないのである。

[5]そこで、今やわれわれは、カルデア人たちの方法がどれほど不確かであるか、このことを語ることにしよう。彼らは観察の対象になっている者の誕生を規定するに際して、精子が放出され、それが母体に受胎された

時点から出発して探求するか、あるいは実際に胎児が産み落とされた時点から探求を始めるか、どちらかである。6 今仮に受胎の時点から始めるとしよう。ところが、そのこと〔受胎〕について厳密に言葉にすることはできないのである。[17] なぜなら、時間の経過は迅速だからである。そしてそれは当然である。精子が〔母胎に〕預けられたのと同時に受胎が起きたのか、そうではないのか、これを言うことは不可能だからである。7 それが〔人間の〕思考の早さと同じように迅速に起きることは、たしかにあり得る。ちょうど、練り粉が火で熱せられた天火に入れられるとただちにくっついてしまうように。しかし反対に、それが起きるのに時間がかかることもあり得る。なぜなら、母胎の入り口〔女陰〕から胎盤——医者たちによれば、受胎はそこで生じるのである——までは距離があるので、放出された精子がその距離を渡り切るには時間がかかるからである。そして精子の本性はそうするように生まれついているのである。8 ところが、カルデア人たちはその時間がどれほどかを正確には知り得ない。そのために何時受胎が起きるのかも摑めないわけである。というのも、精子は時として真っすぐに放出されて、母胎の中でも良く発育して、受胎に適した〈場所に〉一丸となって着床するが、〈時としては、〔膣の〕中へ散り散りに射精され、母胎そのものに具わっている[18] 能力〈によって、はじめて一つに集められるからである[19]〉。加えて、一体何時この最初のケースが生じて、一体何時後のケースが起きるのか、また、最初の方の受胎が起きるためにどれほどの時間がかかり、反対に後の方のためにはどれほどの時間がかかるのかが、分からないからである。この点を知る由もないのだから、正確に受胎の時点を摑むことまでは、手が届かないわけである。9 もちろん、すでに何人かの自然学者たちが主張してきたように、精子はまず最初に子宮の中で加熱され、あらかじめ変化させられてから、子宮の孔の空いた胎盤へ運ばれるのだとしよう。ちょうど大地の種子が大地にそうされるように。しかし、だからと言って、彼らもその〔予めの〕変化にどれほどの時間がかかるのか知らないのであるから、一体何時の時点で受胎が起きるのかも分からないわけである。[10]さらに加えて、女たちは身体のその他の部位に関しても、活力あるいはその他の原因から、互いに異なっている。それと同じように、子宮の活力についても、素早く受胎する女もいるが、反対にそれが遅い女もいるのである。これは不思議なことではない。というのも、同一の女について見ても、受胎が容易な時もあれば、それがまったくだめな時も見られるからである。[11]こういう事情であるから、放出された精子が一体何時受け止められるのか――カルデア人たちはそれにかかる時間から人間の誕生についてのホーロスコポスを設定しているのであるが――厳密に言うことは出来ない〈相談な〉のである。

**四**[1](20)以上のような理由から、受胎に基づいてホーロスコポスを行うことは不可能なのである。また、出産の時点からそうすることもできない。なぜなら、一体どの時点で出産が起きたことになるのか言うことができないからである。例えば、それは〈胎児が外〉気を呼吸し始めた時点なのか。あるいは、それが全体として「母体から」脱出し終った時点なのか。あるいは、それが大地に落ち着いた時点なのか。これらいずれの場合にも、出産の時点を厳密に把握することはできず、その時を規定することもできない。[2]なぜなら、心魂の状態、身体の適性、秘部の性向、助産婦の経験知、さらにその他無数の事由のために、胎児を包んでいた胞衣が破れて胎児が外を見ることになる時点、また、胎児が全体として母体の外に出終わるか、大地に降ろされるかする時点は同一ではなく、むしろそのつど異なるからである。[3]カルデア人たちはそのことも厳密に規定も測定もできないわけだから、出産の時点を然るべく規定することは埒外のこととなるだろう。

このことから端的に明らかだが、カルデア人たちは出産の時点に関してホーロスコポスの術を知っていると約束していながら、実際にはそれを知らないわけである。彼らがそのために使う時計も曖昧さを免れていない。このことも手に取るように証明可能である。[4]彼らが主張するところでは、産気づいた女の側には一人のカルデア人が終始坐っていて、出産が始まると同時にドラ〔を叩き、その音〕で、高い物見台で星を観察している別のカルデア人に合図を送るのだそうである。するとその者は天を見上げて、その時に昇りつつある獣帯の支宮を書き記すのだそうである。この主張に対して、われわれ(21)としてまず最初に次のことを明示しておこう。すなわち、ほんの今しがた証明した通り、出産が起きた時点が規定しがたいのであるから、それをドラ〔の響き〕で合図することは簡単ではない。5 よしんば今仮に出産の時点が把握可能だとしてみよう。それでもなお、それを厳密な時点として記すことは不可能である。なぜなら、そのドラの響きは一定の時間を〈かけて〉、しかも間合いを置いて初めて感覚的に伝達可能となり、高い物見台まで送られるからである。6 その証明となる例が、遠くで木を伐採している者たちを観察する場合である。斧の響きは、それが振り下ろされた後しばらくの時間が経ってから初めて聞こえてくる。それだけの時間をかけてやっと聞き手の耳にまで届くからである。これと同じ理由から、カルデア人たちにとっても、〔今まさに〕昇りつつあって、真にホーロスコポスを主導している獣帯の支宮〔がどれであるか、そ〕の時を厳密に把握することはできないのである。7 出産が終った後、それまでずっと産気づいた女の側に付ききりだった者がドラを叩き、その響きを物見台にいる者が聞き取るまでには、いや、ただそれのみではなく、その物見台の男がそれから天を見回して、ちょうど今、月が獣帯のどの支宮の中にいるか、さらにはその他の星のそれぞれについても、どの支宮の中にいるかを眺めている間には、結構な時間が経過するものと思われる。そして星同士の配置も、必然的に前とは違ったものになってしまっていると思われる。なぜなら、天の軸の運動は言葉で表現できないほどの速さで進行していて、当の胎児の誕生の際に天に観察された時をただ忠実に守り続けるのでは追いつけないからである。

五 1 (22)カルデア人たちの技能は、かくも不確かであることが証明されるわけである。今仮に、〔運勢を〕尋ねに来ている人に問い質せば、あるいはその人について問い質せば[23]、当人の誕生〔の時の星の配置〕は分かるのではないか、と言う人がいるとしよう。しかし、われわれとしては、そのような仕方でも厳密な答えには到達できないことを〈証明してみせよう〉[24]。すなわち、もし誰かが彼ら〔カルデア人〕を真似て、専門の技能をそこまで心がけるとしても、当の彼ら〔カルデア人〕自身が確実な結論には到達できないのであれば、一体どうしてただの一素人が誕生の時を正確に把握することができようか。また、その人からカルデア人が事情を聞き取って、ホーロスコポスを正しく行うことが、どうしてできようか。2[25]さらに、〔誕生の時を〕規定しようとしている人から見て、昇って来る星は必ずしも常に同じ見え方をするとは限らない。むしろある場所ではホーロスコポスは「離傾」、別の場所では「次昇」と見做されるにとどまるだろう。そしてこれはそれらの場所の表面が比較的低いか、それとも比較的高いかの違いによる。その結果、この側面からしても、予言は正確とは思われないのである。世界全体で見れば、同じ時刻に多くの人が生まれたのであり、その時に観察された星辰はそれぞれ違っていたのである。3[26]水時計で〔誕生の時の〕把握が可能だと見做されているが、これも無益である。なぜなら、両側に取っ手が付いていて、〈底に穴〉が開けられた瓶〔である点は同じで〕も、満杯の時の水の下り方は部分的に空の時と同じではないからである。他方で、彼ら〔カルデア人〕の理論によれば、〔天空の〕軸は常に同一の力と速度で運動しているのである。

4[27]そこでもし彼らが方針転換して、厳密な時間が把握可能だと言うわけではなく、大まかな偶然的な時間のことだと言い逃れるとしよう。この場合、彼らは〔予言の〕結果そのものから論駁されることになってしまう。というのは、同一の時に生まれた者たちが、全く同じ生涯を送ったわけではないからである。ある者たちは、例えば王として支配したが、別の者たちは、足枷に縛られたまま年老いた。5摂理によってマケドニアのアレクサンドロス大王と同時に生まれた者はたくさんいたが、そのうちのだれ一人として彼と等しくなった者はいない。同じように、哲学者プラトンと等しくなった者もいない。それゆえ、カルデア人は大まかな誕生の時を〈観察する〉だけで、同じ時に生まれた者が幸運に与るかどうかは言うことができないだろう。6 同じ時に生まれた多くの者たちが不幸な目に遭ってきた。したがって星の配置が同じだということは無意味である。

さて、ここまでわれわれはカルデア人の無益な観察法を、さまざま違った側面から論駁してきたのであるが、もう一つ言及せずに済ませられないことがある。それは彼らの予言がどれほどの窮地に陥るかということである。7 占星術師[28]たちの言うところでは、射手座の矢の先端〔鏃〕のところ〔時点〕で生まれた者は、間違いなく斬殺されるはずである。それならばどうして、何千という蛮族たちがマラトーンあるいはサラミスでギリシア人と戦った時、一度に斬殺されることになったのか。彼らすべてが同じホーロスコポス〔の配置〕を持っていたわけではなかったにもかかわらず。8 さらにまた、水瓶座の瓶のところで生まれた者は、船が難破して死ぬことになるという。〈もしそうであれば〉、トロイアから戻ってくるギリシア人たちがエウボイアの湾の凹みで、一挙に海の藻くずと消えてしまったのはどうしてなのか。彼ら全員の年代は互いに大いに異なっていたから、全員そろって水瓶座の瓶のところで生まれていたとは信じがたい。9 また、大海で滅びる運命に定められていた者が一人いて、そのたった一人のために、一緒に船の中にいた者たち全員が滅びるなどと言うことはできないから。というのも、一体どうして、その一人の者の宿命が他のすべての者たちの宿命に対して勝ちを収めてしまうのか。むしろ、陸《おか》で最期を迎える定めになっていた者が一人いて、その一人のゆえに他の全員が救い出されることにならないのはなぜなのか。

六 1 しかし、彼らは獣帯の働きについても語っていて、生まれてくる胎児〔の生涯〕はそれに応じたものになると主張している。したがって、われわれとしてはその理論も看過するわけにはいかない。その理論によれば、例えば獅子座で生まれた者は将来勇気のある男子になるだろうと言う。[29] **他方、乙女座で生まれた者は、髪の毛が長く、色白であるが、子に恵まれず、恥じらいがちな性質になると言う。** 2 **この種のことは笑止な事であり、関心を傾けるには値しない。**[30] というのも、彼ら〔のこの理屈〕に従えば、エティオピアには乙女座の下に生まれる者は一人もいないことになるだろう。もしそうでないのなら、肌が白くて髪の毛が長く、その他の点も当てはまるようなエティオピア人を連れてきてもらいたい。3 [31] **私が思うところでは、古の人々は自分たちの手近にいた生き物たちの名前を、星辰たちの渾名として割り振ったのである。それはそれらの生き物が馴染み深かったからであって、本性の上で何か類似する点があったからではなかった。〔大熊座にある〕七つの星は互いに距離が離れている。そのどこが熊と似ていようか。あるいは、アラトスも歌っている通り、五つの星のどこが龍の頭に似ていようか。**

**しかし、二つはこめかみに、さらに二つは眼に、一つは顎の下から**
**恐ろしい怪物の縁《へり》に付いている。**[32]

七 1 以上で証明される通り、以上のことは善き思慮をもって生きようと決意している人々、そしてカルデア人からの吹き込みには気を許さない人々にとっては、もはやいかほどの労苦にも値しないのである。しかし、カルデア人たちは、王たちには手際よく怖さ知らずを吹き込んで滅亡に導き、平民たちにも蛮勇を揮わせて大口を叩かせるのである。2 もし〈誰か〉仮に運悪く禍に取り憑かれた人がいるとして、被害者である彼自身は、必ずしも他のすべての人の教訓になれるわけではない。彼ら〔カルデア人〕は下策でもって人々の心を果てしなく追い詰めて、こう言うのである。獣帯の星の配置がもう一度、その人々〔が生まれた時〕と同じになるには、「大いなる周年」、すなわち七七七七（7777）年の周期が戻ってくる他にないと。[33] 一体どうすれば、人間が一世代の間に行う観察がそれほどの世界周期と歩調を合わせることができようか。3 しかも、これらのことはたった一回限りではなく、繰り返し……。[34] カルデア人たちの〔占星術の〕技能を論駁するに当たり、もしわれわれがその技能自体ではなく、他の〔関連する〕事柄のことも想起するとすれば、さらに多くのことを述べねばならないだろう。4 しかし、われわれがすでに行っている決断は、〔本書の論駁の相手である〕異端者たちの語りが実に多声的で疲れ知らずであるがゆえに、われわれもさまざまな国民のもとで唱えられている教説のどれ一つも漏らさずに取り上げておくということであった。それゆえ、われわれが次に見てみたいのは、〔天体の〕大きさについて大胆な発言を憚らなかった者たちが何を言っているかである。そのような者たちは、その他多くの者たちが払ってきた虚栄な労苦を見下し、彼らはそれぞれが嘘をついて名誉を欲しがってきただけだと言って、それよりももっとでかいことを口にして憚らないのである。その狙いは、小さな嘘もさも大ごとのように思い込んでしまう人々から賞賛されることである。5 彼らは〔天体の〕円軌道、尺度、三角形、四角形、二倍数、三倍数が存在すると想定する。この点について議論には夥しいものがある。しかしその議論は、当面のわれわれの課題にとっては、必要のないものである。

八 1 私としては、彼らが語る摩訶不思議な話を論評すれば、それで十分だと思う。彼らのお喋りは、いくつかの要綱本に基づいている。私はそれらの要綱本を利用しながら先へ進むことにしたい。彼らの言うところはこうである。[35]「しかし、世界創造者が優勢さを付与したのは、『同一のもの』および類似のものの円軌道であった。なぜなら、彼はこの円軌道だけをそれ以上分割しなかったからである。反対に、それより内側の円周は六回分割して、互いに等しくない七つの円軌道とした。それぞれの隔たり〔幅〕は二倍数〈と三倍数〉であった。そのどちらも三つあった(36)。彼はそれらの円軌道が互いに反対方向に進むように定めた。ただし、速度においては三つが同じであるように、他の四つについては互いに、また先の三つからも異なるように、ただし、互いに対してはしかるべき関係で進行するように定めた(37)」。2「同一のもの」〔恒星〕の回転に優勢さが付与されたと彼〔プラトン〕が言うわけは、ただその回転が他の回転、すなわち惑星の軌道を包括しているという理由からだけではない。実はそれ以外にも、それ〔「同一のもの」〕には、反対方向へ進む者たち、つまり西から東に向かって進む者〔惑星〕たちを、自分自身に具わっている独自の力能によって、自分と同じように東から西に向かって周行させる力があるからでもある。3プラトンが言うには、唯一この回転軌道だけが分割されないままで置かれたのである。その理由は第一に、すべての恒星の回転が同じ周期で行われ、かかる時間の長い短いによって区別されないからであるが、さらには、そのことによって、すべての恒星がそろって一番外側での回転という現象を一つだけ共有するためでもあった。他方、惑星の運行にかかる時間は多くに分かれており、大地からの隔たりもそれぞれ違った距離に分かれている。4さてプラトンはさらに、他の〔惑星の〕回転は六回分割されて、七つの円軌道に分けられたと言うが、これは妥当である。どのような物でも、分割が行われれば、その回数よりも一だけ多い個数の分割されたものが生じるからである。例えば、分割が一回ならば、分割されて生じる部分の数は二つである。分割が二回ならば、三個である。したがって、何かが六回分割されれば、分割されて生じる部分は七つである。5プラトンはまた、惑星たちの円軌道の相互の間隔は二倍数と三倍数で決められていて、二倍数によるものも、三倍数によるものも、どちらも三つずつあると言う。彼はそのことを心魂も七の数字で構成されていることに照らして証明した。6なぜなら、それらには一桁の二倍数が二、四、八と三つあり、〈三倍数は三、九、二七の〉三つあるからである(38)。……〈大地の直径は(39)〉八〇一〇八（80108）スタディオン(40)、その総円周は二五〇五四三（250543）スタディオンである。大地の表面から月の円軌道までの距離については、サモスのアリスタルコスは一六八〇〇〇〇〇（１６８０００００）[41]と記し、アポローニオスは五〇〇〇〇〇〇〇（５０００００００）、アルキメデスは五五四四一三〇（５５４４１３０）スタディオンと記している。7 月の円軌道から太陽のそれまでは五〇二六二〇六五（５０２６２０６５）スタディオン、太陽から金星の円軌道までは二〇二七二〇六五（２０２７２０６５）[42]スタディオン、金星から水星の円軌道までは五〇八一七一六五（５０８１７１６５）スタディオン、水星から火星の円軌道までは四〇五四一一〇八（４０５４１１０８）[43]スタディオン、火星から木星の円軌道までは二〇二七五〇六五（２０２７５０６５）スタディオン、木星から土星の円軌道までは四〇三七二〇六五（４０３７２０６５）スタディオン、土星から獣帯および最も外側の円周までは二〇〇八二〇〇五（２００８２００５）[44]スタディオンである。

**九** 1 以上の円軌道と天球の間の隔たりとその幅は、アルキメデスによって示されている。彼はまず獣帯の総円周を四四七三一〇〇〇〇（４４７３１００００）スタディオンと想定する。[45]その結果、大地の中心から大地の最も上の表面までの直線〔距離〕は、目下挙げられている数字の六分の一、われわれがその上を動いている大地の表面から獣帯までの距離は、目下挙げられている数字の〈半分〉［すなわち、六分の一］であり、四〇〇〇〇（４００００）スタディオン、すなわち大地の中心から大地の表面までの〈距離〉だけ少ないことになる。[46] 2 アルキメデスが言うには、土星の円軌道から大地までの距離は二二二六九二七一（２２２６９２７１）スタディオン、木星の円軌道から大地までは二〇二七二〇六四七（２０２７２０６４７）[47]スタディオン、火星の円軌道から大地までは一三二四一八五八一（１３２４１８５８１）スタディオン、太陽から大地までは一二一六〇四四五四（１２１６０４４５４）スタディオン、水星から大地までは五二六八八二五九（５２６８８２５９）スタディオン、金星から大地までは五〇八一五一六〇（５０８１５１６０）スタディオンである。

10 [1]月については、すでに前述した。天球同士の距離と幅について、アルキメデスは以上のように言っているが、ヒッパルコスが言うところはそれと違っており、占星術師のアポローニオスの言うところもまた違う。しかし、われわれにとっては、プラトンの見解に準じて、惑星同士の距離は二倍数か三倍数によるとしておけば十分である。なぜなら、そうしておけば、万物は惑星同士の間のその距離に従って調和の関係にあるという説が保持されるからである。[2]もし仮に、惑星同士の間の距離に関してアルキメデスによって提示された数字が、あるいは他の者たちによって唱えられた説が、プラトンによって言われた二倍数あるいは三倍数という関係と合致せず、むしろその埒外にあることが判明すれば、万物が調和のうちに保たれているという説は保持されないことになるであろう。[3]それらの距離が理性に欠けたもので、合致と調和の関係の枠外にあるという見方は、信じがたく、しかもあり得ないことだからである。その見方では、おそらく月のみが例外とされるだろう。その理由は、月には満ち欠けの局面があり、大地の陰に入ることがあるからだとされ、アルキメデスによって言われた距離の中では、ただそれだけ、つまり大地から月までの距離だけが、信じようと思えば信じられるということになるだろう。しかしながら、この隔たりを想定する者にとっては、その他の〔惑星間の〕距離も、［プラトンが示すように、］その二倍数と三倍数の法則に準じて拡大して行くことで容易に把握できるだろう。[4]もしアルキメデスに従って、月が大地の表面から五五四四一三〇（５５４４１３０）[48]スタディオン離れているとすれば、〈プラトンが示すように〉、これらの数字を二倍数と三倍数の法則に従って拡大することによって、他の惑星同士の間の距離も容易に見つけ出すことができる。その場合には、月が大地から離れているスタディオン数が一単位と見做されるわけである。

[5]しかし、アルキメデスによって言われている他の惑星同士の間の距離の数字が調和した関係になっていな

いことは、それらの惑星が互いにどう関係し合い、どういう関係になっているかを考えてみれば、容易に知られるところである。他方、これらのもの〔惑星〕が、調和によってこそ成り立っているこの世界の一部でないなどということはあり得ないはずである。さて、もし〔アルキメデスが言うように、〕月が大地から離れている距離が先ず第一に五五四四一三〇（554130）だとすれば、第二にその月から太陽が離れている距離五〇二六二〇六五（50262065）(49)スタディオンという数字は、九倍以上の割合となる。この数字に対して、前述の〔太陽から金星の円軌道までの距離〕二〇二七二〇六五（20272065）(50)は、〈半分よりも少ない。6 この後者の数字に対しては、前述の〔金星から水星の円軌道までの距離〕五〇八一七一六五（50817165）は〉二倍よりも多い。さらにこの後者の数字に対しては、前述の〔水星から火星の円軌道までの距離〕四〇五四一一〇八（40541108）は五分の四よりも少ない。さらにこの後者の数字に対しては、前述の〔火星から木星の円軌道までの距離〕二〇二七五〇六五（20275065）は、半分よりは多い。さらにこの後者の数字に対しては、前述の〔木星から土星の円軌道までの距離〕四〇三七二〇六五（40372065）は二倍より少ない。

二 1〈九倍以上〉、半分以下、二倍以上、五分の四以下、半分以上、二倍以下、――これらの関係値はおよそあらゆる一致というものの埒外にある。これらの数字から、調和し合致した組織が構成され得るはずがない。ところが、宇宙全体とその各部分は、そのすべてが、調和と合致のうちに成り立っているのである。2 その調和し合致した関係は、すでにわれわれが前述した通り、〔惑星同士の間に〕二倍数および三倍数の隔たりが置かれることで保持されているのである。もしわれわれがアルキメデスは最初の隔たり、すなわち月から大地までの隔たりに関してだけは、正しいと想定するならば、その他の隔たりも、それを二倍数および三倍数で増やして行けば、簡単に見つけることができる。[3]今仮にアルキメデスにしたがって、大地から月までの距離が五五四四一三〇（５５４４１３０）スタディオンだとすれば、太陽が月から隔たっている距離は、この数字の二倍の一一〇八八二六〇（１１０８８２６０）スタディオンとなるであろう。太陽が大地から隔たっている距離は一六六三二三九〇（１６６３２３９０）スタディオンである。金星が太陽から隔たっている距離は一六六三二三九〇（１６６３２３９０）スタディオン、大地からは三三二六四七八〇（３３２６４７８０）スタディオンである。[4]水星が金星から隔たっている距離は二二一七六五二〇（２２１７６５２０）スタディオン、大地からは五五四四一三〇〇（５５４４１３００）スタディオンである。火星が水星から隔たっている距離は四九八九七一七〇（４９８９７１７０）スタディオン、大地からは一〇五三三八四七〇（１０５３３８４７０）スタディオンである。[5]木星が火星から隔たっている距離は四四三五三〇四〇（４４３５３０４０）スタディオン、大地からは一四九六九一五一〇（１４９６９１５１０）スタディオンである。土星が木星から隔たっている距離は一四九六九一五一〇（１４９６９１５１０）スタディオン、大地からは二九九三八三〇二〇（２９９３８３０２０）スタディオンである。

三 [1]これほどまでの労苦を費やして行われるかくのごとき計算には、誰しも驚嘆せずにはいられないであろう。その計算の発見者はプトレマイオスであるが、私には彼のしたことは無益だったとは思われない。ただ一つ残念なのは、彼の生まれたのが最近のことであるため、巨人族の子孫たち(51)の役には立たなかったことである。彼らはこの種の尺度を知らなかったから、天の高さをもっと低い〔近い〕と考えた。その上で、無益にも例の塔の建築を始めたわけである(52)。もしプトレマイオスがその時代に生きていて、彼らに自分の計算を説明していたら、彼らも敢えて無益な試みはしなかったことであろう。[2]しかし、もし誰かプトレマイオスは信用しないと言う人がいたら、その人も自分で計算して納得するがよい。なぜなら、不信心な者たちにとって、彼〔プトレマイオス〕の計算以上に明晰な証明はないからである。おお、人間の心魂の本性はどこまで無益に労苦することか。また、不信心者が信じることは何と無益なことであろうか[53]！ いずれにせよ、プトレマイオスは彼と同じ〔天文学の〕知恵で訓練された者たちの間では、最高の賢者と見做されているのである。

一三 1 何人かの者たちは、以上のことを順を追って受け入れて、それが何か偉大な教えで、説くに値するものだと考えた。そして膨大で数え切れないほどの異端説を立ち上げた。その一人がコラルバソス（Κολάρβασος）である。彼は尺度と数字で〔自説を〕提示しようと試みている。さらにまた別の者たちも同じようなことをしている。詳しくは、われわれがこの者たちについて語るべき段になったら示すことにするが[54]、とにかく彼らはピュタゴラスによる計算には証明力があると感心し、2 数字と字母を用いた揺るぎない哲学を捏ち上げ、無益な予言を行っている。さらに別の者たちは、彼らと似た教説を掻き集め、自分たちには未来のことが分かっていると言って、無垢な人々を惑わしている。彼らの予言はやたらと数が多いから、たまたま一つ的中することがあると、そのこと一つを自慢するばかりで、その他多くの予言が的中しなかったことについては、恥じるところがない。われわれはこのような者たちの知恵なき知恵を看過しないだろう。むしろ彼らがこれらの計算から〔自称〕敬虔な神信心を捏ち上げていることを暴露するだろう。彼らはまったく不確実さ〈と〉新奇好みの弟子なのであり、その根っ子で満ち満ちているのである。

一四 1 計算と字母と名前に含まれる数字によって将来のことを予告できると思っている者たちが、自分たちの仮説の原理としているのは、次のようなものである。すなわち、彼らが言うには、あらゆる数字には根本数[55]があるそうである。例えば、千の位の数字の場合は、千の単位がいくつ含まれているか、その分だけ、一の位の単位〔根本数〕が含まれている。例えば、六千の根本数はその一の単位が六つ、七千では七つ、八千では八つ、そしてその他の場合にもこれと同じ具合である。2 また、百の位の数字の場合も、百の単位がいくつ含まれているか、それに見合う分だけの一単位が当の百の位の数の根本数である。したがって、七百では、百の単位が七つあるから、その根本数は一の単位の七である。六百では、百の単位が六つ、その根本数は一の単位の〈六である。三百では、百の単位が三つ、その根本数は[56]〉一の単位の三である。十の位の数字の場合も同様である。八〇では、〈根本数は〉一の単位の八、六〇では一の単位の六、四〇では一の単位の四、一〇では一の単位の一である。3 一の位の数字の根本数について言えば、それぞれの根本数はそれぞれの数字と同じである。例えば、九の根本数は九、八は八、七は七である。字母についても、これとまったく同じ仕方でいかねばならない。どの字母もある一定の数字によって秩序づけられているからである。例えば、字母のν《ニュー》〔の数価〕は五〇である。ところが、数字の五〇の根本数は〔前述の方式では〕五である。したがって、字母νの根本数も五である。

4 そこで今や、何か特定の名前から、その根本数を取り出してみることにしよう。例えば Ἀγαμέμνων（アガメムノーン）という名前であるが、これを構成しているのは、最初の字母αが一の単位の一、次の字母γが一の単位の三、その次の二回目のαが一の単位の一、次の字母μが一の単位の四、次の字母εが一の単位の五、次の字母μが一の単位の四、次の字母νが一の単位の五、次の字母ωが一の単位の八、最後の字母νが一の単位の五である。これらを並べれば、一、三、一、四、五、四、〈五〉、八、五となり、合計すれば三六となる。5 さて、この数字〔三六〕からもまた根本数を取ると、まず十の位の三〇の根本数は三、一の位の六の根本数は六である。そこでその三と六を合計すると九となる。九の根本数は九である。したがって、アガメムノーンという名前は、根本数としては九に割り振られることになる。[6]そこで、これをさらに別の名前、すなわちἝκτωρ（ヘクトール）に当てはめてみよう。この名前が持っている字母はε、κ、τ、ω、ρである。これらの字母の根本数は、五、二、三、八、一である。これらを合計すると一九となる。そのうちの一〇の根本数は一、九のそれは九、両方の合計は一〇となる。一〇の根本数は一である。したがって、ヘクトールという名前の根本数を計算すると、一ということになったわけである。[7]これは次のようにすれば、もっと簡単に済ませることができる。まず、字母群から発見された根本数――例えば目下の例となっているヘクトールの名前の場合は一九――を九で割り、その余を根本数とせよ。すなわち、もし私が一九を九で割れば、一余る。なぜなら、二の九倍が一八で、余が一出るからである。もし私が一九から一八を引けば、残りは一だからである。こうして、ヘクトールの名前の根本数は一となる。[8]さて、Πάτροκλος（パトロクロス）の名前の根本数は次の通りである。八、一、三、一、七、三、七、二。合計すると三四になる。さらにその根本数は七である。すなわち、三〇の根本数は三、四のそれは四そのものであるから。したがって、パトロクロスという名前の根本数は一の単位の七である。

[9]九分割法で計算する者たちは〔名前の字母から〕合計された根本数から、まず九の倍数〔の最大のもの〕を引き、その余を以て根本数の値と定義する。他方、七分割法に準じる者たちは、七の倍数〔をまず引くこと〕でそうするわけである。例えば、パトロクロスという名前の場合は、根本数の総合計は三四であるが、これを七で割ると商として四が立つので、それを七に乗じると二八、余は六となる。これは、七分割法によれば、パトロクロスという名前の根本数が六であるという意味である。[10]もし〔名前の合計の〕根本数が四三となる場合であれば、〔その中に含まれる〕七の倍数〔の最大値〕は四二である。七の六倍が四二だからである。そして余は一である。したがって、七分割法によれば、四三から得られる根本数は一ということになる。

ただし、気をつけねばならないのは、取り上げられた名前の数がちょうど割り切れる場合である。例えば、ある名前から生じる合計の根本数が、あくまで例としてだが、三六になるとしよう。ところが、この三六は九で割り切れて、商は四となる。なぜなら、四の九倍は三六で、余は出ないからである。根本数が九そのものであることは明らかである。11 また、もしわれわれが四五の数字を割るとすれば、九で割り切れる。なぜなら、五の九倍が四五で、余は出ないからである。彼らが言うところでは、このような場合には、九そのものが根本数なのである。七分割法の場合も、それと同様である。例を上げるとすれば、二八が七で割り切れることである。なぜなら、四の七倍が二八であり、余は出ないからである。だから、〈やはり〉七が根本数だと彼らは言うわけである。

12 ただし、そのように名前の根本数を計算する際に、同じ文字が二回出て来る場合は、それを一回しか計算に入れない。例えば、パトロクロス（Πάτροκλος）という名前では、字母のο〔オー・ミクロン〕が二回出て来るが、彼らはそれを一回しか数えないのである(57)。その結果、根本数は八、一、三、一、七、二、三、二となり、合計すると二七となる。そして九分割法に従うときのこの名前の根本数は〔九で割り切れるから〕他でもない九となり、七分割法では六となる。13 同様に、Σαρπηδών（サルペードーン）は、九分割法で計算すると、その根本数は二になる。パトロクロスの場合は九であったから、パトロクロスの勝ちである。なぜなら、一方が奇数で、他方が偶数のときは、奇数の方の数値が大きければ、奇数の勝ちだからである。しかし、もし八の偶数と奇数の五の場合は、八の方が大きいので偶数の勝ちである。もし二つの数字が両方とも偶数か、両方とも奇数の場合、数値の小さい方が勝つ。14 ところで、なぜサルペードーン（Σαρπηδών）の場合、九分割法では〔根本数が〕二になるのか。その理由は、字母のωが除外されるからである。すなわち、ある名前の中に字母のωとηが同時に出てくる場合には、ωの方が除外されて、もう一方だけしか使用されないのである。

その理由は、両方の力が均衡するからだと言われる。すでに述べたように、同じ字母が二回は使われないのと同じである。15 またさらに、Αἴας（アイアース）〔の根本数〕は〈九分割法では〉四になり、ヘクトールの九分割法によるそれは一であった。この場合、前者の四は偶数、後者の一は奇数である。このような場合は、数値の大きい方が勝つ、とわれわれは先に述べた。だから、アイアースの勝ちである。16 次は Ἀλέξανδρος（アレクサンドロス）と Μενέλαος（メネラオス）の場合である。アレクサンドロスの本来の名前は〈Πάρις〉（パリス）である。パリスは九分割法では一の単位の四となるが、メネラオスのそれは同じ九分割法では九になり、九の方が四に勝つ。なぜなら、すでに言われた通り、一方が奇数で他方が偶数の場合は、数値の大きい方が勝ち[58]、両方が共に偶数か共に奇数の場合は、数値の小さい方が勝つからである。17 次に、Ἄμυκος（アミュコス）と Πολυδεύκης（ポリュデウケース）の場合。アミュコスは九分割法では一の単位で二となり、ポリュデウケースは七となり、ポリュデウケースの勝ちである。アイアースとオデュッセウスは同じ墓前競技で競ったことがある。アイアースは九分割法では一の単位で四となり、オデュッセウスは同じ九分割法では一の単位で八[59]となる。それゆえ、オデュッセウスという名は本当の名前ではなく、渾名ではないのか。というのも、オデュッセウスの方が勝ってしまったからである。数字の上では、アイアースの勝ちなのだが[60]、物語はオデュッセウスを勝利者として伝えている。18 次は Ἀχιλλεύς（アキレス）と Ἕκτωρ（ヘクトール）の場合。アキレスは九分割法では四になり、ヘクトールは一であるから、アキレスの勝ちである[61]。また、アキレスと Ἀστεροπαῖος（アステロパイオス）の場合。アキレスは四で、アステロパイオスは三であるから、アキレスの勝ちである。メネラオスは一の単位で九、Εὔφορβος（エウフォルボス）は八、したがってメネラオスの勝ち。

19 しかし、七分割法に従って、しかも母音だけを使って計算する者たちがいる。また別の者たちは、母音、半母音、子音という三区分を設けて、(62) 母音の根本数、半母音の根本数、子音の根本数をそれぞれ見つけ、それぞれ別個に扱っている。20 さらにまた別の者たちは、以上の仮説に基いた数字ではなく、それとは別種の数字を用いている。一例を挙げれば、例えば八〇という数字である。その者たちはその根本数が〈一の単位で〉八ではなく、五だと言う。そして字母εの根本数は一の単位で四だとする。(63) このように彼らは支離滅裂に転倒させるので、何一つまともな結論に至らない。もし今〔二つの名前があって〕、互いに二回目の戦いとなる場合は、彼らはどちらの名前からもそれぞれ最初の字母を削除する。もし仮に三回戦となれば、それぞれの名前から最初の二文字を削除して、その残りで計算して比べるわけである。

五 1 以上で、数字と名前を手がかりに人生を判断できると見做す数字学者たちの思考が丸裸に暴露された。彼らは暇に恵まれ、幼少時代から教え込まれた計算法で訓練された者たちであり、人々から先見者と呼ばれて賞賛を受けたいと思ってきたのだと私は思う。2 彼らは字母の数値を恣意的に取り扱うことで、無益なおしゃべりに迷い込んでしまった。すなわち、もし〔自分たちの予言が〕的中しなければ、彼らはその口実に、当の名前は生まれながらにつけられたものではなくて、渾名なのではないか、と言うのである。ちょうどオデュッセウスとアイアースの場合にそのような羽目になって、空虚なことを口にしたのと同じである。ことほどさように驚嘆すべきこの哲学に動かされて、自分も異端の一分派の頭領と呼ばれて、賞賛されたいと思わない者がいるだろうか。

3 ところが、何でも発見してしまうギリシアの賢人たちの間には、それ以上の専門技能がもう一つある。われわれはそれも黙過しないことにする。異端者たちはそのギリシアの賢人たちの弟子となることに憧れ、彼らの教説を自分たちの仮説のために利用しているのである。そのことは、本書のこの先で間もなく論証される通りである。その専門技能とは、眉間にしわを寄せて行われる予言《マンテイア》のことであって、むしろ狂気《マニア》と呼ぶのが当たっている。4 何人もの者たち(64)は星辰にいくつかの類型《テュポス》の姿と形を割り振り、しかも人間の性質(65)をそれぞれが生まれた時の星辰による支配と類縁関係に置くのである。彼らが言うところはこうである。

すなわち、白羊宮（雄羊座）で生まれた者たちは、次のような特徴を具えることになる。頭部は長く、髪は赤く、眉は密集し、額は狭い、眼は青くて美しく(66)、頬はたるみ、鼻は大きく、鼻の穴は開いている。唇は薄く、顎は狭く、口は長い。5 これらの者たちには次の性質が具わっていると言う(67)。用心深く、いろいろなことに器用、臆病、賢い、おべっか使い、物静か、多事多端、本音を隠す、何にでも対応する、力づくよりも知恵で目前のことを片付ける、馬鹿にして笑う、知識がある、信用できる、名誉心が強い、戦いで憤怒に燃えやすい、欲望が強い、病的なほどの少年愛好み、自分の家には寄りつかない、何にも満足しない(68)、訴訟好み、気が狂れたように酒好き、自惚れ〔他者を否定する〕(69)、片言を根に切り捨てる、善を好む点では友愛に値する。このような者たちは、大抵が異境で死を迎える。

**一六** 1 金牛宮（雄牛座）で生まれた者たちは次のようになるだろう。頭部は丸い、髪は分厚い、額は広くて四角い(70)、眼は黒く、眉は大きい(71)、眼白に薄く血管が滲んで充血し、まつげは長い、耳は肉厚で大きい、口は丸い、鼻は分厚く、その穴は丸く、唇も分厚い。〈身体は小さく〉、上肢の力は強いが、脚から先は生まれつき弱い(72)。2 彼らの性質は、足るを知り、考え深く、育ちが良く、信心深く、正義に適い、農に勤しみ、友好的で、一二歳を過ぎると労働好きで、争い好き、鈍感。このような者たちの胃は小さく、直ぐに満腹する。多くのことについて熟考し、考え深く、自分たちのためには節約し、互いの間では気前が良く、善行を心掛けるが、〔身体は小さい〕。鬱のところもあるが、無頓着、持ち前の叡智ゆえに友愛には有益だが、貧乏くじを引く。

一七　双子宮（双子座）で生まれた者たちは次のようになるだろう。顔が赤い、あまり大きくならず、四肢は等しく適度で、眼は油を塗ったように黒く、頬はたるみ、口は分厚く、眉は密集している。このような者たちはすべてを司り、〈すべてを〉所有する。この上なく裕福で、しみったれで、自分のものについては節約家、〈他人のものなら〉惜しまず、性愛については〈目配りばかり〉。控え目で、音楽好きで、［性愛については］嘘つき。２彼らの性質は、教育があり、理解力もある。多事多端、自説を譲らず、欲望が強く、［自分のものは吝嗇、気前が良い］、物静か、思慮深く、術数に長け、多くの策を施す。計算ずくで、裁判沙汰が好き、機を選ば〈ず〉、運に恵まれない。女たちにはモテる。商売好きで、友愛にはあまり役に立たない。

一八 [1]巨蟹宮（蟹座）で生まれた者たちは次のようになるだろう。背丈は大きくない。髪は犬のようで[73]、赤みがかった肌、口は小さく、頭部は丸い。額はとんがり、眼は青く、非常に美形、四肢はいささか不均等である。[2]彼らの性質は、悪辣、威嚇的、策略好き、足ることを知らず、倹約家。感謝することを知らず、自由人らしくなく、他者の役には立たず、物忘れがひどい。他人のものを返さず、自分のものを返せとも言わない。友愛には役立た〈ない〉。

一九 [1]獅子宮（獅子座）で生まれた者たちは次のようになるだろう。頭部は丸い、髪は赤みがかり、額は広くて皺が多い、耳は肉厚、頸は強靭、斑禿、［肌が］赤く、眼は青い。顎骨は大きく、口は大きい。上肢は太く、胸部は大きい。下肢は小ぶりである。[2]彼らの性質は、我意が強い、人と馴染まない、自己満足、怒りっぽい、気が強い、人を馬鹿にする、自惚れ、何も熟考しない、発言しない[74]、閑暇して不善をなす、群れ〈ない〉、性愛に関しては自堕落、不倫好み、恥知らず、信心には不誠実、物を欲しがる、向こう見ず、しみったれ、略奪好き、名望家、付合うには益があるが、友愛には無益。

二〇 1 処女宮（乙女座）で生まれた者たちは次のようになるだろう。見た目に綺麗、眼は大きすぎず魅惑的で、黒く、真っすぐを向き、互いに近く、柔和で、潤んでいる。身体は下肢が細身で、見た目に美しい(75)。髪は綺麗に整えられ、額は広く、鼻は高い。2 彼らの性質は、学習好き、釣り合いが取れ、考え深い。冗談好きで論理的、ゆっくりした話し口、何事も熟考し、頼まれ事に喜んで応じ、好んですべてを観察し、育ちにも恵まれた学習者で、学んだことは堅持する。均整が取れていて、勝ち気、少年愛が好きで、人とも群れる。度量は大きく、相手を貶し、物事には無頓着、教養に関心があり、自分のものよりも他人のもの(76)〈の管理(77)〉に長けている。友愛には有益。

二一 1 大熊宮（天秤座）で生まれた者たちは次のようになるだろう。髪は薄く前に垂れ、赤みがかり、額は狭く皺が多い。眉はきれいに整い、眼も美しく瞳は黒い、耳は薄いが大きく、頭部は少し傾いている。口は大きい。2 彼らの性質は、考え深く、神々を敬い、話好き、商売上手、労を厭い、収益を保たず、嘘つき、物事を為すのを好まない。思考には忠実で、言葉に衣着せず、善行を為し、学習好き、［嘘つき］、人なつこく、無頓着。この種類の者たちは、何か正義に敵わない利益(78)を図っても何ら憚るところがない。彼らは人を貶して笑い、俊敏、名望家、噂好き。これらの者たちには何一つうまく行かない。友愛には益となる。

二二 1 天蝎宮（蝎座）で生まれた者たちは次のようになるだろう。乙女のような顔立ちは美形で、色白(79)、髪は黒みがかり、眼の形は整っている。額は広く、鼻は高い。耳は小さくまとまっており、額には皺がある。眉は狭く、頬は下がっている。2彼らの性質は、人を威嚇し、目的一途、嘘つき、自分の考えを他人には決して明かさず、二心の持ち主、悪事を為し、人を貶す。不倫に堕すが、育ちは良く、学習好き。友愛には無益。

二三 1人馬宮（射手座）で生まれた者たちは次のようになるだろう。背丈は高く、四角い額、眉は目一杯に密集し、髪は整って(80)前に垂れている。赤みがかっている。2彼らの性質は、教育を受けた者らしく親切、単純、善行者、少年愛好み、人なつこく、労を厭い、友達好きで友人からも愛される。酒を飲むと気が晴れ、清潔、怒りやすく、無頓着、悪意があり、友愛には無益である。度胸は大きく高慢、奴隷根性。付き合いには有益。

二四 1磨羯宮（山羊座）で生まれた者たちは次のようになるだろう。身体は赤みがかり、髪は少し灰色がかって前に垂れている。口は丸く、眼は鷹のようで、眉は密集し、額は広く開き、少し禿。身体の下肢は力強い。2彼らの性質は、哲学者、人を貶し、目の前のものを揶揄し、怒りやすい。人に譲るところがあり、美しく、善行者、音楽好き、酒が入ると怒りやすく、よく笑う。人なつこくてよく話し、少年愛好み、快活で人に親切、友愛を好み、刺激に反応しやすい。〈友愛には役立たないが〉、付き合いには有益。

二五 1宝瓶宮（水瓶座）で生まれた者たちは次のようになるだろう。体格は四角い、口は小さい、眼は鋭く、軟らかいが恐ろしい。物事を仕切るのが好きで、感謝することを知らず、熱しやすく、器用、物を見つけるのは早い。友愛にも付き合いにも有益。彼らは水に係ることから利益を得る。……(81)失ってしまう。2彼らの性質は、寡黙、照れ屋、人なつこく、不倫もするが、しみったれ、物事に当たっては不安がり(82)、落ち着かない。清潔、育ちが良く、美しく、〔眉は大きい〕。しばしば、[83]些細なことにこだわり、さまざまなことに精を出す。たとえ彼らが誰かに善行をしても、誰一人それに感謝しない。

二六 1 双魚宮（魚座）で生まれた者たちは次のようになるだろう。背丈は中くらい。額は魚のように尖っている。髪は分厚い。しかし、すぐに灰色がかることが多い。2 彼らの性質だが、度胸は大きい、単純、怒りやすい、節約家、おしゃべり、幼少時は眠ってばかりいる。しかし、〔やがて〕自分自身で事を為したがる。名望家、向こう見ず、熱中家、訴訟好き、〔定住せずに〕引っ越しばかり、友愛好き、舞踏好き。友愛には有益。

二七 1 以上、われわれが暴露してきた彼らの知恵のほどには、驚く他はない。また彼らの語る予言もあからさまにしてきたが、まことに無駄な考えによくも頭を悩ましたものである。しかし、われわれは彼らが覚束なくも口にする無益な予言の一つも見過ごしにはしないだろう。人間の外貌と性質を星辰の配置と名前に類比させるとは、如何なる病であったのか。[84] 2 われわれがすでに承知している通り、最初に〔自分たちの〕思いつきで星辰に名前を付けた[85]者たちは、たまたまそれらの名前が前兆に適し、理解もしやすかったからそうしたのである。[86] 一体人間たちのどこが獣帯の像と似ていると言うのか。また、行動と活力の性質の一体どこが似ていると言うのか。その結果、獅子宮で生まれた者は気が強く、処女宮で生まれた者は節度を具え、巨蟹宮で生まれた者には悪意があり、他方……の者たちは……などと、どうして言えるのか。

## 魔術について

六 1〔魔術の導師は〕……[87]を手に取ると、依頼者が悪霊たちに何を尋ねたいのか書き留める……ことだけを要求する。それから彼はパピルス紙片を折って少年に渡し、火に燃やさせる。[88] それは立ち上る煙が書かれた文字を悪霊たちのもとへ送〈り届ける〉[89]ためである。少年が命じられた通りにすると、魔術師は先ず最初に〔別の〕[90]パピルス紙片を同じ大きさに千切る。2 そのうちのかなりの枚数を手に取ると、あたかもヘブライ語で悪霊たちの名前を書く振りをする。[91] それから、エジプトの魔術師たちの仕草に倣って、[92] 通常「クーフィー」と呼ばれる燻香を捧げる。次にそれら〔のパピルス紙片〕をその燻香の上にかざして振るのである。ただし、依頼者が〔依頼の中身を〕書き付けてあった紙片だけは、すでに炭火に投げ入れて、燃やしてしまっている。3 すると、〈その少年は〉[93]神懸かりの状態になって、片隅に逃げ込むや、素っ頓狂な声を上げて叫ぶが、その意味は居合わせた大勢の誰にも分からない。……[94]それから、〈彼の入場指示に従って〉居合わせた者たちが悪霊「フレーン」(Φρῆν)や他の悪霊の名前を口々に呼びながら入ってきて、周りに立つ。すると魔術師は例の少年を〈藁床〉に横たわらせ、その上に今度はギリシア語とヘブライ語を取り混ぜて、やたらと多くのことを話しかける。それは魔術師につきものの呪文である。すると少年は激しく反応を始める。

4〈魔術師は、まだ〉室内に〈いる間に〉、先ず水を一杯に入れた容器に硫酸銅の液を注入し、その秘薬を溶かす。次にその溶液を使って、〔依頼者の書いた文字がその間に〕すっかり消えてしまっているパピルス片を湿らせるのである。そうすることで、消えても隠れただけの状態になっていた文字をもう一度浮かび上がらせて見えるようにすることができるのである。こうして、彼は依頼者が書き付けた内容を知るわけである。[95] もし硫酸銅の溶液で書いて、それを磨り潰した虫瘤から出る煙に曝しても、やはり書かれた後で消えていた文字がもう一度見えるようになるだろう。5 また乳液で書いた場合も、〔それとは別の〕紙片を燃やして磨り潰し、それを乳液で書かれた文字の上に振りまいてから擦れば、元の文字が明らかに浮かび上がる。[96] 尿、魚を漬けた塩水、狼の乳、無花果にも似た効果がある。〈さて〉そのようにして依頼の中身を知った魔術師は、どう回答すればよいかを予め考えておくのである。

6 それから彼は居合わせる者たちに、手には月桂樹の枝を持って振りながら、そして悪霊フレーン（Φρῆν）の名前を呼びながら、中に入るように命じる。〔私＝ヒッポリュトスから見れば〕これは笑って当然のことである。なぜなら、彼らは理解力（φρήν）をすでに失っている者たちなので、自分たちで差し出すわけにはゆかないものを、〔フレーンその他の〕悪霊たちから分けてもらおうというわけだから。[97] 周囲の阿鼻叫喚が、魔術師が密かに為そうと企んでいることに付いて行くのを難しくする。

7 さて、その企みとは何なのか。今やそのことについて語るべき時である。それは深い闇である。なぜなら、彼が言うには、神的なるものを見ることは死ぬべき存在には不可能であり、ただ交流できれば十分だというのであるから。そこで彼は少年を前屈みにさせて、悪霊たちの名前とおぼしきものをヘブライ文字で書き付けた紙片を二枚、体の両側に貼付ける。そしてそこから先のことは、悪霊〔フレーン〕が耳元でささやいてくれると言い聞かせる。8 彼にはまさにこうすることがどうしても必要である。それは少年の両方の耳に一定の器具を装着しておいて、彼〔魔術師〕が思うところを何でも〔少年に〕伝えるためなのである。彼はまず最初に、大きな音を聞かせて、少年をおびえさせる。その次は低い音である。三度目にやっと、彼が少年に言わせたいと思うことを前述の器具を使って話すのである。その際、結末はおそらくこうなるということも言う。その後で、彼は居合わせたものたちを鎮め、少年に悪霊から聞かされたことを明かすように命じるのである。

9 少年の両耳に装着された器具は自然物から造られたもので、頸の長い鶴、鷺、〔あるいは白鳥の〕気管だった。[98] もしそれが手元にない場合は、その他の人工物も使われた。例えば、数にして一〇本ほどの細い銅管で、互いに入れ子になって収まっているものを伸ばして繋ぐと先端に狭い口が空くようになっているのである。魔術師はこの管を使って、思うところを〔少年の〕耳にささやくわけである。少年はそれを恐がりながら聞き取って、あたかも悪霊が語ったものであるかのように繰り返すのである。10 動物の皮を何か棒状のものに巻き付けてから一度湿らせ、その後乾燥させて収縮させてから縫いつなぎ、それから棒を引き抜くと、当の皮は管のようになって、似た効果を発揮する。しかし、それもまた手元になければ、書物の巻物を取って来て、内側の部分を必要なだけ外へ引っ張り出せば、やはり似た効果を収めることができる。

11 さて、魔術師は依頼人がどういう人物であるかを予め知ることができれば、あらゆる場面に対して前もって準備しておくことができる。あるいは、依頼人の依頼の中身を前もって知ることができれば、それを例の秘薬を使って書き留めておく。尋ねられること〈の答え〉をすでに書き留めてあるわけだから、彼の準備は万端整っているわけで、彼は全知の魔術師と見做されることになる。反対に、もし〔依頼人の問いが〕分からない場合は、当たるも八卦当たらぬも八卦で答える。そして後付けで曖昧雑多な言い逃れをするのである。その結果、最初は曖昧だった託宣の言葉が多くの場合に当てはまるものになる。そして結末の出来事はさまざまでも、それに照らしてから、実はその中の特定の出来事への予言だったのだと見做される次第である。12 あるいは、魔術師は容器を水で満たしておいて、その中へ〈例の〉パピルス片を、あたかも何も書かれていない〈かの〉振りをして浸す。その際、硫酸銅の溶液も一緒に注ぐ。そうすると、回答が書かれたパピルス片が浮かび上がってくるという仕掛けである。

他方、少年の方は、繰り返し恐ろしい幻影に見舞われる。なぜなら、魔術師が少年に衝撃を与えて、いともたやすく震え上がらせるからである。すなわち、魔術師は燻香も次のようにして火に投じるのである。まず、いわゆる岩塩の塊を持ち出してきて、それにエトルリア産の蠟を塗って固める。次にこの燻香用の塊を二つに分けてから、その間に塩粒を混ぜると、再び一つにこね合わせる。次にそれを炭火の上に置いて、焼けるままにしておく。それが十分焼けるにつれて、塩粒が飛び跳ねて出てくると、幻影的な効果を発揮する。その様はまるで前代未聞の見せ物である。13 また、燻香の献げ物の中にインド産の「黒」(99)を混ぜておけば、血の色をした火炎を立てることができる。これはわれわれがすでに前述した通りである。すなわち、アンクーサ(100)に蠟を混ぜ合わせることで、まるで血のような液体を造り出すことができる。その〔液体になった〕蠟を、私がすでに前述したのと同じように、燻香の献げ物の中に仕込むのである。魔術師が炭火を揺らすのに使うのは、千切った明礬である。それが溶けてちょうど熱湯が吹き上がるように膨張するとき、炭火が揺さぶられるわけである。

**二九**　さまざまな〔色付き〕卵は次のような方法で仕上げられる。両方の端に穴を開けて卵白を外に出してから、それ〔卵白〕を〔シノペ産の〕辰砂〔明るい赤色〕、あるいは文字を書くための黒インクに浸し、それを再び殻の中に入れる。それから、〔他の〕卵の剝いた殻を〔磨り潰して〕無花果の果汁で柔らくしたものを穴の上に塗って塞ぐのである。

**三〇**　1 羊に自分で頸を切断させるには、次のようにする。焼灼作用のある劇薬を密かに羊の喉に塗ってから、そのすぐ側に刀剣を置いておく。すると、羊は自分の喉を掻きたくなって、その刀剣に喉を擦り付けるのである。それで羊は自分を屠殺する形になり、ほとんど頭部は切り落とされる。その劇薬というのは、ブリュオーニア(101)、アダルケー(102)、海葱をそれぞれ等分量混ぜ合わせたものである。2 その劇薬を気づかれずに塗るために、角で作った二股の筒を使う。そのうちの眼に見える方には燻香が入っており、もう一つの見えない方には劇薬が入っている。しかし、殺される予定の羊の両耳に水銀を垂らし込むこともある。水銀は致死的な毒薬だからである。

三一 1 山羊の耳道をバルサム蠟で塞ぐと、呼吸が妨げられる結果、まもなく死んでしまうと言われる。耳道は羊たちにとっては、呼吸によって吸い込まれた空気の通路であると言われている。(103) また、雄山羊は太陽に向かって身体を逆に曲げさせると死ぬそうである。また人々は「指」と呼ばれる海の生物の血清を家に塗ることで、その家を燃やしてしまう。(104) 2 そもそも海水を使って行われることは非常に興味深い。ある種の海水の泡を土製の容器で甘味料を混ぜて沸騰させるとしよう。その沸騰した泡に輝くように燃える火を近づけると、火がそれを捉えて一気に燃え上がるのである。しかし、それを〔人間が〕頭から浴びても、全身に何の火傷も負わない。しかし、沸騰しているそれにマンネーン(105)を振りかけると、さらに一気に炎上する。もし硫黄を少しそれに加えれば、効果はもっと良くなる。

三二 1 雷鳴を生じさせるには、さまざまな方法がある。すなわち、まず沢山の巨石を急な傾斜を〈つけた〉板の上を引き摺り下ろして青銅の延べ板の上に落とし込めば、雷鳴そっくりの大音響が生じる。また、縮絨工が布地を伸すときに使うような薄目の板を細目のロープでぐるぐる巻きにしてから、そのロープを激しく引っ張って板を回転させる。そうすると、板が激しく左右に振動して、雷鳴のような音響を立てるのである。

2 以上のことは、そういう笑い話もあるということである。しかし、その種の笑い話をする者たちでもはるかに重要だと思っている別の話があるので、私はそれも紹介しよう。まず、瀝青を満たしたバケツを燃え盛る炭火の上に置くのである。それが沸騰したら、その中に両手を突っ込むのだが、火傷をしないのである。また、燃え盛る炭火の上を裸足で歩いても、火傷をしない。さらに、石をピラミッドのように薪の上に積み上げておいて、それを燃やして見せて、自分の口からは途方もない量の煙と炎を吐き出してみせる。それに続いては、水を満たした盥の上に亜麻布を広げてから、その上に無数の燃え盛る炭火を投げ込むのだが、亜麻布には何の焦げ目も残さない。3 また、彼〔魔術師〕は家の中を暗くしておいて、神々あるいは悪霊たちを呼び込んでみせると約束する。そして〈もし仮にも誰か〉がアスクレピオス神を見せて欲しいと頼むとすれば、彼はこう唱えて、〔アスクレピオス神を〕呼び寄せるのである。

ゼウスよ、古の昔に朽ちながら、アポローンの不死なる御子よ
我は汝に燻香の捧げ物をもって呼びかける　我を助けに来給わんことを。
無数の氏族の死者たちが力なく
黴臭いタルタロスの棲家で泣いていた
すでに轟音とどろく〈コキュトス〉の流れを渡り　二度と戻れぬ運命は
すべて死すべき者たちに等しいものの
水辺で嘆き　聞き届けられることもなく(106)　また嘆く。
汝はその者たちを　笑顔と無縁なペルセフォネーから取り戻された。
汝は今　トラキアの聖所に座し給うのか　はたまた魅惑の
ペルガモン　イオニアのエピダウロスかは知らねども
来たり給え　聖なる君よ、汝を呼ぶこの〈筆頭〉魔術師の〈傍らに(107)〉。

三二 1 さて、魔術師の空疎な講話が終ると、敷き床の上に火のように輝くアスクレピオスが出現する。魔術師

はまた部屋の中央に水を満たしたバケツを置いておいて、すべての神々の名を呼ぶ。すると、神々が現れてくる。というのは、参加者それぞれがそのバケツの中を覗くと、すべての神々が見えるのである。その中には、吠える子犬たちを連れたアルテミス女神も見えている。

さて、われわれはこれらの話について彼らが行っている説明も憚りなく報告しておく。[2]すなわち、まず魔術師が自分の両手を沸騰しているかのように見える瀝青の入ったバケツに突っ込む件であるが、実は彼は酢とナトロンを液状の瀝青に混ぜてから、バケツを火にかけるのである。ところが、酢はナトロンと混ぜ合わされると少し熱を発するので、瀝青の液を動かすのである。その結果、瀝青液の表面にまで気泡が上がってきて、一見するとあたかも沸騰したかのように見えるわけである。他方で、魔術師は予め両手を何度も塩水で湿らせてあるのである。それによって、たとえ本当に沸騰していたとしても、火傷を負わないのである。もし銀梅花、ナトロン、バルサム樹脂に酢を混ぜて、それを両手に塗り込み、さらに塩水で何度も洗っておけば、火傷を負わない。足についても、魚の浮き袋かトカゲの脂を塗っておけば火傷をしない。[3]また、例のピラミッド形のものが、石なのに燃えてしまう理由はこうである。すなわち、まずクレータ産の粘土をピラミッド形に整形する。その色は乳白色の石に似たものとする。これを次の手順で加工する。その粘土の塊を取って、それに大量のオリーブ油を加えて軟らかくし、炭火にかける。炙り終わったら、またオリーブ油で軟らかくし、二度、三度、またそれ以上に繰り返す。そうするとそれは可燃物となり、たとえ水に浸されても燃えるようになる。なぜなら、その内部に大量のオリーブ油が含まれているからである。それを使うと、魔術師が燻香を注ぐ儀礼を行う際、祭壇上の炉は自分から発火する。なぜなら、灰の代わりに、予め火を通した石灰〔消石灰〕と細かくて大量の香料が載せられるからである。[4]魔術師が口から吐く煙は、滴り落ちるほどに〈樹脂が〉塗られた松明と、虫瘤の内部の空洞〈の中に混ぜ物と〉火を入れたものから出る煙であって、しばらくの時間をかけてやっているのである。虫瘤に火を入れてから、その周りに繊維くずを巻き付けて、それを口に入れ、そこで吹き膨らませるのである。バケツの上に亜麻布をかけて、その上から炭火を投げ込むことについては、その下に塩水を張ってあるので燃えないのである。その亜麻布自体も前もって湿らせてあるばかりか、さらに卵白が明礬の溶液と一緒に擦り込まれているのである。もしこれらにセンペルヴィヴム[108]を酢を混ぜて加え、擦り込んでから十分な時間をおけば、この秘薬を擦り込まれた亜麻布はまったく燃えないものになる。

**三四** 1 さて、以上でわれわれは彼ら〔魔術師たち〕の間で伝わる門外不出の蘊蓄の持つ実力とそれらを容易に見破る方法を[109]大まかに示したことになる。しかし、私としては次のことも黙って通り過ぎることができない。それを語ることは、必要不可欠である。それは彼らがどのように封印を解除して、封印された中身を〔読んだ後で〕元とまったく同じ印章で封印して、また次の人に渡すのか、そのやり方のことである。[110] 彼らはまず瀝青、〈それから蠟〉、樹脂、硫黄、アスファルトを等分量で溶かし合わせ、眼に塗る軟膏のようなものにして、それを保存しておく。さて、ある手紙の封印を解くチャンスが巡ってくると、自分の舌をオリーブ油に浸して湿らせる。次にその舌で封印を嘗めるのである。それから例の秘薬を適当な温度の火で暖めてから、その封印の上に被せ、乾いて固まるまでそのままにしておく。〔固まったところで、〕それを印章として使うのである。2 彼らが言うところでは、蠟そのものもトウヒの樹脂と一緒に用いれば、ほぼ同じ効果があると言う。また、乳香《マスティック》二個を乾燥させたアスファルトと一緒に用いても、ほぼ同じ効果があると言う。また、硫黄だけでもかなりの効果がある。また、南京ハゼの木[111]の花を水とゴム樹脂で濾過したものも同様である。これは溶けた鉛に印章を押す場合には、最も効果的である。3 エトルリア産の蠟、焦げ目をつけた樹脂、瀝青、アスファルト、〈そして〉乳香、粉末にした大理石、以上すべてのものをそれぞれ等量取って沸騰させたものは、私が今しがた述べたものよりも効果的であって、南京ハゼの木によるものにも決して劣らない。彼らは以上のようなやり方で、封印解除を試みて、中に書かれていることを読んでしまおうと試みるのである。実は私としては、これらの手練手管を本書に書き留めることをためらった。なぜなら、誰か悪事の好きな人間がおそらくこれをきっかけにして同じことを試みるだろうと予見したからである。なぜなら、[4]しかし今や、まだ救われる可能性のある多くの若者たちのことを思う心が、彼らに〔このことを〕前もって語って教え、気をつけさせるようにと、この私を説得したのである。なぜなら、もちろん、聞き覚えたことを悪用する者がいるかも知れない。しかしそれとは別に、聞いた上で気をつけてくれる者もいるだろう。そして人の生涯を台無しにして憚らない魔術師たち自身も、やがて自分たちの手管を恥ずかしく感じるようになるかも知れない。あるいは、以上のことがすでにわれわれによって前もって〈伝えられてしまっていると〉(112)彼らが知れば、馬鹿な考えがひらめいた時にも、〔その実行を〕妨げられるかも知れないのである。なお因に、封印をこういうやり方で解除されないようにするには、豚の脂肪液と髪の毛を蠟に混ぜて印章を押すことである。

三六 [1]私は、彼らが水盤を使って行う何でも有りの偽予言のことも黙って(113)通り過ぎるわけにいかない。彼らはそのためにまず閉め切られた住居を用意する。そしてその上階の部屋の〔葦の〕天井にラズリ色〔青色〕の塗料を塗り込む。その部屋にラズリ色の容器〔単数〕を運び込み、それを立てる。水盤(114)は水を満たしてから、たたきの床の中央に置く。それは〔天井の〕ラズリ色を反映して、まるで青い天空がそこに現れているかのようである。[2]ただし、たたきの床には人の目につかないように小さな穴が開いている。そしてその穴の上に水盤が置かれているのである。その水盤は石でできているが、底の部分は〔透明な〕ガラスになっている。さて、その床の下には人の目につかない別の部屋があって、この詐術の仲間たちの集合場所である。彼らは魔術師が思うがままに出す指示に従って変装し、神々や悪霊たちの仕草をするのである。それを見た者はすっかり惑わされてしまい[115]、魔術師たちの何でも有りの詐術に驚嘆する。そこから後は、魔術師が語ることは何でも信じてしまう。

3 さて魔術師は、悪霊を火のように燃える姿で見せることがある。彼はまず壁にこれと思うその絵を描く。それから、その上に秘薬を塗る。その秘薬は次のように調合される。……[116]スパルタ産の……とザキュントス産のアスファルトで……。それからランプを近づけて壁を照らすと、例の秘薬が輝いて燃え上がるのである。4 さらに、ヘカテーが火と燃えながら空中を疾駆している幻影を造り出すときの魔術師のやり方はこうである。すなわち、一人の仲間を適当な場所に潜ませておく。それから惑わしの被害者たちを連れて来て、今からその女の悪霊〔ヘカテー〕が火のように燃えながら空中を馬に乗って疾駆してゆく様子をみせてやろう、と言って約束する。その際、彼は彼らに忠告して、視力を衛るために、空中に火炎が見えるや否や、顔を伏せて身を隠し、彼が声で合図するまで、そのままの姿勢でいるようにと言うのである。彼らにこう教え込んだ後、月のない闇夜に、次の決まり文句を唱える。

5 地下にいて、地上にいて、天にいる　ボンボーよ　現れよ。
道にいて、三叉路にいて、光りながら　夜うろつく女
光の敵　夜の友達　夜の愛人
犬の吠え声　血染めの赤を好み
屍体と死者たちの墓を　跨いで歩き
血に飢えて　死ぬべき者たちに　恐怖をもたらす。

ゴルゴー、モルモー、メーネー、多面相の女よ
やって来て　われらが捧げる供物を嘉納せよ(117)。

二六 1 彼がこう唱え終わると、空中を火が動いて行くのが見える。その驚きの光景に震撼とした者たちは、眼を地に落としたまま言葉も出ない。この大掛かりな見せ物の仕組みはこうである。すでに言及したように、身を隠していた仲間が、魔術師の呪文が終ったのを聞き取るや否や、あらかじめ側に用意していた鷹あるいは禿鷹に糸くずを巻き付け、それに火をつけてから解き放つのである。2 放たれた禿鷹は驚きのあまり、高く昇ってから凄まじい勢いで飛び回る。それを目の当たりにした愚か者たちは、何か神的なものが現れたかのように感じて身を隠す。〔自分に付けられた〕火のためにそこら中を飛び回った鳥の方は、一番近くの適当な場所に降り立つ。すると、そこの家々に火がつき、倉も燃え上がることになる。魔術師はそこまで計算済みなのである。

二七 1 彼らが月と星を天井に出現させるやり方はこうである。天井の真ん中の部分に鏡をはめ込んでおく。それから水を満たした容器を床の真ん中、その〔鏡の〕真下に置く。その容器の上の中空にほのかに燃える蠟燭の火を置き、それを鏡に反映させて、あたかも月が現れているかのようにするのである。2 また、しばしばシンバル盤を〔天井の〕はるか高いところに掛けておき、それに何か衣類を絡めておく。それを覆うのは魔術の仲間であって、早すぎるタイミングで見えてしまわないように気をつけているのである。また、その覆いの衣類の後ろ側には灯火が置いてある。魔術師がその仲間に合図すると、その仲間が覆いを適当な分だけ外して、ちょうどその時期の月の姿に合わせた形にして見せる(118)というわけである。彼はまた、シンバルのそのつど違う

箇所に「龍の血の木」の樹液とゴムを塗り込むこともある。3 また、ガラス製の瓶[119]の頸と底を切り取り、その中に灯火を入れ、それに何か適当なものをかざして、〔その時期の〕[120]月の形が現れるようにする。仲間の一人が予め密かに覆いの下に隠れていて、合図を受けると同時に中空からその装置全体を降ろして行く。すると、まるで天から月が降りて来るように見えるというわけである。4 これと同じ効果は樹木の茂った場所ならば、瓶を使っても得られる。瓶を使えば、それは自宅でも演じられる。すなわち、〔自宅の〕祭壇の後ろに、瓶を置いて、その中に灯火を点しておく。ただし、この種の詐術は灯火が多すぎては見せ物にならない。そこで、魔術師は月を呼び出すための呪文を唱え終わると、周りのすべての灯火を消すように命じる。ただ一つ〔瓶の中の〕〈弱火のもの〉を点けたままにしておく。それから、その灯火を〔瓶の口を通して〕天井に向かって投射して、居合わせた者たちにはまるで月が出て来たかのように思わせるのである。ただし、瓶の口はしかるべきタイミングになるまでは、塞いだままにしておかねばならない。天井に月の形が現れたかのように見せるためには、タイミングが大事である。

**三八** 星辰が出ているかのように見せる効果があるのは、〔魚の〕トリッサ〈または〉ヒップーロス[121]の鱗である。それをゴムを混ぜた水で湿らせて、天井に一定の間隔を開けて貼付けるのである。

**三九** 地震が起きて、すべてのものが揺れているかのように思わせるために彼らが行うのは、マングースの糞を磁石石と一緒に炭火にかけて熱し、……[122]

**四〇** あたかも肝臓に文字が書かれているかのように見せるために彼らがするのは、〈こうである〉。まず左手に文字を書いておく。それは依頼の中身に合わせて、書きたいように書くのである。それらの文字は虫瘤の液か強い酢を使って書く。それから肝臓を持ってきて、〔文字が書かれた〕その左手の上に置いて、しばらく放っておく。すると、肝臓は書かれたものを自分の側に引き取るので、まるで〔直接〕書かれたように思われるのである。(123)

四一 1 彼らが頭蓋骨を床の上に置いて、それに口を利かせる仕組みはこうである。頭蓋骨に当たるものは、エトルリア産の蠟と石膏で模造される。その上から牛の内臓の薄皮を張ると、まるで頭蓋骨のように見えるのである。それに物を言わせるには、また道具が使われる。それは少年たちにそれが使われる場合についてすでに前述したのと同じである。(124) 2 すなわち、鶴かそれに似て頸が長い動物の気管を用意し、それを詐術仲間の一人がひそかに頭蓋骨〔の模型〕に装着しておいて、言いたい放題をささやくわけである。〔最後に〕その頭蓋骨を消したいときには、あたかも燻香の焼き物を捧げる振りをして、その周りに大量の燃え盛る炭火を置く。するとその火で熱せられた蠟が溶けるので、頭蓋骨が消えて見えなくなったと見做されるわけである。

四二 1 魔術師たちが行う業は以上のようなもので、その量は無数である。思慮の足りない者たちは、彼らの定式化された呪文とあたかも信じるに値するかのような詐術による幻想に、すっかり説得されてしまう。〔本書が取り上げる予定の〕異端の頭領たちは、その詐術の真似をして、その見せかけの業を密かに闇の中で言い伝えるとともに、まるで自分たち自身のものであるかのように言い回してきたのである。 2 われわれは多くの〔読者の〕方々にこのことを記憶してもらいたいと思えばこそ、つい余計な話題にも逸れてしまった。しかしそれは、万が一にも、それによって惑わされることを願うような人が出て来る余地を残さないためであった。

われわれは魔術師たちが唱えている門外不出の事柄に、理由もなく深入りしたわけではない。たしかにそれらの事柄は、本書の課題にとっては必ずしも不可欠というわけではなかった。しかし、魔術師たちの何でも有りの行状と曖昧極まる詐術に注意する上では、有用なはずである。[3]さて、われわれは今や、彼らのすべての憶説を暴露し終ったと思われる。ここまでわれわれは、異端の頭領たちによって新規に導入されたと言われるものが実は神への信心にとっては無益な紛い物であって、おそらく彼ら自身の間でさえも、語るに落ちると思われていることを暴露しようと意を用いてきたのである。ここまで述べてきたことを、ここで簡潔な表現で要約しておくのが望ましいであろう。

## 占星術について（2）

四三 [1]全世界で哲学と神学を探求した者たちすべてにおいて、神とは一体何であり、どういう性状をしているのかについて、見解が一致することはなかった。神は火だという者がいれば、霊（風）だという者もおり、さらに別の者は水だと言い、また別の者は大地だと言う。これらのどの元素にも何か欠ける点があり、どれも他のどれかによって凌駕されている。[2]理性のある者たちには明白なことだが、世界の賢人たちに［そろって］生じたことは、被造物の偉大さを見上げて、その中に存在するものの本質について戸惑い、それらが何か他者によって誕生させられるべきものではなく、それ以上のものだと考えたことであった。それと同時に、彼らはそれらすべてが一括して神だとも主張はしなかった。むしろ彼ら〈の誰もが〉眼に見える物の一つが神について論じることの原因になると予断した。(125) その結果、彼らの注意は、［真の創造主である］神による被造物に、それも神の卓越した偉大さにくらべれば、あまりにも些細な物にばかり注がれることになった。だから、彼らは真の神の偉大さに心を向けることができず、そのような些細なものを神と呼んでしまったのである。3 真理に関してさらに内面深く掘り下げたと自認したペルシア人たちは、神とは光に類するものであり、その光は大気の中に偏在していると言った。バビロニア人たちも、神は光に類するものであると言ったが、それ自体がさらに別のものからの帰結として現れたのだと言う。ちょうど夜に昼が続き、昼に夜が続くように。

4 エジプト人たちは自分たちが他のすべての国民よりも古いと自認していて、神の権能は……。(126) 彼らはそれら部分間《モイラ》の隔たりを神の息吹から計算して、神は分割不可能な一《モナス》（μονάς）であると主張した。(127) さらにその一《モナス》は自分で自分を生み出すもので、［その他の］万物はこの一《モナス》によって今在るように整えられたのだと言った。5 彼(128)らが言うには、この一《モナス》自身は生まれざるもので、(129) その他の数を順に生み出して行く。(130) すなわち、一《モナス》は自分自身に加算されて二《デュアス》を生み、また同じように加算されて三《トリアス》と四《テトラス》を生んで、一〇《デカス》に至る。この一〇《デカス》は数字の始めであり終わり〈である〉。その結果、一《モナス》は最初であると同時に一〇番目でもある。これは一〇《デカス》が一《モナス》と同じ力を持ち、一《モナス》と同じとして数えられることによる。(131) 6 一〇《デカス》は十倍されて一〇〇《ヘカトンタス》となり、これがまた一《モナス》になる。一〇〇《ヘカトンタス》は十倍されて一〇〇〇《キーリアス》となり、これも一《モナス》となる。こうして一〇〇〇《キーリアス》が十倍されて一〇〇〇〇《ミューリアス》となり、これがまた同じように一《モナス》となる。数字の三、五、七［、九］は、それ以上分割できない素数性において、一《モナス》と同類と見做される。7 ただし、より自然学的に、六層の円軌道(132)の観点からすると、一《モナス》と同類の数字がもう一つ別にある。それは数字を然るべく合算あるいは分割する働きから見た二である。8 基数詞の四は八と同類である。これらの数字は最初の起源を言わば数字の一《モナス》から観想されたことに持ち、(133) 四つの元素、すなわち、大気、火、水、大地への区別を行ったのである。(134) そして［世界創造者は］これらの元素から世界を男女《おめ》(135)として造り、大気と火の二つの元素を上方の天の半球に割り振った。〈この〉半球は一《モナス》に属するもので、善を為すもの、高く進むもの、男性と呼ばれる。9 なぜなら、一《モナス》は精妙なので、アイテールの最も精妙かつ清浄な部分へ飛翔して行くからである。〔創造者は〕より濃密な他の二つの元素、つまり大地と水を二《デュアス》に割り振った。こちらの半球はより低いところを進むもので、女性で悪を為すものと呼ばれる。また、上方の二つの元素自身も互いに結合されていて、自分自身の中に牡と牝があり、すべてのものがその実として稔り、成長するのである。10 火が牡で大気が牝である。さらにまた、水が牡で大地が牝である。このように、最初は火は大気と、水は大地と同棲していたのである。火が大気にとって力であるように、水が大地の力なのである。

11 これらの元素そのものも、九の倍数を引き算するやり方で計算・分析されると、それぞれの素性に準じて、あるものは牡の数字、他のものは牝の数字に還元される。さて、九が引き算される理由はこうである。すなわち、宇宙万物は三六〇《モイラ》度から成り立っている(136)。そのために、世界の四つの方角はまさしく九〇度に限られているのである。12 一《モナス》には光が個性として割り振られ、二《デュアス》には闇がそうされている。光には本性上、命があり、二には死が、命には正義が、死には不正が属する。それゆえに、牡の数字の下に生まれたものはすべて善を為すものであるが、牝の数字の下に生まれたものはすべて悪を行うものとなる。彼らの計算はこうである。13 今一《モナス》から始めるとしよう。〔例えば〕数字の三六一は、そこから九《エンネアス》の倍数を引き算すると、一《モナス》に還元される。君が自分でそのように計算してみて欲しい。六〇五は二《デュアス》になる。すなわち、そこから九《エンネアス》の倍数を引いてみよ。残りは二になる(137)。こうして、どの数字も自分の素性に戻って行くのである。

**四四** 1 さて、一《モナス》は善を為すので、彼らはそれに奇数に還元される名前を〈つけて〉(138)遵守しながら、それらの名前は上に向かうもので、〈牡であって〉(139)、善をもたらすと主張している。しかし、偶数に還元される名前は、下に向かい、牝で、悪をもたらすと見做されている。なぜなら、彼ら〔エジプト人たち〕が言うには、自然は善いものと悪いもの、右のものと左のもの、光と闇、夜と昼、命と死という対立物から成り立っているからである。2 さらに彼らはこうも言う。すなわち、「神」という名詞を数価に直し、九の倍数で分割すると余りが五と出る。[140] 偶数で〈ない〉名前については、彼らはそれを書き下ろしたものを手近なところに掛けて、癒しのわざを行っている。例えば、〔名前の数価が〕奇数になる特定の植物も、同じように身の回りに掛けておくと、数価が同じ〔奇数〕であることから、効果がある。[141] 3 むしろ医者の中にも、体力の衰えた者たちを同じ数価を使って癒している〈者がいる〉。しかし、数価が逆の〔偶数の〕場合には、それで癒すのは容易ではない。彼らはそのように数字に気を遣って、数価の同じ〔奇数の〕ものを探し求めるが、それはこういう考え方に依っているのである。その際、ある者たちは母音だけでそうするが、それとは別に、すべての字母の数字に従ってそうする者たちもいる。エジプト人たちの知恵は以上のようなものであって、彼らはこの知恵によって神的なるものに栄光を帰し、それを認識することもできると信じているのである。

**四五** 1 さて、このことについても、以上述べたことで十分だと思われる。地上世界に縛られて塵にまみれたような〔自称の〕「知恵」の教説で、私が不注意から見逃したものは一つもないと思う。以上のことに眼を向けてきたことは、われわれにとって、決して無駄ではなかったと思う。なぜなら、私がここまで述べてきたことは、ただ異端者たちを反駁するのに有効であるばかりか、〔彼らと〕同じ見方をしている者たち自身にとっても有益だと思われるからである。この者たちも、われわれが払ってきた多岐にわたる〔論駁の〕労苦を目の当たりにしたら、その情熱に驚嘆し、その労苦を無にしたりせず、キリスト教徒を愚鈍な者と言い張ることもやめて、むしろ自分たち自身がどれほど愚鈍なことを信じているかに気づくかも知れない。2 また、本書の論述は、真理を求める心があって学ぶことを愛する人々をさらに一段と思慮深くすることだろう。その結果、彼らは異端の始まりについて学んだことになり、その後は、〈彼らを〉憚りなくも惑わしてきた者たちをたやすく退けることができるのみならず、世の賢者〔哲学者〕たちが唱えた憶説についても今や無知ではなくなっているわけだから、学歴のない人間のようにそれに動揺させられることもなく、何か特定の権能で偉業を行っているかの振りをする者たち〔魔術師〕に惑わされることもなく、むしろ今なおそれに惑わされている者たちのための見張り役を努めるようになるに違いない。

**四六** [1]さて、〈それらの〉憶説についてすでに十分に論じたから、ここから先は本書の課題である事柄に向かうことにしたい。すなわち、われわれがすでに異端に関して決めていることを論証するのである。そのために、われわれは異端の頭領たちを強制して、〔彼らの教説を〕それぞれ元々の唱導者たちに返却させよう。そして頭領たちを丸裸にして人目に曝すことにしよう。また、彼らに説得されてしまった者たちを告発し、真理の穏やかな港へ向かって駆け戻るよう逆に説得してみよう。[2]他方、これから私が述べることを読者の方々にとって、より腑に落ちるようにするために、詩人のアラトスが天空の星辰の配置について思いを潜めたことに触れておくのがよいであろう。なぜなら、ある者たちが聖書で言われていることを寓喩化し、〔アラトスと〕同じことを指しているのだと言っているからである。彼らは注意深い者たちの心をさえ試練に遭わせる。すなわち、いかにも信用に値するかのような言葉遣いで、実は自分たちが意図するところへ引きずり込み、あたかも自分たちの言っていることが星辰に投射されているかのように、奇天烈な見せ物を見せるのである。[3]見たことのない異象を目にした者たちは、ちょうど耳フクロウと呼ばれる鳥のように、ほんの些細な驚きでも、その虜になってしまう。この耳フクロウは、私がこれから述べようと思うことには、都合の良い事例になってくれる。この生き物は大きさも外見もあまり鷹とは似ていない。その捕獲法はこうである。[4]猟師はこの鳥が群で何処かに降り立つのを見つけたら、遠くから自分の両手を叩いて、まるで踊っている振りをする。そうしながら、鳥の群のすぐ近くまで近づくのである。鳥たちは、珍妙な見せ物にびっくりして、周りの他のことには無頓着になる。そこへ、捕獲の準備を整えた別の猟師たちが背後から襲えば、踊に見とれている鳥たちをたやすく捕まえることができるわけである。[142] 5 こういうわけで、私が求めたいのは、誰にしろ、天空〔の星辰〕を解釈する者たちの同じような見せ物に驚かされて、耳フクロウのように捕獲されてしまうことがないように、ということである。なぜなら、そのような解釈をする者たちの何でも有りの所業は、踊や無駄話ではあっても、真理ではないからである。アラトス自身が〔いみじくも〕こう言っているとおりである。

6 これほどの大勢が　同時に　それぞれの方角へ　進みながら
天空を引かれて行く　終日《ひねもす》つねに絶えることなく。
―― これはすべて星のことである ――
とはいえ、微動だにせず　同じところに
〔地の〕軸は固定され　すべての方角に均一に
真ん中で大地を　その周りで天空を　自ら動かしている。[143]

**四七** 1 アラトスは天空を巡る星辰、すなわち回転体は無数[144]だと言う。それらの星辰は東から西へ、そして西からまた東へ、絶えることなく、球形を為しながら回っている。彼が言うところでは、[145]星たちは大熊座に沿って、川の流れのようにとぐろを巻いている。その川は龍のような怪物の「大いなる霊妙」であり、――彼が言うには[146]――これこそ、ヨブ記の中で悪魔〔サタン〕が〈神〉に向かって、「わたしは天の下にあるものの間を歩いて経巡って来ました[147]」と言っていることである。要するに、あちらこちらとさまざまな方角に向かい、そこで起きる出来事を眺めてきた、という意味である。2 彼らの考えでは、その龍、つまり蛇は、すべてのことを上から眺め見ることができるように、大熊座にある天極の側に居を与えられている。そのため、どのような出来事〔行為〕も龍（蛇）の目を逃れることがない。3 なぜなら、天空にあるすべての星が沈むけれども、この天極だけは沈まず、地平全体の上に出て来て、すべてのことを監督し、どのような出来事〔行為〕もその目を免れないからである。

そこでは　とりわけ
混じり合う　沈むのと昇るのが　互いに(148)。

4 アラトスが〈こう〉言っているのは、その〔龍の〕頭部の位置のことである。というのは、龍の頭部は二つの半球の西から東にかけて横たわっているからである。その目的は、彼が言うには、西で起きることと東で起きることの何一つ、同じ場所に留まる龍の目を免れることがなく、この獣がすべてのことを同時に知ることができるためである。龍の頭部そのものに向かったところに、人間の形をした星座が見られる。アラトスはそれを「疲れた者の似像」、「労苦を背負った者に似る」と呼んでいる。それは「膝を折る男」とも言われる(149)。5 アラトス自身は、この労苦が一体何のことであり、この不思議な形が天空を巡るのは何故なのか、分からないと言う。ところが、異端者たちは星辰の話にかこつけて、自分たちの教義を捏ち上げているわけだから、大変な労力を注いでこの話に関与して、その「膝を折る男」とはアダムを指していると言うのである。そのアダムとは、(150)彼が言うには、モーセが言ったように(151)、神の命令に従って、龍（蛇）の頭を窺うアダムのことで、龍とはそのアダムの踵を窺う者（蛇）のことなのだそうである。なぜなら、アラトスはこう言っているからであると。

右足の端を　とぐろ巻く龍の上に　置きながら(152)

四八 [1]その男、すなわち、「膝を折る男」の両側には、「竪琴《リュラー》」と「王冠《ステファノス》」が配置され、その男自身は膝を屈めて、両手を伸ばしている。その様子はまるで自分の罪を告白しているかのようだと言う。その楽器の竪琴は、まだまったくあどけなかった幼児ロゴスによって発明されたものである。[2]そのロゴスは、ギリシア人の間ではヘルメースと呼ばれている。その竪琴が制作された次第について、アラトスはこう歌っている。

それ〔竪琴〕は　まだ揺り籠にいたときの
ヘルメースが彫り上げて　竪琴と呼ぶように言いおいたもの(153)

それは七弦から成り、七弦であらゆる和音を奏でるがゆえに、世界（宇宙）が調和に満ちて造られた次第を〈象徴している〉(154)。なぜなら、世界は七日の間に生じて、七日目にはすべてが終ったからである(155)。[3]それゆえに、もし〔罪を〕告白しているのがアダムであって、神の命令に従って、あの獣〔龍、蛇〕の頭を狙っているのだとすれば、彼は「竪琴」も模倣するであろう、と言われる。すなわち、神の〈ロゴス〉(156)に聞き従うであろう。すなわち、律法を遵守して、彼のために用意された王冠を受け取ることだろう。反対に、もしアダムがそのことに無頓着であれば、下方に潜んでいる獣のもとへ引きずり降ろされて、その獣と命運を共にすることになる、と言われる。[4]さらに、「膝を折る男」は両手を伸ばし、竪琴と王冠〈を〉摑もうとしているように、そして〔その様子が罪を〕告白しているように見える。このことは彼の星座の形そのものから見て取れる通りである。しかし、彼の王冠は同時に、もう一つ別の獣によっても狙われ、奪取されるところである。その別の獣は比較的小さな龍であり、「膝を折る男」がその足で監禁している獣が産み落としたものである。5 しかし、そこに一人の人間が立っていて、両手を使って蛇〔龍〕を縛り上げ、しかも後ろ向きに引倒して王冠から遠ざけ、その獣が力任せに王冠に手を掛けないように防いでいる。アラトスはその人間のことを「蛇使い《オフィウーコス》」と呼んでいる(157)。なぜなら、蛇が王冠に向かって猛進を試みるのを妨げているからである。6 ところが、その獣が王冠にまで到達しないように、人間の姿で妨げているのは実はロゴスなのである。それはロゴスが、龍とその落し子の企みに同時に曝されている(158)者を憐れんでのことなのだそうである。

7 さらにこう言われる。すなわち、熊座には〔大熊座と小熊座の二つあり、どちらの星座も〕七つの星から出来ているから、七の数字が二つある(159)。それは二つの創造の業の似像である。第一の創造とは、労苦の内にアダムに起きたことである。〈そのアダムが〉「膝を折る男」の中に見て取れる。第二の創造とは、キリストによるものである。それによってわれわれは再び生まれたのである。すなわち、これが獣と格闘している「蛇使い《オフィウーコス》」であり、人間のために用意されている王冠にまでやって来ないように妨げている者なのである。

8 さらに、「ヘリケー」（Ἑλίκη）(160)と呼ばれる大熊〔大熊座〕は二つの創造のうちの大きい方の象徴であり、ギリシア人たちはそれを目印に航海していると言う(161)。すなわち、彼らは人生の荒波に翻弄されるときにも、それに教えられ、それに従って進んで行くのだと言われる。大きい方の創造は、教育としてであれ、あるいは知恵としてであれ、この創造に従って行く人々を後ろへ連れ戻すから、カタツムリ〔渦巻き〕なのだと言う。なぜなら、「ヘリケー」（渦巻き）という呼称は、逆方向への戻り、すなわち、元と同じものへの回帰を意味するからである。9 他方、もう一つの小さい方の熊〔小熊座〕は、言わば神によって行われた第二の創造の模像である。その理由は、細い〈道〉を進む者は少ない[162]からであると言われる。細いのは「犬の尻尾《キュノスーリス》」[163]も同じであって、アラトスが言うところでは、[164]シドン人たちはそれを目印に航海するのだそうである。さらにアラトスが語ったところでは、シドン人たちの一部は元々フェニキア人である。その理由は、フェニキア人たちの知恵が驚くべきものだったからである。ギリシア人たちが言っているところでは、彼ら〔シドン人たち〕は元々紅海の沿岸から移動してきて、今住んでいる場所に住んでいるのだそうである。この点は、ヘロドトスもそう考えている。[165]

10 さて、「犬の尻尾《キュノスーラ》」、すなわち、小熊座は第二の創造、小さい方の創造、細い道であるが、「ヘリケー」（渦巻き）ではない。なぜなら、それは後ろへ連れ戻すことはないからである。むしろそれは、自分について来る者たちを、真っすぐ前方に引っ張って行く。何せ、犬だからである。なぜなら、ロゴスは犬なのである。彼は狼に狙われた羊の群を見張って守り、[166]創造以来、あの獣たちを狩り出して退治すると同時に、すべてのものを生み出すために「孕んでいる」[167]のだそうである。11 彼らによれば、この理由からアラトスは東に昇る犬星について、こう歌っているのである。

犬星が上るときの植え付けは　期待を裏切ったことがない[168]

すなわち、この意味は、犬星が上る時期までに大地に蒔かれた種は、しばしば、まだ根を張る前に緑の葉を茂らせて、それを見る者には、自分自身の根を張っていないにもかかわらず、活力に満ちていて、やがて多くの実を結ぶだろう[169]と思わせる。12 しかし、犬星が実際に昇る時になると、当の犬座によって、活けるものが死んだものから分けられることになる。なぜなら、根を張っていなかったものは、その時にすべてまったく消滅してしまうからである。さて、この犬星こそ、神から来たロゴスであり、生ける者と死んだ者の審判者として立てられた方(170)である。〈そして〉犬星が植物の被造世界を見ているように、ロゴスが天［から?］の植物、すなわち人間のことを見ている、と言われる。13 第二の創造「犬の尻尾《キュノスーラ》」がロゴスによる創造の模像として天に置かれているのは、この理由によるわけである。さて、二つの創造の真ん中にうずくまっているのが、あの龍である。その龍は大きい創造から来るものを妨げて、小さい創造にまで行かないようにするとともに、〈大きい方の(171)〉創造の中にあるものについては、ちょうどあの「膝を折る男」が見張っているのと同じように、個々の物がそれぞれどのように存立しているかを見張っている。14 しかし、その龍自身が頭部から、あの「蛇使い」によって見張られていると言われる。この〈被造世界の〉模像は天に立っており、見ることができる者たちにとっては、知恵《ソフィア》なのである。もし仮にその模像が明瞭でなくても、被造世界はもう一つ別の模像で哲学を教えてくれていると言う。その別の模像について、アラトスがこう歌っている。

　イアソンの子孫のケーフェウスの　禍に満ちた一族のことを(172)

**四九** 1 ケーフェウス(173)がまさにそのすぐ側にいる。そしてカシエペイアとアンドロメダとペルセウスも。見る目がある者にとっては、これらは被造物に記された大文字である。なぜなら、そのケーフェウスとはアダムのこと、カシエペイアとはエヴァのこと、アンドロメダとは二人［アダムとエヴァ］の心魂のこと、ペルセウスとはロゴスのこと、すなわち、ゼウスの有翼の息子のこと、ケートス(174)とはあの奸知に長けた獣のことだと言うのであるから。2 その獣を打ち殺す者は、これらの内のアンドロメダただ一人に訪れる。すなわち、獣の供物とされていたアンドロメダを解き放って手に入れるのは、ロゴス、つまりペルセウスなのだと言う。そのペルセウスとは、有翼の軸であり、大地の真ん中を貫いて〔天空の〕両極に達しながら、宇宙を回転させている。3 宇宙には霊《プネウマ》が内在している。それは大熊座の側にいる白鳥《キュクノス》のことで、[175] 音楽好きな生き物であり、神的な霊の象徴である。その霊は生涯の今際の際に至ったときに、ただ独り哀歌を歌うために[176]生まれ育ってきた。善き望みを抱いて悪しき被造世界から離れ、神に向かって賛美を捧げるために歌うのである。4 蟹、雄牛、獅子、蝎、山羊、その他どんな動物が天空の星辰に名付けられていようとも、すべては模像であり、範例なのだと言う。この可変的な被造世界はその範例の形を貰い受けて、それぞれの動物で満ちることになるのだと言う。

**五〇** 1 彼ら[177]はこの種の話を利用して、物好きから占星術に熱心すぎる多くの人々を惑わそうと考えているのである。彼らがそこから捏ち上げようとしている神信心たるや、実はこれらの理論からはほど遠い異物であるにもかかわらず。それだから、親愛なる友よ、われわれはあの耳フクロウの針小棒大な驚き癖からは遠ざかることにしよう。これらの理論は、そしてそれに類する話も、すべて「踊」[178]であって真理ではないのだから。2 これらの星辰は何一つ証明するわけではない。むしろ、人間たちがいくつかの星を指示するために、〈それぞれに〉わざわざ名前をつけて、そう呼んだに過ぎない。[179] それが結果として、それぞれの星の記号になったのである。というのも、天空に散在する星たちの一体どこが、熊、獅子、山羊、水瓶、ケーフェウス、アンドロメダ、あるいはハイデース（冥界）に似ていると言うのか。その人間たちの誕生と星辰たちの名前の成立は、星辰の誕生よりもはるかに後のことなのである。ところが結果としては、異端者たちはこの見せ物に驚嘆するあまり、以上の話を改竄しながら、自分たち自身の教説を仕上げ〈ようとしている〉始末である。

**五一** 1 ところが、ほとんど例外なくすべての異端派が、算術を駆使して、数字の七という尺度と何か特定の

「アイオーン」なるものの発出《プロボレー》をひねくり出している。もちろん、それぞれの分派ごとに、その算術を改竄しているので、もろもろの名前の使い方においては多種多様なのであるが。―この点で彼らにとっての先生格になっているのはピュタゴラス、すなわち、この種の数字を初めてエジプトからギリシアへもたらした人物に他ならない。―そういうわけであるから、この点も黙過しない方がよいであろう(180)。むしろ、ここでごく大まかに述べておいて(181)、本書の課題の論証に供するのがよいと思われる。2 おそらくは、ピュタゴラスが最大の端緒となってのことと思われるのだが、一群の算術者と幾何学者が現れてきた。この者たちは、数字には、倍数をかけることで、また図形によって、無限にまで持って行くことができるもの〔数字〕が万物の始原になっていると想定した。それは言わば、ただ理性（ロゴス）の中だけで観察されるものであった。というのは、すぐに了解されることだが(182)、幾何学の原理〔始原〕は「点」である。それには部分というものがない。その点から無数の図形が生まれて来るのが〔これはまさに点から〕発見される。3 すなわち、点が「長さ」を目指して進む〔流れる〕と、進んだ後に、「線」が生まれる。線の限界は点だからである。線が「幅」に向かって進む〔流れる〕と「平面」を生み出す。平面の限界は線〔複数〕である。平面が「深さ」に向かって進む〔流れる〕と「立体」が生まれる。〈立体の限界は平面だからである(183)〉。それ〔立体〕は確固としている。以上の結果、巨大な立体の本性も、何と最も微小な点から成り立っていることになる。〔あの魔術師〕シモン(184)が「微小なものが巨大になるだろう。ちょうど点のように。また、巨大なものは無限なものになるだろう」と言っているのは(185)、このことなのである。シモンは幾何学の言う「点」に準じているわけである。

4 他方(186)、哲学も綜合する算術にとって、〈最初の〉始原となった数は〈一《ヘン》〉、無限定なもの、把握できないもの、そして自分の中に量で無限にまで至り得る数を内包しているものである。それらの数字の始原となったのは、実体の面から見て、最初の単一性《モナス》である。これは男性〔牡〕であり、その他のすべての数字を、ちょうど父のように生み出す。5第二は二つ《デュアス》であり、女性〔牝〕の数字である。この数は、算術の専門家によっても、偶数と呼ばれている。第三は三つ《トリアス》であり、男性〔牡〕の数字である。この数は、算術の専門家によっても、奇数と呼ばれる規則になっている。以上すべての数に四つ《テトラス》が加わる。これは女性の数字である。この数も偶数と呼ばれる。なぜなら、女性だからである。6こうして、すべての数が出揃った。それらは種族から見れば、四つである（〔原初の〕数はもともと種族に関しては無限定だった）。これらから今や完全数が成り立ってくる。すなわち、一〇《デカス》のことである。なぜなら、一、二、三、四では、もしこのそれぞれの数字がそれぞれ固有な名前〔数価〕を保持するならば、合計は一〇《デカ》になるからである。これはすでに述べた通りである(187)。7これがピュタゴラスの言う「聖なる四個組《テトラクテュス》」であり、「永遠なる本性の根っ子を持っている〈泉〉(188)である」(189)。つまり自分の中にすべての他の数を内包しているのである。なぜなら、一一と一二、およびその他の数も、一〇に始まりを有しているからである。この一〇、すなわち完全数には四つの部分があって、〈原初の〉数、一《モナス》、平方数、立方数と呼ばれる。8これら四つの部分同士が生成と成長のために、互いに乗じられ、混ぜ合わされることによって、本性的に生殖力を持った数が完成される。すなわち、平方数が平方数自体に乗じられて、平方数の平方数が生じてきた。また、平方数が立方数と掛け合わされて、立方数の平方数が生じた。また、立方数が立方数と掛け合わされて、立方数の立方数が生じた。こうして、七つの数すべてが生じた。それらから、生成したもろもろの事物の生成が生成する。その七つの数とは、一《モナス》、平方数、立方数、平方数の平方数、立方数の平方数、立方数の立方数のことである。

9〔魔術師〕シモンはとヴァレンティノスはこの七個組の数の名前を差し替えて摩訶不思議な話を捏ち上げたのである。彼らはそこからもらってきたもので、手っ取り早く自分たちの基盤を整えたわけである。すなわち、シモンの方はそれらを呼び変えて(190)、「ヌース」（叡智）、「エピノイア」（観念）、「オノマ」（名前）、「フォーネー」(声)、「ロギスモス」(思考)、「エンテューメーシス」(欲求)、「現に立っている者《スタース》」、「立っていた者《ヘストース》」、「やがて立つ者《ステーソメノス》」と呼び、ヴァレンティノス[191]は「ヌース」(叡智)、「アレーテイア」(真理)、「ロゴス」(言葉)、「ゾーエー」(生命)、「アントローポス」(人間)、「エクレーシア」(教会)と呼んで、それにさらに「父」も一緒に数えている。これらはすべて、算術の知恵の技能を積んだ者たちに向けたものである。この者たちはそれを見て、無知な大衆には[192]理解できないものだと言って驚嘆して追随し、彼ら〔シモンとヴァレンティノス〕が思いついた異端の創設を一緒になって担ったのである。

10 さて、また一方では、別の者たちが医術から七個組の数をもらってきて、捏ち上げようと試みている。すなわち、彼らは脳の解剖の知見に驚嘆するあまり、万物の本質、力能、父なる神性に関することも、脳の組成からこそ教えてもらえると言うのである。11 脳[193]は身体全体を司る部分であるため、振動したり動いたりすることはない。そして自分自身の内側に精気《プネウマ》を宿している。この種の物語は信用に値しないわけではない。しかし、それを実験してみることは及びもつかない。しかし、脳を解剖してみると分かることだが、その内側には湾曲した大脳があり、その両側には薄い皮膚がついている。それは「小さい羽」と呼ばれる。その羽は精気《プネウマ》によって静かに動かされるが、その精気をまた再び小脳へと送っている。12 精気は葦の形をしたある容器を通って松果腺に至る。その側に、小脳への小さな入り口があって、そこまで通過してきた精気を受け入れると、それをさらにいわゆる脊髄に引き渡す。その結果、身体全体がその精気を分与されることになる。この容器〔脊髄〕からすべての血管が、まるで樹の枝のように張り巡らされているからである。その末端は生殖のための器で終っている。したがって、精子も脳から発して臀部を通って発出されるわけである。13 小脳の形は龍〔蛇〕の頭部に似ている。「誤ってそう呼ばれた認識《グノーシス》」[194]に属する者たちの間では、この点についての言及が盛んである。そのことは本書が今後明らかにする通りである。脳からは、さらに別の部位が六組の対《シュジュギア》を成しながら

生じていて、頭全体に行き渡りながら身体全体を保持し、やがてまたそこ〔頭〕で終っている。七番目の対《シュジュギア》 14
は小脳から出て[195]、下にある身体の他の部分に向かっている。この点は、本書がすでに述べたとおりである[196]。
……[197]シモンとヴァレンティノスも、やがて暴露される通り、そこにきっかけを得ているのである。たとえ彼らがそのことを容認はしないとしても、事実はそうなのである。彼らは何よりも先ず嘘つきであって、その後で異端者なのだから。

　さて、以上でわれわれは十分に論述を尽くしたと思われる。地上の知恵に属すると思われる教説はすべて残らず、以上の四巻で跋渉した。今や、その地上の知恵の弟子となった者たち、と言うよりもむしろ盗作者たちに、目を向けるのがよいであろう[198]。

# 第五巻

一『全異端反駁』第五巻の内容は次の通り。

二　ナハシュ派は自分たちのことをグノーシス派と称しているが、彼らは一体何を説いているのか。彼らが説いていることは、最初はギリシアの哲学者たちと密儀の伝承者たちが説いていたことであって、彼らはただそれを両者から貰い受けて、自分たちの分派を集めたに過ぎないということ〔六―一一章〕。

三　ペラータイ派は一体何を説いているのか。彼らは自分たちの説くところを、聖書からではなく、占星術からもらってきているということ〔一二―一八章〕。

四　セート派の言説は一体どういうものなのか。彼らはムーサイオス、リノス、オルフェウスなど、ギリシアの知者たちの言葉を盗用して縫い合わせ、自分たちの教説を作り上げているということ〔一九―二二章〕。

五　ユスティノスが説いていることは何なのか。彼の教説は聖書から構成されたものではなく、歴史記述家ヘロドトスが伝える奇譚から成るものだということ〔二三―二八章〕。

## ナハシュ派

六 1 本巻に先立つ四巻では、私は神と世界の創造に関することについて、ギリシアと蛮族のすべての〈哲学者たち〉が考えてきたことを十分に語り尽くすために、この上ない労苦を惜しまなかった。私は彼らの考えの中で余分なものとおぼしきものさえ、読者のためには労苦に値するものと見做して、〈すべて看過せずに〉[1]暴露してきた。そうすることで私は、多くの読者を真の知識《グノーシス》について学ぶ喜びと、それがもたらす確実さに向けて励ましてきたのである。2 さて、今や残されているのは、異端の分派に対する反駁へと先を急ぐことである。そのためにこそ、われわれはここまで論述を進めてきたのであるから。異端の頭領たちは、ギリシアと蛮族の哲学者たちの考えをきっかけとしているのである。彼らは、言わば古布を縫い合わせるパッチワーカーである。古人が犯した過ちを、自分たちの勝手な考えに従って掻き集め、あたかも新しい考えであるかのような顔をして、惑わされやすい人々に提供してきたわけである。その次第は本書が後続の部分で明白にするだろう。

3 ここから先については、設定されている課題へと前進するように、時がわれわれに求めている。その手始めは、こともあろうに迷妄の原因となったあの蛇を賛美して憚らない者たちである。彼らは蛇に宿る活力を称えるために、いくつかの説を紡ぎ出している。この教説を司る祭司でもあり指導者でもある者たちは、「ナハシュ派」と呼びなら慣わされた。彼らはヘブライ語でそう名付けられたのだが、ヘブライ語で蛇は「ナーハーシュ」[2]と言われるからである[3]。4 その後の彼らは「グノーシス派」を自称し、自分たちだけが〔認識の〕深み[4]を知っているのだと主張した。その彼らからやがて多くの者が分岐したので、元々は一つで〈あった〉この分派にも、多くの裂け目が生じて行った。ただし、それは名前が違うというだけで、それぞれが語っている物語は同一である。このことは、本書がもう少し先のところで論駁する通りである。

この者たちは、他のすべての物の〈始原として〉[5]、同じ[6]「人間」と「人間の子」[7]を敬っている[8]。5 この「人間」は雌雄同体で、彼ら自身の間では「アダム」[9]と呼ばれる。そしてこの「人間」に捧げる多種多様な賛歌が生まれている。ごく掻い摘んで言えば、彼らの表現はこうである。「父なる汝から、母なる汝によって、不死なる両の御名、もろもろの世の両親、天に棲む汝、誉れ多き人間よ」。6 彼らは彼〔「人間」〕をゲーリュオネース(10)と同じように、三つの部分に分割している。曰く、その一つは叡智的《ノエロン》なもの、もう一つは心魂的《プシュキコン》なもの、さらなる一つは泥的《コイコン》なものである。そしてさらに彼らが考えるところでは、その「人間」を知ることが神を知ることができるようになる端緒である。そのことを彼らは「完成の端緒は『人間』を知ること、神を知ることは完璧なる完成」と表現している(11)。7 しかし、これら三つの部分、すなわち、叡智的なもの、心魂的なもの、泥的なものはともに下降の道を進んで、一人の人間の中に入った。それはマリアから産まれたイエスのことであると言う(12)。そしてこれら三種類の人間たちは同時に、それぞれの本性から、それぞれに属する者たちに向かって、それぞれに繰り返し語りかけたのだと言う。なぜなら、彼らによれば、万物〔の中〕には、天使的種族、心魂的種族、泥的種族の三種族が存在するからである。それは同時に、教会にも天使たちの教会、心魂的教会、泥的教会の三つがあるということである。それぞれの教会に付けられた名前は、選ばれた教会、召された教会(13)、囚われの教会である。

**七** 1 以上が彼らの膨大な言説の要点である。その言説は主の兄弟ヤコブ(14)がマリアンメー〔マリア〕に伝えたものだ(15)と言う。しかしわれわれは、不信心な輩〔ナハシュ派〕がマリア、ヤコブ、ひいては救い主ご自身を嘘つきに仕上げることがないようにしなければならない。そのために、われわれは密儀に立ち入っておきたい。彼らはこの神話をそこからもらってきているからである。その密儀は蛮族の間とギリシア人の間で見られるものである。さらにわれわれは、この者たち〔ナハシュ派〕がどのようにすべての国民から、隠された語り得ない秘義を掻き集めてきて、それにキリストという偽名を付してから、諸国にあるそのような狂想に通じない人々を騙そうとしているか見極めることにしよう。2彼らにとっては、「人間」アダムが基礎である。そのため彼らは、「一体だれが彼の誕生のことを語り得ようか(16)」と書かれているのは、アダムのことなのだと言うのである。〔読者の方々には、〕以下では彼らがどのように、追跡しても発見できない不朽の人間についての誕生譚を、もろもろの国民の間から断片的に取ってきては、キリストの上に貼付けるかを、よくよく注意して見ていただきたい。

3さて、ギリシア人が言うには(17)、最初に人間を生じさせたのは大地であった。大地にとってそれ〔人間〕は名誉ある褒美であった。大地は感覚なき植物と理性なき獣の母ではなく、昼の光と神を愛する生き物の母となりたいと思ったからであった(18)。4他方で次のことは、追跡と発見がむずかしいと言われる(19)。アラルコメネウスがボイオティアのケーフィーシスの流れの向こうで、最初の人間として立ち現れたのか。それとも神の種族、イダスの地のクーレーテス人〔がそれ〕であったのか。あるいは、フリュギアのコリュバンテスたちこそが、樹木として発芽するのを太陽が最初に目の当たりにした者たちであったのか。それとも、アルカディアがペラスゴスを月より先に産んだのか。それともエレウシスがラリアの地の住人デュサウレースを(20)〔最初の人間として〕産んだのか。それとも、レームノスの地が、何とも言いがたい狂躁の内に、きれいな子供カビロスを産んだのか。あるいはペレーネーの町がフレグラ出のアルキュオネウスを巨人族の最年長の子として産んだのか。5しかし、リビア人たちが言うには、ガラマスこそ乾いた土から最初に発芽して、ゼウスの甘い樫の実を味わったものだそうである。とりわけ、湿った温暖さのゆえに、肉をまとった動物を繰り返し産んでいると言われる。ナイル河はエジプトの土を肥やして、今に至るも生き物を生み出している、と言われる。6アッシリア人たちは、魚を食らうオーアンネース(21)は彼らの間で生まれたのだと言う。カルデア人はアダムが〔彼らの間で生まれたと言う〕。彼ら〔ナハシュ派〕が言うには、このアダムこそが最初の人間であり、大地は〈その身体〉だけを生んだのである。ところが、彼にはまだ息(22)がなく、動きもせず、動かされもせず、ただ横たわり、まるで彫像のようであった。彼は上なるあの人間、すなわち、褒むべき「人間」アダマス(23)の似像《エイコーン》(24)であり、もろもろの霊力たちによって生み出されたものである。この霊力たちについては、〈彼らの間で〉個別の論説がたくさんある。

7 彼ら〔ナハシュ派〕が言うには、「地と天にあるすべて父と名付けられたもの(25)」が上なる大いなる「人間」から成り立っている。その「人間」にも心魂が与えられた。それは、その偉大で最高に美しく、かつ完全な「人間」の造り物《プラズマ》(26)が心魂によって、奴隷の身分に落とされて、苦しみに遭わされ、懲らしめを受けるためであった。彼らは彼〔「人間」〕のことを、そのようにも言うのである。8 そのように「人間」の中に入って行って、完全なる「人間」の造り物を奴隷とし、懲らしめる心魂とは、一体何であり、どこからやって来て、その本性はどのようなものなのか。この点についても、彼らは探求を重ねている。ただし、その探求を彼らは聖書に基づいてではなく、密儀から行うのである。そこで彼らは、心魂というものは見定めがたく、把握しがたいものだと言う。その理由は、それが姿と形において常に同一のままとどまってはおらず、また、情念も一つのままではないからである。その結果、だれもその形状を述べることができず、本質を把握できないのだと言う。9 そして彼らは心魂のこの多種多様な変容のことを『エジプト人による福音書』(27)と題された書物に集めて所持している。したがって、彼らも、心魂が「先在者《プロオーン》」から来たものか、それとも「アウトゲネース」〔自分で生まれた者〕からきたものか、さらには「混沌《カオス》」から注ぎ出されたものなのかについては、もろもろの国のすべての人々が知るほどしか分かっていないわけである。彼らが真っ先に逃げ込む先は、人間には三種類の区分があると考えたアッシリア人の密儀である。なぜなら、アッシリア人が最初に、心魂は三つの部分から成りながら一つだと考えたからである。

10彼ら[28]が言うところでは、どのような本性《フュシス》も、それぞれの仕方で、心魂に恋いこがれる[29]。なぜなら、心魂がすべて生成するものの原因だからである。彼が言うには[30]、すべて養分を摂取して成長するものは何でも、心魂を必要とするからである。すなわち、もし心魂が具わっていなければ、何物も養分の摂取にも成長にも与ることができない。その辺りの石ころにさえ、心魂があるのだそうである。というのは、石ころも成長能力を持っているからである。しかし、成長は養分なしには生じないだろう。成長する物は栄養摂取によってこそ成長するからである。栄養摂取とは栄養を摂取する物にとっての栄養のことである。11彼が言うには、それゆえにこそ、「天にあるもの、地にあるもの、地の下にあるもの[31]」、そのすべての本性が心魂に憧れるのである。アッシリア人はそのような消息を「アドーニス」あるいは「エンデュミオーン」と呼んでいる。アドーニスと呼ばれる場合は、この名で呼ばれる心魂を恋して欲しがるのは、アフロディテーだそうである。彼らによれば、アフロディテーとは生殖のことである。12もしペルセフォネー、つまり別名コレーがアドーニスを恋すれば、心魂は死に定められたことになる。なぜなら、その心魂はアフロディテーから、〈つまり〉生殖行為から引き離されてしまうからであると言う。また、もしセレーネー（月）がエンデュミオーンへの欲情に取り憑かれて、その姿に恋するとすれば、高いところにある被造物たち〈さえ〉も心魂を必要としているわけだと言われる。13さらに彼はこうも言う。もし神々の母〔キュベレー〕がアッティスの性器を切断した上で、自分の恋人にしたとすれば、この世を超えた上の領域《アイオーン》に棲む至福の本性さえも、心魂の持つ牡の能力を自分のもとへと召還するということである。14彼が言うには、「人間」は雌雄同体だからである。彼らのこのまことに穢れた禁じ手の言説に従えば、女が男のもとへと指示されて交わることは、教えに準じること〈にならない[32]〉のである。15彼が言うには、アッティスが〔性器を〕切断されたというのは、つまりは、被造世界の下の方の泥的な部分から

〈切断された〉という意味であって、上なる領域《アイオーン》の本質に向かって戻って行ったということなのである。彼が言うところでは、そこには雌も雄もなく[33]、在るのは新しい創造、「新しい人間[34]」のみである。それは雌雄同体である。しかし、彼らが言う「上」とは何処のことか。この点は、私が適当な場所に至ったときに示すことにしたい[35]。

16 彼らが言うには、自分たちのこの言説を証拠立ててくれるのは、ただ〔ギリシア神話の〕レアだけではない。むしろ言わば被造物全体も証言していると言う。また、ロゴスによってもこう言われていることが、端的にそのことを明らかにしていると言う。すなわち[36]、「世界が造られたときから、目に見えない彼〔神〕の性質は彼による被造物から知ることができる。また、彼の永遠の力と神性もそうであるから、彼らには弁解の余地がない。なぜなら、彼らは神を知りながら、神としてあがめることも感謝することもしなかったからである。むしろ彼らの心は無理解で、むなしい〈思いにふけり、暗くなった〉のである。17 彼らは自分たちを賢者と吹聴しながら愚かになり、滅びることのない神の栄光を、滅び去る人間や鳥や獣や這うものに似せた像と取り替えた。それゆえに神は彼らを恥ずべき情欲に任せられたのである。彼らの間の女たちは自然の関係を自然にもとるものに変え」18 ――彼らにとって、自然な関係がどういうものであるかは、後ほど見ることにしよう[37]。――「男たちも女との自然な関係を捨てて、互いに情欲を燃やし、男が男と破廉恥なことを行っている[38]」。――破廉恥とは、彼らにとっては、第一の至福かつ形なき本質のことなのである[39]。――「彼らはその迷った行いの当然の報いを受けなければならなかった[40]」。19 彼らの言うところでは、パウロが語ったこの言葉の中に、彼らの言う至福な快楽が、隠された言葉にできない奥義として含まれているのだそうである。なぜなら、彼らによれば、洗礼によって与えられた約束とは、彼らの言う活ける水[41]の洗礼と語り得ない塗油を授けられた者を、萎えることのない欲望へ連れ込むこと以外の一体何であり得ようか。

20 彼らが言うには、彼らの言説を証言してくれるのは、ただアッシリア人とフリュギア人たちの密儀のみではない。〈むしろエジプト人が〉すでに生じたもの、今現に生じつつあるもの、そしてやがて生じてくるものの本性、すなわち今はまだ隠されているが、やがて現れてくる本性に〈について語るところも〉、〔彼らの言説を〕証言しているそうである。その本性こそが〈あの〉人間の内側に探し求められるべき天の国(42)のことなのだと言う。これ〔天の国〕については、彼らは『トマスによる福音書』と銘打たれた文書の中で、こう明言している。曰く「わたしを探す者は七歳以上の子供たちの中に見出すだろう。なぜなら、わたしはそこの第十四番目のアイオーンの中に隠れていて現れるからである(43)」。21 しかし、もともとこう言ったのは、キリストではなく、ヒッポクラテースであった。曰く「七歳の子供はもう半ば父親だ(44)」。ここから、彼ら〔ナハシュ派〕は、万物の原始の親たる本性〔自然〕が万物の原始の親たる種子〔精子〕の中にあると考えた。実はそれは、子供は七歳になれば、半分父親だという、ヒッポクラテース学派の説を聞いてのことであった。ただし彼らは、『トマスによる福音書』によれば、その子供が現れるのは〈一〉四歳になった時だと言うのであるが。

22 以上が言葉に表しがたい奥義の教えと彼らが呼ぶものである。彼らが言うには、すべての国民の中で、エジプト人がフリュギア人に次いで古くから存続していて(45)、周知のとおり、〔後代の〕他のすべての人間たちに、密儀、あらゆる神々のための儀式〈と〉観念および行動について同時に述べ伝えたのである(46)。そのエジプト人たちは、さらにイシス神に関する奥義も持っている。それは聖なる信心に係る奥義であり、まだ密儀に加入していない者たちには漏らすことがゆるされないものである。23 そしてその奥義というのが、オシリスが奪い取られて、イシスが七重の黒の衣をまといながら探し求めている〔オシリスの〕恥部(47)に他ならないと言う。ところが、彼ら〔ナハシュ派〕が言うには、そのオシリスとは水のことである。他方、七重の衣をまとったイシスの方は、自分の周りに七重のアイテール〔霊気〕を衣として引き連れているということであり、——というのは、彼らは惑星のことをこのように寓喩化して呼び、〔アイテールの〕「籠[48]」と言っているからである――可変的な生成のことなのである。すなわち、被造世界は、言葉では表せず、模像にもできず、思考もしがたく、形も持たないものによって形を変えられるものとして表現されるわけである。24 そしてこのことが、聖書では、「義しい者は七度倒れても、なお立ち上がる[49]」と言われているのだそうである。ここで「倒れる」と言われているのは、万物を動かしているものによって星たちも動かされて変化することを言っているのだそうである。

25 彼らが精子の本質について語るところはこうである。それはすべて生成するものの原因であって、それらの一部では決してない。むしろそれは生成するものすべてを産み出し、造り出す。それを彼らはこう言い表している。「わたしはなりたいものになる。わたしは〔今現に〕そうであるわたしである[50]」。この理由から、万物を動かすものは動かされないのだと言う[51]。なぜなら、それは万物を造るものであり続けるので、生成するもののどれかになることはないのである。26 これ[52]だけが善なるものであると言う。そして救い主によって、「なぜ、あなたはわたしを善い者と言うのか[53]。善い方は天におられるわたしの父ただ一人である。父は義しい者にも義しくない者にも太陽を昇らせ、敬虔な者にも罪人の上にも雨を降らしてくださる[54]」と言われたのも、そのことだと言う。彼〔父〕がその上に雨を降らせる敬虔な者たちとは誰のことなのか。また、父自らがその上に雨を降らせる罪人とは誰のことなのか。この点は、他の事柄と一緒に、もう少し後のところで話題にしよう[55]。

27 〔さらに、彼らが言うところでは、〕万物についての隠された、大いなる、そして知られざる奥義は、エジプト人たちの間で覆い隠されながら、しかもその覆いを取り去られてきた。それは次の通りである。というのも、入り口の前にオシリス像が立っていないような神殿は一つもなく[56]、その隠し所はむき出しで、下から上を見上げながら[57]、やがて自分〈から〉生まれてくるすべての実を冠として戴いているのだそうである。28 それはいとも聖なるもろもろの神殿の中で、他のもろもろの神像に先立って立っているのみならず、ちょうど灯火を枡の下では〈なく〉燭台の上に置くのと同じように、すべての人々が見てすぐ分かるようになっていると言う。それは家から家に告知される告知であり、あらゆる道筋と街路で、また家々の中でさえ告知されて、家の境も示している。(58) これこそ、すべての人によって善と呼ばれているものである。彼らはこれを「善をもたらすもの」とも呼んでいるが、彼らには自分たちが一体何を言っているのか、分かっていないのである。ギリシア人たちは、この奥義もエジプト人からもらい受けて、今日に至るまでそれを保持している。29 そのため、彼らギリシア人の間では、われわれも見る通り、そのようなヘルメース像を頂きに具えた四角柱が――「ヘルメース」と呼ばれるのだそうである――人々の尊敬を集めているのである。とりわけキューレーネー人は〈ヘルメース〉こそロゴス〈である〉として敬っている。(59) なぜなら、ヘルメースはロゴスだからだそうである。〈そのヘルメースとは〉通訳《ヘルメーネウス》(60) であるとともに、造物主でもある。すなわち、すでに生成したもの、現に生成しつつあるもの、やがて生成してくるものの造り主として、彼らの間で敬われているが、その姿は何とも独特だと言う。すなわち、人間〔男〕の恥部の形をしていて、下から上に向かって勢いよくそそり立っているそうである。

30 このヘルメースが心魂の導師、心魂の同伴者、心魂の原因者であるということ、このことが異教の詩人たちの注意を免れることはなかった。彼らはこう歌っている。

　だが、キューレーネーの神ヘルメースは　すでに呼び出しておいでであった
　求婚者どもの亡魂を(61)

しかし、ペーネロペーに群がる求婚者たち――お前たち悪霊ども――のことではなく、眠りから覚めて、意識を取り戻した者たちの心魂のことなのだそうである。[62]〔その心魂たちは〕「何という名誉といかほどの大いなる幸いから」〔堕ちて来ていたことか。〕[63] すなわち、彼ら〔ナハシュ派〕の見方では、〔心魂たちは〕至福なる上の「人間」、あるいは「原人」、あるいはアダマスから、この下方の粘土の造り物の中へ運ばれてきて、そこで目の前のこの被造世界の造り主に奴隷として仕えることになったのである。[64] それはエーサルダイオスと呼ばれる火の神、数の上では四番目の者のことである。[65] 31 彼らはこの者を地上世界の造り主なる父と呼ぶのである。

彼は杖を手に持つ
見事な黄金の杖を。その杖で人間の眼を
欲するがままに塞ぐけれども　また再び眠りから起き上がらせる。[66]

32 この者〔ヘルメース〕一人が生命と死に係る権能を持っているのだと言う。そして「お前は鉄の杖で彼らを導く」[67] とあるのは、彼について書かれているのだと言う。先の詩人〔ホメーロス〕はロゴスの本性が考えも及ばないほど至福なものであることを美しく言い表そう思ったので、「鉄」の代わりに「黄金の」という修飾語を杖に被せたのだと言う。「彼は死者たちの眼を塞ぎ、再びまた眠りから起き上がらせる」と言われることは、まどろみから目覚めた者の意識が戻ることを指し、[68] 33 聖書では、「眠っている者よ、起きて、立ち上がれ。キリストがお前を照らされる」[69] と言われているのだと言う。このキリストは生まれた者すべての間で「人〔人間〕の子」と表示される者で、表示しがたいロゴスから来た者であると言う。34 このことこそが、エレウシスの言葉で表せない大いなる奥義「ヒュエ　キュエ」[70] に他ならないのだそうである。そして万物は彼の支配に服していると言う[71]。すなわち、これが「彼らの響きは全地に及ぶ[72]」と言われていることなのである。ヘルメースが〔黄金の〕杖をゆさぶって〈先に立つ〉とあるように、心魂たちは群がって鳴き声を上げながらその後に従って行く[73]。その有様は同じ詩人〔ホメーロス〕が次の比喩で語っている。

ちょうど　とほうもなく広やかな洞窟の奥で
蝙蝠どもが　チーチー鳴きつつ飛び交わすよう、
それがとまった岩からぶらさがり、たとえそこからもげて落ちても
なお互いに　一つの塊のままでいるように[74]。

35 ここで「岩から」とあるのは、アダマスからの意味である。さらに、このアダマスは、「隅の石が角の頭石になった[75]」と言われる石のことなのだそうである。――なぜなら、頭部にこそ、特徴ある脳、すなわち本質が収まっており、「父と呼ばれるすべてのものが、それによって特徴づけられている[76]」からである。――「その石をわたしは基礎石としてシオンに固く据えよう[77]」と言われる。すなわちこれは、造り物としての人間を指す言い換えだと言う。36 そうして据えられるアダマスは〈「内なる人[78]」のことであり、シオンの基礎石とは〉、ホメーロスが「歯垣」と言っているもの[79]、すなわち城壁と要塞のことである。その中にいるのは「外なる人[80]」である。それは上なる原人アダマスのもとから堕ちてきた者に他ならない。そして「人の手によらず切り出された[81]」、忘却の造り物の中へ、つまり泥の造り物、「土の器[82]」の中へ運び込まれた者のことである。37 またホメーロスは彼〔ヘルメース〕の後を、ということはロゴスの後を、心魂たちが鳴き声を上げながら付いて行った様子を、〈こう歌っている。〉

こいつら〔蝙蝠たち〕が鳴きながら進んで行けば、彼らを仕切り
――すなわち、その先頭に立ち――
救いをもたらすヘルメース神は　朦朧とした道を〔進んで行った[83]。〕

すなわち、あらゆる悪から解き放たれたアイオーンの領域へ進んで行ったのだそうである。では、彼らはいったい何処へやって来たのか。

彼らは大洋河《オーケアノス》の流れと「白切崖《レウカス》」に沿って進み、
さらに太陽神の入る門と　夢のやからの棲み家を　過ぎて行った[84]。

38 ここで言われている「大洋河《オーケアノス》」とは、「神々の生成と人間たちの生成」のことであると言われる[85]。それは常に循環していて、ある時は上に、ある時は下に向かって流れているのだそうである。その大洋河《オーケアノス》が下向きに流れるならば、それはいつも人間たちが生成する時である。反対に、それが上向きに、前述の城壁と要塞、そして「白切崖」に向かって流れるならば、それはいつも神々の生成の時である。39 これが聖書に、「わたしは言った、あなたたちは皆、神々なのだ、いと高き方の子らなのだ[86]」と書かれている意味なのだそうである。すなわち、もしあなたがた[87]がエジプトの地から懸命に逃れ、紅海の向こう岸に渡り、砂漠に踏み入るならば、言い換えれば、下方での混合から上方のエルサレム[89]へ、つまり〈すべて〉活ける者たちの母[90]のもとへ急ぐならば、そうなるということである。しかし、もしあなたがたが再びまたエジプトの地へ、つまり、下方での混合[91]へ逆

戻りするならば、「あなたがたは人間として死ぬ[92]」と言う。なぜなら、すべて下方で生成するものは可死的であり、逆に上方で生成するものは不死だからである。40 なぜなら、霊的な〈人間〉は水と霊のみによって生まれ、肉の者ではないからである。逆に、下方から生まれる者は肉のものである。これが「肉から生まれるものは肉である。霊から生まれるものは霊である[93]」と書かれている意味なのだと言う。彼ら〔ナハシュ派〕の言う霊的な誕生とは、このようなものである。41 彼らが言うには、これこそが「大いなるヨルダン」である。それは下方に向かって流れていて、イスラエールの子らがエジプトから脱出するのを妨げているのだそうである。「エジプトから」とは、下方での混合からということである。なぜなら、彼らによれば、エジプトとは身体のことだからである。イエスがそれを堰き止めて、上に向かって流れるようにしたのだそうである[94]。

八 1 グノーシス主義者の中でもとりわけ特異で、文書づくりの新たな技法の発明者でもあるこの者たち〔ナハシュ派〕は、以上のような教説に従って、これほどの表現しがたい事柄を啓示してくれたホメーロスを自分たちのための予言者だと言って褒め称えている。そして密儀とは無縁の詩人たちを自分たちの聖なる文書と合体させて、独自の考えに捏ち上げ、それを鼻にかけている。彼らの主張では、万物が一《ヘン》から成っていると主張する者は誤っている。むしろ三つのものから成っていると言う者こそが真理に合致しており、万物を説明することができると言うのである。2 その一つは、上なる至福な「人間」、すなわちアダマスの至福の本性である。もう一つは下方にいる可死的な本性である。さらにもう一つは王なき種族[95]である。この種族は上で生まれた種族である。そこ〔上〕には、探し求められているマリア、偉大な賢者ヨトール、先見者セプフォーラ、そしてモーセがいると言われる。そのモーセの種族は実はエジプトで生まれたのではないのだ、と言うのである。なぜなら、彼にはミディアンで子供が生まれていたからである[96]。3 このことも〔異教の〕詩人たちの眼を免れることがなかったのだそうである。

万物は三つに分割され、〔兄弟の〕それぞれがおのおのの権能に割り当てられた[97]。

すなわち、これは偉大なることが語られねばならなかったということ、しかも、あらゆる場所であらゆる人に聞かれるがゆえに、「彼らは聞いても聞かず、見ても見ない[98]」ほどであったそうである。もし仮にその偉大なることが語られなければ、この世界は存続していないだろうと言うのである。4 それは三つの途方もない言葉、「カウラカウ」、「サウラサウ」、「ゼエーサル[99]」のことである。カウラカウは上なるアダマスのもの、サウラサウは下なる可死的な人間のもの、ゼエーサルは上に向かって流れるヨルダン川[100]のもの。この者[101]は万物に内在する雌雄同体の人間なのだそうである。無知な者たちは彼のことを「三つの身体を持ったゲーリュオネース[102]」と呼んでいる。すなわち、大地《ゲー》から流れ出る《リュエイス》者なのでゲーリュオネースと言うのである。しかし、ギリシア人は通常は「天上の月の角《つの》[103]」と呼んでいる。なぜなら、それはすべてのものをすべてと混合したからだと言う。5 その理由は、「すべてのものは彼によって成り、彼なしでは何一つ成らなかった。彼の中で成ったものは生命である[104]」からだと言う。そして、この生命とは、言葉では言い表せない完全なる人間たちの種族のことであって、これまでの世代には知られずにきたのだそうである。また、「彼なしで生じた何一つないもの」とは特別な世界のことである。なぜなら、それは彼なしで、第三の者と第四の者によって成ったからである。6 そしてこれこそ、あの「王が飲むときや占いに使う杯[105]」なのだと言う。すなわち、隠されていたが、その後ベニヤミンの美しい種子の中に見つけられた杯[106]のことだと言う。これと同じことを、ギリシア人は酔いの回った口で[107]、こう歌っているのだと言う。

おお、子よ、水を持て　酒を持て[108]、
わたしを酔わせ　酩酊させよ、
杯がわたしに告げるのだ
わたしがどう生まれるべきかを
〈言葉なき沈黙をもって語りながら[109]〉

7アナクレオーンが言うこの杯は、言葉では表しがたい奥義を語らずして語りながら、人間たちにただ知られ
るだけで十分だったのだと言う。なぜなら、アナクレオーンの杯は無言であったが、アナクレオーンが言うと
ころでは、それは無言の声を発して、彼がどう生まれるべきかを語っているからだと言う。すなわち、もし彼
が隠された奥義を沈黙の中に聞き取るならば、肉の者としてではなく、霊の者として生まれることを語ってい
るからであると言う。そしてこれこそ、イエスがあの見事な結婚式でぶどう酒に変えた水に他ならない。すな
わち、イエスがガリラヤのカナで行って、天の国の栄光を現された最初の大いなる真のしるし[110]に他ならないと
言う。8これこそ、われわれの内側に宝として置かれ[111]、三サトンの練り粉の中のパン種[112]のように隠されている
天の国[113]なのだと言う。

9サモトラケー人の間での大いなる表現しがたい奥義は次のようなものだそうである。それは完全の域に達
しているわれわれだけ――と言うのは彼ら[114]なのであるが――に知ることが許される。すなわち、サモトラケー
人は、彼らの間で遂行される密儀の中で、かのアダムのことを明確に「原人」と呼んで伝えて来ている[115]。10サ
モトラケー人たちの神殿には、二柱の人間の裸像が今も現に立っている。どちらの像も両手を天に向かって上

げていて、恥部が上に向かって勃起している。それはキューレーネーのヘルメース像の場合[116]と同じである。今言及した裸像は「原人」の似像であり、また、それ〔原人〕に相似形の生まれざる霊的人間の似像でもある。

11 そしてこれこそ、救い主によって、「あなたがたは、もしわたしの血を飲まず、肉を食べないならば、天の国に入ることができないだろう。しかし、たとえわたしが飲む杯を[117]——と彼らは言うのだが——飲んだとしても、わたしが行くところへあなたがたは入ることができない[118]」と言われたことの意味なのだそうである。12 なぜなら、救い主は自分の弟子の一人一人がどのような本性から来ているかを、また、それぞれが自分自身のその本性へと必然的に戻って行くことを知っていたからだと言う。すなわち、彼は一二の部族から一二人の弟子を選び、彼らによって、すべての部族に語りかけたのだと言う。そのために、一二弟子による宣教にすべての者が耳を傾けたわけではなく、たとえ傾けるとしても、それを受け入れることはできないのだそうである。なぜなら、それは彼らの本性に反していて、それに沿ったものではないからである。

13 トラケー人の中でもハイモスの周辺に住んでいる者たちは、その原人のことをコリュバスと呼んでいる[119]。また、トラケー人の隣に住むフリュギア人も同様である。その原人は上なる頂きから、そしていかなる特徴づけも不可能な脳[120]から出発してその下降を始め、その下部に位置するすべての原理を通過してきた者であるが、その下降がいかに、どのように行われたのかについては、われわれにも分からないと言われる[121]。14 これこそが、「われわれには彼の声は聞こえたが、その形は見えなかった[122]」と言われている意味なのだそうである。すなわち、彼はすでに規定され、特徴づけられた者であるから、その声が聞かれるのである。しかし、いかなる特徴づけも不可能なほど至高の場所から降りてきた形が、いったいどのようなものであるかは、誰も見た者がいないのだそうである。それ〔形〕は泥で造られた物の中にいるのだが、誰もそれを知らない。

15 これこそが、詩編によれば、「洪水の上に住む神[123]」、そして「大水から」声を響かせ、叫んだ神[124]のことなのである。「大水」とあるのは、死ぬべき人間たちの誕生が多種多様であることを意味しているのだそうである。彼〔その神〕はその誕生の内側から、いかなる特徴づけも不可能な「人間」に向かって、大声で「わたしの独り子〔心魂〕を獅子どもから救ってください[125]」と呼び叫んだのである。16 このことを指して言われているのが、「わたしの子〔僕〕イスラエールよ、恐れるな。たとえお前が川の中を渡っても、お前は押し流されない。たとえ火の中を通っても、お前は焼かれない[126]」という言葉だそうである。ここで「川」とあるのは、誕生を引き起こす液状のもの〔精子〕を指し、「火」とは、その誕生のための衝動と欲望〔性欲〕を指していると言う。17「恐れるな、お前はわたしのもの」。さらにまた、「もし母親が自分の乳飲み子を忘れて、憐れまず、乳房を与えないとすれば、このわたしもまたお前たちを忘れるだろうか[127]」とも言われていると言う。また、「たとえ女がそのことを忘れようとも、このわたしがお前たちを忘すれることは決してない。わたしは自分の両手におまえたちを刻み付けている[128]」とあるのは、アダマスが自分自身に属する人間たちに向かって語っているのだそうである。

18 彼が上昇、つまり再生して、肉の人間ではなく、霊の人間になることについては、聖書は「お前たちの指導者たちよ、城門を上げよ。永遠の城門よ、上がれ。栄光の王がお入りになる[129]」と言っているのだそうである。これは奇跡の中の奇跡である。なぜなら、「その栄光の王とは誰のことなのか[130]」。「虫けらであって、人ではない。人からは蔑まれ、民にとっては無に過ぎない[131]」。「彼こそが栄光の王、戦いの強者[132]」。19 ここで「戦い」と言われているのは、身体の中〈に起きる〉戦いのことである。なぜなら、この造り物は争い好きの元素から造られているからである。それゆえ、「身体の中に生まれる戦いのことを思い起こせ[133]」と書かれているのだそうである。子供から青年、そして成年男子になろうかという〔族長〕ヤコブがメソポタミアに入ったときに[134]見たものは、まさにこの門から入って行くことだったのだそうである。[135]……すなわち、それがメソポタミアに入ろうとしていたヤコブに教えられたのである。20 そのメソポタミアとは大いなる大洋河《オーケアノス》の流れのことだそうである。それは完全なる人間の真ん中から流れてくる。[136] ヤコブは天の門にも驚いて、「おお、何とこの場所は恐ろしいことか。ここは神の家に違いない。これこそ天への門だ[137]」と言った。それゆえに、イエスは「わたしは真の門である[138]」と言っているのだそうである。21 しかし、これを語っているのは、完全なる人間、すなわち、特徴づけも不可能なものによって上から特徴づけられた者である。完全なる人間も、この門を通って入ることによって再び生まれない限り、救われ得ないのだそうである。

22 フリュギア人は、同じ〔完全なる〕人間のことを「パパ」（Πάπα）と呼んでいる。なぜなら、彼自身が出現する前は、すべてのもの（πάντα）が何とも混沌として無秩序に動き回っていたのだが、そのすべてを静止（ἔπαυσεν）させたからなのだそうである。[139]「パパ」という名前は「天上のもの、地上のもの、地下のもの[140]」すべてのものの〈声〉であって、これらすべてのものが、こう言っているのだそうである。「この世の不調和を止めにせよ、止めにせよ。むしろ『遠く離れている者たちに[141]』——つまり、物質と泥からの者たちに——平和をもたらし、『近くにいる者たちに[142]』——つまり、霊的で叡智を具えた完全なる人間たちに——平和をもたらせ」と。

ただし、フリュギア人はこの者のことを「死人」とも呼んでいる。ちょうど墓碑や墓穴の中に埋められるように、身体の中に埋められていると言うのである。23「お前たちは白く塗られた墓だ。その内側は死人の骨で一杯だ[143]」。なぜなら、お前たちの中には、活ける人間がいないからである、と言われる[144]。また、「死人たちが墓の中から出て来る[145]」とも言われていると言う。これはつまり、泥の身体から出て、再び生まれて、肉の人間ではなく、霊的な人間になるということである。24 これが天の門を通って入ることで起きる復活なのであり、逆にその門から入らない者たちは全員が死人のままなのだと言う。

しかし、同じフリュギア人たちが言うところでは、同じその死人も変容を受けた後は神なのである。なぜなら、死人の間から復活して、前述の門を通って天の国に入れば、その人は神になるからであると言う。25 使徒パウロはこの門のことを知っている。彼は奥義の中でそれを開けて、こう語っている。――「〔その人は〕天使たちによって運ばれて、第二の天、あるいは第三の天に至り、そこにある楽園に入り、彼が見たものを〔実際に〕見たのである。彼は言葉では語り得ざる、人間には口にすることが許されない事柄を耳にした[146]」。26 これこそがすべての人によって言葉で表せない奥義と呼ばれるものだそうである。「それを〈われわれは〉人間的な知恵によって教えられてではなく、霊によって教えられて〈語る〉。つまり、霊的なものによって霊的なものを判断する。心魂的な人間は神の霊に属する事柄を受け入れることができない。彼にとって、それは愚かなことだからである[147]」。

これもまた、霊に属する言葉にしがたい奥義であって、われわれだけが知っていることだ、と言われる[148]。27 このことを救い主もこう言ったのだそうである。「わたしの天の父がその人を引き寄せるのでなければ、誰も私のもとへ来ることはできない」と[149]。なぜなら、この言葉に表せない大いなる奥義を受け入れて理解することは、それほどにむずかしいからだそうである。そして救い主はこのことも次のように語ったそうである。「私に向かって、『主よ、主よ』と言う者が誰でも天の国に入るわけではない。天におられるわたしの父の御心を行う者こそがそこに入るのである」と[150]。28 その御心を聞くだけではなく、〔実際に〕行う者たちは、必ずや天の国に入るはずである。そして救い主は、「徴税人と娼婦たちの方が、あなたがたよりも先に天の国に入る[151]」とも言われた。そのわけは、徴税人《テローナイ》とは万物の終わり《テレー》を受け取る者のことだからだそうである[152]。そしてわれわれ[153]がその徴税人《テローナイ》に他ならない。なぜなら、〔パウロが言うように〕「われわれにはもろもろの世〔アイオーン〕の終わり《テレー》が到来しているからである[154]」と彼ら[155]は言うのである。「終わり」とは、あの特徴づけも不可能なものから〔下降して〕この世界の中へ蒔かれた種子のことであって、その種子によって、この世界全体が完成《シュンテレイア》〔終わり〕に到達するからである、と言う。29 なぜなら、この世界は彼ら〔種子〕のおかげで始まったからである。だからこそ、「種蒔きが種を蒔きに出て行った。ある種は道ばたに落ちて踏みつぶされてしまった。別の種は岩地に落ちて芽を出したが、深さが足りず枯れて死んでしまった。また別の種は肥えた良い土地に落ち、百倍、六十倍、三十倍の実を結んだ。聞く耳のある者は聞くがよい[156]」と言われているのだそうである。その意味は、これらの奥義の聞き手になれるのは、ただ完全なる覚知者《グノースティコイ》のみなのだそうである。30 ここで「肥えた良い土地」とあるのは、モーセが「わたしはあなたがたを肥えた良い土地へ、乳と蜜の流れる土地へ導くだろう[157]」と言っている土地のことだと言う。この乳と蜜とは、それを味わう者たちが完全なる者たち、王なき者たち《アバシレウトイ》[158]となり、プレーローマに参与するようになるためのものだそうである。そのプレーローマによって、生成して来たすべてのものが生まれざるものから生成したのであり、現に満たされているものなのだそうである。

31 同じ者は、フリュギア人によって「実を結ばない者」とも呼ばれている。なぜなら、彼は肉の人間として「肉の欲望[159]」を行っている限り、実を結ばないからである。このことこそ、「良い実を結ばない木はすべて切り倒されて、火に投げ込まれる[160]」と言われていることなのだそうである。なぜなら、その「実」とは、ただ理性を具えた活ける人間たちだけ、すなわち、第三の門を通って行く者たちだけを指しているからなのだと言う。

32 彼ら〔フリュギア人〕はこう言っている。「もしお前たちが死んだものを喰って、それを活かしているのなら、活けるものを喰うときには、お前たちは一体何をすることになろうか[161]」。彼らが活けるものと言っているのは、言葉《ロゴイ》と叡智と人間〔複数〕のことである。すなわち、あの特徴づけも不可能なものから下方の造り物[162]の中へ放り込まれた真珠のことである。33 そしてこれが、「聖なるものを犬に、真珠を豚に投げてやるな[163]」と言われていることの意味だそうである。彼らが言うには、女が男と合体することは、豚と犬の所行なのである。34 フリュギア人たちは、同じ者のことを「アイポロス」[164]〔山羊飼い〕とも呼んでいると言う。ただし、心魂的な者たちがそう名付けているように、山羊を飼っているからではなく、むしろ「いつも回っている者《アイエイポロス》」[165]だから、すなわち、この世界全体を回転させて変動させ、変動によって周回させているからなのだそうである。35 回転させることは、事物を変動させること、そして変化させることだからである。すべての人々が天空の二つの中心のことを「極《ポロイ》」[166]と呼ぶのは、そこからくるのだそうである。あの詩人もこう歌っている通りである。

　このところへは　海の老人といわれる方がやってくるはず[167]　正確にね、
　エジプトの不死の神さまで　プローテウスとおっしゃる。[168]

この意味は、その老人が「売り物」[169]としてやって来るというのではなく、同じ場所をまるで巡り歩くかのようだ、ということなのだそうである。われわれはポリスに住んでいるが、それもわれわれがその中で巡って動き回るから「ポリス」[170]と呼ばれるのだと言われる。36 そういうわけで、フリュギア人は、このいつでもどこでも〈すべてのものを〉回転させ、変えている者のことを「アイポロス」と呼んでいるのだそうである。[171]

しかし、フリュギア人は彼のことを「ポリュカルポス」〔多くの実を結ぶ者〕とも呼んでいるそうである。なぜなら、「夫のある女よりも、夫のない女の子供の方が数が多い」[172]からだそうである。これはつまり、再び生まれて不死のまま永遠にあり続けるものの数が、たとえ誕生の数は少なくても、より多いということ、逆に、肉なるものは、たとえ誕生の数はきわめて多くても、すべて朽ちるものだ、ということなのだそうである。37 こういうわけで、こう言われているのだそうである。「ラケルは〈自分の〉子供たちのことを泣いていた。彼女は彼らのことで慰められたいとは思わなかった。彼らがもはやいないことを知っていたからである[173]」。エレミヤが〔この言葉で〕嘆いているのは、下方のエルサレムのことである。ただし、それはフェニキアにある都市〔エルサレム〕ではなく、下方に生じている滅ぶべき被造世界のことである。なぜなら、エレミヤもあの完全なる人間、すなわち肉からではなく、「水と霊から[174]」再び生まれた人間のことを知っていたからであると言う。38 それゆえに、エレミヤ自身が「彼は人間である。一体だれが彼のことを知り得ようか[175]」と言ったのである。完全なる人間についての覚知《グノーシス》は、かくも深く困難なのだそうである。「なぜなら、完成の端緒は『人間』を知ること、神を知ることは完璧なる完成であるから[176]」と言う。

39 フリュギア人は彼のことを「摘み取られた黄緑の穂」とも呼んでいるそうである。そしてそのフリュギア人に倣って、アテナイ人もエレウシスの密儀〔エレウシニア〕を執り行うときには、参内を許された者たちに、大いなる、驚嘆すべき、かつこの上なき完全な奥義として、沈黙の中に、摘み取られた若穂を見せるそうである。40 この若穂は、アテナイ人にとっては、あの特徴づけもできないものから、大いなる、そして完全なる「フォーステール」（照らす者）として[177]到来した者なのである。彼は密儀の導師そのものである。ただし、アッティスのように〔性器を〕切り取られて去勢されたのではなく、毒ニンジンを使ってあらゆる肉の生殖から引き剝がされているのである。夜のエレウシスの密儀は、燃え盛る火の下で、大いなる言葉には表せない奥義を執行し、大きな叫び声でこう言うのである。「高貴なブリモー[178]が聖なる少年ブリモス[179]を産んだ」。これはつまり、力の強い女が力の強い男を産んだという意味である。41「高貴な」とは、霊的な誕生、つまり、上なる天での誕生のことであると言う。「力が強い」のは、そうして生まれる者のことである。なぜなら、エレウシス（Ἐλευσίς）の密儀はアナクトレイオン（ἀνακτόρειον）[180]の密儀とも呼ばれているからである。「エレウシス」と言うわけは、われわれ霊的な者たちは上なるアダマスから下方に向かって流れ出てやってきた

〈ἤλθομεν〉からであると言う。やがて［そこへ戻って］行くことになる〈ἐλεύσεσθαι〉ということは、［そこから］やって来た〈ἐλθεῖν〉ということだからである(181)。「アナクトレイオン」〈ἀνακτόρειον〉と言うわけは、再び上に向かって〈ἄνω〉戻って行く〈ἀνελθεῖν〉(182)〈から〉なのだそうである。42 このことこそが、エレウシスの狂躁の参加者たちが〈大いなる〉奥義として語っているものなのだそうである。小さな奥義を授けられる者たちには、また大きな奥義も授けられるという決まりがある。「なぜなら、より大きな［死の］宿命ほど、より大きな分け前に与る(183)」からである。43「小さい」のは、下方にいるペルセフォネーの密儀のことである。その密儀とそこへ通じる道について、すなわち、「広くて、ゆったり(184)」していて、滅びるべき者たちをペルセフォネーのもとへ運ぶ道について……(185)あの詩人もこう歌っている。

だが、その下には一筋の途がある　途方もなく身の毛がよだち
くぼんで　ぬかるみばかり。それでも　それが最良の途
誉れ多きアフロディテーの　あこがれの聖域へ至るには(186)。

44 これは肉の誕生に係る小さな奥義のことなのだそうである。その小さな奥義を授かった人間たちは、それを〈先ず〉やめて、より大きな天上のことに係る奥義に与らなければならない。なぜなら、そこへの「宿命に与った者たちは、より大きな分け前に与る(187)」からだそうである。

これこそが、あの「天の門」であり、「神の家」であって(188)、善なる神がただ一人住む場所である。不浄な者はそこへ入って行くことができない。心魂的な者も、肉なる者も入ることができないのだそうである。それはただ霊的な者たちにだけ保留されている。その中へ入った者は誰でも、着ているものを脱ぎ(189)、全員が処女なる

霊によって男であることをやめさせれた花婿にならねばならない。45 これこそが腹に身ごもって、今子を産もうとしている乙女だからである。(190) その子とは、心魂的な子でもなく、肉の子でもなく、至福なアイオーンの中のアイオーンのことである。救い主が「生命に至る道は狭く細い。そしてその道を行く者は少ない。しかし、滅びに至る道は広く、ゆったりしている。そしてそれを通って行く者が多い(191)」と言ったのは、明らかにそのことなのだそうである。

九 1 さらにフリュギア人は、万物の父を「アミュグダロス」(ἀμύγδαλος)とも呼んでいる。ただし、それはアーモンド(ἀμύγδαλον)の木のことではなく、あの〔万物に〕先立つ先在者《プロオーン》のことである。その先在者は自分自身の中に完全なる実を内包している。その実は、言わば彼の中の深いところで、脈打って動いていた。先在者は自分の胸を引き裂いて(διήμυξε)(192)、目には見えず、名前もつけがたく、言葉でも言い表しがたい子を生み出した。それがわれわれの語っている「御子」である。2「引き裂く」(ἀμύξαι)ことは、言わば「投げ捨てる」および「切り分ける」と同じである。ちょうど身体がどこかに炎症を起こしたり、自分自身の内側へ引きつけを起こしたりする場合に、切開手術を行う医者たちは、それを「裂け目」(ἀμυχαί)と言うのと同じである。こうして、フリュギア人たちは〈先在者〉(193)を「アミュグダロス」と呼んでいるのだそうである。その「アミュグダロス」から不可視の者が生まれてきた。その方によってすべてのものが「成ったのであり、その方によらずして成ったものは何もない(194)」のである。

3 フリュギア人たちは、そこから生じてきたものは「シュリュクテース」(葦笛奏者)であると言っている。なぜなら、その生じてきたものが調和の取れた気息《プネウマ》(195)だからである。「すなわち、神は霊《プネウマ》である。それゆえ、真の礼拝を捧げようとする者は、この山で礼拝するのではなく、またエルサレムでもなく、霊によって礼拝するのである。4完全なる者たちが捧げる礼拝は霊によるのであって、肉によるのではないからである」(196)。霊は父がいるところにある(197)のだそうである。父はまた御子とも呼ばれる。その御子は父からそこで生まれたのである。この方〔御子〕こそ、多くの御名と無数〔数千も〕の眼を持ち(198)、把握不可能な方であり、すべての本性〔自然〕がそれぞれに憧れてやまない者である(199)。5これこそが神の言葉《レーマ》であり、大いなる力能の宣明《アポファシス》(200)の言葉《レーマ》だそうである(201)。そのために、それは封印され、隠され、覆われ、ある住いの中に置かれている。その住いには、万物の根っ子が据えられている。すなわち、すべてのアイオーン、権能、観念、神々、天使、派遣された霊たち、存在するもの、存在しないもの、生まれたもの、生まれざるもの、把握不可能なもの、把握可能なもの、年々、月々、日々、刻々、分割不可能な点《スティグメー》の根が据えられている。分割不可能な点からは、どれほど微小なものでもそこから始まって徐々に大きくなって行く(202)。点《スティグメー》は他の何物によっても構成されていないから、それ以上の分割はできないが、自分自身を思考することによって、把握不可能なまま特定の大きさとなるのだそうである。6これこそまさに天の国のこと、芥子種のことに(203)他ならないのだそうである。それは身体の中に宿っている分割不可能な点であって、それを知っているのは、霊的な者たち以外には誰もいないのだそうである。そしてこれこそが、「言葉もなく、話もなく、その声も聞こえない(204)」と言われている意味なのだそうである。

7彼ら〔ナハシュ派〕は以上のようなことを手軽に料理してしまうのである。すなわち、あらゆる人によって言われたり、行われたりしていることを、自分たちの考えに〈引きつけて解釈し直し(205)〉、そのすべてが霊的なものになったと言うわけである。こういうわけだから、劇の出し物で観られる役者たちも、無造作に台詞を言ったり、所作をしたりするわけではないのだと言うのである。今仮に劇場の出し物に民衆が集まっているとしよう。その舞台に或る人が派手な衣裳を身にまとって登場し、手には琴を持って歌うのだが、彼自身には自分が何を口にしているのか分かっていないまま、実は大いなる奥義の賛歌を口ずさんでいるのだそうである。

8 はたしてお前がクロノスの裔か、それとも至福なるゼウスの裔か、
はたまた大いなる〈神〉レアの裔かは別として、ようこそ、
レアの子で悪い噂の語り草　アッティスよ。お前のことを
アッシリア人は三重に恋されたアドーニスと呼び
エジプト全土はオシリスと呼び
ギリシアの知恵は天上の月の角《つの》
サモトラケー人は敬うべきアダムナ(206)
ハイモニア人はコリュバスと呼び(207)
フリュギア人は　時にはパパ(208)、時には
死人〈とも〉呼び(209)、あるいは神(210)、実を結ばない者(211)、
アイポロス(212)、摘み取られた黄緑の穂(213)、
多くの実を結ぶ(214)アーモンド（アミュグダロス）(215)が
産み落とした葦笛奏者《シュリュクテース》の男(216)とも呼んでいる。

9 多面相のアッティスは〈このような次第〉なのだそうである。彼ら〔ナハシュ派〕はそのアッティスを褒め称えて、こう歌うのである。

わたしはレアの子のアッティスを褒め歌おう

トランペットを響かせず
イダのクーレーテス人の笛も使わず
むしろフォイベイアの琴の奏に合わせよう。エウオイ、
エウアン、パーン〔神〕のごとく　バッカスのごとく、
輝く星たちの牧者のごとく。

10まさしくこの種の言葉のためにこそ、彼らはいわゆる大いなる地母神《メーテール》の密儀に参加するのである。そしてそこで行われる儀礼行為を通して奥義の全体を隅々まで見通したと唯々諾々と信じるのである。というのも、彼らにはそこで行われることの他には何も得るところがないからである。ただ一つ、彼らは実際に去勢はされないものの、去勢された者と同じ業を仕上げようとする点だけが別である。11なぜなら、彼らはあたかも去勢された者のように、女との性交から離脱することを、微に入り細にわたって要求するからである。その他「の行い」についても、彼らの行動は去勢された者と同じである。そのことは、われわれがすでに多言を費やして語ってきた通りである。

彼らは「ナアース」（νάας）以外のものは敬わない。それゆえに「ナアース派」（Ναασσηνοί）と呼ばれている。12「ナアース」（νάας）とは蛇（ὄφις）のことである。[217] そこから、天の下にあるすべての神殿《ナオス》（ναός）がその「ナアース」（νάας）に因んで呼ばれているのだそうである。あらゆる聖所、すべての密儀、あらゆる奥義がその「ナアース」（νάας）ただ一つに基づいており、天の下のどこを探しても、神殿《ナオス》（ναός）を持たないものはなく、その神殿の中に「ナアース」（νάας）を具えていないような密儀は見つからないのだそうである。なぜなら、神殿がたまたま神殿《ナオス》（ναός）と呼ばれているのも、その「ナアース」（νάας）に因んでのこと

だからだそうである。
13彼ら〔ナアース派＝ナハシュ派〕が言うところでは、その蛇は水を本質とするもので、ミレートスのタレー
スが説いた通り[218]なのだそうである。そして存在するすべてのもの、すなわち、不死なるもの、死ぬべきもの、
心魂を具えないもの、有魂のもののどれ一つとして、それなしで成り立っているものはないと言う。14万物は
その蛇に従属しているが、その蛇は善良なのだそうである。そしてそれは、ちょうど一角牛[219]の牡が一本だけの
角の中にそうしているのと同じように、自分自身の中にすべて他の物の美しさを持ち合わせていて、すべて存
在する事物に、それぞれの本性に即した適性と個性を付与しているのだと言う[220]。すべてのものの間を動き回る
その姿は、ちょうど「エデンから発して〈楽園を潤し〉、四つの始原に分岐している[221]」のと同じであると言
う。15彼らが言うには、そのエデンとは脳のことである。それは周囲にある覆いに縫い合わせられるように繋
がれているが、その様子はあたかも周りの天空にそうされているかのようである。彼らの考えでは、人間は楽
園に他ならない。ただし、そう言えるのは脳についてだけである。さて、エデンから流れ出てくる——という
ことは、すなわち、脳から流れ出てくる——この川は「四つの始原に分岐している。その最初の支流の名前は
フェイソーンである。これはエヴィラトの全地をめぐるものである。その地には金がある。その地の金は美し
い。またその地にはルビー〔紅玉〕とエメラルド〔翠玉〕がある[222]」。16彼ら[223]が言うには、これは眼の〈ことな
のだ〉そうである。眼の高貴さと色がそのことを証拠立てているそうである。「第二の川の名前はゲオーンで
ある。これはエティオピアの全地を巡っている[224]」。彼ら[225]が言うには、これは聴覚のことで、一見すると迷路の
庭に似ているそうである。「第三の川の名前はティグリスである。17これはアッシリアの地に向かって流れて
いる[226]」。彼ら[227]が言うには、これは嗅覚のことで、その流れの激しさを利用するのだそうである。それがアッシ
リアの地に向かって流れているわけは、息を吐き出すと、その後は吸気となるが、その吸気によって外の大気

から取り込まれた息が、急いで、かつ激しく入ってくるからだそうである。吸気の本性はそういうものなのだと言うのである。18「第四の川はユーフラテースである」(228)。彼らは、これは口のことだと言う。口を通って祈りが出て行くとともに、食べ物が入ってくる。その入り口が、霊的な完全なる人間を活気づけ、養い、そして性格づけて行く。

これは天の蒼穹の上にある水(229)のことであって、救い主が「もしあなたが、あなたに〔水を〕求めているのが誰であるかを知っていたら、あなたの方からその人に求めたことであろう。そしてその人はあなたに湧き上る活ける水を与えて飲ませたことであろうに」(230)と言われたのは、その水のことなのだそうである。19 そしてこの水のもとへすべての本性がやって来て、それぞれ自分自身の本質を選び出すのだそうである。逆にまた、この水からそれぞれの本性のところへ、それぞれに属するものがやって来るのだそうである。しかも、鉄が磁石に、金が海鷹の脛骨に、藁が琥珀に引き寄せられる以上にそうなるのだそうである(231)。20 彼ら(232)が言うには、もし誰かが生まれながらに眼が見えず(233)、「すべての人を照らす真の光が世に来ようとしているのを」(234)見ることができないとしても、その人はわれわれ(235)によって再び眼が見えるようになるがよい。そして見るがよい。あたかも、ありとあらゆる植物と多くの種をつける植物に満ち満ちた楽園の中を水が流れて行き、それらの植物と種を潤わすのを見るように。その人は眼にするだろう。ただ一つの同じ水から吸い上げながら、オリーブの木はその油を、ぶどうの木はぶどう酒を抽き出し、その他の植物もそれぞれの種類に応じて同様であることを。

21 しかし、彼ら(236)がさらに言うには、あの「人間」はこの世界では敬われず、〈天では〉(237)大いに敬われる。彼は彼のことを知らない者たちの手で、彼のことを知らない者たちに〈渡される〉(238)。「革袋から落ちる一滴のしずく」(239)にすぎないと見做されて(240)。しかし、このわれわれは――と言うのは彼ら(241)なのだが――霊的な者たちなのである。すなわち、バビロンの真只中を流れるユーフラテースの活ける水から、もともと自分たちのものであったものを選び出し、真理の門[242]を入って行く者たちである。その真理の門とは至福なるイエスのことである。
22 そしてあらゆる人間たちの中で、われわれキリスト教徒《クリスティアノイ》だけが、第三の門において密儀を成就し、そこでかつてのダヴィデのように、言葉で表せない油を角から注がれるのだ[243]そうである。肉欲の悪霊に憑かれたサウルのように、土の壺から[244]そうされるのではないと言うのである。

10 1 以上述べてきたことは、われわれの判断で多くのものの中から選抜したものに過ぎない。というのも、彼らが愚かにも試みた虚栄なおしゃべりは数え切れないからである。しかし、われわれはここまで、彼らの知られざる「認識《グノーシス》」を、力の及ぶ限り論述してきたわけだから、もう一つのことも述べておくのがよいと思われる。すなわち、次の詩篇が彼らによって捏ち上げられているのである。彼らは〔この詩篇によって〕、彼らの迷いの奥義のすべてを賛美できると思っているのである。それは次の通りである[245]。

2 万物の生成の理法は　最初に生まれた叡智《ヌース》、
第二に生まれたのは　最初に生まれた者から注ぎ出されたカオス。
第三の心魂は　その理法を取って遂行する[246]、
そのために、〔心魂は〕雌鹿の姿になり、
死に支配されながら　自分のわざに辛苦している。
時には　王権を揮いつつ　光を眺め、
時には　〈洞〉窟に陥って　嘆き、
〔〈時には〉　喜ぶものの、時には　嘆き、

〈時には〉 さばきながら、時には さばかれ、
時には 死に、時には 生まれる。」
時には 悪から抜け出すのに 益もなく
道を失って迷宮に墜ち込んだ。
そのときイエスが言った、「父よ、ご覧ください。
地上では 彼女〔心魂〕が 悪の餌食となって
あなたの霊〔息吹〕から 迷い出ています。
彼女はカオスの苦渋を逃れようと努めながら、
それを渡り切る術を知らないのです。
父よ、そのために わたしを遣わしてください。
わたしは印章を携えて 降りて行きましょう、
すべてのアイオーンを通り抜けて、
〔彼女に〕あらゆる奥義を開示しましょう、
神々のかたちを表しましょう、
聖なる道の隠された奥義を、
「認識《グノーシス》」と呼んで 伝えましょう」。

二 ナハシュ〔ナアース〕派が「覚知者《グノースティコイ》」を自称しながら、試みていることは以上の通りである。しかし、この迷妄の教えは、いみじくも昔の物語にもあるように、いくつもの頭を持ち、姿も多種多様である。そのた

めに、それを論駁し、一つ一つの頭を真理の杖で打ち砕いてこそ初めて、われわれはこの野獣を丸ごと除去することになるだろう。もちろん、その他の異端派もこの派と大きく異なるわけではない。彼らは同一の迷いの霊のゆえに、一つなのである。ただし、彼らは蛇の語る言葉と名前をさまざまに言い換えては、蛇の頭の数を増やそうとしてきた。したがって、われわれとしても、彼らのその希望に沿っての論駁にやぶさかではあり得ない。

## ペラータイ派

三 1 さて、その他にもペラータイ派[247]と呼ばれる別の〈分派〉がある。〈その指導者となっているのは、カリュストス出身のアデメースとペラータイ派のエウフラテースである[248]〉。彼らがキリストに対して行ってきた侮辱は、これまで長年にわたって周囲の耳目を逃れてきた。そのいわゆる言葉を超えた奥義を、今や明るみに曝すことが必要である[249]。この者たちは、世界は唯一であるが、三つの部分に分かれていると言う。2 彼らが言う三部分の一つは、いわば唯一の始原である[250]。それは大いなる泉のようなものであって、思考によって、無数の断面に切り分けることが可能である。彼らによれば、第一の最も手近な断面は、三つで一組、すなわち「トリアス」を成している。それ（トリアス）の第一の部分は完全なる善、父なる偉大と呼ばれる。彼らのトリアスの第二の部分は、言うなれば、自分自身から生じてきた無窮の数の力のことである。第三の部分は、それ自体で何か独特なものである。3 第一のものは生まれざるもの、すなわち〈完全なる〉善である。第二のものは自分自身で生まれた善である。第三のものは生まれたものである。その結果、彼らは明瞭に、三柱の神、三つのロゴス、三つのヌース（叡智）、三人の「人間」について語るわけである。すなわち、彼らは〔世界を三つに〕

分割し終わると、そのそれぞれの部分に、神々、ロゴス〔複数〕、ヌース〔複数〕、「人間」〔複数〕、およびその他のものを割り振るのである。

4 至高の生まれざるものと世界の第一の断面から——ちなみに、その世界はすでに完成に達していたのである——三つの本性、三つの身体、三つの権能を具えた人間と呼ばれる者、すなわちキリストが降りて来た。その原因については、われわれは後述する予定であるが[251]、時は大王ヘロデの時代であった。そのキリストは世界を構成する三つの部分からすべてのものと権能を受け取って、自分自身の中で結び合わせていた。5 彼ら[252]が言うところでは、このことこそ、「彼〔神〕は、御心のままに、彼〔キリスト〕の中に、満ち満ちるものを余すところなく、見える形を取って宿らせた。彼〔キリスト〕の内には、すべての神性がある[253]」と言われている意味なのである。すなわち、あの分割された三つのもの（トリアス）の神性が宿っていると言うのである。なぜなら、彼ら[254]が言うには、上にある二つの世界から、すなわち、生まれざるものと自ら生まれたものから、われわれが今現にいるこの世界の中へ、あらゆる権能に満ちた種子《スペルマタ》が降りてきたのである。6 その下降は、一体どのように起きたのか。このことについては、われわれはもう少し先で語ることにしよう[255]。とにかく、キリストは上の生まれざるものの領域から降りてきたと言うのである。そしてその目的は、三つに分割されたものがすべて、彼のその下降によって救われることであった。なぜなら、上から下へ運ばれてきたものは、やがてまたキリストによって上へ戻ってゆくからである。しかし、上から運ばれてきたものに害となることを謀るものは〈無造作に〉放り出され、懲罰を受け、咎められる。7 彼ら[256]が言うには、これこそまさに、「人〔人間〕の子がこの世に来たのは、この世を滅ぼすためではなく、この世が彼によって救われるためである[257]」と言われている意味なのである。そして彼〔キリスト〕がここで「世」と呼んでいるのは、上にある二つの部分、すなわち、生まれざる部分と自ら生まれた部分のことだそうである。他方、聖書が「われわれが世と一緒にさばかれることがないように[258]」と言っているのは、あの三番目の部分、つまり、〔現下の〕〈特殊な〉世界のことである。聖書が「世」と言っているその第三の部分は滅びなければならない。しかし、それより上にある二つの部分は滅びから救い出されねばならない。

三 1 われわれはまず最初に、彼ら〔ペラータイ派〕が一体どのようにこの教説を占星術師たちからもらい受けたのか、また、どのようにキリストを侮辱した上で、彼らのこれほどの迷妄にも付いて行く者たちを滅ぼしているかを見ることにしよう。なぜなら、占星術師たちは、世界は一つだけだと言って、それを不動〔恒星〕の獣帯の十二宮に区分し、その不動の獣帯の世界を「不動世界」と呼んでいる。他方、それとは別に惑星界〈が、さらにまた別にわれわれの世界があって〉、それは力と位置と数による世界だと言っている。それは〔上から見て〕月〈まで〉の世界である。[259] 2 ただし、世界〔不動世界〕と世界〔惑星界〕の間には、一定の力のやり取りと交わりが存在していて、下位にあるもの〔惑星界〕は上位にあるもの〔不動世界〕に参与しているのである。さて、目下問題になっていることを明瞭にするために、わたしは占星術師たちが使う表現の一部を借用してみたい。占星術師たちの技能全体については、われわれはすでに前述済みである。[260] 読者の方々には、そこで言われたことを思い起こしていただきたい。3 彼らが考えていることは、次の通りである。

星辰[261]の下にあるものの生成は、その星辰の周回運動によって、決定されて行く。カルデア人たちは興味津々と天空を見上げ、〈七つの星〔惑星〕こそが〉われわれの間で起きる出来事の一つ一つを〈引き起こす〉実働的な原因であり、不動の獣帯の構成部分はそれに協働するのだと唱えたのである。4 〈彼らは獣帯の円周を一二等分し[262]〉、そのそれぞれの図形を三〇等分し[263]、その一つ一つをさらに六〇レプトン[264]に分ける。このレプトンのことを、彼らは最少の単位で、それ以上はもはや分割できないものと呼んでいる。5 彼らは獣帯の十二宮のいくつかは男（牡）だと呼び、別のいくつかは女（牝）だと言う。また、いくつかには身体が二つあり、別のいくつかはそうではないとも言う。また、いくつかは転回するが、別のいくつかは固定されていると言う。男（牡）か女（牝）かはどちらか一つであるが、それは生まれてくるものが男（牡）になるか、〈女（牝）になるか〉を決める要因として働く本性だからである。6 例えば、獣帯十二宮の一つである白羊宮は男（牡）であり、金牛宮は女（牝）である。その他の宮についても、これと同じ類比に従って、あるものは男（牡）、あるものは女（牝）である。[265]私が考えるところでは、ピュタゴラス教徒〈も〉その見方に動かされて、一《モナス》は男（牡）、二《デュアス》は女（牝）、三《トリアス》は男と呼ぶのである。そして、それ以外のすべての偶数および奇数についても、同じように呼ぶわけである。7 しかし、何人かの者たちは獣帯十二宮のそれぞれも一二等分した上で、全く同じ仕方で先へ進む。例えば、白羊宮について言えば、〈それを一二等分したものの最初の部分を白羊宮〉と呼んで、男（牡）だと言い、第二の部分を金牛宮で女（牝）と呼ぶのである。第三の部分は双子宮で男（牡）と呼ぶ。そして〔獣帯の〕その他の十二宮についても、同じ理屈になる。8 獣帯十二宮で身体が二つあると言うのは、〈双子宮〉とそれと対角線上で向かい合う人馬宮、および処女宮、双魚宮のことである。その他のものの身体は二つはない。同様に、「変動する」と言うのは、太陽がその中に入ると転回し、自分の周囲にあるものも反転させる宮のことであり、例えば、白羊宮とそれと対角線上で向かい合う天秤宮、および磨羯宮、巨蟹宮のことである。9 なぜなら、白羊宮では春の変動が生じ、磨羯宮では冬の変動、巨蟹宮では夏の変動、天秤宮では秋の変動が起きるからである。

以上のこととこれに関する理論は本巻に先立つ巻〔第四巻一－六章〕で詳細にわたって述べたとおりである。篤学の士であれば、そこから読み取っていただけるはずであるが、ペラータイ派という異端の頭領たち、すなわち、ペラータイ派のエウフラテースとカリュストス出身のケルベースは、名前だけ変えながら、内容としてはまったく同じものを移植して提示したのである。また、彼らがどれほど過剰にこの技能に「はまって」いるかもお分かりになるはずである。10 占星術師も星辰たちの占めている区界について語るのである。その区界の中では、支配的な首星たちが大きな力を揮っていると言う。例えば、ある区界内では〈彼らは禍をもたらし、別の区界内では〉幸いをもたらすという具合に。したがって、彼らはある星たちを禍の星、別の星たちを幸いの星と言うのである[266]。また、星たちはお互いを眺め合って、お互いに調和を奏でているとも言われる。例えば、「三分」〈あるいは「矩」の星相になって見えるのがそうだと言う。11 三角形に見える〉というのは、互いに見合っている星たちが、互いの間に獣帯の宮を三つ挟んでいるときである。四角形に見えるのは、二つ挟まれるときである[267]。人間の場合、脳から下の部位は脳と共感し、脳は下の部位と共感する。しかし、地上にあるものは月より上にあるものと、〈それと同じように〉交感している〈わけではない[268]〉。むしろ、互いの間が一致しないときには、差異と無共感が生じる。

12 星辰の間のこのような合致と差異〔の理論〕は、もともとカルデア由来のものであるが、われわれがさきほど言及した者〈ペラータイ派の頭領〉たちは、それを真理の名の下に改竄して、キリストがもろもろのアイオーンの構成、善なる勢力の悪への堕落、善なる勢力の悪の勢力との一致について語った言葉であるかのように、述べ伝えているのである。その際、彼らは「領主《トパルケース》[269]」と「領民《プロアスティオイ》[270]」という呼称を付与している。彼らはその他にも無数の呼称を捏ち上げているが、どれも彼ら自身の説を支えるものにはなっていない。むしろ彼らは占星術師たちが星辰に関して繰り広げた空想を丸ごと無造作にもらってきて、あたかも専門用語であるかのように見せかけて、大いなる迷妄の教説を導入しているに過ぎない。彼らはわれわれの細心の注意深さでもって論駁されるはずである。13 そこで私は、今まで述べてきたカルデアの占星術に、ペラータイ派自身が取りまとめた要綱を対置してみたい。それによって比較すれば、どれほどペラータイ派の言説がキリストではなく、占星術と一致しているかが分かるであろう。

一四 1 そこで彼らの間で尊重されている本の一つを参照してみるのがよいと思われる。そこでは次のように言われている。

わたしはこの夜の世界《アイオーン》の中に響くべき覚醒の声である。今からわたしはカオスに由来する力の正体暴露を始めてみたい。それは半球の形の底なしの深淵の力、度を超えた湿気を含み朽ち果てない泥を押し上げる力、水の色をして絶えず動いて止まない震動の力、留まるものを運び、震えるものを抑え、来るべきものを解き放ち、留まるものを軽くし、増大するものを取り去る力、もろもろの大気の跡の忠実な管理者、戒めの一二の眼から流れ出るもの[271]を享受する力、眼には見えずに漂うもろもろの水を共に管理する力に変える封印を開示する力、すなわち、タラッサ〔海〕と呼ばれる力。2 無知はこの力のことをクロノスと呼んできた。すなわち、タルタロスの重い霧の無明の闇[272]がまとわりつくのを縛ったときに、鎖に繋がれた者のことである。この力の似像として生じたのが、ケーフェウス、プロメーテウス、イアペトスである。3 タラッサ〔海〕を委ねられた力は雌雄同体で、一二の口から昇ってくる小さな噴気を一二の横笛に注いで調和させる。その力は微小であるが、抑圧的で激しい上昇運動[273]を除去して、その〔上昇運動の〕〈太〉守たちの途を封鎖してもはや戦えないようにするか、あるいは、それ〔上昇運動〕が〈微と〉ならない時には、その場所を変更させるためである。[274] 彼女〔タラッサ〕の娘はテュフォーニケーで、あらゆる種類の水を忠実に守護する者である。彼女の名前はコルザルという。無知は彼女のことをポセイドーンと呼んだ。この力の似像として生じたのが、グラウコス、メリケルテース、イ〈ノー〉、ネブローンである。[275]

4 一二角形のピラミッドを半球状に取り巻き、そのピラミッドの入り口をさまざまな暗い色で塗り、夜に似合う色合いに仕上げた者 ― この者のことを無知はクロノス(276)と呼んだ。彼に仕える者が五人いる。第一は「ウー」(Οὔ)、第二は「アオアイ」('Αοαί)、第三は「ウーオー」(Οὐώ)、第四は「ウーオーアス」(Οὐωάβ)(277)、第五は……(278)。彼が支配する領邦《トパルキア》のうち昼と夜を忠実に管理する他の者たちは、それぞれの権能の中に安らいでいる。5 無知はこれらの者たちを惑星と呼んだ。朽ちるべき被造世界は彼らに左右されている。

星(279)が昇って来るところ(280)の管理者はカルファカセーメオケイルとエッカバッカラである。無知はこれらの者をクーレーテスと呼んだ。風を支配する第三の者はアリエールであり、その似像として生じたのが、アイオロスとブリアレースである。6 夜の一二時間を支配するのはソクランである。無知はこれをオシリスと呼んだ。この者の似像として生じたのが、アドメートス、メーデイア、ヘッレーン、アイトゥーサである。昼の一二時間を支配するのはエウノーである。この者は東にある精霊の第一の部屋の管理者である。無知は彼のことをイシスと呼んだ。7 この者の象徴は犬星である。その似像として生じたのが、アルシノエーの子のプトレマイオス、ディデュメー、クレオパトラ、オリュンピアスである。神の右手の力、それを無知はレアと呼んだ。その似像として生じたのが、アッティス、ミュグドーン、オイノーネーである。〈神の〉左手は食物を司る。その力を無知はデーメーテールと呼んだ。彼女の名はベナである。8 〔神の〕右手は稔りを司る。無知はこの者のことをメーンと呼んだ。その似像として生じたのが、ブーメガス、オスタネース、ヘルメース・トリスメギストス、クーリテース、ペトシリス、ゾーダリオン、ベーローソス、アシュトランプシュコス、ゾーロアストリスである。〔神の〕左手は火の力である。無知はこの者をヘファイストスと呼んだ。その似像として生じたのが、エリクトニオス、アキレウス、カパネウス、フレゴーン、メレアグロス、テュデウス、[281]エンケラドス、ラファエール、スーリエール、オンファレーである。9 大気に懸かっている三つの力が生成の原因である。無知はそれらをモイラと呼んだ。その似像として生じたのが、プリアモスの家、ライオスの家、イノー、アウトノエー、アガウエー、アタマス、プロクネー、ダナオスの娘たち、ペリアースの娘たちである。10 両性具有で永遠に若いままで、老いを知らない力が、美、快楽、恍惚、欲求、欲望の原因である。それを無知はエロースと呼んだ。その似像として生じたのが、パリス、ナルキッソス、ガニュメーデース、エンデュミオーン、ティトーノス、イカリオス、レーダー、アミュモーネー、テティス、ヘスペリデス、イァシオーン、レアドンロス、ヘーローである。以上の者たちが精霊の大気（アイテール）までに住む領民《プロアステイオイ》たちである。

事実、目下問題になっている彼ら〔ペラータイ派〕の本の表題はそう[282]なっているのである。

**一五** 1 以上でもって、ペラータイ派が占星術師たちの言っていることを、ただ名辞だけ変更しているに過ぎないことが、すべての人の目に十分に明らかになったはずである。彼らはその他にも書物を持っているが、それらの内容も以上とまったく同様である。もし読者の中に希望者がいるならば、その人はすべての書物に目を通してみるがよい。2 私がすでに前述した通り、彼らは生まれ得ざるものと上にあるものが、すべて生成したものの生成の原因であると考えている。そしてわれわれの現下のこの世界――ちなみに彼らはこれを「特殊な世界」と呼ぶのであるが――は、〈それらのものの〉流出《アポッロイア》として生じたのだと言う。また、これらすべてのものと天空に見られる星辰が、この世界の生成の原因であると言う。その際、彼らはそれらのものの名前を変えているにすぎないことは、前述の「領民《プロアステイオイ》」たちの名前と比べてみれば分かる通りである。3 さらにまた、この世界が上からの流出によって生じたのと同じように、この世界にある〈万物〉もまた同じように星辰からの流出によって生成と滅びを司られているのだと彼らは言うのである。4 占星術師たちはホーロスコポス〈時の見張り〉、「天頂《メスーラネーマ》」、「入没《デュシス》」、「天底《アンティ・メスーラネーマ》」(283)というものを知っており、また、星たちは万物の回転のゆえに、その時々で、あるものが「中心《ケントロン》」に対する「離傾《アポクリーマタ》」、〈他のものが〉「次昇《エパナフォラー》」という具合に、そのつど変っている。(284)〈彼らは〉占星術師たちのこの約束事を寓喩化して、例えば「中心」を神、一《モナス》、あらゆる生成の「主」へ実体化させるわけである。さらに、「離傾」は「左」、「次昇」は「右」という具合である。5 もし誰か彼らの書いたものを読むことになって、彼らの言う「右の力」あるいは「左の力」に出くわしたら、その人は〔占星術の〕「中心」、「離傾」、「次昇」に立ち戻ってみるべきである。そうすれば、彼らの所行がすべて、占星術の教説の焼き直しであることが明瞭に分かるだろう。

一六 1 彼らはペラータイ派を自称している。そして生成のプロセスに服しているものが、その生成以来自分に割り振られている宿命《モイラ》を逃れることは決してできないという考え方である。すなわち、もし何かが「生じたものであれば」——こう言うのは彼らであるが(285)——「それはやがて完全に朽ち果てるからである」。これはシビュラの書が言っていることである。(286)ただ、われわれ——こう言うのは彼らであるが(287)——のみ、すなわち、生成の必然性をすでに認識しており、しかも、あの「人間」がかつてこの世界に入って来たときの道筋を正確に学習し終っているわれわれのみが、それを歩み切って、滅びを超えて行けるのである。(288) 2 その滅びとは水のことだそうである。なぜなら、この世界が水による以上に早く滅びることは、他にないからである。彼らが言うところでは、その水はあの「領民」たちを包括しているもののこと、すなわち、クロノスに他ならない。それ

〔クロノス〕は水の色をしている。この力を、つまりクロノスを逃れることができるものは、生成に服しているものの中には一つもないのだそうである。3すべての被造世界が滅びに定められたことの原因者はクロノスであり、そのクロノスによって足を引っ張られないような被造物はあり得ないだろうと言う。これこそがまさに、詩人たちが神々にとっても脅威だと言っていることなのだと言う。

それならば、このことを、大地も頭上の広々とした大空も、
また流れて落ちるステュクスの水もご照覧あれ、それこそもっとも
宏大で恐ろしい誓約である、幸多き神々にとっても。(289)

4彼ら(290)が言うところでは、このことはただ詩人たちのみならず、ギリシア人の中でも最も賢い人々も語っているそうである。その一人のヘラクレイトスは「水になることは、心魂にとっては死ぬことである(291)」と言っているそうである。その死が紅海では、エジプト人たちを戦車ごと丸呑みにする。(292)無知な者はすべてエジプト人なのだそうである。(293) 5彼らが言うには、エジプトからのその脱出も、身体からの脱出のこと——なぜなら、彼らは身体とは小さなエジプトのことだと考えているからである——また、紅海を渡ることである。すなわち、滅びの水、つまりクロノスを渡ることとである。そして紅海の向こう岸へ到達することは生成を超えることであり、砂漠へ入ることとは、(294)生成の外側へ出ることとである。生成とは滅びをもたらすすべての神々と救いをもたらす神が共にいる場所である。

6滅びの神々は、生成したものたちに、生成流転という必然性をもたらす星辰たちのことだそうである。彼ら(295)が言うには、モーセはその神々〔星辰〕のことを砂漠の蛇と呼んだ。(296)それは紅海をすでに超えて来たと思っ

ていた者たちを咬んで死に至らせた蛇である。7モーセは荒れ野で〔その蛇に〕咬まれたイスラエールの子らに、真実の完全なる蛇を示して見せたと言う。それを信じた者たちは、荒れ野ではもはや咬まれなかった、つまり、もろもろの力たちにも咬まれなかった。したがって、完全なる蛇、すなわち、満ち満ちるものに満ちた蛇以外には、いかなる他の力にも、エジプトから、すなわち、身体とこの世から脱出してくる者たちを救い出すことのできる者は誰もいないのだという。8この蛇に望みをかける者は、砂漠の蛇たちによって、すなわち、生成を司る神々によって、滅ぼされることがない。モーセの書には、こう書かれていると言う。すなわち、この蛇こそがモーセの後からついてきた力、つまり、蛇に姿を変えたあの杖に他ならないのだと言う[297]。しかし、砂漠では、モーセの力に対して、エジプトの魔術師たちの蛇、また、滅びをもたらす神々が対抗したのだと言う。しかし、モーセの杖がそれらの蛇と神々をすべて打ち倒して滅ぼした[298]。

この包括的な蛇こそ、エヴァの知恵に満ちた言葉（ロゴス）に他ならないのだそうである[299]。9これこそがエデン[300]の奥義であり、エデンから〈流れ出る〉川[301]に他ならないと言う。また、それこそが、カインを見る者がだれも〈彼を〉殺さないようにと、彼に付けられたあの徴なのだと言う。そのカインというのは、その供物をこの世の神が受け入れなかったあのカインである。同じ神はアベルの血にまみれた供物の方を受け入れたからである[302]。なぜなら、この世の専制君主は血を喜ぶものだからである。

10その〔包括的な〕蛇は終わりの日々、〔大王〕ヘロデの治世に、人間の形となって現れたのだと言う[303]。彼は兄弟によってエジプトへ売られたヨセフの模像となった。それは只一人色鮮やかな晴れ着を持っていたヨセフである[304]。彼はまたエサウの模像とも〈なった〉と言う。すなわち、それは自分がそこに居合わせない間に、自分の晴れ着が目が見えない人〔父親イサク〕によって祝福されてしまったために、自分ではその祝福を受けることができなかったエサウである[305]。そのエサウは、目が良く見えなくなっていた人からは、何一つ受けなかったが、やがて外面的には裕福となった[306]のだと言う。他方、ヤコブはその人の顔を見た。それは「人間が神の顔を見る［ことができる］かのように見た[307]」とある通りである。11「ニムロデのように、主の御前に、勇敢な狩人[308]」と書かれてあるのは、彼のことを指しているのだそうである。さて、彼ら[309]が言うには、この[310]彼を模倣する蛇がたくさんいる。砂漠でイスラエールの子らに現れた咬む蛇たちがそうである。奴らに咬まれた者たちを救出してくれたのが、モーセが〔杖の先に〕立てたあの完全なる〈蛇〉である。そしてこれこそが、「モーセが砂漠で蛇を上げたのと同じように、人の子も上げられねばならない[311]」と言われていることの意味なのだそうである。12モーセが砂漠で立てた青銅の蛇は、この蛇の模像であったのである。

天空にいつも光っているもの〔図形〕は、ただこの蛇にだけ似ているのだそうである。この蛇こそが大いなる始原であり、次のように書かれているのは、この始原のことなのだそうである、曰く「始めに言葉《ロゴス》があった。言葉《ロゴス》は神とともにあった。言葉《ロゴス》は神であった。それは始めに神とともにあった。すべてのものはそれによって生じた。それなしでは何一つ生じなかった。それの中に生じたものは命である[312]」。その〔蛇〕の中で、エヴァが生まれたのだと言う。エヴァとは命である。13そのエヴァは「すべて生きるものの母[313]」であり、共通の本性である。すなわち、神々、天使たち、不死なるもの、可死的なもの、理性のないもの、理性のあるものに共通の本性であると言う。なぜなら、「すべてのものの」と言った者は「すべて〈存在するもの〉の[314]」という意味だったのであるから。彼ら[315]が言うには、14もし誰か「祝福された眼[316]」の持ち主がいるならば、天を見上げてみるがよい。そうすれば、この蛇の美しい模像が見えることだろう。それは天空の大いなる始原のところで回転し、生じるものすべてにとってのあらゆる運動の始原になりつつあるのを見るだろう。またその人は、それなしでは、天空にあるもの、地上にあるもの、地下にあるものの〈何一つとして[317]〉、成り立っていないこと〈も〉知るだろう。夜も、月も、稔りも、誕生も、富も、旅行も、その他何であれ存在するものはすべて、それ〔蛇の模像〕が示してくれる徴なしには成り立たない。15 そして見る目がある者たちには、天空では、それにすぐ接する形で、「大いなる霊妙(318)」が現れているのが見えるのだそうである。事情を知らない者たちには、これ以上信じがたいこともないはずであるが、その〔蛇の模像の〕頭の先端のところでは、沈降と上昇が互いに混じり合っている(319)のだそうである。まさにこれこそ、無知がこう歌っているところである。曰く、
天空では

　龍はとぐろを巻いて　恐ろしい怪物の大いなる霊妙(320)

16 その両側には、「王冠《ステファノス》」と「竪琴《リュラー》」が配置され、頭部そのものには、あの憐れみを催す人間、〈いわゆる〉「膝を折る男」が見られる。

　右足の端を　とぐろ巻く龍の上に　置きながら(321)

「膝を折る男」の背中では、不完全な蛇が蛇使い《オフィウーコス》に両手を縛られて、完全な蛇の傍らに置かれた「王冠《ステファノス》」に手をかけないようにされている。

一七 1 ペラータイ派の派手な色合いの知恵は以上の通りである。これを隅から隅まで報告することはとても手に負えない。それは占星術の知恵をあまりにも歪曲して出来上がっているからである。われわれはすでにここまで、彼らの知恵の持っている力のほどを、要約しながら暴露しようと、能う限り努めてきた。それと同じよ

うに要約ではあるが、以下のこともここで付け加えておくのが、彼らの教説全体を暴露するためには、望ましいのではないかと思われる。すなわち、彼らによれば、万物は父、御子、質料〔物質〕の三者である。この三者それぞれが、自分の中に無限の力を内包している。2 質料と父の中央に御子が座している。御子とは、すなわちロゴス、つまり、あの〔完全な〕蛇のことである。彼は不動の父に向かって、また運動状態にある質料に向かって、絶えず運動している。あるときは、父に向かい、〔父から〕力を受け取って、それを自分自身の中に収める。御子はその力を受け取ると、質料の方に向きを変える。質料には固有な性質も形もないが、御子の象《イデアイ》を自分の中で仕上げる。それは御子が父から受け取って仕上げていたものである。3 御子は父によって、言葉では表現し得ない仕方で、無言の中に、もはや変更はあり得ない形に仕上げられる。ところで、モーセは、家畜が水舟〔水槽〕に漬けられた枝の前で交尾させられると、孕まれた子の色はその枝から流れ出て来たかのように、同じ色〔紋様〕になったと語っている。[322] 4 御子から質料に向かって力が流れて行ったのも、言わばそれらの枝の力が胎児として、家畜の腹の中の子たちに流れたのと同じであった。〔モーセの言う〕枝から水を介して家畜へ流れて来た色〔には差異があったが、〕その違いとは、生成の中にも滅びるべき生成と不朽の生成がある違いのことに他ならない。5 さらに言えば、動物を描く画家は対象の動物からは何一つ省かずに、その姿を細大漏らさず画像に転写する。御子が自分の力で、父の特徴を父から質料へと移す場合も、それと同じなのである。そのため、そこ〔質料〕ではすべてのものが父に由来すると同時に、何一つ父のものではないのである。6 彼らが言うには[323]、もしここ〔質料の世界〕にあるものを手がかりにして、上にあった父の特徴がこの下方の場所へ運ばれてきて身体を具えるようになったのだということ、それは〔モーセの言う〕あの枝からの力によって家畜に白の子が生まれた[324]のと同じ理由で、天上にいる父とまったくよく似ているのだということ、このことを理解できる人が誰かいるとしたら、その人はそこ〔天上〕へ戻って行くことになるのだぞうである。反対に、この教えに接することもなければ、生成の必然性というものも理解しない者は、夜の間に産み落とされた流産の子[325]のように、夜の間に滅びるだろう[326]と言う。

7 それゆえ、救い主が「天におられるあなたがたの父[327]」と語るときには、いつもあの父のこと、すなわち、その特徴を御子が携えて、この場所まで運んで来てくれた父のことを言っているのだそうである。しかし、救い主が「お前たちの父は始めから人殺しである[328]」と言うときには、質料〔の世界〕を支配し、創造した者のことを指しているのだと言う。それは御子によって与えられた特徴を受け取って、この場所で生み出した者であり、始めから人殺しなのである。なぜなら、彼の業は滅びと死をもたらすからである。8 それゆえに、何人も御子による〈のでなければ〉、救われることも、上方へ戻って行くこともできないのだと言う。その御子が蛇である。なぜなら、彼は上から父の特徴をこの下方へ運んで来たように、この場所で眠りから目覚め[329]、かつ、父の特徴を〈想起〉するようになった者たちを、再び上に向かって運んでゆくからである。すなわち、実体のないものから脱して実体を具えるようになった者たちを、再びそこへ連れ戻すからである。9 これこそ、「わたしは門である[330]」と言われていることの意味だそうである。なぜなら、彼は瞼を閉じている者たちの〈瞼を開いて[331]〉、連れ戻すからである。それはナフサは、見ての通り、至る所から火を引き寄せるものの、〈他の何も引き寄せない〉のと同じである。さらに言えば[332]、磁石は鉄を引き寄せるが、他の何も引き寄せない。10 海鷹の脛骨は金を引き寄せるものの、他の何も引き寄せない。藁〈だけ〉は琥珀に引き寄せられる〔ものの、他の何によっても引き寄せられない〕。それと同じで、その蛇によって再びこの世界から連れ出されるのは、模像として完璧に仕上げられた、完全なる、本性を同じくする種族のみであって、他の何物でもない。それはこの種族が、同じ蛇によって、この下方へ送り出されたことに応じている。

11 彼ら〔ペラータイ派〕はこのことを論証しようとして、人間の脳の解剖図を持ち出して来る[333]。彼らは大脳そのものを、不動〈であること〉を理由に、父になぞらえる。それに対して、小脳は動くことを理由に、また、その形が龍〔蛇〕に似ているという理由で、御子になぞらえている。[12]彼らが言うところでは、この小脳は松果腺を通して、湾曲した脳から呼気と生殖の力〔本質〕を、言うに言いがたく、表現しがたい仕方で受け取るのだと言う。それを受け取った小脳は、ちょうど御子がそうしたように、無言の中に質料に形《イデア》を分与する。すなわち、精子とやがて肉として生まれてくるべきものの種族が脊髄の中へ流れ込んで行く。[13]彼らの考えでは、この事例を用いることで、自分たちが何とも言いがたい仕方で伝承してきた語り得ざる奥義を見事に説明できると言うのである。しかし、その奥義〔のすべて〕をここで述べることはわれわれの課題ではないし、多くの読者にとっては、すでにここまでに語られたことから容易に察しがつくであろう。

**一八** さて、ペラータイ派については、以上で明瞭に論駁したことになると私は思う。また、彼らがいつもすべての人々の眼を盗んでは、独自の毒薬を調合してしてきたことも、多くの証拠によって証明できたものと思う。したがって、これ以上立ち入って告発する必要はないであろう。ましてや、その告発には、彼らが唱えている教説がそれ自身で十分なのであるから。

## セート派

**一九** [1]それでは次に、セート派（Σηθιανοί）[334]が何を言っているかを見ることにしよう。彼らの見方によれば、万物の原理《アルケー》〔始原〕を成すものは三つあり、それらは互いに分離されている。それら三つの原理のそれぞれが無限の力《デュナミス》を具えている。ただし、彼らが「力」と言う場合、それを耳にする側としては、彼らが言おうとしているのは次のようなことだと考えるべきである。例えば、何であれ君が叡智を働かせて思考すること、あるいは思考するのを忘れてしまうこと、それに三つの原理のどれもが本性上なることができるということである。それはちょうど、人が一定の期間何かの技能の訓練を受けると、その技能がその人の心魂の中に生じてくるの同じである。2例えば、——と彼らは言うのであるが[335]——一定期間、横笛奏者から訓練を受けた少年は横笛吹きになるだろうし、それが幾何学の訓練であれば幾何学者に、文法の訓練であれば文法学者に、大工の技能の訓練であれば大工に、さらにその他さまざまな技能に身近に接する少年にも同じことが起きるだろう。[336]

さて、彼ら[337]がさらに言うには、三つの原理の本質《ウーシア》は、光《フォース》と闇《スコトス》、およびこの二つの中間にある純粋な霊《プネウマ》である。3闇は下方に、光は上方にあって、霊はその中間に置かれているのであるが、その霊は、吹きすさぶ風のようなものではなく、逆に柔らかな息吹のようなものとも考えられない。むしろ、香油あるいは調剤されて用意された燻香の香りのようなもので、軽やかにあまねく広がり行く力なのである。それに具わった芳香の素晴らしさは、思考を超え、何らかの文言で言い表すことを超えている。[338]4〈さて〉、上方には光、下方には闇があり、その中間に、今述べたような仕方で、霊がある。そのために、もともとその光には、下方に横たわっている闇の中へ、ちょうど太陽の光線のように、上から射し込む性質が具わっている。同じように、霊の芳香も中間の位置を占めながら、そこからあまねく広がり、漂って行く。ちょうど、燻香が火にかけられると、その芳香が至るところに漂うことにわれわれは気づくのと同じである。5互いに分離された三重の力はそのような状態にあるのだが、それでも霊と光の力は同時に、両者の下位に置かれた闇の中にも存在している。

ところで、その闇とは恐ろしい水である。光は霊と一緒に、そのような恐ろしい本性をした水の中へ、引きずり込まれ、運び込まれてしまっているのである。[339]6その闇は思考力がないわけでは決してなく、むしろ極めてよく頭が回り、もしも光が闇から取り去られたら、闇は荒れ果て、模糊として無明、無力、無為、虚弱なものであり続けることになることも分かっているのである。それゆえ、闇はあらゆる知恵と思考を働かせて、光の輝きとその断片を、霊の芳香ともどもに、自分の中に保持し続けようと努めている。7そして〔三つの原理の本質に係る〕この消息は、人間の顔の造作にも、模像として見ることができる。まず、眼の中の瞳が暗い〔闇の〕色を〈している〉のは、その下に水があるからである。しかし、それが同時に明るく輝いているのは、霊の所為である。闇は輝くものに憧れて、〔光の〕断片を確保して、それが自分に仕えるのを見たいと思う。それと同じで、光と霊もそれぞれ自分自身の力に憧れる。だから両者は、下方の暗くて恐ろしい水の中に混ぜ合わされてしまった自分たちの力を、再び立て起こして自分のもとへ取り戻そうと懸命に努めるのである。

8しかし、三つの原理に属する力はすべて合わせると、数の上で無限のまた無限であり、そのそれぞれが、本質に即して見れば、思考と叡智の能力を具えている。それらの力は、数の上では無限で、思考と叡智の能力を具えた本質であるが、それら自身が単独でいる限りは、すべての力が静まっている。

9しかし、ある力が別の力に接近〔衝突〕すると、並列された力の不均一が一定の運動を生み出す。また、その運動から一定の活動を生み出す。その活動は、衝突し合う力が〔並列に〕ぶつかり合う仕方によって、具体的な形を与えられる。10なぜなら、もろもろの力同士の衝突は、ある印章が用意された素材にぶつかって押し付けられ、印章の像が自分を素材に刻印するのと同じ具合だからである。(340) 三つの原理に属する力は数の上で無限であり、その無限の力同士から無限の衝突が生じた。そのために、必然的に、無限の数の印章の刻印〔模像〕が生じた。まさしくその刻印こそが、さまざまな生き物の象《イデア》なのである。11三つの原理の最初の大いなる衝突から、一つの大いなる刻印が生じた。それは天と地の印である。天と地は子宮と似た形《スケーマ》をしていて、真ん中に臍がある。もしその形《スケーマ》を自分の眼で確かめたいと思う人がいれば、――と彼らは言うのであるが――

その人は何の動物のものでもよいから、妊娠中の子宮を丁寧に調べてみるがよい。そうすれば、そこに天と地の刻印、また、その〔天と地の〕中間に不変な形で横たわるすべてのものの刻印を発見するだろう。12このように、天と地の形《スケーマ》は最初の衝突によって、子宮に似たものとして生じた。(341) そしてその天と地の中間で、力同士の衝突が無数に生じた。そしてそのいずれの衝突からも、子宮から生み出されるのと同じように、天と地の刻印以外の何物も生み出されなかった。しかし、地上では、無数の刻印から、多種多様な生き物たちが無数に生まれてきた。13天の下のその多種多様な無数の生き物たちの中に、光と一緒に霊の香りも上から蒔き散らされた。

　他方で、あの水から最初に生み出された物は、激しい強風であって、これはあらゆる生成の原因となるものである。それ〔強風〕は水また水から次々と波濤を掻き立てる。波濤が生じてくるさまは、14――すなわち、風《プネウマ》の勢い《ホルメー》に煽られて〈産むことへと〉押し寄せるさまは――ちょうど衝動《ホルメー》が子宮にとって、人間と叡智を〈懐妊する原因〉(342)となるのと似ている。そして風によって水から立ち上がり、妊娠させられた波濤は、自分の中に牝の本性を具えるに至るや否や、あの上から蒔き散らされた光を、あの霊の芳香もろともに、捕えるのである。15すなわち、叡智をさまざまな形に象られた状態で捕えるということである。それは完全なる神であり、上にある生まれざる光と霊から下方へと運ばれて、人間という本性の中へ、ちょうど神殿に入るように、入るのである。それ〔完全なる神〕は自然《フュシス》によって運ばれ、かつ風の運動によって水から生み出されて、もろもろの身体と結合され、混ぜ合わされる。それはあたかも生成したものにとっての「塩」(343)、闇〔にとって〕の光のようである。それはもろもろの身体から解放されることを希求するが、いかなる解放と出口も自分のために見出すことができない。16なぜなら、きわめて小さな〔光の〕断片が……混ざり合って……(344)。これは、彼ら(345)が言うには、彼が詩篇の中で言っている通りなのだそうである。

さて、上なる光の慮りと配慮は、かかって、一体どのようにしたら叡智が悪しき死と闇の身体から、すなわち、下の世界の父から、解き放たれるかという点にある。これ〔下の世界の父〕は吹きすさび、荒れ狂って波濤を掻き立てるあの風のことである。風は自分自身の子を完全なる叡智《ヌース》として産んだが、その本質は彼と同じではなかった。17なぜなら、彼は上からの光線として、すなわち、あの完全なる光からやってきたのだが、暗い闇の恐ろしくて苦い穢れた水と混じり合ったからである。これがあの水の面を輝きながら漂っていた霊《プネウマ》[346]のことである。さて、……[347]。このことはすべての生き物に見て取れる通りである。18恐れを呼び起こすほどに荒れ狂い吹きすさぶ風の渦は、まるで蛇のようで、しかも翼を具えている。この風から、すなわち、この蛇からこそ、生成の原理が、すでに述べたような仕方で生じてきたのである。それと同時に万物も、生成の原理を〈風から〉受け取った。

19さて、彼らが[348]言うところでは、光と霊も穢れて無秩序で有害な子宮の中へ捕われたとき、あの蛇も――すなわち、あの闇の風であり、あの水から最初に生まれた者でもある蛇も――、同じ子宮の中へ入り、そこで人間を生む。穢れた子宮は〔蛇以外の〕いかなる形《エイドス》も愛さず、認識もしない。20上なる光に属する完全なるロゴスは、その動物、つまり蛇に自分を似せて、穢れた子宮の中へやって来た。そしてその動物〔蛇〕に似た自分の姿を利用して、子宮を欺いた。それは完全なる叡智を――水から最初に生まれたものによって、つまり蛇、つまり風、つまり動物によって、穢れた子宮の中に生み出されていた叡智を――鎖から解き放つためであった。彼らが[349]言うところでは、これこそが、神のロゴスが処女の子宮の中へ降りて来たときの僕の姿《モルフェー》[350]なのであり、またその降りて来たことの必然性なのである。さらに彼らが[351]言うには、完全なる人間、つまりロゴスが、処女の子宮の中に入ったこと、そしてあの闇の中での苦しみを解き放った[352]ことだけでは、まだ十分ではない。21むしろ彼は子宮の中での忌むべき秘義の〈中へ〉入り込んだ後、洗い清められ、湧き上る活きた水[353]の杯

から飲んだのである。僕の姿《モルフェー》を脱ぎ捨てて、天からの衣を着る(354)べき者は、是非ともそれを飲まねばならない
のである(355)。

二〇 1セート派の指導者たちが唱えていることを、要約して言えば、以上の通りである。彼らの言説は自然学
とその他の領域で言われていることから取られている。それを彼らは自分たちの教説に移し変え、以上のよう
な話にしているのである。彼らが言うところでは、モーセも彼らのこの言説に賛同しているのだそうである。
それは彼が例えば「闇と暗黒と嵐(356)」と言っている場合がそうである。――この三つの文言は、そのものズバリ
だと彼らは言うわけである。2あるいは、楽園にはアダム、エヴァ、蛇の三者が生まれたと言う場合(357)、あるい
は、カイン、アベル、セートという三人〈の息子〉について語る場合(358)、さらにまた、セム、ハム、ヤフェトの
三人について語る場合(359)、あるいは、アブラハム、イサク、ヤコブの三人の族長について語る場合(360)、あるいは、
太陽と月が生じる前に三日間あったことについて語る場合(361)、あるいは、律法には、禁止条項、許可条項、罰則
条項の三つあると語る場合である。3律法の禁止条項というのは、例えば、「お前たちは楽園にあるどの木か
らも取って食べてもよい。しかし、善と悪を知る知識の木からは、食べてはならない(362)」のことである。それに
対して、「あなたは自分の土地と親族から離れて、わたしが示す土地に行きなさい(363)」は、彼らが(364)言うには、許
可条項の律法である。なぜなら、出て行くことも、留まることも、それぞれ望む者には、許されているからで
ある。律法の罰則条項というのは、例えば「あなたは姦淫してはならない。殺してはならない。盗んではなら
ない(365)」と言う場合である。悪行のそれぞれに対して処罰が裁量されているからである。
4彼らの言説の説く教え全体が昔の神学者たち、すなわち、ムーサイオスとリノスおよびオルフェウスから
来ている。特にそのオルフェウスは、大半の密儀と奥義を導入した人物である。5とりわけ、彼らが子宮と蛇

に関して唱えている言説と臍――つまり、勇気のことである――は、(366) 明瞭に同じものがオルフェウスのバッカス密儀の中に存在する。この密儀は、ケレオス、トイプトレモス、デーメーテール、コレー、そしてエレウシスにおけるディオニュッソスの入信儀礼、〔および〕アッティカ地方のフレイウス〔コリント南西の町〕における入信儀礼に先立って、人々の見ている前で挙行され、伝達されている。というのは、フレイウスの入信儀礼の場合には、エレウシスの密儀に先立って、「大祭《メガレー》」と呼ばれる祝祭《オルギア》が行われるからである。(367) 6 その町〔フレイウス〕には柱廊がある。その柱廊には、ここまで語られてきたすべての事物の形が刻印されて、今日に至るまで残っている。その柱廊に彫られた形は多数に上るが、それらについては、プルタルコスが一〇巻から成る『エンペドクレスを駁す』という著作(368)で論じている。柱廊の入り口(369)には、一人の老人の姿が彫られている。その老人は禿で、翼を持ち、その一物は勃起している。その姿で彼は一人の逃げる女を追いかけている。その女の方は犬の姿をしている。7 その老人には「流れる光」(φάος ῥυέντης)という銘が打たれている。女の方は「ペレエーフィコラ」(περεηφικόλα)(370)となっている。さて、セート派の唱える論によれば、「流れる光」(φάος ῥυέντης)とは、〔彼らが言う〕あの光のことであり、「フィコラ」(φικόλα)(371)とは、あの闇の水のことだそうである。両者〔老人と女〕の間を隔てる距離は、〔光と闇の水の〕中間に置かれた霊《プネウマ》の調和《ハルモニアー》に他ならない。「流れる光」(φάος ῥυέντης)という名前は、彼らの言うところでは、光が上から下に向かって流れ下ることを明らかにしている。8 したがって、ほぼこう言うことができるであろう。すなわち、セート派はフレイウスの「大祭《メガレー》」の祝祭(372)に当たるものを、自分たちの間で挙行しているのであると。

三つの原理に区分することについては、あの詩人もこう言って証言しているように思われる。

　万物は三つに分割され、〔兄弟の〕それぞれがおのおのの権能に割り当てられた。(373)

9 これはすなわち、三つに分けられたもののそれぞれが力を受け取ったということである。そして下方に横たわっている闇の水の中に沈み込んでしまった光のこと、その引きずり降ろされた断片を水の中から再び取り戻して、上に受け入れねばならないということ──セート派の中でも最も教養のある者たちが、ホメーロスの次の詩句を引いて言わんとするのは、まさにそのことであろうと思われる。

10 それならば、このことを、大地も頭上の広々とした大空も、
また流れて落ちるステュクスの水もご照覧あれ、それこそもっとも
宏大で恐ろしい誓約である、幸多き神々にとっても。(374)

すなわち、ホメーロスによると、神々も〈下方の〉水のことを何か忌むべきもの、退けるべきものと見做しているということである。セート派の言説はそれを叡智《ヌース》にとって恐るべきものだ、と言うわけである。

二 1 彼らが主張していることは、以上のようなこと、およびそれに類似する無数の夾雑物である。彼らは弟子たちに、これまでに多くの学者たち──とりわけペリパトス学派のアンドロニコス──が気遣ってきた溶解・混合論を読んでおくようにと指示している。2 セート派が言うところでは、溶解・混合論は次のようにして成り立っている。上なる光からの光線とそのごく小さな断片が、下方にある闇の水の中へ微妙な仕方で溶解・混合されて合体し、一つの合成物となった。(375) それはちょうど、多くの素材を混ぜ合わせて造られた燻香でも、火にかけられると、〈われわれが嗅ぐのは〉一つの香りとなるのと同じである。3 ところが、香りを嗅ぎ

分ける明確な規準を持った専門家ならば、火にかけられた燻香全体の香りは一つであっても、そこから混ぜ合わされた素材一つ一つの香りまで嗅ぎ分けるに違いない。例えば、ゴム香、没薬、乳香、さらに他のどんなものが混ぜ合わされていようとも、そうするに違いない。4 彼らはまた別の事例を持ち出して、こういうことも言う。すなわち、金にも青銅が混ぜられることがある。その青銅を金から分離させる一定の方法が発見されていると言う。同様に、もし銀に錫あるいは青銅、あるいはそれに類する何か別のものが混ぜ合わされているのが分かった場合も、さらに優れた混合の技術を使えば、それらのものも互いに分離される。5 ぶどう酒に水が混ぜられたものは、誰でもそうと判別する。彼らが言うには、それと同じで、すべて混合されたものは、何であれ分離される。

このことは、動物たちからも見て取れると言う。動物が死を迎えた場合、あらゆる部位がバラバラに分離する。それらが解消されるにつれて、その動物の見える形はなくなる。彼らは[376]、これこそ、「わたしが来たのは地上に平和ではなく、剣を投げ込むためである[377]」と言われている意味なのだと言う。すなわち、それは混合されていたものが、互いに分割され、引き離されるということである。6 なぜなら、混合されたものは、それぞれの成分が分割され、分離されて、もともと割り振られた場所へ戻って行くからである。すべての生き物にとって、混合のための場所は一つである。それと同じように、分離のためにも一つの場所が定められている。しかし、それを知っている者は、われわれ――こう言うのは、彼ら〔セート派〕である――以外には誰もいない。すなわち、再び生まれた霊的な者たち、肉ならざる者たちのことである。その「本籍は上なる天にある[378]」。7 彼らはこうした偽装によって、聴衆を滅びに導いている。彼らの語る言葉は、もともと美しい意味で言われていたものを劣悪な意味に移し替えたものである。彼らは〈福音書の〉言葉をそのように用いることによって、また、好き勝手な比喩を使い回して、自分たち自身の悪行を覆い隠しているのである。8 言われるとおり――と言うのは彼ら(379)である――すべて混合されたものは、それぞれが固有の〈場〉所を持っている。そしてそのもともとの場所へと走って行く。鉄が磁石に、藁が琥珀に引き寄せられ、金が海鷹の嘴《くちばし》にそうするのと同じである。(380) 9 同様に、水と混ぜ合わされた光の〈光線〉は、教育と学習によって、自分のもともとの場所のことを把握すると、あの僕の姿で(381)上から降りて来たロゴスのもとへと急ぐのである。そして、そのロゴスがいる場所で、ロゴスとともに、自らもロゴスとなる。〔その急ぎ方には〕鉄が磁石に向かって急ぐ以上のものがある。

事情は以上の通りであること、そしてすべて混合されたものは、それぞれのもともとの場所へと分離されることを、〈そこから〉学ばねばならないのだと言う。10 ペルシアのティグリス河口にあるアンペー（Ἄμπη）という町には、一つの井戸がある。(382) その井戸の傍らには、〔汲み上げたものを〕貯める槽が建てられており、その槽には三つの流出口が設けられている。その井戸から汲み上げる者はバケツでそうする。汲み上げる者は汲み上げたものを――それが何であるかは、当面別として――その傍らにしつらえられた貯蔵槽に注ぎ込む。注がれたものは、前述の流出口から出て行き、別々の容器に分けて受け止められる。11 すると、〈最初の容器〉では、塩の結晶が現れる。さらに二番目の流出口につながる容器にはアスファルトが、三番目〔の流出口につながる容器〕には油が現れる。その油は黒い色をしている。彼ら(383)が言うには、ヘロドトスも報告している(384)そうであるが、それには鼻を突く臭いがある。ペルシア人たちは、これを「石油《ラディナケー》」と呼んでいる。12 セート派が言うには、目下問題になっていることを証明するには、この井戸が含意する類比性は、それ以前に述べられたことすべてに勝って役に立つのだそうである。

三　セート派の見解については、以上で十分に明らかにできたものと思う。しかし、彼らが問題にしている事柄全体を知りたいと思う人がいるならば、その人は『セートの釈義』という表題の本でさらに調べていただきたい(385)。そこに彼らの秘密のすべてが一括して見つかるであろう。しかし、われわれはセート派についての暴露が終ったので、次はユスティノスが一体何を考えているのかを見ることにしよう。

## グノーシス主義者ユスティノス

二三 1 ユスティノス(386)は聖書の教えにはまるで反する立場となった。すなわち、祝福された福音書記者たちの〔書いたもの、あるいは〕発言(387)の中には、「異邦人たちの道には入り込むな(388)」とある。これはつまり、異邦人たちの間で唱えられている無益な教説に賛同しないように、という意味であることは明らかである。ところがユスティノスは、自分の聴衆を異邦人たちの摩訶不思議な物語や教説へ連れ込もうと試みている。そのために、ギリシア人の間で語られている小話を自分流に読解するのであるが、自分の言う完全なる奥義を聴衆に予め教えることも伝えることもせず、迷える者を捕まえると、先ず誓約だけさせて縛りつけるのである。2 その後で、もろもろの小話を披瀝するわけであるが、それは気晴らし〔娯楽〕のためである。すなわち、多くの書物が語る雑多な説に付合わされる者たちにとって、気休めの小話になるようにということである。――それはちょうど、遠い道のりを重荷を背負って往く人が、たまたまそこにあった宿屋で休憩を取るのと同じ具合である。――そうすることで、彼らが山なす書物を読んでの探求〈の道〉に嫌気が差さないようにするのである。するとと彼らは最後には、すっかり眼が利かなくなり、彼〔ユスティノス〕が巧みに仕組んだ愚行に向けて、遠い道のりも厭わず、まっしぐらに突き進むという具合である。その彼らを彼は最初に誓約で縛って、〔聞いたことを〕他言しないと、また脱落もしないと無理矢理に誓わせてから、彼が発見したという不信心きわまりない奥義を開陳するわけである。[389] その際の彼は、前述した通り、ギリシア人の神話を利用するかと思えば、改竄された書物を利用することもある。だから、それらの書物には、どこか前述の異端ども〈の教説〉を思わせるところがある。3 なぜなら、彼らはすべてがすべて、互いに同じ一つの精神《プネウマ》で、同じ穴の深みにはまっていくからである。それぞれの派で喋り方は違うものの、話と物語の中身は同じなのである。彼らのすべてが好んで「グノーシス派《グノースティコイ》」を自称し、自分たちだけが、〈言わば〉完全で善なるものについての驚嘆すべき認識《グノーシス》を呑み込んでいるのだと言うのである。

二四 1 ユスティノスが言うところはこうである。——もしあなたが「目が見たこともなく、耳が聞いたこともなく、人間の心に浮かんだこともないもの[390]」、すなわち、万物の上にある善なる者[391]［至上なる者］を認識したければ、誓って、この教えの語り得ざる奥義を沈黙の内に保ちなさい。なぜなら、われわれの父もその善なる者を眺めて、その傍らで完全な者とされながら、その沈黙の秘義を守っていたからである。なぜなら、「主は誓って、思い返すことがなかった[392]」と書かれているからである。2 ——ユスティノスは、このようにして口封じを済ませると、沢山の書物から取った多くの小話で気晴らしを行い、彼の言う「善なる者」へと導いてゆく。そして入信希望者を言葉にできない奥義に関して完全な者に仕上げるのである。ここでのわれわれは〈ただちに〉、多岐にわたる道を踏破しないで済むように、彼が持っている書物の一つから、その語り得ざる奥義を暴露してみたい。それは、ユスティノス〈自身〉の考えでは、名誉ある書物であって、『バルク［の書］』という表題[393]が付けられている。3 その中では、彼の手で多数の神話が開陳されているが、われわれはその内の一つを紹介してみよう。それはヘロドトスから取られたものであるが、ユスティノスはそれを改竄してあたかも新規な話であるかのように聴衆に物語るのである。彼は自称独自の学説のすべての骨格をそこから得ているのである。

**二五** 1 ヘロドトスの言うところでは、[394] ヘラクレスはエリュテイアから、ゲーリュオノスの牛たちを率いて、スキュティアに入った。しかし、遠い道のりに疲れた彼は、とある荒れた土地の一隅で短い眠りに落ちた。ところが目覚めて見ると、それに乗って遠い道のりをやってきた馬が消えていた。すっかり正気に戻った彼は、荒れた土地の隅々まで、馬を探し求めた。2 馬は見つからなかったが、代わりに荒れた土地の傍らで、一人の少女に出会った。それは半処女（μιξοπάρθενον）だった。彼は少女に馬を見かけなかったかと尋ねた。少女は見かけたと言ったが、ヘラクレスが彼女と愛を契って合体しなければ、〔馬の在処を〕教えないと言った。3 ヘロドトスの言うところでは、その少女は下腹部のあそこから上は処女だったが、あそこも含めてその下は、隅から隅まで恐ろしい毒蛇だった。ヘラクレスは馬のことが気になるあまり、その毒蛇の言いなりになった。彼は彼女と契って、[395] 彼女を孕ませた。契った後で[396]彼女に、腹の中には彼の子が三人いるが、どの子も有名になるはずだと告げた。4 そして母親となる少女に、その子らをアガテュルソス、ゲローノス、スキュテーと名づけるように命じた。彼は毒蛇の姿をした少女から対価として馬をもらうと、牛たちを連れて別の土地へ離れて行った。ヘロドトスに従えば、この物語にはこの後も長い続きがある。しかし、今ここでは、ここまでとさせてもらいたい。われわれが語りたいのは、むしろ、ユスティノスがこの話を作り替えて、万物の生成について何を説こうとしているかである。

**二六** 1 [397]ユスティノスが言うところでは、万物の原理《アルケー》〔始原〕には三つあり、いずれも生まれざるものである。その内の二つは男性、一つは女性である。男性原理の一つは「善なる者」と呼ばれる。こう呼ばれるのは、この原理だけである。彼は万物のことを予知している。もう一つ〔の男性原理〕はすべて生まれたものの父である。この父は予知能力がなく、また、〈知られざる者〉[398]、見えざる者である。女性原理も予知能力がない。また、怒りやすく、心身ともに二重で、あらゆる点でヘロドトスの物語に出てくる少女にそっくりである。すなわち、ユスティノス曰く、下腹部までは処女、そこから下は毒蛇である。2 その少女の名前はエデム（᾿Εδέμ）、あるいはイスラエールという。ユスティノスが言うところでは、これらが万物の原理〔始原〕、根源、源泉であり、存在するものは〔すべて〕これらの原理から生じたのである。それ以外のものは何一つ存在しなかった。

さて、父はその半処女のエデムを目にすると、もともと予知能力がなかったから、彼女に対して欲望をたぎらせてしまった。ユスティノスによれば、その父の名前はエローエイム（᾿Ελωείμ）である。エデムの方も負けず劣らず、エローエイムが欲しくてたまらなくなっていた。こうして、たぎる愛の情欲が両者を合体させるに至った。3 こうして父はエデムと結合し、彼女から一二人の天使を産ませて、自分に従わせた。父に服するそれらの天使たちの名前は、ミカエール、アーメーン、バルク、ガブリエール、エーサダイオス……[399] 4 そして母に服する天使たち、すなわち、エデムが産んだ者たちも、同じように名付けられた。その名はバベル、アカモート、ナアース、ベール、ベリアース、サタン、サエール、アドーナイオス、カヴィタン、ファラオート、カルカメノース、ラテンである。5 これら二四の天使たちの内で、父に属する者たちは父に従い、その意志を何でも実行する。他方、母に属する者たちは、母のエデムに従ってその意志をすべて実行する。これらの天使たちすべての集合体が楽園に他ならない、とユスティノスは言う。モーセが「神はエデム〔エデン〕の東に楽園を植えられた」[400]と言っているのは、このことなのだそうである。「東に」の意味は、エデムの正面に、ということである。それはエデムが楽園を、つまり天使たちを、絶えず眺めることができるためである。6 天使たちは、寓喩的に、この楽園に生える木と呼ばれる。そして父に仕える天使たちの中の第三の者、すなわちバルクは、生命の木[401]に他ならない。他方、善悪の知識を知る木[402]に当たるのは、母に仕える第三の天使ナアース（Νάας 蛇）である。ユスティノスはモーセの言葉をそう解釈したいわけである。彼〔ユスティノス〕曰く、モーセがそれを持って回って表現しているわけは、必ずしもすべての人間たちが真理に到達しないようにするためなのである。

7 彼がさらに言うには、エローエイムとエデムの交合の愉悦から楽園が生じたとき、エローエイムに仕える天使たちは、大地の中の最善の部分を取って——ということは、エデムの動物の部分からではなく、あそこから上の人間の形をした部位から、つまり現にわれわれが占めている大地の部分を取って[403]——人間を造るのである。他方、〔大地の〕野獣の姿をした部分からは、ユスティノス曰く、野獣やその他の動物が生じてくる。8 彼ら〔エローエイムとエデム〕は人間を自分たちの一体性と悦楽の徴として造り、自分たちの持つ権能をその人間の中に植えた。エデムは心魂《プシュケー》を、エローエイムは霊《プネウマ》を[404]。こうして、人間、すなわちアダムは、エデムとエローエイムの間の愛の印章と記憶、そして彼らの結婚の永遠の象徴となるのである。9 それと同時にエヴァも生じた。ユスティノス曰く、彼女は、モーセも書いている通り[405]、エデムの似像、象徴、印章として、永遠に守られていくべきものである。そのエヴァの中にも、同じようにして、エデムからは心魂《プシュケー》の模像が、エローエイムからは霊《プネウマ》が植えられた。そして彼ら〔アダムとエヴァ〕には、「増えて、数を増し、地に満ちよ[406]」という戒めが下された。ここで「地」とは、エデムのことである。モーセの言葉はこの意味で書かれていると、ユスティノスは読みたいのである。10 というのも、エデムは交合のときに、結婚というものではいつもそうであるが、自分の持つありったけの力を、エローエイムに渡してしまったからである。ユスティノス曰く、この二人の最初の結婚を真似て、今日でも女たちは嫁資を携えて嫁ぎ、それぞれの夫たちに、何か神に仕えるかのよう

に、また、エローエイムとエデムに与えられたとき以来の父祖伝来の法に仕えるかのように仕えているのであ
る。[407]
11天と地、そして地にあるすべてのものが、モーセの書に書かれている通りに、[408]創造され終わったとき、母
に属する一二人の天使たちが「四つの始原《アルケー》〔原理〕」に分けられた。そしてどの四分の一も川《ポタモス》と呼ばれた。ユ
スティノス曰く、それがフェイソーン、ゲオーン、ティグリス、エウフラテースの四つの川であることは、
モーセが言っている[409]通りである。その一二人の天使たちは四つの領域を隈なく〈互いに〉一緒に巡回して、こ
の世界を治めている。彼らはそのために、エデムから世界を司る太守の権能と言うべきものを与えられている
のである。12しかし、彼らは常に同一の場所に留まっているのではなく、むしろ一定の周期で〈全地を〉巡回
している。すなわち、ある場所から別の場所へと、〈互いに〉時間の間隔を置きながら、一定の秩序で、それ
ぞれの場所を変えているのである。フェイソーンが支配権を握ると、大地の該当する場所では、飢餓、困窮、
艱難が起きる。なぜなら、四人の天使たちの互いの配置《パラタグマ》がよくない[410]からである。13それと同じように、四つの
領域のどこにおいても、それぞれの〈川の〉持つ権能と本性に準じて、禍の時機《カイロイ》や病気が〈蔓〉延する。そし
てそれは終りなく続き、四分されたものの内のどれが支配権を揮うか次第である。それはあたかもエデムの意
志に従うかのように、そして禍の川の流れのように、絶えることなく世界を巡っている。
14さて、そもそも禍は何か次のような原因から必然的に生じてきたのである。エローエイムは〔エデムとの〕
交合の愉悦からこの世界を創造して整え終ったとき、天のさらに高い部分へと昇って行って、自分の創造した
ものの内で何かに足りないところがないかどうか眺めてみたいと思った。そこで彼は自分の配下の天使たちを
伴って昇って行った。彼は上方に憧れていたからである。ただし、彼はエデムを下方に置き去りにした。なぜ
なら、彼女は大地であったから、伴侶に付き従って上に向かうことが〈でき〉なかったからである。15さて、

エローエイムは天の上端まできたとき、そこに光を見た。それは彼自身が創造したものよりも優れた光だっ
た。そこで彼は言った、「門よ、わたしの前に開け。わたしは入って、主を褒め称えよう。なぜなら、わたし
は自分こそが主だと思い込んできたからである」。16 すると彼に向かって、その光からの声が響いて、こう言
った、「これは主の門である。義人たちがそれを通って入る[411]」。すると、たちまち門が開いたので、父〔エロー
エイム〕は〔従ってきた〕天使たちと別れて、あの善なる者のもとにやって来た。そして「目が見たこともな
く、耳が聞いたこともなく、人間の心に浮かんだこともないもの[412]」を見た。17 そのとき、善なる者が彼にこう
言った、「わたしの右の座に着くがよい[413]」。それに答えて、父は善なる者にこう言った、「主よ、どうかわたし
が自分で造ったこの世界を無にするの[414]をお許しください。なぜなら、わたしの霊《プネウマ》が人間たちの中に縛り付け
られているからです。わたしはそれを取り戻したいのです[415]」。18 すると善なる者が彼に言った、「わたしの側に
来た者は、誰も悪を働くことができない。他でもないお前とエデムが交合の愉悦からこの世界を造ったのでは
ないか。それゆえ、被造物はエデムが望む限り、彼女の手に委ねておきなさい。そしてお前自身は、私の側に
とどまりなさい」。

19 そのとき、エデムは自分がエローエイムに置き去りにされたことに気づいた。そして悲嘆のあまり、自分
に従う天使たちを周りに立たせ、我が身に入念な化粧を施した。そうすれば、あるいはエローエイムが彼女を
欲しがって、また降りてくるかも知れないと思ったのである。20 しかし、エローエイムは善なる者の指図に従
い、もはやエデムのもとへやって来なかった。そこでエデムはバベル、すなわちアフロディテーに命じて、人
間たちの間に不倫と離婚を引き起こさせた。それはエデム自身がエローエイムと離別したのと同じように、人
間たちの中にあるエローエイムの〈霊〉も、同じ離別の苦しみに苛まれ、置き去りにされたエデムが味わった
のと同じ苦痛に襲われるようにするためであった。21 そこでエデムは自分に仕える第三の天使のナアースに大

権を与えて、人間たちの中にあるエローエイムの霊に、懲罰に次ぐ懲罰を加えさせた。それはその霊を経由して、エローエイム自身に懲罰を受けさせるためであった。なぜなら彼は、エデムと交わした契約[416]を破って、伴侶である彼女を置き去りにしたからである。

それを見た父エローエイムは、自分に従う天使たちの中から第三の者、すなわちバルクを、すべての人間たちの中にある〈自分の〉霊の助け手として遣わした。22 バルクはエデムの天使たちの間に到着すると、その真ん中に立った。すなわち、楽園の中央に立ったのである。――なぜなら、楽園とは天使たちのことだからである。――そして人間に、こう告知した。「楽園の中のどの木からも取って食べてよい。しかし、善と悪を知る〈木〉からは食べてはならない[417]」。これ〔善と悪を知る木〕は、つまりナアースのことである。すなわち、〔人間は〕エデムの他の一一人の天使たちに聞き従うべきであるが、〈ナアースにはもはや従うべきではない〉ということである。なぜなら、その一一人の天使たちは、たしかに情念を具えてはいるものの、不法を犯してはいないからである。それに対して、ナアースには不法が具わっていた。23 というのは、彼はエヴァのところへやって来ると、彼女を騙して犯したのである。それは不法なことである。それから彼はアダムのもとへ来ると、少年愛の相手をさせた。これも不法行為である。姦淫と男同士の同性愛はそこから起きてきたのである。その時以来、人間たちの間で悪が力を揮うことになり、善は〈離れ去った[418]〉。それらはあの同一の父〔エローエイム〕に起源を発しているわけである。24 すなわち、父は一方で、あの善なる者へと昇って行ったことによって、同じように昇って行きたいと思う者たちに対して、行くべき道を示したのである。しかし他方では、エデムから離れ去ったことによって、人間たちの中にある霊にとっては、最初の悪を犯したのである。

さて、次にバルクはモーセのもとへ遣わされ、彼の口を通して、イスラエールの子らに語った。それは彼らが善なる者へと立ち帰るためであった。25 〈エデムの〉第三の〈天使〉、〈すなわちナアース[419]〉は、予めエデムによって同じモーセの中に住まわされていた心魂《プシュケー》[420]を通して、バルクが発する戒めの意味を暗くし、それに代えて自分が発する戒めに聞き従わせた。このゆえに、心魂《プシュケー》は霊《プネウマ》に逆らい[421]、霊は心魂に逆らう仕組みになっているのである。なぜなら、心魂はエデムに、霊はエローエイムに由来するからである。その両方が、男女を問わず、すべての人間に具わっているのである。

26 バルクはこの後で、さらに預言者たちのもとへ遣わされた。それは人間たちの中に住む霊が預言者たちに耳を傾け、かつて父エローエイムがしたように、エデムの手と悪しき造り物を逃れるためであった。ところがナアースは、またもや［預言者たちを通して］同じ意図から、人間の中に父からの霊《プネウマ》と共に住んでいる心魂《プシュケー》を使って、預言者たちを堕落させた。すべての者たち［イスラエールの子ら］も堕落して、バルクの言葉に、すなわち、エローエイムの戒めに、従わなかった。

27 そこでエローエイムは、最後にヘラクレスを異教徒の預言者として選んで遣わした。それはエデムの一二人の天使たちを打ち負かし、父の〈霊〉を悪しき者たちによる被造物から解放するためであった。これがいわゆるヘラクレスの十二功業である。彼はこれを最初から最後まで、すなわち、獅子、水蛇、猪退治その他のことを、順にやり遂げたのである。

28 これらの名前はもろもろの国民の名前であり、それを改名させたのは、彼［ユスティノス］の言うところでは、母［エデム］に属する天使たちの仕業である。〈さて〉、ヘラクレスが事を成し遂げたと思ったとき、オンファレー[422]——これはバベルまたはアフロディテーのことである——が彼にまとわりついて、ついに籠絡し、その力を剝ぎ取ってしまった。その力とは、エローエイムがバルクによって命じていた戒めのことである。彼女はその代わりに、自分自身の着物を着せた。すなわち、下方のエデムの力を着せたのである。その結果、ヘラクレスの予言も業も不完全なものになってしまった。

29 そしてその最後に、大王ヘロデの治世下[423]、バルクがまたエローエイムによって遣わされ、今度はナザレにやって来た[424]。彼はそこで羊を追う一二歳の少年イエス[425]を見つけた。それはヨセフとマリアの子であった。バル

クはそのイエスに、エデムとエローエイム〈と善なる者〉によって起きたすべてのことを、始めから語って聞
かせた。また、その後で、これから起きることについても語って聞かせた。バルクが言ったことは、こうであ
る。30 ――「お前より前の預言者たちは皆堕落してしまった(426)。人の子イエスよ、お前は籠絡されないように気
をつけなさい。そして人々にこの言葉を告げ知らせ、父と善なる者について語り伝えなさい。そしてお前はそ
の善なる者のもとへ上り、われわれ全員の父であるエローエイムとともに、そこに座しなさい」。31 イエスは
天使の言うことに耳を傾けた後、「主よ、わたしはすべてそのようにいたします」と言った。そしてそのよう
に宣べ伝えた。

さて、ナアースはイエスをも堕落させたいと思ったが、〈そうすることはできなかった〉。イエスはバルクを
信頼して揺るがなかったからである。ナアースは彼を堕落させられなかったことを怒って、イエスが十字架に
架けられるように仕組んだ。ところがイエスはエデムから来た身体を木〔十字架〕の上に残したまま、善なる
者のもとへ昇っていった。32 その時、彼はエデムに、「女よ、お前の息子を受け取りなさい(427)」と言ったのであ
る。これは心魂的《プシュキコス》と泥的《コイコス》人間を指して言われたことであり(428)、イエス自身は自分の霊を父の手に委ねた上で(429)、善
なる者のもとへ昇って行ったのである。

その善なる者は「プリアポス」（Πρίαπος）という。これは何かを造って存在するようにする前からいる者
である。彼がそう呼ばれるわけは、彼がすべてのものを「前もって造った」（ἐπριοποίησε）(430)からである。33 彼
〔ユスティノス〕の言うところでは、まさにこの理由から、彼〔プリアポス〕はあらゆる神殿に立てられてお
り、すべての被造物から敬われるようにと、多くの道路の傍にも立てられているのである。彼は頭上に初物の
収穫を載せているが、それは被造物がもたらす稔りに他ならない。その原因となったのが、当の被造物が未だ
存在しないときに、前もって造った（ἐπριοποιήσας）彼だからである。34 彼〔ユスティノス〕曰く、それゆ

えにあなたが巷間の伝説で、白鳥〔ゼウス〕がレーダーの中へ入って、彼女に子を産ませたという話を耳にするときにはいつも、その白鳥はエローエイムのこと、レーダーとはエデムのことと思うべきである。また人々が、ガニュメーデースの上に鷲がやって来たと話すときには[431]、その鷲とはナアースのこと、ガニュメーデースとはアダムのことなのである。35 また、ダナエーのところに黄金がやって来て、彼女に子を産ませたと言われるときには[432]、その黄金とはエローエイムのこと、ダナエーとはエデムのことなのである。

彼[433]らはこれとまったく同じやり方で、似たような神話を並べては、この種の言説を教えるのである。36 さらに彼〔ユスティノス〕曰く、預言者たちが「天よ聞け。地よ心せよ。主はこう言われた[434]」と言うときには、「天」は人間の中にあるエローエイムの霊のこと、「地」はその霊と共に人間の中にある〈エデムからの〉心魂のこと、「主」はバルクのこと、「イスラエール」はエデムのことを言っているのである。なぜなら、エローエイムの伴侶《シュジュゴス》はエデムともイスラエールとも呼ばれるからである。37 彼[435]曰く、『彼女〔イスラエール〕はわたしを知らなかった[436]』。なぜなら、もしわたし〔エローエイム〕が善なる者の傍らにいることを彼女が知っているなら、父に対する地上の無知を使って、人間の中にある霊を苦しめるようなことはしないはずだからである。……[437]」

**二七** 1『バルク〔の書〕』と銘打たれた〈彼らの〉書物の第一巻には一つの誓いが記されている。それは以上の奥義をこれから聞いて、善なる者のもとでの完成に達しようとする者〔密儀入信希望者〕たちが行う誓約である。われわれの父エローエイムも――こう言うのはユスティノスであるが――善なる者のもとへやってきたときに、この誓約をしたのであり、誓った後で悔いることもなかった。彼〔ユスティノス〕曰く、「主は誓った。そして思い返すことはなかった[439]」と言われているのは、まさにこの誓いのことなのだそうである。2 さて、その誓いとは次の通りである。「万物の上におられる方、善なる者にわたしは誓います。この奥義を遵守し、外の誰にも漏らさないことを。そして善なる者から逸れて被造物に向かわないことを。」彼〔密儀入信希望者〕はこの誓いを済ませると、善なる者のもとへ至り、そこで「目が見たこともなく、耳が聞いたこともなく、人間の心に浮かんだこともないこと(439)」を眺めるのである。そして活ける水を飲む。その水は、彼ら〔ユスティノスとその仲間〕の考えるところでは、湧き上る活ける水の泉なのである(440)。3なぜなら、――こう言うのはユスティノスであるが――水と水が二つに分けられたからである(441)。そして天蓋の下の水は悪しき被造物に属するもので、それで洗われるのは泥的《コイコイ》人間たちと心魂的《プシュキコイ》人間たちである。反対に、天蓋の上にある水は善なる者に属する活ける水であり、活ける霊的《プネウマティコイ》な人間たちがそれで洗われるのである。エローエイムもこの水で洗われて、洗われた後、思い返すことがなかった。4預言者〔ホセア〕が「淫行の女を妻とせよ。なぜなら、地は主から離れて、淫行の限りを尽くすだろうから(442)」と言うとき、それはエデムがエローエイムを離れて行うことを指しているのである。彼〔ユスティノス〕曰く、この言葉によって預言者〔ホセア〕は奥義全体を限なく明示しているのだが、ナアースの悪巧みのゆえに、人々はそれに耳を傾けない。

5彼らは、これとまったく同じやり方で、預言者たちの他の〈言葉〉も解釈して、それを実に多くの書物で語り伝えている。しかし、彼らが最も優先している書物は『バルク〔の書〕』と銘打たれたものである。それを見れば、読者は彼らが語る神話を始めから終わりまで知ることができるだろう。愛する読者たちよ、私〔ヒッポリュトス〕はこれまで実に多くの異端派に出会ってきたが、この派以上に劣悪な分派には出会ったことがない。6いみじくも彼〔ユスティノス〕〈自身〉が言っているように(443)、〔彼の言う〕ヘラクレスを真似て、アウゲイアースの便所を、いや、肥だめを洗い清めねばならない(444)。その肥だめに落ちて、その〔汚物〕が身に沁《しみこ》んだら最後、それを洗い流すことができない〈のみならず〉、そこから頭だけもたげることさえもできないだろう。

**三一** さて今やわれわれは、似而非「覚知者《グノースティコス》」ユスティノスによる仮説の暴露を終ったので、次巻以降では、彼の後に続いた異端派の唱えた教説を暴露するのがよいであろう。それらのどの一つも論駁せずにはおかないであろう。そのために、われわれは彼らが言っていること〈に限って〉、その中で、範例としてよく役立つものを並べることになる。よしんばそのために、彼らが語り得ざる教えとして秘匿している事柄ばかりが使われることになろうとも。思慮のない者たちは、それをこそ求めて、聖別を受けようと労苦を厭わないのである(445)。それでは次に、シモンが何を言っているのかを見ることにしよう。

# 第六巻

一 『全異端反駁』の第六巻の内容は次の通りである。

二 シモンは一体どのような説を、憚りもなく唱えたのか。〈彼の〉説はさまざまな魔術師と作家たちから〈折衷して〉取り入れていること。

三 ヴァレンティノスはどのような説を唱えているか。彼が自分の教説を聖書からではなく、プラトン学派とピュタゴラス学派の教説によって構築しているということ。

四 セクンドス、プトレマイオス、ヘーラクレオーンが何を唱えているか。彼らがギリシアの賢者たちと同じ〈教説を〉、言葉だけ変えて、用いているということ。

五 マルコスとコラルバソスによって何が唱えられているか。彼らに属する者たちの何人かは魔術とピュタゴラス学派の数字学に凝っていた(1)ということ。

六 〈自分たちの〉教説を唱えるに当たって、その原理を蛇から貰い受けて、時代を経るに従って自らそれを明るみに出して来た者たちについては、この異端反駁のこの巻に先立つ第五巻で暴露し終ったとおりである。他方、今からについては、彼らに続いた者たちの意見も黙過しないことにしよう。私は彼らの唱えるどのような見解も反駁なしには済ませないつもりである。むしろ、可能な限りそれらをすべて思い起こそう。その際、彼らの言葉にしがたい狂躁《オルギア》ぶり(2)も合わせてそうすることにする。それはまことに「狂躁」と呼ばれるに相応しいのである。なぜなら、彼らのような意見を憚りもなく口にする者たちは、いささかの語源学《エテュモロギア》を弄することをこの私にもお許しいただけば、〈神の〉「怒り《オルゲー》」(3)から遠くないからである。

## シモン

七 1 さて、シモンはサマリアの寒村ギッタの出身であった。そのシモンが唱えた説を今から述べてみるのがよいであろう。われわれが以下に示す通り、そのシモンには追随者たちがいて、彼から刺激を受けて、名辞こそ変えているものの、同じことを憚りもなく唱えたのである。シモン自身は魔術の経験も積んでいて、一方ではトラシュメーデース(4)の詐術を使って多くの者を惑わした。その手管については、すでに前述したとおりである(5)。また他方では、悪霊どもを使って悪事を働き、自分を神に仕上げようと試みた。それほどの詐欺師であり、無茶苦茶な考えで一杯の人間であった。使徒たちも言行録の中で、シモンのことをそのように暴いている(6)。

2 そのシモンよりも、はるかに賢く、均衡も取れていたのがリビア人のアフェトスだった(7)。この男はリビアで、人々から神と見做されたいと熱望し、実際にそのための手立てを施した。彼が説いた神話はシモンのそれと虚栄な欲求の点ではさほど違わないのであるが、彼のその企みのゆえに、ここでの報告に値すると思われる。

八 1 (8)リビア人のアフェトスは神になりたかった。そのためにあれこれ試みたもののうまくいかなかった。しかし、見かけだけでもそうなりたいと思ったものである。そして時間が経つ内に、本当に神になったかと思われる次第となった。すなわち、思慮のないリビア人たちが、彼を何か神的な力の〈ように〉見做して、繰り返し供儀を捧げたのである。彼らの信じるところでは、天上から声が聞こえたので、その指示に従ったのだと言う。2というのも、アフェトスはたくさんの鸚鵡を同じ小屋に閉じ込めて飼っていた。リビアには無数の鸚鵡が生息しているのである。鸚鵡は人間の声をまったく見事に真似してみせる。そこで彼はこの鳥たちを長い期間飼育して、「アフェトスは神である」と話すように教え込んだ。実に長い期間にわたって訓練を受けた鳥たちは、繰り返しそう喋るようになった。〔鳥たちによって、こう〕言いふらせば、アフェトスが神であることを〔人々に〕信じさせることができるだろうと彼は思ったのである。そこで彼は小屋を開けて鸚鵡たちをそれぞれ違う方向へと解き放った。3鳥たちは飛び去って行った。やがてこの文言がリビア中に広がった。鳥たちが語るところはギリシアの地にまで伝わっていった。リビア人たちは鳥たちの声にあまりに驚いて、アフェトスの仕組んだ詐術に気づくどころではなく、彼を神と思い込んだ。4ところが、一人のギリシア人が、鸚鵡たちを使って自分を神と思わせようとした男の悪知恵を正しく見抜いたのである。そのギリシア人はアフェトスの悪巧みを暴いただけではない。彼の巨大妄想と破廉恥もぶち壊した。すなわち、彼はその鸚鵡たちの多くを捕まえて閉じ込めると、「アフェトスがわたしたちを閉じ込めて、『アフェトスは神である』と言うように無理強いしたのです」と言うように、訓練し直したのである。リビア人たちは鸚鵡たちのこの撤回弁明を聞くや、一気に集まって衆議一決、アフェトスを火刑に処した。

九1〔われわれは〕魔術師シモンについても、このリビア人になぞらえて、しかもこの人間〔リビア人〕よりも早く〔真に〕神となったのだと考えなければならない(9)。もしこの類比が当たっているとして、そして魔術師シモンもアフェトスに似た苦難を受けたのだとしよう。そうならば、われわれとしては、試みにシモンの鸚鵡たちを訓練し直して、キリストはシモン、すなわち『現に立っている者、立っていた者、やがて立つ者[10]』ではなく、2 精子から生まれた人間、女が産んだ者、他の〈人間たち〉と同じように、血と肉の欲求から産まれた者[11]であることを教えてやろうではないか。そして事実この通りであることは、本書の論述が先に進むにつれて、容易に証明されるだろう。

3 さて、シモンはモーセの律法を考えもなく悪し様に曲解している。モーセが「神は燃え盛り、食い尽くす火である[12]」と言うとき、シモンはモーセが言わんとすることを正しく受け取らずに、火が万物の原理《アルケー》〔始原〕であると言う。その際のシモンの思考は、神は火だと言われているのではなく、燃え盛り、食い尽くす火であると言われている点に、及んでいない。このように、シモンはただモーセの律法をぶち壊すだけではなく、意味不詳のヘラクレイトス〔の言葉[13]〕も我が物顔に分捕ってくる[14]。4 さらにシモンは、万物の原理《アルケー》〔始原〕のことを、「無限の力」（ἀπέραντος δύναμις）と呼んで、こう言っている。――「これは大いなる無限の力から来る声と御名の宣明の書[15]である[16]。それゆえに、それは封印され、隠され、秘されて、万物の根が据えられている住居の中に置かれ続けるだろう」。5 シモンが言うには、この「住居」とは、血から産まれた人間のことに他ならず、彼が「万物の根」とも呼ぶ「無限の力」は、その中に宿っているのである。その無限の力、すなわち火は、シモンによれば、決して単純なものではない。多くの人は、いわゆる四大元素〔地、水、火、大気〕は単純だと言い、したがって、火も単純な元素だと考えている。しかし、シモンは火の本性は二重のものだと考え、その二重の本性の一つを「隠されたままのもの」、もう一つを「明らかになるもの」と呼んでいる。6 火の「隠されたままのもの」は「明らかになるもの」の中に隠されているが、火の「明らかになるもの」自身も「隠されたままのもの」から生じて来た。これこそ、アリストテレスが「可能性《デュナミス》」と「現実性《エネルゲイア》」という概念で、プラトンが「認識可能なもの《ノエートン》」と「感覚可能なもの《アイステートン》」と呼んでいるものに他ならない。7明らかになるもの」としての火は、人が目に見えるものについて思考するもの、あるいは看過するものすべてを自分自身の中に内包している。他方、「隠されたままの」火は、人が何であれ感覚なしに認識可能なものを思考するか、思考しないまま看過するものをすべて内包している。[17]

8この全体を要約すれば、シモンは感覚可能なものと思考可能なもののことを、「隠されたままのもの」と「明らかになるもの」と呼んでおり、そのすべてを収める宝蔵が、天のかなたにある火なのである。その宝蔵はネブカドネツァル王が夢に見た巨大な樹[18]に似ている。すべて肉なるものが、それから食べ物を得るのである。9さらに、シモンの考えでは、明らかになる火は、その巨木の幹、枝、葉[19]、そして外側についている樹皮なのである。彼曰く、巨木に属するこれらすべてのものが、やがて食い尽くす火の炎によって、無に帰されることになる。10しかし、その実は、やがて熟して自分自身の本来の形を具えるに至れば、倉に収められ、火に投げ込まれることはない。彼曰く、その実は倉に収められるためにこそ実ったのだからである。しかし、「藁」は火に投げ込まれる。[20]すなわち、これは幹のことである。幹は自分自身のためにではなく、その実のためにこそ生じてきたのであるから。

10 1シモン曰く、このことも聖書に「イスラエールの家は、万軍の主のぶどう畑。ユダの人間は、愛しい若木[21]」と書かれていることなのである。「ユダの人間は、愛しい若木」とあるのは、彼曰く、木と言われるものが人間に他ならないことを示している。2彼曰く、その木に下される裁きと審判については、すでに聖書が十分に語っている。そしてすでに熟して自分自身の本来の形を具えるに至った者たちにとっては、聖書で言われている次の文言だけで十分である。――「すべて肉なるものは草、肉の栄光は草の花のようだ。草は枯れ、その花は散る。しかし、主の言葉は永久にとどまる」[22]。ここで言う「主の言葉」とは、口で生み出される言葉と発語のことであり、それ以外に〔それが〕生まれる場所はないのである。

二　火とすべて目に見えるもの、見えないものに関するシモンによる教説を要約すれば、以上の通りである。彼は『大いなる宣明』[23]という書物の中で、これらのものを指して、「聞こえるもの」と「聞こえ〈ない〉もの」、「数えられるもの」と「数えられ〈ない〉もの」と呼んでいる。それらは完全に叡智的なものである。無限のまた無限だけ存在するどの部分も思考されることを〈受け入れ、いわば[24]〉語ること、思考すること、実行する能力を具えている。それはエンペドクレスがこう語っているとおりである。

われらは　大地によって大地を　水によって水を見た。
霊気によって　〈神の〉霊気を　火によって　見えざる火を
〈恋愛によって〉恋愛を、哀しい不和によって不和を[25]。

三 1 シモン[26]曰く、彼〔エンペドクレス〕は、〈見えるものも〉見えないものも、火の一部であって、「等しく思慮と見識を具えている[27]」と見做したのである。そして、この生まれた世界は生まれざる火から生じた。シモン曰く、それは次のようにして生じ始めた。すなわち、生まれた世界は生成の原理《アルケー》〔始原〕から、すなわち、あの火の原理《アルケー》〔始原〕から、最初に六つの根源を受け取った。2 〈それらの〉根源は、その火から生じたとき、「対《シュジュギア》」を成していた。彼はそれらの根源のことを、「ヌース」（叡智）と「エピノイア」（思考）、「フォーネー」（声）と「オノマ」（名前）、「ロギスモス」（反省）と「エピテューミアー」（欲求）と呼ぶ。これらの六つの根源の中には、同時に、あの無限の力が、現実態としてではなく、可能態として存在している。3 シモンはその無限の力が「現に立っている者」、〈「立っていた者」〉、「やがて立つ者」〈である〉と言う[28]。そして、もしこの者が六つの力〔根源〕において本来の形を具えるに至るならば、彼は本質、力能、大きさ、完成度の点で、あの生まれざる無限の力と同一になるだろう。なぜなら、もはやいかなる点でも、その生まれざる、不変の、かつ無限の力に劣ることがないからである。4 しかし、もしそれが六つの根源において可能態にとどまり、本来の形を実現しないならば、それは消滅と滅びに至るだろうとシモンは言う。それはちょうど、人間の中にある文法や幾何学の能力が消えてしまうのと同じだと言う。なぜなら、その能力は技能を身に付ければ[29]、生じてくるべきものにとって光となるが、技能を身につけないまま、闇を引き寄せて、まるで存在していなかったかのようになるならば、人間が死ぬ時に、それも一緒に消滅するからである。

三 シモンは、これら六つの力とそれに続く第七の力の内、最初の「対《シュジュギア》」のことを、「ヌース」（叡智）と「エピノイア」（思考）、あるいは「天」と「地」と呼ぶ。そして、その内の男性的なものは、上から見下ろしながら、自分の「対」の相手のことを慮っている。そしてその女性的なものは、下にあって、天から地へ運ばれて来る叡智（ヌース）の実を受け取るのだと言う。シモンが言うには、この理由からロゴスは「ヌース」（叡智）と「エピノイア」（思考）から、すなわち、天と地から生まれるものを眺めながら、繰り返し、「天よ、聞け。地よ、悟れ。主が語られた。わたしは子らを生んだ。しかし、彼らはわたしを否んだ[30]」と言ったのである。シモン曰く、こう語ったのは、第七の力、すなわち「現に立っている者、立っていた者、やがて立つ者[31]」に他ならない。この者こそが、モーセが「大変善かった」と言って称えた美しいものの原因者なのである[32]。また、「フォーネー」（声）と「オノマ」（名前）が太陽と月であり、「ロギスモス」（反省）と「エンテユーメーシス」（欲求）[33]は大気と水に他ならない。そしてすべてこれらのものの中に、[34]私がすでに述べた通り、あの大いなる無限の力、すなわち『立っていた者』が分散して混ぜ合わされているのである。

**一四** 1 さて、モーセは「神は六日の〈間に〉天と地を造られた。そして七日目にそのすべてのわざを休まれた」[35]と言っている。しかし、シモンはこれを、すでに述べたようなやり方で転釈して、自分自身を神とするのである。2 太陽と月が生じる前に三日経っていたと〈聖書が〉言っていることについては[36]、彼ら〔シモン派〕はこれを謎めかして、「ヌース」（叡智）と「エピノイア」（思考）、すなわち、天と地、そして第七の無限の力の〔合計三つの〕ことを指しているとするのである。なぜなら、これら三つの力が、その他すべてよりも前に生じていたからであると言う。3 また、「すべての世々に先立って、わたしを産んだ[37]」と言われることについては、シモン曰く、これは第七の力について言われているのだそうである。この第七の力はあの無限の力の中にある力のことであって、すべての世々に先立って生じたものである。4 シモン曰く、他でもないこの第七の力をこそ指して、モーセは「そして神の霊《プネウマ》が水の面を漂っていた[38]」と言ったのである。これはすなわち、――とシモンがさらに曰く――万物を自分の中に内包している霊《プネウマ》であり、あの無限の力の模像〈である〉。この模像について、シモンは「不朽の形《モルフェー》を具えた模像であり、ただ一人で万物を整える」と語っている。5 なぜなら、これこそが水の面を漂っていた力であり、シモン曰く、不朽の形《モルフェー》から生じて、ただ一人で万物を秩序づけている力だからである。

それらの力のもとで、以上のような仕方で、あるいはそれと似た仕方で、この世界の整備が終ったとき、シモン曰く、「神は地の塵を取って、人間を造った[39]」。しかも、単純なものとしてではなく、「模像《エイコーン》と類似性《ホモイオーシス》に従ったもの[40]」、つまり二重のものとして造った。6 模像《エイコーン》というのは、水の面を漂っていた霊《プネウマ》のことである。もしそれが本来の形に仕上げられず、この世界とともに滅びるのであれば、それは可能態にとどまって、現実態には成り切らなかったということである。「われわれがこの世とともに裁かれないために(41)」と言われているのは、まさにそのことなのだとシモンは言う。しかし、もしそれが『宣明(42)』の書に書かれているように、それ以上に分割不可能な点から成長して本来の形になるならば、微小なものが巨大なものとなるだろう(43)。そしてその巨大なものは、無限かつ不変に永遠《アイオーン》なるものとなって、もはや生成するということがないだろう。

7 しかし、――とシモン曰く――神は一体どのようにして、どのような方法で人間を造るのか。彼の考えでは、それは楽園で行われた。シモン曰く、その際、楽園とは子宮であると考えよ。そして事実これが当たっていることは、聖書自体が「お前を母の胎内に形作るのは、このわたしである(44)」と言って教えているとおりである。シモンはこの箇所もそう解釈したいのである。彼曰く、もしこの言葉が信じるに値するものならば、モーセは「楽園」を寓喩的に子宮を指して使っているのである。8 もし神が人間を母の胎内で、すなわち、すでに私が述べたように(45)、「楽園」の中で形作るのであれば、楽園は子宮、エデム〔エデン〕は胞衣《コリオン》、「エデムから流れ出て楽園を潤している川(46)」は臍に当たるべきだ。シモン曰く、この臍は「四つの原理《アルケー》〔始原〕」に分岐して行く」。なぜなら(47)、臍の両側には、二つの動脈が配置されているからである。この二つは霊《プネウマ》を運ぶ通路である。〔臍には〕さらに二つの血管が配置されていて、こちらは血を運ぶ通路である。9 さらにシモン曰く、胞衣《コリオン》であるエデムから流れ出る臍〔川〕は、下腹部で、やがて産まれて来る胎児のために大きくなる。それは一般のすべての人によって……(48)臍と呼ばれている。胞衣《コリオン》であるエデムから血が流れて運ばれて来るときの通路になる〈二つの〉血管は、一般に肝臓の門と呼ばれるところで……(49)産まれてくる胎児を養っている。10 われわれが霊《プネウマ》を運ぶ通路だとすでに述べた二つの動脈は、平らな骨盤の辺りで袋を取り囲んだ後、大動脈へ収斂して行く。その大動脈は通常は脊椎動脈と呼ばれている。こうして霊《プネウマ》は、側口から心臓(50)にまで巡ることによって、新生児が運動することを可能にしている。11 なぜなら、「楽園」〔子宮〕の中に形作られた胎児は、自分の口で食べ物を摂取することも、鼻で息をすることもできないからである。もし胎児に呼吸ができなければ、羊水の中にいる胎児にとっては、死はすぐそこにあることになるだろう。すなわち、液体に溺れて、消滅してしまうだろう。しかし、胎児はいわゆる「羊膜」と呼ばれるもので全身を覆われており、臍と脊椎の〈大動脈〉によって養分を与えられて、すでに私が述べたように、(51) 霊《プネウマ》の本質を受け取るのである。

**五** 1 シモン曰く、エデムから流れ出る川は四つの原理《アルケー》〔始原〕、四つの通路に分岐するが、それら四つは、産まれてくる胎児の四つの感覚、すなわち、視覚、〔聴覚〕、臭覚、味覚、触覚のことなのである。なぜなら、楽園〔子宮〕の中で形作られた胎児には、これらの感覚しか具わっていないからである。シモン曰く、この川はモーセが取り次いだ律法のことである。そして聖書のそれぞれの文書は、この律法のために書かれたのである。そのことは、それぞれの表題が明らかにしているとおりである。2 最初は創世記である。シモン曰く、この文書の内容全体を知るには、その表題だけで十分である。この創世記は視覚のことであり、その川〔律法〕の一分岐である。なぜなら、この世界は視覚によって眺められるからである。3 第二の書の表題は出エジプト記である。なぜなら、産まれ出てくるものは、紅海の海を渡り切って、砂漠に入らなければならないからである。——彼ら〔シモン派の者たち〕が言うには、シモンは血のことを「紅の〈海〉《エリュトラ・タラッサ》」(52) と呼んだそうである。——すなわち、苦い水を味わわなければならないからである。そのわけは、シモン曰く、紅海を渡った後で飲む水が苦いからである。(53) すなわち、それは人生を貫く労苦と苦渋についての認識の道を歩むことを指すのである。4 しかし、苦い水はモーセによって——ということは、ロゴスによって——変えられて甘くなる。(54) そしてこの消息は、すべての〈国民〉から一様に聞くところである。なぜなら、詩人たちもこう歌っているからである。

その草の根は黒い色〈だった〉が、花は牛乳に似ていた。
神々はそれをモーリュ（μῶλυ）と呼んでいる。それを掘り取ることは
死ぬべき人間どもには困難ながら、神々にはどんなことでもおできになる[55]。

一六 [1] シモン曰く、異教徒〔異邦人〕によって言われた〈この〉言葉は、聞く耳のある者にとっては、万物を認識するために十分である。シモン曰く、この〔モーリュの〕実を一度味わった者は、ただキルケーによって獣に変身させられた〈だけではなく〉、この実の力を使って、その前にすでに獣にされてしまっていた者たちを、それぞれもとの特徴ある姿に造り変え、呼び戻すこともしたのである[56]。[2] あの誠実で、この女毒薬調合士〔キルケー〕にも愛された男〔オデュッセウス〕も、シモン曰く、その乳に似た神的な実のおかげで、再び発見されるのである。同様にして、第三の書はレビ記である。これは臭覚あるいは呼吸を意味する。なぜなら、この書は全体が供物と犠牲に関するものだからである。供犠が行われる場合はいつでも、その燻香の供儀から何か良い香りがしてくるものである。その芳香を嗅ぎ分ける〈規〉[57]準は臭覚である。[3] 第四の書は民数記である。彼〔シモン〕はこれを味覚のことだと言う。なぜなら、そこに言葉（ロゴス）が働くからであると[58]。すなわち、これはすべてのことを語るので、数によって整理されて、〈そう〉呼ばれるのである。シモン曰く、申命記は形作られた胎児の触覚を指して書かれている。[4] なぜなら、触覚は他のすべての感覚によって知覚されたものを、触ることによって統合し、確証するからである。堅いもの、あるいは粘つくもの、温かいもの、〈あるいは冷たいもの〉などを区別するのである。こうして、律法の第五の書はそれより前に書かれている四

つの書を総括するのである。

5 それゆえ、シモン曰く、すべて生まれざるものが、われわれの中に、現実態としてではなく、可能態として存在しているのである。〈ちょうど〉、文法と幾何学の能力がそうであるように(59)。もしそこへ偶然によって、理性と教育が加わるならば、そして苦いものが甘いものに変えられるならば(60)、さらに言い換えれば、「槍が鎌に、剣が鋤に(61)」打ち直されるならば、生み出されて来るものは、火にくべられる藁や木として消えて行くのではなく、模像を完全な形に成熟させるであろう。そしてあの生まれざる無限の力に等しく、かつ類似《ホモイオス》したものとなるであろう。6 しかし、もし単なる樹のままにとどまり、実を結ばないならば、しかるべき形に成熟し〈ない〉まま、消滅するだろう(62)。シモン曰く、「すでに斧が樹の根元に置かれている。彼曰く(63)、すべて良い実を結ばない樹は切り倒されて、火に投げ込まれる(64)」。

一七 1 シモンによれば、万物の中に現実態ではなく、可能態として隠されているもの、それこそが「現に立っている者、立っていた者、やがて立つ者(65)」なのである。それが「現に立っている」のは、あの生まれざる力の中であり、それが「立っていた」のは、下方のもろもろの水の流れの中に、模像《エイコーン》として生まれたことであり、それが「やがて立つ」であろうというのは、あの上の浄福な無限の力のもとで、模像の完全な形を受け取る時のことである。2 なぜなら、シモン曰く、現に「立っている〈アイオーン〉」は三つあるからである。そしてそれら三つの永遠《アイオーン》なるものが今現に立っていない限り、あの生まれた者(66)――すなわち、彼ら〔シモン派〕によると、あの水の面を漂っていた者(67)――が整えられないからである。すなわち、これは天上で類似性《ホモイオーシス》に従って形作られた完全なる者(68)のことであり、あの無限の力と比べても、いかなる思考においても劣らない者となった。これが、彼ら〔シモン派〕の唱える「わたしと君は一つである。君はわたしより先にあり、わたしは君の後に来るもの」というスローガンの意味である。3シモン曰く、上と下に分けられてはいるが、同じ一つの力なのである。その同一の力が自分自身を生み、自分自身を増殖し、自分自身を探し求め、自分自身を見つけ、自分自身の母親であり、自分自身の父親であり、自分自身の兄弟であり、自分自身の「対《シュジュゴス》」であり、自分自身の娘であり、自分自身の息子であり、［母親にして父親、］一なるもの、万物の根源なのである。

4シモン曰く、生まれてくる事物の生成の原理《アルケー》〔始原〕は火に由来する。このことを、彼〔シモン〕はほぼ次のように理解している。生成する限りのすべてのものについて、生成〔生殖〕への欲求の端緒は火からくる。このことは、生成という変化への欲求に「身を焦がす」[69]という言い方が示す通りである。火は一種類しかないが、二通りに変化する。[70] 5すなわち、シモン曰く、男性の場合は、温かくて赤い点で火にも比すべき血が精子に変化し、女性の場合は同じ血が乳に変化するからである。そして男性におけるこの変化は、胎児にとっての生成となり、女性におけるこの変化は栄養となる。シモン曰く、これこそ「炎と燃える抜き身の剣[71]が、生命の樹につながる道を守っている[72]」と言われる意味である。6なぜなら、血が精子と乳に変化し、この力が母親と父親になるからである。それは生成してくるものの父親、養われるべきものの成長のことであり、何かを欠くこともなく自足している。シモンの言うところでは、生命の樹が炎と燃える抜き身の剣によって守られているが、これはあの第七の力のことである。この力は自分自身によって〈すべてのものを産み〉、すべてのものを具えている。あの六つの力[73]の中に横たわっている力のことである。7炎と燃える剣が抜き放たれなければ、あの善い樹が朽ちて消えてしまうだろう。しかし、もしそれが精子と血に変化すれば、この両者に可能態として内包されている者が、然るべきロゴスとそのロゴスが生まれるべき卓抜した場所に恵まれることによって、始めこそ何とも微小なものではあるが、そこから大きく増大し、成長して、やがてはあの無限の力となることであろう。それはもはや変化することがなく、あの永遠《アイオーン》なるものに〈等しく、似たもの〉となるだろう。

その永遠なるものは、無限の時間《アイオーン》にわたって、もはや変化も生成もしないだろう(74)。

**一八** 1 シモンはこうした言説を弄して、思考力の弱い者たちの間で神となった。それはちょうど、あのリビア人のアフェトスと同じ具合であった(75)。この神は、可能態にある限りは、生まれるべき者であり、受難すべき者でもあった。しかし、原初の二つの力から、すなわち、天と地から、完全な者として現れて、模像を完全に実現したときには、生まれた者から来ていながら、受難とは無縁な者であった。2 すなわち、シモンはこの神について、あの『宣明』の書の中で、明瞭に次のように言っているからである。曰く(76)「あなた方のために、わたしはわたしが言うことを言い、わたしが書くことを書く。この書がそれである。すべての永遠《アイオーン》の存在からは二つの分岐が生じている。その分岐には始め《アルケー》も終わり《ペラス》もない。両者の根は一つで、見えざる、把握不可能な『沈黙《シゲー》』という力に他ならない。3 その分岐の一つは上方に現れる。それは大いなる力、すべてのものの『叡智《ヌース》』であり、万物を差配する男性である(77)。もう一つは下方に現れるもので、大いなる『思考《エピノイア》』である。それは〈神であり〉、女性であって、万物を生み出す。そのようにして、両者は互いに『対《シュジュギア》』を成して互いに補い合う。そして自分たちの中間に、大気の空間を出現させる。大気は始め《アルケー》も終わり《ペラス》もないので、捕えがたい。4 この中間の場所にいるのが『父』である。この『父』が始め《アルケー》と終わり《ペラス》を持つすべてのものを担い養う。彼こそが『現に立っている者、立っていた者、やがて立つ者』であり、男でも女でもある〔両性具有の〕力として、それ以前から存在するあの無限の力に即している。この無限の力は、始め《アルケー》も終わり《ペラス》もなく、単一性の中にある。その単一性の中にあった『思考《エピノイア》』が、その単一性から歩み出て、二つに分かれた。5 他方、あの者〔父〕も単独者であった。すなわち、自分自身の中に思考《エピノイア》も持ちながら、単独者であった。先在者ではあるが、第一の者ではない。しかし、自分で自分に出現して、第二の者となった。しかし、すぐに父とは呼ばれなかった。思考《エピノイア》が初めて彼のことを父と名付けたのである。6 この者〔父〕が自分の中から自分を導出して、自分に自分の思考《エピノイア》を現した。そうして出現した『思考《エピノイア》』は『ヌ〈ース〉』[78]を造り出したのではないが、彼〔ヌース〕を目にすると、『父』を――すなわち、力《デュナミス》を――自分自身の内に隠したのである。したがって、力《デュナミス》と思考《エピノイア》は両性具有であり、互いに補い合うのである。なぜなら両者、すなわち、力《デュナミス》と思考《エピノイア》は、互いに異ならず、一つだからである。7 力《デュナミス》は上にあるものの中に見出され、思考《エピノイア》は下にあるものの中に発見される。こうして、この両者から現れて来るものは、一つでありつつ、二つに見える。それは両性具有〈の力であるから〉、自分の中に女性を具えているのである。こうして、叡智《ヌース》〈も〉思考《エピノイア》の中にある。両者は互いに分離しがたく、一つでありながら、二つに見えるのである」。

一九 1 シモンはこのような捏《でっ》ち上げでもって、モーセの書いたものを悪意に、かつ自分勝手に改竄するだけではなく、〔異教徒の〕詩人たちの書いたものも同じようにするのである。例えば、例の〔トロイアの〕木馬、灯火で合図を送ったヘレネー[79]、さらにその他多くの故事を寓喩化して、自分自身のことに、あるいは前述の「思考《エピノイア》」のことに移し替えて、話を捏ち上げるのである。2 彼[80]はまた、このヘレネーがあの迷える羊だとも言う[81]。というのは、彼女はつねにさまざまな女たちの中に住みながら、そのあまりの美しさゆえに、世の勢力者たちを騒がしたからである。トロイア戦争も彼女のために起きたのである。なぜなら、その時期には、あの「思考《エピノイア》」がヘレネーの中に住むようになっていたからである。そしてすべての権力者たちが彼女を欲しがったために、彼女が現れた国民の間では争乱と戦争が沸き起こったのである。3 その結果、**詩歌[82]によって彼女を非難したステーシコロスも彼女のゆえに両眼を奪われた。その後に彼が悔改めて、いわゆる『パリノーディアー』を書き、その中で彼女を称えたら、再び見えるようになった[83]。〈しかし〉、彼女は、**シモン曰く、この世を造った天使たち及び下方の権力者たちによって、[84] **身体から身体へと輪廻させられて、** 最後にはフェニキアのテュロスという街の娼婦置き場にいたのであるが、そこへ彼〔シモン〕が降りて来て、彼女を見つけたのだそうである。4 彼がそうしてやって来たのは、最初にまず彼女を捜し出して、鎖の枷から救い出すためであった。彼はその彼女を解き放つと、自分に同伴させた。そしてこれはあの失われた羊だと言い、自分は万物の上にある力に他ならないと言って回った。[85] この感受性のかけらもない男は、ヘレネーと呼ばれることになったこの女に夢中になったあまり、実は彼女を買い取っていたのである。[86] ところが自分の弟子たちの目を恥じたために、今述べたような物語を捏ち上げたというわけである。5 しかし、その彼らも人を惑わす魔術師シモンの足跡に倣う者となって、同じことを仕出かす始末となる。すなわち、彼らが何とも無茶苦茶を言うところでは、男女は〔無差別な乱交によって〕混じり合わねばならない。大地はどこでも大地であるから、誰がどこに種を蒔くかに何の違いもなく、ただ蒔くことが問題なのだそうである。彼らはそのような〈乱〉交をする点で、自分たちのことを祝福し、これこそが完全なる愛であり、〈これこそが〉聖なるものと聖なるものの結合として聖別されるだろうと言う。[87] なぜなら、彼らはもはや人が悪と見做しているにすぎないようなことからはすでに解放されてしまっており、もはやそのような見方に支配されないからだそうである。[88]

　こうして彼〔シモン〕はヘレネーを解き放った後で、人々に[89]自らを知ることによる救いをもたらして回った。6 シモン曰く、**天使たちそれぞれがその主権を窺って、この世を悪く治めたので、自分が物事を直すためにやってきたのである。彼は姿を変え、もろもろの権力と権威と天使たちの似像となり、人間の中では、彼自身が人間ではなかったけれども、人間として現れた。彼はユダヤにおいて、受難しなかったけれども、受難したと思われている。** しかし、ユダヤでは「子」として、サマリアでは「父」として、その他の国民の間では「聖なる霊」として出現し、人々がどのような名称であろうと、好きなように彼を呼ぶに任せていると言う。

7**しかし、預言者たちはこの世を造った天使たちによって霊感を受け、預言をした。それゆえに、彼と彼のヘレネーに希望を持つようになった者は、今や一切彼ら〔預言者たち〕のことを気にする必要がない。自由人として彼らは、欲することをする。彼の恩恵によって人間は救われるのだ、**と彼らは言うのである。8なぜなら、もし誰かが悪いことをしても、それが原因で裁かれることは決してないからである。なぜなら、それは本性として悪なのではなく、単なる約束事に過ぎないからである。シモン曰く、この世を造った天使たちが、好きなようにそう決めたのである。彼らはそのような言説によって、それに耳を貸す者たちを自分たちに隷属させようと考えたのである。彼らが言うには、この世界はやがてまた消滅して、彼らの仲間の人間たちが解放されることになる。

二〇 1[90]シモンの弟子たちは、魔術の手管をさらに練り上げたのみならず、呪文も〈用い〉、媚薬、誘惑術、悪霊を使ったいわゆる夢送りも行って、自分たちがこれと思う人々を窮地に陥れている。また、いわゆる「助手霊《パレドロス》」も使い回している。[91]そしてシモンをゼウスの、ヘレネーをアテーネーの像にして持っていて、それを拝んでいる。その際、シモンのことを「主《キュリオス》」、ヘレネーのことを「女主人《キュリア》」と呼ぶのである。2もし誰かが二人をそれぞれの名前で呼ぼうものなら、その人は奥義を知らぬ者として追い出されてしまう。

このシモンはサマリアにおいて、魔術を使って多くの人を惑わしたため、使徒たちによって正体を暴かれた。その次第は、使徒言行録の中に記されている通りである。[92]彼はその後も、やけくそになって同じことを試みた。そしてローマにまで出向いて、そこでも使徒たちに対抗した。〔ローマでも〕魔術によって多くの人を惑わすシモンに、あらゆる手立てで立ち向かったのはペトロであった。[93] 3このシモンは、最後に、……[94]にやって来て、プラタナスの樹の下に坐って、繰り返し教えていた。それがあまりに長期間続いたため、とうとう告発される羽目になった。そのとき彼は、もし活きたまま墓に埋められても、自分は三日目に復活するだろうと言った。そして弟子たちに命じて墓を掘らせ、そこに埋葬させた。弟子たちは手はず通りにしたのだが、現在に至るもなおシモンはそのままである。というのも、如何せん、シモンはキリストではなかったからである。

[4] シモンによる神話は以上の通りである。

ヴァレンティノスはその神話にきっかけを得て、〈同じことを〉ただ文言だけ変えて語っているに過ぎない。なぜなら、彼が言う「アイオーン」たち、すなわち、「ヌース」（叡智）、「アレーテイア」（真理）、「ロゴス」（言葉）、「ゾーエー」（生命）、「アントローポス」（人間）、「エクレーシア」（教会）は、周知の通り、シモンが「六つの根源」と呼ぶもの、すなち、「ヌース」（叡智）と「エピノイア」（反省）、「フォーネー」（声）と「オノマ」（名前）、「ロギスモス」（反省）と「エンテューメーシス」（思い）[95]に他ならないからである。しかし、われわれはシモンの作り話をすでに十分に紹介したと思うので、この先では、ヴァレンティノスが何を言っているのか、見ていくことにしよう。

## ヴァレンティノス

二 [1] ヴァレンティノスが率いる異端派が所持しているのは、ピュタゴラスとプラトンの教説である。そのプラトンも『ティマイオス』篇では、まったくもってピュタゴラスの説を真似たのである。プラトンにとっては、ティマイオスその人もピュタゴラスの客人なのである。それゆえ、われわれとしては、もう一度ピュタゴラスとプラトンの教説を要約的に想起してから、その後で、ヴァレンティノスのことを語るのが適当であろうと思われる。[2] ピュタゴラスとプラトンが唱えたことは、すでにわれわれが本巻に先立って労苦して語ったところにも含まれているのであるが[96]、両者自身にとって最も重要と思われているポイントを、今ここで再度要約して想起しておくことは、意味のないことではない。それは、ヴァレンティノスの説を〔両者の説と〕より近くに並べて、同じように比較してみることで、より良く理解することにつながるだろう。3 両者はその昔に、エジプト人から同一の説をもらってきた。他方、ヴァレンティノスの方はその二人からそうしたのである。なぜなら、ヴァレンティノスはこの二人からもらってきたものを改竄することで、自分の説を捏ち上げようと試みて〈いた〉[97]のだから。両者の唱えた説に含まれる名辞と数字を切り刻み、自分流の呼び方に変え、尺度も定義し直すことによって。そうすることで、彼はたしかにギリシア風の華麗な異端説を構築しようとしているのだが、実はそれは支離滅裂でキリストには適合しない説なのである。

三 1 『ティマイオス』篇においてプラトンが依って立っている学説は、エジプト人の知恵である[98]。すなわち、プラトンが言うように、かつてソローンがその地から、全宇宙の生成と消滅に関する教説を、古くて予言のような言葉遣いのまま、〔受け入れて〕ギリシア人に教えたのである。そのころのギリシア人はまだ幼くて、たとえどのような古い神々について教えられても、何も理解できない子供だった[99]。2 ヴァレンティノスが準じている言説にわれわれも付いて行くために、私は今ここで、サモス人ピュタゴラスがギリシア人の間では著名な「沈黙《シゲー》」を登場させながら説いた哲学[100]が一体どのようなものであったかを、前もって提示しておきたい。その後で、ヴァレンティノスがピュタゴラスとプラトン〈から〉取ってきて、いかにも厳かぶってキリストの口に —— いや、キリスト以前に、万物の父とその父と「対」を成す「シゲー」（沈黙）の口に —— 入れていることをすべて、同じように提示してみよう。

## ピュタゴラス再論

三三 1 ピュタゴラス(101)が万物の生まれざる原理《アルケー》〔始原〕と表示したのは単一性《モナス》である。そして二つ《デュアス》とその他全ての数を、生まれた原理《アルケー》〔始原〕だとした。彼曰く、二つ《デュアス》の父は単一性《モナス》であり、すべて生まれた数の母が二つ《デュアス》である。すなわち、二つ《デュアス》は、生む者たちを生む者(102)である。2 そしてピュタゴラスの師であったザラタスも、一《ヘン》を「父」、二《デュオ》を「母」と呼んでいた(103)。すなわち、ピュタゴラスによれば、単一性《モナス》から二つ《デュアス》が生まれたからである。単一性《モナス》は男性、かつ最初のものであるのに対して、二つ《デュアス》は女性〈であり、かつ第二のもの〉である。ピュタゴラスがさらに言うところでは、二つ《デュアス》からは、さらに三つ《トリアス》が〈生まれ〉、さらに続いて一〇までの数が順に生まれた。3 ピュタゴラスはこの数字の一〇だけが完全数であると考えている。なぜなら、一一と一二は、それへの付け足しと繰り返しでできているに過ぎず、〔付け足しが〕何か別の数字から生み出されたものではないからである(104)。それ〔数字の一〇〕は、すべての固体としての身体《ソーマ》を非身体的なものから生み出す。なぜなら、すべての身体と非身体的なもの両方の元素と原理《アルケー》〔始原〕を成すものは、彼〔ピュタゴラス〕曰く、分割不可能な点《セーメイオン》だからである。彼曰く、点《セーメイオン》からは線《グランメー》が生じ、〈線《グランメー》からは平面《エピファネイア》〉が生じてくる。平面《エピファネイア》が高さ《バトス》〔深さ〕へ流れて成り立っているものが固体としての身体であると言う。4 この理由から、ピュタゴラス教徒の間では、四つの元素の調和《シュンフォニアー》が、一種の誓約文となっている。すなわち、彼らはこう誓約するのである。

わたしたちの頭《かしら》に　四個組《テトラクテュス》を
永遠の本性《フュシス》の〈根っ子を〉内包する泉として　お与えになった方に誓って(105)

その四個組《テトラクテュス》が物理的な固体物の原理《アルケー》〔始原〕である。それは単一性《モナス》が叡智的《ノエータ》なものの原理《アルケー》〔始原〕であることと対応している。5ピュタゴラスが言うところでは、叡智的なものの領域で〈単一性《モナス》〉が完全数の十を生んだように、四個組《テトラクテュス》も完全数を生み出す。そのことを彼らは次のように説いている。すなわち、今ある人が数字を数え上げるとして、まず一《ヘン》と言い、次に二、さらに同じように、三と付け足せば、そこまでで合計六になる。それにさらに四が加わると、全体では一〇になる。なぜなら、一、二、三、四で完全数一〇になるからである。ピュタゴラス曰く、こうして四個組《テトラクテュス》は、あらゆる点で、叡智界の単一性《モナス》を真似たのである。そもそもそれが完全数を生み出す能力を具えていたのであるから。

**二四** 1したがって、ピュタゴラスによれば、二つの世界が存在するわけである。その一つは叡智界であり、その原理《アルケー》〔始原〕は単一性《モナス》である。もう一つは感覚界であり、四個組《テトラクテュス》はこの〈世界の原理《アルケー》〉である。その四個組《テトラクテュス》は「イオータ」、すなわちあの〔微小な〕「一角」(106)を完全数として持っている。ピュタゴラス教徒によれば、「ι」（イオータ）という文字、すなわち、〔微小な〕「一角」こそは、叡智的なもののみならず、〈感覚的なもの〉も含めて、すべてのものの最も根源的で支配的な本質《ウーシア》であって、叡智と同時に感覚によって知覚されるものである。2〈その本質《ウーシア》に〉偶発的に具わることになるものには九種類あり、いずれも非身体的なものであり、当の本質《ウーシア》を離れては、存在し得ないものである。すなわち、性質、量、目的、場所、時、状態、所有、能動、受動の九つである。これら九つは本質《ウーシア》に偶発的に具わるものであるが、これらを本質《ウーシア》に合算すると、本質《ウーシア》は〔それ自身が一つとして数えられるので〕合計であの完全数、すなわち一〇〔ギリシア語ではιの数価〕を持つことになるのである。

3この理由から、われわれがすでに述べた通り、万物は叡智界と感覚界に二分されるのである。そしてわれわれもその叡智界からのロゴスを分与されて、そのロゴスを用いて叡智的なもの、非身体的なもの、そして神的なものの本質《ウーシア》を見極めるのである。ピュタゴラス曰く、他方ではわれわれは[107]五つの感覚を持っている。すなわち、臭覚、視覚、聴覚、味覚、触覚である。われわれはこれらを用いて感覚的なものを認識するのである。ピュタゴラス曰く、この意味でも感覚界は叡智界から分けられているのである。4そしてわれわれはその両方の世界を認識するための器官を具えている。そのことは次のことから分かるだろう。いかなる叡智的なものも、感覚によってはわれわれに認識可能とならない。なぜなら、それを「目は見たことがなく、耳も聞いたことがない」[108]からであり、ピュタゴラス曰く、その他どんな感覚であれ、それを認識したことがないからである。5また逆に、ロゴスには、何か感覚的なものを認識することは不可能である。むしろ、例えば何かが白いということを、〈われわれは〉まず見なければならない。何かが甘いことは、味わってみなければならず、誰かが歌が上手か下手かは、それをまず聞いて判断しなければならない。また、色々な臭いの中でどれが芳香で、どれが悪臭であるかの判断は、臭覚がなすべき仕事であって、ロゴスの仕事ではない。6触覚についても、これと同様である。何かが堅いか軟らかいか、温かいか冷たいかは、聞いても判断できないのであって、むしろ触覚がそれを判別する。

こういう事情であるから、すでに生じた事物、今現に生じつつある事物の秩序立ては、数字に従って起きていくことが見て取れるのである。7すなわち、われわれは一《モナス》から始めて、それにいくつもの二《デュアス》や三《トリアス》やその他の数を順に付け加えることによって、数の一大体系を構築するものである。また、足し算によって合算された数から、引くか割ることで[109]、合算されて出来ている数を計算で解消させるものである。

二五 1[110]ピュタゴラス曰く、以上の場合と同じように、世界もまた一定の数字に基づく仕方で、しかもどこか音楽的な仕方で拘束されて、緊張と弛緩、足し算と引き算により、永遠の時間を貫いて、不朽のものとして保持されているのである。[111] ピュタゴラス教徒は、世界がそのように永続していくことについて、次のように言い表している。

まことに この永遠不朽《アイオーン》の時は かつて有り、この先もあるだろう。そして わたしが思うに、これら二つを空しく手放すことはないだろう。[112]

2 さて、「これら二つ」とは、一体何のことなのか。それは不和《ネイコス》と友愛《フィリアー》のことである。彼ら〔ピュタゴラス教徒〕によれば、友愛は世界を不朽かつ永遠のものとする。なぜなら、彼らの考えでは、本質《ウーシア》〔存在〕と世界は一つだからである。他方、不和は世界を引き裂き、分割し、多元化し、〔同時にそのことによって世界を〕造ろうと試みる。3 すなわち、ある人が算術を行って、一万を千、百、十の位へ取り崩し、あるいはドラクメをより小さいオボロスとクァドランスへ崩すのと同じように、不和も、ピュタゴラス曰く、世界の本質《ウーシア》〔存在〕を分割して、動物、植物、金属、その他これに類するものに分けるのである。不和は、彼らによれば、今現に生じつつあるものの生成を造り出す者《デーミウールゴス》である。他方、友愛は万物を管理し、事前に配慮して、分けられたものがすべてまた一つになって永続するようにする。すなわち、万物から分散されたものをまた集める。そして〔それぞれの〕生活から〔一旦は〕取り出しながら、〔また〕集めて万物に付け加え、〔万物が〕一つとなって永続するように取り計らう。4 そのようにして、不和は世界を分けることをやめず、友愛は分けられたものを世界に割り振ることをやめない。どうやら、これが、ピュタゴラスによれば、この世界が現に配置《ディアモネー》されている在り方なのである。

さらにピュタゴラスが言うには、星辰たちは太陽から分散した小片であり、動物たちの心魂はその星辰たちから運ばれてくるのである。[113] しかし、その心魂たちは、もし身体の中で、あたかも墓に埋められたかのように生きるならば、[114] それは死んでいるのである。反対に、もし身体から解き放たれるならば、その心魂たちは再び生き返って、不死のものとなるだろう。この理由から、プラトンはある人から、「哲学〔知を愛すること〕とは何ですか」と問われたとき、「心魂を身体から分離させることだ」と答えたのである。[115]

二六 1 その際のプラトンは、ピュタゴラスが謎めかして語ったこと〔と次の言葉〕に倣う弟子であった。すなわち、ピュタゴラス曰く、「お前が自分の家から旅立つときは、もう戻ってはならぬ。[116] もし戻るなら、ディケー〔復讐の女神〕に仕えるエリンニュース（Ἐρινύς）たちが、お前を追って来るだろう」。ここでピュタゴラスが「自分の家」と言っているのは身体のこと、エリンニュースとは情念《パテー》のことである。2 したがって、彼が言っているのは、「お前が旅立つときは、つまり、お前が身体から出るときは、身体に未練を残してはならぬ。もし未練を残すならば、情念が再びお前を身体の中に閉じ込めるだろう」ということである。すなわち、彼ら〔ピュタゴラス教徒〕の考えでは、心魂たちは、エンペドクレスがピュタゴラス風に言っているように、[117] 身体から身体へ輪廻転生《メテンソーマトーシス》するのである。3 なぜなら、プラトンが言っているように、[118] 心魂たちは、もし人間の情念に堕ちて、哲学〔知を愛すること〕に勤しまなくなれば、快楽好みとなってしまい、あらゆる動物や植物の中を渡り歩いた後で、またもや人間の身体に入らねばならないからである。もしその同じ場所で三度繰り返して哲学するならば、同類の星の本性にまで立ち帰ることができる。しかし、逆にその時にも哲学しなければ、同じところにまた逆戻りとならねばならない。[119] それゆえ、彼〔ピュタゴラス〕曰く、心魂は、もしエリンニュースたち——つまり、情念——に支配されるならば、いつかは死ぬことになるが、反対にもし情念であるエリンニュースたちの手から逃れるならば、不死のものとなるであろうと言うのである。

二七 1 われわれはピュタゴラスが比喩を使って弟子たちにいささか曖昧に語った事柄を話し始めているわけであるが、さらに別のことを追加で想起しておくのが適当であろうと思われる。というのも、異端派の頭領たちも一定の比喩を用いたやり方で物語を捏ち上げようと試みているからである。それも自分たち独自のものではなく、ピュタゴラス学派の比喩を我が物顔に取ってきてそうしているからである。2 ピュタゴラスは弟子たちにこう教えている。「お前は自分の旅袋をしっかり紐で縛っておけ[120]」。すなわち、これから旅に出ようとする人々は、旅用に準備した衣類を革紐で縛っておくものであるが、ピュタゴラスは弟子たちにも同じ準備を整えさせたいと思ったのである。なぜなら、いつどの瞬間にも死が襲って来るかも知れないから、弟子たる者は学び足りない点が一つもないようにしているべきだからである。3 それゆえ、ピュタゴラスは弟子たちに、ピュタゴラス教徒たる者は毎朝太陽が昇ると同時に必ず、「旅袋をしっかり縛っておくこと」、すなわち、死の覚悟をしておくことを、自分の肝に命じるように教えたのである。

〔また、こうも教えた、〕「剣で火をつついてはならない[121]」。これは、怒っている者に話しかけて、興奮させてはならない[122]、ということである。なぜなら、怒っている者は火に、言葉は剣に似ているからだ。4「帚を踏んではならぬ[123]」。これは些事を馬鹿にしてはならないということである。「家の中に椰子の木を植えてはならない[124]」。これは家の中で言い争いをしてはならないということ。なぜなら、椰子は争いと行き違いの象徴だからである。「床几から食べてはならない[125]」。これは、手に職をつけて生計を立てるなということ。なぜなら、朽ちるべき身体の奴隷とならないため、むしろ理性（ロゴス）を使って生計を立てるようになるためである。なぜなら、身体を養いながら、心魂もよりよいものとすることは、お前には可能なことなのだから。5「パンを丸ごと喰い尽くすな[126]」。これはお前の財産を目減りさせず、定収入で生活しろということ。そして、財産の方は丸ごとのパンのように取っておけ、ということである。「豆は喰ってはならない」[127]。これはポリスの役職を受けてはならないということである。なぜなら、その当時は、役職が豆で選ばれたからである。

二六 1 ピュタゴラス教徒は以上のこと、またそれに類することを唱えている。異端派の頭領たちは彼らの真似をしているに過ぎないのに、それによって何か偉大なことを言っているかのように見做されている。ピュタゴラス学派の教説が言うところでは、太陽こそが偉大な幾何学者で数学者でもあって、すべて生じた物事を造った者《デーミウールゴス》に他ならない。そしてその太陽はこの世界全体の中〈央〉に確固たる場所を占めている。ちょうど、プラトン曰く[128]、身体の中に心魂がそうしているように。2 なぜなら、太陽は心魂と同じように火であり、他方で身体は大地だからである。「火なしには、目に見えるものは何一つ生じず、固体なしには、手に触れるものは何一つ生じず、大地なしには、固体は何一つ生じなかったことであろう。したがって、神は火と大地から〈水〉と大気を造って〔両者の〕中央に置いて[129]」、万物の身体を造ったのである。彼〔ピュタゴラス〕曰く、太陽がこの世界を数え、測る方法は、ほぼ次の通りである。3 まず、われわれが目下問題にしている世界とは、感覚的なそれのことである。太陽はその世界を、数学者および幾何学者として、一二の部分に分けた。それらの部分の名前は、白羊宮、金牛宮、双子宮、巨蟹宮、獅子宮、処女宮、天秤宮、天蝎宮、人馬宮、磨羯宮、宝瓶宮、双魚宮である。4 さらに、これら一二の部分のそれぞれを三〇等分する。それが一箇月の日数に当たる。さらに、その三〇の部分のそれぞれを六〇のレプトンに等分する。さらにそれらのレプトン〈のそれぞれを〉をさらに小さな部分に分割する[130]。そして不断にこの分割を続けて止むことがない。太陽は逆にこれらの分割された部分をすべてまた集めて一年とする。そうして合わされたものを再び解いて分割することによって、世界全体にとっての巨大な周年を創造するのである。

二九 1 ピュタゴラスとプラトンの教説は、要点を絞って通観すると、ほぼ以上のような構成であった。ヴァレンティノスは両者のこの教説を受け取って自分の党派を率いたのであり、福音書からそうしたわけではなかった。したがって、彼は正しくはピュタゴラス教徒あるいはプラトン教徒と呼ばれるべきではあっても、キリスト教徒と呼ばれるべきではないであろう。

さて、ヴァレンティノス、ヘーラクレオーン、プトレマイオス、およびこの者たちの学派全体は、ピュタゴラスとプラトンの弟子として、この二人のリードに従いながら、自分たちの数字を使った教説を構築した[131]。2 すなわち、この者たちにとっても、万物の始原《アルケー》〔原理〕は単一性《モナス》である。それは生まれざる者、朽ちざる者、把握不可能な者、思考不可能な者、生む者《ゴニモス》、そしてすべて生じたものの生成の原因者である。今述べた単一性《モナス》は、彼らによって、「父《パテール》」と呼ばれる。

3 [132] しかし、彼ら自身の間でも、多くの相違が見られる。ある者たちは、その「父」を女性でも男性でもなく、ただ単一な者と考えている。そうすることで、ヴァレンティノスの教説は完璧にピュタゴラス的なものとなるのである。ところが、別の者たちの意見では、男性的なものだけから、何であれ生成したものの生成が起きるのはまったく不可能である。そのため、万物の「父」に、彼がまさに父になるためには必然のこととして、「シゲー」（沈黙）[133]と呼ばれる伴侶《シュジュゴス》を割り振るのである。4 しかし、その「シゲー」（沈黙）が伴侶であるのか、ないのか。この点についての論争は彼ら自身でやってもらいたい。今ここでのわれわれ自身としては、ピュタゴラス学派の始原《アルケー》〔原理〕を遵守することにする。すなわち、それは単一で、伴侶も持たず、女性でもなく、何かに不足しているということもない。

## ヴァレンティノス派の神話

われわれとしては、彼ら〔ヴァレンティノス派〕が説いているところをすべて記憶によって語ることにしよう。5すなわち、ヴァレンティノス曰く、[134]〔最初は〕生まれたものはまったく存在しなかった。[135]なわち、「父」は生まれざる者で、単独者であった。彼はいかなる場所も占めず、時間も持たず、相談相手もおらず[136]、何らかの仕方で思考可能となるような別の本質《ウーシア》も持っていない。むしろ、彼らが言うところでは、単独者で、孤独、そしてただ自分一人の中に安息していた。しかし、彼は生む者であったから、自分自身の内側に在った最善で完全なるものを、生んで出現させることが良いことだと考えた。すなわち、彼は孤独が好きではなかったのである。ヴァレンティノス曰く、彼の存在全体が愛《アガペー》である。[137]しかし、愛《アガペー》は、愛されるものがなくては、愛ではない。6そこで、「父」は自ら——というのも、彼は一人であったから——ヌース（叡智）とアレーテイア（真理）を生んで出現させた。このアレーテイア（真理）というのは、二つ《デュアス》のことであり、プレーローマの内側にあるとして彼ら〔ヴァレンティノス派〕が数え上げているすべてのアイオーンの女主人、始原《アルケー》、そして「母」となった。7ヌース（叡智）とアレーテイア（真理）は「父」から出現させられた後、生む者《ゴニモス》〔父〕から生まれた生む者《ゴニモス》として、「父」を真似て自分自身でも[138]、ロゴス（言葉）とゾーエー（生命）を出現させた。そのロゴス（言葉）とゾーエー（生命）はアントローポス（人間）とエクレーシア（教会）を出現させる。

ヌース（叡智）とアレーテイア（真理）は自分たちが生み出したものであるロゴス（言葉）とゾーエー（生命）を見たとき、すなわち、自分たちの生んだものが生む者となったのを見たとき、万物の「父」に感謝して、彼に完全なる数、すなわち、一〇のアイオーンを捧げた。8ヌース（叡智）とアレーテイア（真理）は、「父」に対して、それ以上に完全な数を捧げることはできなかったのである。「父」は完全なる者であるから、その栄光を完全な数で称えられるべきだったのである。一〇の数が完全であるわけは、無数に生じてくる〈アイオーン〉の中で、それが最初にして完全なものだからである。ただし、「父」はそれよりもさらに完全である。なぜなら、彼は生まれざる者、かつ単独者だからである。ヌース（叡智）とアレーテイア（真理）という最初で唯一の「対《シュジュギア》」によって、すべて現存するものの根っ子を出現させることは、「父」には容易に為し得たのである。

三〇 1さて今度は、ロゴス（言葉）とゾーエー（生命）が、ヌース（叡智）とアレーテイア（真理）が万物の「父」に完全数を使って栄光を帰したのを見た。すると、ロゴス（言葉）とゾーエー（生命）は、自分たちとしても、自分たちの父と母、すなわち、ヌース（叡智）とアレーテイア（真理）に栄光を帰したいものだと思った。2ところが、ヌース（叡智）とアレーテイア（真理）は生まれたものであって、「父」の持つ完全性、すなわち、生まれざる存在を具えてはいなかった。そのために、ロゴス（言葉）とゾーエー（生命）は、自分たちの父であるヌース（叡智）に栄光を帰すにあたり、完全数ではなく、不完全な数を用いるのである。すなわち、ロゴス（言葉）とゾーエー（生命）は、ヌース（叡智）とアレーテイア（真理）のために、一二のアイオーンをもたらすのである。3こうして、ヴァレンティノスによれば、もろもろのアイオーンの最初の根源となったものは、次のものである。すなわち、ヌース（叡智）とアレーテイア（真理）、ロゴス（言葉）とゾーエー（生命）、アントローポス（人間）とエクレーシア（教会）、ヌース（叡智）とアレーテイア（真理）に属する一〇のもの、ロゴス（言葉）とゾーエー（生命）に属する一二のもの。以上すべてを合わせると二八となる。4[139]その内の〔ヌースとアレーテイアに属する〕〈一〇のものを〉、彼らは次の名前で呼んでいる。ビュティオス（深み）とミクシス（混合）、アゲーラトス（不老）とヘノーシス（一体性）、アウトピュエース（自生する者）とヘードネー（快楽）、アキネートス（不動者）とシュンクラシス（混合）、モノゲネース（独り子）とマカリア（祝福された女）。これら一〇のアイオーンについて、ある者たちはヌース（叡智）とアレーテイア（真理）から来たと言っているが、また別の者たちはロゴス（言葉）とゾーエー（生命）から〈生まれた〉と言っている。5 さらにまた別の者たちは、前述の一二のアイオーンはアントローポス（人間）とエクレーシア（教会）に由来すると言い、さらに別の者たちはロゴス（言葉）とゾーエー（生命）に由来すると言いながら、次の名前を付けている。パラクレートス（弁護者）とピスティス（信仰）、パトリコス（父のような者）とエルピス（希望）、メートリコス（母のような者）とアガペー（愛）、アエイヌース（永遠の叡智）とシュネシス（理解力）、エクレーシアスティコス（教会の者）とマカリオテース（祝福された者）、テレートス（意志）とソフィア（知恵）。

6 しかし[140]、一二のアイオーンの中の一二番目で、全部で二八のアイオーンの中でも一番若年のアイオーンは、女性でソフィア（知恵）と呼ばれた。そのソフィアがすでに生むことを終えたアイオーンたち[141]の数多さと能力に気が付いた。すると彼女は〔上方の〕「父」の深み《バトス》に向かって駆け上って行った。そして〔自分以外の〕他のすべてのアイオーンたちは、たしかに生まれた者ではありながら、伴侶《シュジュギア》を伴って生む者でもあること、また、かつて伴侶なしで生んだのは「父」一人であることを知ったのである。7 そのとき、彼女は自分も「父」を真似て、伴侶なしに生んでみたいという欲求に取り憑かれた。そして自分の行う業は、如何なる点でも「父」〔の業〕に及ばないことはないと思ったのである。すなわち、そのときの彼女は認識できなかったのである。彼が生まれざる〈父〉であり、万物の始原《アルケー》〔原理〕、根源、高さと深みであって、ただ一人で生むことができる者であることを。反対に、ソフィアは生まれた者であり、しかも他の多くの者たちに遅れて生まれたのであるから、生まれざる者〔父〕の力を持つことができないことを。8 なぜなら、ヴァレンティノス曰く、その生まれざる者〔父〕の中には、万物が同時に存在しているが、生まれたものの間では、女性的なものが実体《ウーシア》をもたらすものであるのに対して、男性的なものは、女性的なものによってもたらされたその実体に形を与えるものだからである。そこで、ソフィアは彼女の力が及ぶものだけを流出した。すなわち、まだ形がなく、仕上げもされていない実体だけをそうしたのである。(142) 9ヴァレンティノス曰く、これこそが、モーセが「未だ大地は見えず、整っていなかった(143)」と言っていることなのであり、これこそが、「麗しの〈土地〉」〈あるいは〉「天上のエルサレム(144)」のことである。神はこのエルサレムへイスラエールの子らを導き入れることを約束して、「わたしはあなたがたを乳と蜜の流れる麗しの土地へ導き入れるだろう(145)」と言ったのだそうである。

三 1プレーローマの内側では、ソフィアのゆえに、無知《アグノイア》が生じ、彼女の産み落としたもののゆえに、無定形《アモルフィア》が生じた。そのために、プレーローマの中に騒乱〈と恐れ〉が生じた。〈すなわち〉、アイオーンたちは、自分たちが生み出したものも、同じように無定形で不完全なものに変わって、遠からずアイオーンたちの上に滅びが訪れるのではないかと思い、〈恐れを抱いたのである〉。2そこで、すべてのアイオーンたちがこぞって、「父」のもとへと逃げ込み、ソフィアの悲嘆を終らせてくれるように嘆願した。なぜなら、彼女は自分が水子《エクトローマ》──そう彼らが呼ぶのであるが──を産み落としたことの悲嘆と慨嘆に暮れていたからである。(146)

そこで「父」はソフィアの涙を見て憐れに思い、アイオーンたちの嘆願を聞き入れた。そして追加の流出が生じるように命じた。すなわち、ヴァレンティノス曰く、「父」自らが流出したのではなく、ヌース（叡智）とアレーテイア（真理）がキリストと聖霊を流出して、〔ソフィアの〕産み落とした水子《エクトローマ》に形を与え、区切りをつけるように、そしてソフィアの慨嘆を鎮めて終らせるよう、取りはからったのである。3こうして、キリストと聖霊を一緒に数えると、アイオーンは三〇となる。(147) 彼ら〔ヴァレンティノス派〕の中のある者たちは、この数え方でアイオーンは三〇で一組であると考えたがっているが、別の者たちは、「父」に「シゲー」（沈黙）を「対」として割り振った上で、この両者も含めてアイオーンの数を数えようとしている。4 キリストと聖霊は、ヌース（叡智）とアレーテイア（真理）によって、追加的に流出されるや否や、すぐにあの無定形な水子、つまりソフィアが伴侶なしに産み落とした独り子を、その他のすべてのアイオーンから切り離した[148]。それは完全なるアイオーンたちが、その水子の無定形ぶりを見て動揺しないためであった。

5 さらに「父」は完全なるアイオーンたちに無定形な水子が露にならないようにするために、もう一つのアイオーンを追加で流出させる。それが「スタウロス」（矢来）[149]である。これは流出されるや、偉大で完全なる父に属するものとして、巨大になった。それはアイオーンたちを見守り、固めるために流出されたものであって、プレーローマの境界となる。すなわち、自分より内側に、三〇のアイオーンすべてを同時に包含するのである。それほどに流出された者たちは多いのである。6 その「スタウロス」（矢来）は「ホロス」（境界）とも呼ばれる。それはプレーローマから欠乏を切り離して、外側に置くからである。それはまた「メトケウス」（共に与る者）とも呼ばれる。なぜなら、それは欠乏にも与るからである。「スタウロス」（矢来）と呼ばれる［もう一つの］わけは、それが確固として立って、揺らぎも、動きもせず、プレーローマの中のアイオーンにどのような欠乏も近づかないようにしたからであった。

7 その「ホロス」（境界）、すなわち「スタウロス」（矢来）、あるいは「メトケウス」（共に与る者）の外側には、彼らによって「オグドアス」（第八のもの）と呼ばれる者がいる。それはソフィアがプレーローマの外側にいるということである。それは、ヌース（叡智）とアレーテイア（真理）によって追加的に流出されたキリストが、形を与えて完全なるアイオーンに整え直し、プレーローマの内側にいる者たち［アイオーンたち］のどれにも劣らないと見做されるようになった[150]ソフィアのことである。8 しかし、ソフィアが形を与えられたのは、あくまで［ホロスの］外側でのことであった。そしてヌース（叡智）とアレーテイア（真理）から流出されたものであるキリストと聖〈霊〉がプレーローマの外側にとどまり続けることは不可能であった。そのため、キリストと聖霊は、今や形を与えられたソフィアから離れて、ヌース（叡智）とアレーテイア（真理）のもとへと帰昇して行った。それは、プレーローマの内側でその他のアイオーンたちと一緒に、「父」に栄光を帰すためであった。

三二 1 プレーローマの内側のアイオーンたちの間に平和と一致が戻ったとき、彼らには、〈「父」〉(151)を自分たちの「対《シュジュギア》」関係で賛美するのでは〈足りず〉、「父」に相応しい「果実《カルポス》」を捧げて賛美するのが良いと思われた。そこで三〇のアイオーンたち全員がこぞって、プレーローマの新しい果実《カルポス》を共同で流出することを善しとした(152)。それはその果実が、彼ら全員が一体であり、同じ思いであり、そして平和であることの〈徴〉(153)となるためであった。2 アイオーンたち全員によって「父」のためにただ一人流出されたこの者を、彼ら〔ヴァレンティノス派〕は「プレーローマ全体の共通の果実《カルポス》」と呼んでいる(154)。そのプレーローマの内側の状態は次の通りであった。すなわち、プレーローマの「共通の果実《カルポス》」が流出された。これがイエスである。これがその果実の名前なのである。このイエスは大いなる大祭司(155)である。

他方(156)、プレーローマの外側にとどまっているソフィアは、〈自分に〉形を与えてくれたキリストと聖霊を探し求めていた。そして彼女に形を与えて堅くしてくれた者〔キリスト〕が彼女から離れたままでは、自分はやがて滅びてしまうのではないかと、大いに恐れていた。3 彼女は困惑のあまり、悲嘆に暮れて、あれこれと多くのことに考えを巡らせた。——〔彼女に〕形を与えてくれたのは、一体誰だったのか。聖霊とは一体何なのか。それは何処へ行ってしまったのか。両者が〔彼女の〕側にいることを禁じたのは、一体誰なのか。あの美しく、しかも祝福された場面(157)を一体誰が妬んだのか(158)。ソフィアはこれらの情念で一杯になっていたが、向きを変えて、自分を置き去りにした者〔キリスト〕に嘆願し、助けを求めた。(159) 4 プレーローマの内側にいたキリストは、嘆願する彼女のことを憐れんだ。その他のアイオーンたち全員も同じであった。そこで彼らはプレーローマの「共通の果実《カルポス》」を、プレーローマの外へ送り出して、ソフィアの伴侶とし、彼女の情念を――すなわち、彼女がそれを病むあまり、キリストを探し求めていた――情念を癒す者とするのである。

5〈プレーローマの共通の〉果実《カルポス》は、プレーローマの外へ出て来て、彼女が情念の中でも主たる四つの情念に堕ちているのを見出した。それは恐れ《フォボス》、悲嘆《リューペー》、困惑《アポリアー》、嘆願《デエーシス》のことである。彼〔共通の果実、イエス〕は彼女をこれらの情念から癒した。癒しつつ彼が気づいたことがある。すなわち、それらの情念もまた永遠性の一部であり、ソフィア自身のものに違いはないから、〔そのまま〕消滅してしまうのは善くないということであった。また、それと同時に、ソフィアがこれら四つの情念、すなわち、恐れ《フォボス》、悲嘆《リューペー》、救命願い《ヒケテイアー》、困惑《アポリアー》に堕ちたままでいることも善くないということであった。6(160)そこで彼は、自分の偉大さと全プレーローマによって生み出された者であることにかけて、彼女から情念を切り離したのである。そしてそれらの情念を実体として存在するものに変えた。すなわち、まず恐れ《フォボス》を心魂的《プシュキケー》な〈実体〉〔欲求〕に変え、悲嘆《リューペー》を物質的《ヒューリケー》な実体へ、困惑《アポリアー》を悪霊たちの実体へ、立ち帰り《エピストロフェー》(161)と嘆願《デエーシス》を〈上〉昇、回心、心魂的実体に具わる能力――これは「右の力(162)」と呼ばれる――に変えたのである。

7〈心魂と〉造物主《デーミウールゴス》は恐れ《フォボス》から〔生じてきた〕。ヴァレンティノス曰く、これこそ聖書が「知恵〔ソフィア〕の始めは主を恐れること」(163)と言っている意味なのだそうである。なぜなら、ソフィアの情念の始まりは恐れ《フォボス》だったからである。すなわち、彼女はまず恐れに陥り、それから悲嘆し、次に困惑し、その後で嘆願《デエーシス》と救命願い《ヒケテイアー》に訴えたのだから。(164)ヴァレンティノス曰く、(165)心魂的《プシュキケー》な実体は火のようであり、彼らの間では「〈中央の〉場所(166)」、あるいは「ヘブドマス」〔第七のもの〕、「日の老いたる者(167)」とも呼ばれる。〈聖書〉が神について似たようなことを色々言うのは、すべてこの心魂的な者、つまりこの世界の造物主《デーミウールゴス》に属している〈と彼は言いたい〉のである。8 この造物主《デーミウールゴス》は火の性質をしている。ヴァレンティノス曰く、モーセが「お前の主なる神は燃え盛り、飲み尽くす火の炎である」[168]と言っているのは、この意味なのだそうである。彼は聖書のこの箇所をそう解釈したいのである。ヴァレンティノス曰く、火の持つ力は二重である。[169]すなわち、火はあらゆるものを食い尽くし、決して消されることがない。……[170]さて、この側面からすれば、心魂《プシュケー》は可死的なものであり、何か中間《メソテース》のものである。なぜなら、それは「ヘブドマス」（第七のもの）であり、休憩《カタパウシス》[171]だからである。9 なぜなら、それは一方では「オグドアス」（第八のもの）、すなわち、あの形を与えられた後のソフィアとプレーローマの「共通の果実《カルポス》」[172]がいる場所よりも下にあるが、他方では、それがやがて造物主《デーミウールゴス》として形作る物質《ヒューレー》よりも上にあるからである。それ〔心魂〕は、もし上にあるもの、すなわち「オグドアス」（第八のもの）と似るならば、その「オグドアス」（第八のもの）に〈昇っ〉て行くことであろう。実はこれが、ヴァレンティノス曰く、「天上のエルサレム」[173]に他ならない。反対に、もし物質《ヒューレー》と似るならば、すなわち、物質につながった情念に似るならば、それは朽ちるべきものとなって、やがて消滅するだろう。

亖　さて、心魂的実体の中で最初の大いなる力が生じてきた。……似像であるディアボロス（悪魔）、すなわち、この世界を支配する者《アルコーン》である。[174]他方、〔ソフィアの〕困惑《アポリアー》に由来する悪霊たちの実体からは、ベルゼブールが生じてきた。……[175]上なるソフィアが「オグドアス」（第八のもの）から「ヘブドマス」（第七のもの）までの領域で働いている。彼ら[176]〔ヴァレンティノス派〕が言うには、造物主《デーミウールゴス》は全く何一つ知らなかった。すなわち、無知蒙昧であって、自分が一体何をしているのかが分かっていなかった。自分が一体何をしているのか分かっていない彼に代わって、すべてのことに力を揮い、強力に働いたのはソフィアであった。そのように、働いたのは彼女であったにもかかわらず、造物主の方は自分自身で働いて、この世界の創造を行っているものと思い込んでいた。そこから彼は「わたしは神である。わたしの外に神はいない(177)」と繰り返し言い始めたのである。

**三四** 1 さて、ヴァレンティノスの言う四個組《テトラクテュス》は、「永遠の本性《フュシス》の根っ子を内包する泉」であり、すなわち、ソフィアのことである。現下の心魂的および物質的な被造物は、それによって成り立っているのである。そのソフィアは霊とも呼ばれ、造物主《デーミウールゴス》は心魂、ディアボロス（悪魔）はこの世の支配者、ベルゼブールは悪霊たちの〈頭領〉とも呼ばれる。2 彼らが説くところは、次の通りである。すなわち、すでに前述したように(178)、彼らは自分たちの教説全体を数字化するために、プレーローマの内側の三〇のアイオーンに加えて、このアイオーンたち自身が同じようなやり方で、自分たちの他にもアイオーンをいくつか追加で流出したのだと言う。それはプレーローマが完全な数で整うためであった。3 かつてピュタゴラス教徒たちは〈世界を〉一二、三〇〈の部分に〉、さらに六〇〈のレプトン〉に分けていた。また、そのレプトンもさらに小さな部分に分割されている(179)。このことはすでに明らかになっている(180)。

彼ら〔ヴァレンティノス派〕も、それと同じようにして、プレーローマの内側にあるものをさらに下位区分するわけである。さらに、「オグドアス」（第八のもの）の中にあるものも下位区分される。すなわち、ソフィア――彼女は、彼らによれば、「すべて命あるものの母(181)」である――とプレーローマの「共通の果実《カルポス》」が、七〇のロゴスたちを流出したのである。これは天にいる天使たちのことである。彼らは上のエルサレム(182)に住んでいる。4 このエルサレムは、実は〔プレーローマの〕外〔の「第八のもの」の中にいる〕ソフィアのことである。そしてその彼女の花婿にあたるのが、プレーローマの「共通の果実《カルポス》」に他ならない。

さて、造物主《デーミウールゴス》も心魂たちを流出した。その心魂たちの実体は次のような〈力〉である。すなわち、彼らによれば、造物主とはアブラハムのことであり、心魂たちとはアブラハムの子らのことである。造物主は悪魔《ディアボロス》に由来する物質的実体から身体を造って、心魂たちに具えさせた。5 これこそが、「神は土の塵を取って、人間を造った。そしてその鼻に命の息を吹き込んだ。すると、人間は生きるものとなった[183]」と言われている意味なのだそうである。この人間は、彼らによれば、「内なる人」、心魂的人間のことである。それは物質に由来する身体の中に住んでいる[184]。その身体は物質的〈人間〉のことで、朽ちるべきもの、悪魔《ディアボロス》に由来する物質的実体から造られた不完全なもの[185]のである。6 この物質的人間は、彼らによれば、言わば大衆旅館か仮宿泊所のようなものであって[186]、時には心魂一人のため、時には心魂と悪霊たちのため、時には心魂とあのロゴスたちのために用意されたものである。そのロゴスたちとは、プレーローマの「共通の果実《カルポス》」とソフィアによって、上からこの世界の中へ蒔かれたロゴスたちのことである。彼らは心魂とともに土の塵から出来た〈身〉体の中に住んでいる。ただし、それは悪霊たちがその心魂に住み着いていない限りのことである。

7 ヴァレンティノス曰く、これこそが、聖書に「こういうわけで、わたしは神と父の御前に、そしてわれらの主イエス・キリストの主の御前に、跪いて祈ります。どうか、神がわたしたちの中にキリストが住むようにしてくださり、内なる人としてくださるように[187]」と書かれていることの意味だそうである。ここで「内なる人」とあるのは、心魂的人間のことであり、身体的人間のことではない。「それはあなたがたが、深み《バトス》とは何かを考えることができるようになるためである」。ここで「深み《バトス》」とあるのは、万物の父のことである。「そして広さとは何なのか」。ここで「広さ」とあるのは、あの「スタウロス」（矢来）のこと、すなわち、プレーローマの「ホロス」（境界）のことである。あるいは「長さとは何なのか」。これはアイオーンたちのプレーローマのことである[188]。8 ヴァレンティノス曰く、この理由から、「心魂的人間は、神にかかわる霊的なことを受け入れることができないのである。なぜなら、彼にとって、それは愚かなことだからである」(189)。ただし、ヴァレンティノス曰く、この愚かなものとは、造物主《デーミウールゴス》の能力のことである。すなわち、彼は愚かばかりか無知でもあって、自分がこの世界を創造したのだと思い込んでいたからである。彼の母親であるソフィア、すなわち、「オグドアス」（第八のもの）が、彼がそうとは気づかないままに、彼を通して働いて、この世界を創造したということには思い至らなかったからである(190)。

三五 1 さて、すべての預言者たちと律法は、その造物主《デーミウールゴス》から、すなわち、彼〔ヴァレンティノス〕曰く、愚かな神から〔の言葉を〕語ったのである。しかし、彼らはすべて愚かだったから、そうとはまったく知らなかったのである。ヴァレンティノス曰く、まさにこの理由から、救い主は「わたしよりも前に来た者たちは、すべて盗人で強盗である(191)」と言い、使徒たちは「これまでの世代には知られて来なかった奥義(192)」について語っているのである。2 ヴァレンティノス曰く、なぜなら、預言者たちの誰一人として、今われわれが語っている事柄について語ってこなかったからである。なぜなら、ただ造物主《デーミウールゴス》一人によって語られたことは、そのすべてが知られていなかったからである。

さて、創造の業が完成を見たとき、「神の子らの出現(193)」が起きなければならなかった。——ここで「神」とあるのは、すなわち造物主《デーミウールゴス》のことである。——その出現とは〈霊的な実体を明らかにすることである(194)〉。この実体はそれまで隠されてきたが、それを隠してきたのは、ヴァレンティノス曰く、心魂的人間なのである。この心魂的人間の「心に覆いが掛かった(195)」ままだったからである。3 さて、その覆いが取り除かれて、これらの奥義が眼に見えるものにならねばならなくなったとき、イエスが乙女マリアから生まれる。その次第は「〔いと高き者の〕聖なる霊があなたを包むでしょう(196)」、——「いと高き者」とは造物主《デーミウールゴス》のことである。——さらに、「あなたから生まれる子は聖なるものと呼ばれる」(197)と言われていた通りである。〔聖なるものと〕言われるわけは、その子はいと高き者だけから生まれてくるのではないからである。たしかに、アダムに準じて造られた者たちは、いと高き者一人によって、すなわち、造物主《デーミウールゴス》一人によって、造られたのである。4ところが、目下のイエスは新しい人間(198)であり、聖なる霊と〈いと高き者(199)〉によって——つまり、ソフィアと造物主《デーミウールゴス》によって——造られる人間なのである。すなわち、そのイエスの身体を形作り、仕上げるのは、たしかに造物主《デーミウールゴス》の業ではあるが、それに本質《ウーシア》を付与するのは聖なる霊なのである。その結果、イエスはマリアを通して「オグドアス」（第八のもの）から生まれた者として、天上からのロゴスとなるのである。

5この点に関しては、彼ら〔ヴァレンティノス派〕の間で膨大な探求が行われており、仲違いと論争を引き起こしている。そこから、彼らの学派は事実分裂するに至っている。すなわち、彼らは、東方《アナトレー》〔アレクサンドリア〕派とイタリア〔ローマ〕派と呼ばれる二派に分かれているのである(200)。6その内のイタリア派には、ヘーラクレオーンとプトレマイオスが属する。彼らが言うところでは、イエスの身体は心魂的なものとして生じてきた。だからこそ、イエスが洗礼を受けたときに、彼の上に聖霊が鳩の姿で降りてきたのであり(201)、それが上にいる母親ソフィアに属するロゴスだったのである。そのロゴスは心魂的なイエスの中に〈入って〉、やがて彼を死人の間から起こしもしたのである。これこそが、「キリストを死人の間から起こした方は、やがてあなた方の死ぬべき身体も生かしてくださるであろう(202)」と言われている意味なのだそうである(203)。ここで言われる「死ぬべき身体」とは、心魂的なもののことであって、〈土の塵の身体のことではない(204)〉。なぜなら、土の塵は呪いの下に(205)置かれたからである。すなわち、「お前は土だから、土に帰るだろう(206)」ということである。7他方、東方派には、アクシオニコス(207)とアルデーシアネースが属する。彼らが言うところでは、救い主〔イエス〕の身体は霊的なものだった。なぜなら、聖なる霊はすでにマリアの上に、つまりソフィアの上に到来していたからである。それは、いと高き者の力、つまり創造者の技能であった。それがマリアに到来したのは、霊からマリアに付与されたものが、形あるものに造り上げられるためであった。

三六 1 これらの点についての探求は、彼ら自身の間で勝手にやってもらいたい。あるいは、誰か他にも物好きな人がいれば、一緒に探求するがよい。ただし、ヴァレンティノスがさらに付け加えて言うには、〔プレーローマの〕内側のアイオーンたちの間で起きた過失が正されたのと同じように、「オグドアス」（第八のもの）、すなわち、外にいるソフィアのもとでも、また、「ヘブドマス」（第七のもの）のもとでの秩序も正された。――2 なぜなら、造物主《デーミウールゴス》は自分こそが唯一の神であり、彼の外に別の神はいないと思い込んできたが、決してそうではないこと、むしろより優れた者がいることをソフィアから教えられて認識したからである。すなわち、彼はソフィアによって導かれて、「父」に関する大いなる事柄とアイオーンたちに関する奥義を教えられ、それに参入することを許されたのである。彼〔造物主〕はそのことを外の誰にも口外しなかった。ヴァレンティノス曰く、これこそ〈神〉がモーセに「わたしはアブラハム、イサク、ヤコブの神である。しかし、彼らにわたしは〈神の〉名を告げなかった(208)」と言っている意味なのだそうである。これはすなわち、わたし(209)は奥義を語らなかったし、神とはだれなのかも説明しなかったということである。むしろ、わたしはソフィアから聞いた奥義を自分自身の内に秘めて隠しておいたのである。

3 上の領域の秩序が正されたのであるから、ここ地上の事柄も、同じように首尾一貫して正されることが必要であった。そのために、今やイエスがマリアを通して、「救い主《ソーテール》」として産み出された。それはこの地上での秩序を正すためであった。それはちょうど、キリストが上の領域でヌース（叡智）とアレーテイア（真理）から追加で流出されて、〔プレーローマの〕外にいるソフィアの情念を――すなわち、その水子《エクトローマ》を――癒したのと同じである。今や再び、今度はマリアによって産まれた〈キリストが〉救い主《ソーテール》として、心魂に取り憑いた情念を正すために到来したのである。4 したがって、彼ら〔ヴァレンティノス派〕によれば、三人の「キリスト」が存在するわけである。まず、ヌース（叡智）とアレーテイア（真理）から、聖霊と一緒に追加で流出されたキリスト、次に、プレーローマの「共通の果実《カルポス》」として、外のソフィア——このソフィアは「聖霊」とも呼ばれることがあるが、第一の聖霊からははるかに劣っている——の伴侶《シュジュゴス》となったキリスト、そして第三は、マリアを通して産まれて、われわれのいる現下のこの被造物を立て直すためにやって来たキリストである。

三七 1 さて以上でもって、ヴァレンティノスが率いる分派がピュタゴラスの影響を受けたものであることを、必要かつ十分以上に明示し終ったものと私は思う。ここでは、彼らの教説を抜き打ちで吟味して、われわれの論駁の終わりとするのがよいと思われる。ところで、プラトンは宇宙万物に関する奥義についての意見を、ディオニュッソスに宛てた手紙で、ほぼ次のように開陳している。

2 「わたし[210]は謎めかした言い方をしなければならない。というのは、海路であれ、〈陸路であれ〉、その険しさから、この書簡に何かが起きたときに、だれかがそれを読んで悟らないようにするためである。さて、事情はこうである。すべてのものはすべてを治める王と係っている。そしてすべてのものは王のためにある。王こそがすべて美しいものの原因である。第二のものと関係するのは第二のものであり、第三のものと係るのは第三のものである」。

3 「ところが、その王と、また今わたしが語ったものと、そういう具合に係るものは何もない」。

「心魂は、それら〔第二と第三のもの〕が一体どのようなものなのか学習しようと憧れて、自分と同類のものに眼を向ける。それらのどれ一つ十分なものではないにもかかわらず」。

「ディオニュッソスとドーリスの子よ、この問いこそが、いや、もっと言えば、このことについて心魂の中に生じる苦慮こそが、すべての悪の原因なのだ。だれであれ、それを取り除かないような者は、やがて真理に与ることもないだろう」。

4 「そこからどれほど驚くべきことが起きてきたか、〈よく聞〉くがよい。すなわち、すでにこれらのことを聞いたことがあり、学ぶ〈力もあり〉、記憶する能力も、あらゆることを厳密に吟味する判断能力も具えた老年の男たちが〈たくさん〉いるのである。その彼らが言うには、当時は信頼に足るものと思われたものが、今は信頼できないものと思われ、当時は信頼に足らないと思われたものが、今はその逆に思われるという。それゆえ、君は、今相応しくない者たちにまで広めていることを、いつか悔いることにならないように、よく気をつけなければならない」。

5 「まさしくこの理由から、このわたしはこれらの問題について、何一つ書いてこなかったのである。今現にそのようなプラトンの著作は一つもなく、この後いつか存在するようになることもないであろう。今〔プラトンの著作と〕言われているものは、理想化され若返らされたソクラテスによるものなのである」。

ヴァレンティノスはたまたまプラトンのこの言葉に出会ったのである。彼はプラトンが「すべてのものを治める王」と言っているものを、根拠に据えて、次のように考えたわけである。すなわち、それはすべてのアイオーンの「父《パテール》」、「深み《ビュトス》」、「シゲー」（沈黙）のことである。6 さらに「第二のものと関係するのは第二のもの」とプラトンが言う場合には、ヴァレンティノスはその「第二のもの」を「ホロス」（境界）の内側にいるすべてのアイオーンを指すと想定したのである。同じように、彼は「第三のものと係るのは第三のもの」として、「ホロス」（境界）とプレーローマの外側にある階層全体を構築したわけである。ヴァレンティノスはその階層のことを、きわめて手短に次の詩篇にまとめている。それは、プラトンが上から始めるのに対して、下から見上げながら、こう言っている。

7

## 収穫[211]

万物が霊によって霊に懸かっているのが、わたしには見える
万物は霊によって担われているとわたしは思う。
肉は心魂に懸かり、
心魂は大気《アエール》に担われ、
大気《アエール》は精霊《アイテール》の気に懸かり、
深み《ビュトス》からもろもろの実《カルポス》がもたらされ、
子宮から胎児がもたらされる。

8 この詩行で彼が考えているのは、こうである。まず、肉とは、彼らによれば、物質のことであって、造物主《デーミウールゴス》に属する心魂に懸かっている。その心魂は大気《アエール》から運び出される。これは造物主《デーミウールゴス》がプレーローマの外側にある霊に懸かっていることである。大気《アエール》は精霊《アイテール》の気から運び出される。これは「プレーローマ」の外側にいるソフィアが、「ホロス」（境界）と全プレーローマの内側にいる〈「霊《プネウマ》」〉[212]に懸かっているということである。「深み《ビュトス》からもろもろの実《カルポス》がもたらされる」。これは、アイオーンたちの流出はすべて父から生じたとい

うことである。9 さて今や、ヴァレンティノスの教説は十分に語られた。〈これから先は[213]〉この学派に傾倒する者たち〔が考えていることについて〕語るべきである。彼らはそれぞれが考えるところをそれぞれのやり方で教説に仕上げている。

## セクンドス

三八 1 プトレマイオスとほぼ同じ頃に、セクンドスとかいう男が現れて、次のようなことを言った。すなわち、オグドアスには、右のテトラス（四つのもの）と左のテトラスがあって[214]、前者は光、後者は闇である。そして、プレーローマから脱落して欠乏の中に堕ちた力は三〇のアイオーンたちからではなく、彼らの実から生じたのである。

2 さらに、もう一人別の人物で、やはり彼らの間で令名のある教師がいる。彼はこう教えている。すなわち、あらゆるものに先立ってプロアルケー（前・始原）が存在する。それを思考することも、口で言い表すことも、名付けることも不可能である。それを彼はモノテース（単一性）と呼ぶ。このモノテースと一緒にもう一つの力が存在する。それを彼はヘノテース（単独性）とも名付ける。このヘノテース（単独性）とモノテース（単一性）は、互いに一つであって、万物のアルケー（始原）を生じさせた。それは〔胎児のように〕産み出されたのではなく、思考の中での始原であった。それゆえそれは生まれざるもの、目には見えないものであった。このアルケーのことを彼はモナス（唯一のもの）と名付ける。3 この力〔モナス〕と一緒にもう一つの力が存在する。それはモナスと本性が同じで、彼はそれをヘン（一なるもの）とも名付ける。以上の四つの力、すなわちモノテース（単一性）、ヘノテース（単独性）、モナス（唯一のもの）、ヘン（一なるもの）がその他のアイオーンの流出を生じさせたのである。[215]

彼[216]らのまた別のグループは第一の原初のオグドアスを次の名前で呼んだ。〈まず最初にプロアルケー（前・始原）、次にアネンノエートス（思考不可能な者）、第三にアッレートス（言い表しがたい者）〉、第四にアオラトス（不可視な者）である。4 そして第一のプロアルケーから最初に、かつ第五に流出したのがアルケー（始原）であり、アネンノエートスから第二に、そして第六にそうしたのがアカタレープトス（把捉しがたい者）であり、アッレートスから第三に、そして第七にそうしたのがアノノマストス（名付けがたい者）であり、アオラトスから〈第四に、そして第八に〉そうしたのがアゲネートス（生まれざる者）であって、以上が第一のオグドアスのプレーローマであると。彼らの意見では、これらの力はすでにビュトス（深淵）とシゲー（沈黙）よりも先に存在していたのである。

5 ビュトス（深淵）そのものに関してさえ、〈彼らの〉考えはまちまちである。ある者たちが言うには、彼は「対」の相手を持たず、男性でも女性でもなく、さらにまた別の者たちは、シゲーを女性として彼に割り振り、彼女が最初の「対《シュジュギア》」となったと言っている。プトレマイオス派に由来する或る者たちの言うところでは、ビュトスには「対」の相手が二人いる。彼らはそれを〔二つの〕秩序《ディアテセイス》とも呼んでいる。すなわち、エンノイア（思考）とテレーシス（意志）のことである。なぜなら、彼〔ビュトス〕はまず最初に何かを流出しようと考え、その後でそうしたいと欲したからだと彼らは言うのである。6 これら二つの秩序と力、つまりエンノイアとテレーシスが言わば互いに混じり合ったとき、そこからモノゲネース（独り子）とアレーテイア（真理）の流出が生じて、互いに対になったのであると。この両者は父の見えざる二つの秩序に対する類型《テュポス》と似像《エイコネス》として現れてきた者である。両者は目には見えない二つの秩序を目に見えるものにする似像である。両者の内のテレーマ[217]（意志）からはヌースが、エンノイアからはアレーテイアが現れてきた。7 そのために、

**〔プレーローマの中にいる他の〕男性のアイオーンは後発のテレーマの似像《エイコーン》であり、女性のアイオーンはエンノイアの似像である。なぜなら、テレーマは言わばエンノイアの力として後から生じてきたものだからである。というのは、エンノイアはずっと流出のことを考えてはいたのだが、自分一人では考えたとおりに流出することができず、**ただそう考えるにとどまったからである。**しかし、テレーマの力が到来したとき、彼女は考えていたことを流出したのだそうである。**

## マルコス

三九 1 彼ら(218)の間には、もう一人マルコスという〈名の〉教師がいる。百戦錬磨の魔術師であり、時には詐術を弄し、時には悪霊を駆使して、すでに多くの者たちを騙して来た。彼が自分で言うところでは、彼の中には、眼には見えず、名づけることもできない場所に由来する至高の権能が宿っているのであった。2 彼はしばしば聖杯を取っては、聖餐を執り行う振りをした。その際、感謝の祈《エピクレーシス》りを延々と引き延ばして唱えながら、〔聖杯の中の〕混ぜ物〔のぶどう酒〕が紫に見えたり、赤く見えたりするように仕組んだのである。その結果、まんまと騙された者たちには、何か〔高いところからの〕カリス（恩寵）が降りてきて、その飲み物にまるで血のような力能を付与したかのように思われた。

この何でもやらかす詐欺師は、当時はそれで多くの人々の眼を逃れてきたが、〔われわれによって〕正体を暴露された今となっては、それも終わりとなるだろう。3 すなわち、そういう色を醸し出すことのできる一定の薬剤があるわけで、彼のやり方は、それを密かに聖杯の中に入れてから、延々と駄弁を揮って引き延ばすのであった。そうする間に、その薬剤は水分〔湿り気〕を吸収して溶けて混じり合い、飲み物に〔件の〕色をつけるわけである。こうした効果をもたらす薬剤については、先行する巻でわれわれが魔術師たちを論駁して、如何に多くの者たちを彼らが騙して滅ぼしているか語ったところで[219]、すでに述べた通りである。そこで言われていることを、もう一度正確にたどってくれる方々がもしいるならば、その方々には、マルコスの詐術のほどがよくお分かりになるだろう。

**四〇** 1 マルコスは混ぜ物のぶどう酒の入った杯を、女に渡して聖餐をさせるのが習いであった。その際、その女のすぐ傍らに彼自身が立っていて、〔女が持っているものよりも〕さらに大きい空の杯を手にしている。詐欺の餌食となった彼女が感謝の祈りを唱え終わると、〔彼女が持っていた小さい杯を〕受け取り、それ〔の中のぶどう酒〕をより大きな杯へ注ぐのである。それからは、一方の杯から他方のそれに繰り返し何度も注ぎ直して、こう唱えるのであった。2 **「すべて[220]のものに先立つカリス（恩寵）、生まれざる、かつ言い表しがたいカリスが、汝の内なる人[221]を満たすように。そして〔そのカリスについての〕認識《グノーシス》を汝の中で増し加えてくれるように。ちょうど芥子種[222]を良い地に蒔く[223]のと同じように」**。こう唱えることによって、彼は詐欺の餌食となった女とそこに居合わせた者たちを驚嘆させて、偉大な奇跡行為者と見做されるわけである。というのは、小さい方の杯から注ぎ直された大きい方の杯の中身が増えて、溢れ出てしまうからであった。

3 われわれは、この詐術の仕掛けについても、すでに先行する巻で暴露済みである。そこでわれわれは、目下問題になっているような仕方で液体に混ぜ合わされると、その体積を膨れ上がらせる薬剤がたくさんあることを明らかにしておいた[224]。その液体は、多くの場合、混ぜ物の入ったぶどう酒である。それらの薬剤のいずれかを空の杯の内側に〔前もって〕密かに塗っておくのである。そして、その杯の中には何も入っていないと見せかけておいて、〈手近にある[225]〉杯から〔液体を〕注ぎ、またその逆に注ぎ直すと、薬剤が液体によって溶かされて混ざり合うのである。なぜなら、それは発泡剤だからである。その結果、今や混合物は何倍にも膨れ上がる。その効き目は注がれた〈杯が〉動いている間継続する。それがその薬剤の本性だからである。4 そのように膨れ上がったものも、放っておけば、間もなくまた、その本性に即した体積に逆戻りする。液体が静止することによって、薬剤の効能が消失してしまうからである。そのため、マルコスは、居合わせた者たちに、大急ぎでそれを飲ませたわけである。彼らは彼らで、それがまるで何か神的な飲み物で、神さまの配慮の賜物とばかりに思い込んでいるから、先を争って飲みたがったのである。

**四一** 1 詐欺師マルコスが繰り返し試みたのは、以上のような所業であった。彼はその手管に騙された者たちから賞賛され、自らも自分には未来を予言する能力があると思い込み、他の者たちにも予言させた[226]。しかし、これは時には悪霊たちによる所業であったし、時には詐術を弄してのことであった。そのことは、われわれもすでに述べたところである[227]。こうして彼は多くの者を破滅に導いて、自分の弟子にした上で、罪を犯すことを強い、それを気楽に考えるように教えたのである。その理由は、彼らは完全なる力に属する者であり、生まれざる権能に参与している者として、〔罪による〕危険を免れているからというのであった[228]。

2 しかもその者たちに対して、彼ら〔マルコス派〕は、〈最初の〉洗礼の後にまた別の洗礼を約束している。それを彼らは「解放《アポリュトローシス》」と呼んでいる。そうすることで彼らは、その「解放《アポリュトローシス》」への希望を餌にして、自分たちのもとに留まっている者たちを、悪い方へ作り替えてしまうのである。その結果、その者たちには、すでに最初の洗礼を受けてしまった後の〈罪〉も赦されるかのように思わせるわけである。3 彼らが聴衆のとりまとめに成功しているのも、こうした何でも有りのやり方の所為だと思われる。彼らはその聴衆が内部秘密の条項を守るだけの資質があると見做した場合には、その者たちにその内部秘密を授け、〈最初の〉洗礼へ導く。しかし、それだけでは満足せず、彼らに対してそれ以上のことも約束し、その者たちをその希望で縛り付けて、〔自分たちから〕抜け出さないようにするのである。4 すなわち、彼らは、これから「解放《アポリュトローシス》」を受けようとしている者の上に手を置きながら、言うに言われぬ声で何かをつぶやくのである。それをはっきりした言葉で言い表すのは、容易ではないのだと彼らは言っている。そのためには、当事者が抜群の資格を具えているか、臨終の床にある人のもとへ(229)監督《エピスコポス》(230)がやってきて、その耳元にその言葉をささやくか、それより他の方法はないのである。5 これもまた、弟子たちが監督の指揮下に留まるように仕向けるための術策である。すなわち、弟子たちは、臨終を迎えつつある者たちに語られることが一体何なのかを知りたくて仕方がないわけである。というのは、それを知って、完全なる者の一人に数えられたいからである。私〔ヒッポリュトス〕がそれをここに記さなかったのは、ひょっとして誰かが、これは私〔ヒッポリュトス〕がわざと彼らのことを悪し様に書いているのではないかと、勘ぐるかも知れないからである。しかし、われわれにとっての焦眉の課題はそんなことではなくて、彼ら〔マルコス派〕が一体どこにきっかけを得て彼らの教説を捏ち上げたのかを、示すことである。

四二 1 神に祝福された長老エイレナイオスがすでに、〔マルコス派が行っている〕このような洗礼と「解放《アポリュトローシス》」のことを大っぴらに持ち出して論駁している(231)。そこで彼は彼らが行っていること〔儀礼行為〕を詳細にわたって語っている。彼らの内の何人かはそれを読んで、自分たちはそんなもの受けたことがないと繰り返し否定してきた。なにしろ、彼らは否定することばかりを学んできているからである。したがって、彼らは言うところの「第一の洗い《ルートロン》」で一体何を伝授し、「解放《アポリュトローシス》」と彼らが呼ぶ「第二の洗い」でも一体何を伝授しているのかについて、われわれはもっと正確に調査し、詳細にわたって明るみに出すことが必要だと思い至った次第である。2 実際のところ、彼らの言う語り得ざるもので、われわれの眼を逃れてきたものは何一つないのである。このことはヴァレンティノス自身とその学派も同意する他はない。

しかし、マルコスは自分の師の真似をするばかりで、自分で捏ち上げているのは幻想ばかり。そうすることで、賞賛を勝ち得るものと思っているのである。すなわち、ヴァレンティノス自身が言うところでは、彼にはまだ生まれて間もない幼子が出現したことがあるそうである。それに気づいた彼は、その幼子に一体誰なのかと尋ねたところ、自分はロゴスだというのが答えであったと言う。ヴァレンティノスはさらに一つの哀れな話を付け加えて、そこから自分の分派を立ち上げることを試みているのである。

3 マルコスもこれと同類の話をして憚るところがない。彼曰く、彼には「〔至高の〕テトラス」（四つのもの）が女の姿でやって来たのだそうである。[232] **彼が言うところでは、それは彼女〔至高のテトラス〕が持っている男性的な部分をこの世界が担うことができなかったからである。そこで彼女は自称モノゲネース〔独り子〕のマルコスに、自分が何者であるかを、加えて万物の生成の次第も物語ったのだと言う。そのことを彼女はそれまで一度として、神々と人間の内のだれ一人にも明かしたことがなかったが、**今彼〔マルコス〕だけに告げるのだと言った。その彼女の語りはこうであったとマルコスは言う。[233] 4 **父は〈父を持たず〉[234]、生まれざる者で、実体を持たず、男でも女でもない。まず最初にその父が、自分の語り得ざる本質が語られ得るものとなり、目に見えざるものがかたちあるものになることを欲した。そこで父は口を開いてロゴスを生じさせた。そのロゴスは父に似ていた。ロゴスは父の傍らに立つと、自分が何であるかを父に示した。すなわち、自分は目に見えざる者がかたちになったものであることを明らかにした。5 次に、名前は次のように発音された。[235] 彼〔ロゴス〕は自分の名前の最初の言葉《ロゴス》、すなわちアルケー（原初）を発語した。この単語《シュラベー》は四つのアルファベット《ストイケイオン》から出来ていた。[236] 続いて彼は二番目の単語《シュラベー》を発語した。これも四つのアルファベット《ストイケイオン》から出来ていた。その後で彼は**

三番目の単語《シュラベー》を発語した。これは十のアルファベット《ストイケイオン》から出来ていた。さらに彼は四番目の単語《シュラベー》を発語した。これは一二のアルファベット《ストイケイオン》から出来ていた。6 こうして、三〇のアルファベット《ストイケイオン》の名前全体の発語が行われた。その三〇のアルファベット《ストイケイオン》それぞれが自分固有の文字記号《グランマ》と固有の特徴《カラクテール》と固有の発音《エクフォーネーシス》と形《スケーマ》と像《エイコーン》を持っている。(237) その三〇のアルファベット《ストイケイオン》のどれも、アルファベットである自分の起源であるもの〔ロゴス〕のかたちを見ることができない。〈否、ロゴスのことは何も知らない〉(238)。さらに、どれもが自分の傍らにいるものがどう発音しているのかも知らない。むしろ、それぞれが発音するもの、それで〈自分は万物〉〔の名前〕を発音しているのだと思っている。すなわち、すべてのものに名前をつけているのだと思っているのである。7 なぜなら、彼ら〔三〇のアルファベット〕のどれもが、すべてのものから見れば、実際にはその一部に過ぎないのに、自分が発する音が万物の名を呼ぶことと同じだと思っているからである。そしてそれぞれがそのようにして音を響かせることをやめようとしない。そのようにして、それぞれがつねに同一の言語で発音しながら、最後のアルファベット《ストイケイオン》の最後の文字記号《グランマ》まで進んでいった。彼(239)が語ったところでは、その後ですべてのものの復興《アポカタスタシス》(240)が生じた。すなわち、万物がただ一つの文字記号《グランマ》に帰一して、同一の発音を響かせるようになった。8 それら私たちが声を揃えて唱える「アーメン」はその響きの似像であるというのが、彼の考えであった。また、〈の響きの音〉こそが、実体を持たず、かつ生まれざるアイオーンにかたちを与えるものなのである。また、主が父の御顔を絶えず見つめている天使たち(241)と呼んだのは、実はこうして与えられたかたちのことなのである。

四二 1 彼(242)〔マルコス〕はそれらのアルファベット《ストイケイオン》に、普通に使われ口で発語もできる名前を付けた。すなわち、アイオーンたち、言葉、根源、種子、プレーローマ、果実などがその名前である。これらのそれぞれが有している個性は、エクレーシアという名前の中に包括されていると考えられる〈と彼は言う〉。

[2]さて、これらのアルファベット《ストイケイオン》の中の一番最後のものの中でも一番最後にあたる文字記号《グランマ》が声《フォーネー》を発した。その声の響き《エーコス》は出て行った。そして前述のアルファベット《ストイケイオン》に倣って、自分のためだけのアルファベット《ストイケイオン》を生み出した。彼の言うところでは、この場所〔地上〕に現に存在しているもの、またそれ以前から存在しているものも、そうして今や生み出されたアルファベット《ストイケイオン》たちから生じてきたのである。ただし、たしかにその声は一つの響きが別の響きの後に続くかたちで下方に向かって降りて行ったが、〔声を発した〕文字記号《グランマ》そのものは、それがもともと属していた単語《シュラベー》によって再び受け取り直されて上方へ引き揚げられ、すべてのもの〔プレーローマ〕を再び充足させることになったと彼は言う。しかし、前述の響きの方はそのまま下方にとどまった。それはまるで外へ投げ捨てられたかのようだった。[3]他方、あの文字記号《グランマ》がそれを発音する声と一緒に〔最初に〕下方へ堕ちて行ったときの出発点であったあのアルファベット《ストイケイオン》そのものは、文字記号《グランマ》にすると三〇のそれから成り立っているのだと彼は言う。そして、それら三〇の文字記号《グランマ》のそれぞれ一つずつが自分の中にさらに別の文字記号《グランマ》を内包しており、そのそれぞれ一つの文字記号《グランマ》そのものの名前はその内包された文字記号《グランマ》の助けを借りて付けられているのである。他のそれぞれ個別の文字記号《グランマ》も〔それに内包された〕別の文字記号《グランマ》の助けによって名付けられており、さらに他の個別の文字記号《グランマ》も〔それぞれに内包された〕別の文字記号《グランマ》の助けによってそうされているので、文字記号《グランマ》の総数は、もしそれぞれが書き記されるならば、無限なものになるわけである。

[4]以上で言われていることは、次のように考えれば、より明確に理解されるであろう。例えば、アルファベット《ストイケイオン》のデルタ（δέλτα）〔という名前〕は、自分の中に五つの文字記号《グランマ》を含んでいる。つまり、まずデルタ（δ）そのもの、次にエプシロン[243]（ε）、次にラムダ（λ）、次にタウ（τ）、次にアルファ（α）で

ある。そしてこれらの文字記号《グランマ》〔の名前〕は〈それぞれまた別の文字記号によって書き記される〉。同じように、さらに別の文字記号《グランマ》も別の文字記号《グランマ》によってそうされる。[5]このようにデルタというたった一つのアルファベット《ストイケイオン》を成り立たせているものについて見ても、別の文字記号《グランマ》がさらに別の文字記号《グランマ》を生み出し、互いに順番でつながってゆくのであるから、全体では無限になっていくわけである。そうだとすれば、文字記号《グランマ》が作る大海原の大きさたるや、たった一つのアルファベット《ストイケイオン》の何倍の大きさでなければならないことであろうか。

さて、マルコスの勤勉無比によれば、いや正確には、その見栄張りの勤勉）によれば、プロパテール（原父）は前述のような名前から成っているとのことである。ところが、たった一つの文字記号《グランマ》だけでも無限に広がっていくのであるから、名前全体に含まれる文字記号《グランマ》の深淵たるやいかばかりか、見てみるがよい。[6]それゆえに、父は自分の近づきがたさを知っていて、マルコスがアイオーンたちとも呼ぶアルファベット《ストイケイオン》たちのそれぞれが、自分一人だけの声を発することを許したのである。それぞれが一人だけですべてのものの名前を発音することは不可能だったからである。

**四四** [1]さて[244]、テトラクテュス[245]（四つのもの）は以上のことを明らかにした後で、彼〔マルコス〕にこう言ったそうである。「わたしはお前にアレーテイア（真理）そのものも示してあげよう。なぜなら、わたしはそれを上なる住いからここへ降りて来させたからである。それは、お前が彼女を一糸まとわぬ姿で眺めて、その美しさを覚えるためであり、また彼女が語るのも聞いて、その思慮に驚嘆するためである。[2]見てご覧、（彼女の）上の頭部はα〔と〕ω、頸はβ〔と〕ψ、肩と両手はγ〔と〕χ、胸はδ〔と〕φ、横隔膜はε〔と〕υ、腹部はζ〔と〕τ、陰部はη〔と〕σ、股はθ〔と〕ρ、膝はι〔と〕π、脛はκ〔と〕ο、くるぶしはλ〔と〕ξ、両足はμ

〔と〕ｖである」。

マルコスが描くアレーテイア（真理）の身体はこういう具合である。これがアルファベット《ストイケイオン》の図式であり、文字記号《グランマ》の特徴である。[3]そして彼はこのアルファベット《ストイケイオン》をアントローポス（人間）と呼ぶ。それはすべての言葉〔ロゴス〕の源泉であり、すべての音声の始原であり、すべて語り得ざるものの語りであり、沈黙を守るシゲーの口なのだと言う。そしてこれが同時にアレーテイアの身体である。

「お前[246]の叡知の思考を高く飛翔させなさい。そしてアレーテイアの口から、自分自身を生み出す者、プロパテール（原父）の言葉《ロゴス》を聞き取るのだ」。

四五 [1]テトラクテュス[247]がこう語ったとき、アレーテイア自身が彼を見つめた。そして彼の口を開いて言葉を語らせた。その言葉は一つの名前となった。この名前こそは私たちが知っていて、口にもしているキリスト・イエスに他ならない。この名前を口にした後、アレーテイアは直ちに沈黙した。[2]しかし、マルコスが彼女はもっと多くのことを語ってくれるものと期待していると、再びテトラクテュスが真ん中に割って入ってこう言った。「お前[248]はアレーテイアの口から聞いた言葉を単純に評価したな。それはお前がすでに承知して持ち合わせていると思っている言葉ではない。否、それは古い名前なのである。お前が持ち合わせているのはその発音だけであって、その力のことをお前は知らない。[3]〔たしかに〕『イエス』（Ἰησοῦς）は卓抜した名前だ。それは六つの文字記号から成っている。そして『召命[249]』に属する者たち全員がそれを知っている。しかし、プレーローマのアイオーンたちの間にあるその名前は多くの部分から成っていて、そのかたちも刻印も〔そのイエスとは〕違っている。それを知っているのは、本性がその名前と等しくて、自分たちの偉大さがいつもその名前の傍らにある者たちのみなのである。

四六 1 お前は知らねばならない。お前たちが使っている二四の文字記号《グランマタ》は、上［のプレーローマ］にあるアルファベット《ストイケイオン》の総数を包括する三つのデュナミス（力）の似像として流れ出てきているものなのである。[250]［二四の文字記号の中にある］九つの無声の子音[251]はパテール（父）とアレーテイア（真理）に属すると考えなければならない。なぜなら、それらは発音できず、言い表しがたく、語り得ないからである。2 八つある半母音[252]はロゴスとゾーエーに属する。なぜなら、それらは子音と母音の中間にあるので、上にあるものからの流出と下方にあるものの帰昇の両方を受け取ることができるからである。七つある母音[253]はアントローポス（人間）とエクレーシア（教会）に属する。なぜなら、アントローポスから出た声がすべてのものをかたちづくったからである。すなわち、その声の響きがすべてのものにかたちを与えたからである。3 それゆえ、ロゴスとゾーエーは八つの文字記号を持っており、アントローポスとエクレーシアは七つ、パテールとアレーテイアは九つの文字記号を持っているのである。

しかし、これでは釣り合いがとれなかったので、パテールから一つ［の文字記号、つまりアイオーン］が差し引かれて下に降りてきた。それが送り出された先は、それがかつて引き離されるまで一緒にいたアイオーンであった。その目的はかつて生じてしまったことを立て直すためであった。すなわち、プレーローマの者たちが今や再び善性において一つになり、すべての者の間ですべての者からの力がただ一つの実を結ぶようになるためであった。4 こうして七つの文字記号しか持っていなかった場所［トポス］は八つ持っていた場所の力を一つ貰い受けた。その結果、三つの場所が［それぞれ内包するアイオーンの］数の上で等しくなった。すなわち、どれもがオグドアス（八つのもの）になった。それらのオグドアスは三つあるから、合計で二四という数を満たした[254]」。

さて他方では、なお三つのアルファベットが残っている。それらについてマルコス自身が言うところでは、それらは〔プレーローマにある〕三つの力に他ならない。それらの力にはそれぞれ相手があって互いに「対《シュジュギア》」を成しているので、合計六つの力となる。二四のアルファベットはその六つの力から流出してきたのであった。その六つに語り得ざるあのテトラス（四つのもの）を掛ける、すなわち四倍すると、その二四のアルファベットと全く同一の数になる。そしてマルコスによれば、これらのアルファベットはあの名付け得ざるものに属するのだと言う。5 そしてこれらは前述の六つの力によってあの見えざるものとの類似性へもたらさせるのだと言う。その六つのアルファベットの似像《エイコーン》の似像に当たるのが、六つの二重子音[255]なのだと言う。それらを一緒に数えて先の二四のアルファベットに加えれば合計三〇という数になり、〔プレーローマの三〇のアイオーン〕に類比的な力となるのだと言う。

四七 1[256] さらにマルコスの言うところでは、以上のような数字関係と経綸《オイコノミア》については、あの方が[257]その似像と言うべきものを表していると言う[258]。すなわち、彼は「六日の後に[259]」〔ペトロ、ヤコブ、ヨハネに続いて〕四番目に山に上った。そして〔その山の上では、モーセとエリヤが現れたので[260]〕六番目になった。それから山を降りるとヘブドマス〔七つのもの、すなわちデーミウールゴス〕に捕縛された。彼は卓抜したオグドアス（八つのもの）であって、自分の中にアルファベットの数字を完全に持っていた。2 そのことを現したのは、彼が洗礼を受けるために〔ヨルダン川へ〕やってきたときに彼の上に下った鳩[261]が現している。その鳩はオーメガΩであり、アルファAなのである。なぜなら、それによって示される数価は八〇一[262]になるからである。これと同じ理由から、モーセもまた人間は〔創造の七日間の〕六日目に造られた[263]と語ったのだと言う。3 そして、最後の人間が出現して最初の人間[264]にとっての再生となったのは六日目の週日、すなわち準備の日[265]のことであったが、そのことも受難の経綸として生じたのだと言う。さらに、彼〔イエス〕が木に釘付けにされたのは第六時[266]のことであったが、それは同じ救いの経綸の初めであり終わりでもある。4 なぜなら、完全なるヌース（叡知）は数字の六が創造と再生の力を具えていることを知っていたからである。それゆえヌースは光の子ら[267]に再生を啓示したのである。すなわち、その再生とは彼に明らかに示された卓抜した数字の六により〔そして彼を通して〕生じたものであることを。マルコスによれば、二重子音が同じ卓抜した数字を有するの[268]もそこに由来すると言うのである。この卓抜した数字を二四のアルファベットに加算すれば、三〇の文字記号の名前が完全に揃うことになると言う。

四八 1 さて[269]、〔卓抜した〕数字の六は数字の七が持つ大きな力を利用して、我意というものが結ぶ実がどんなものであるかを明らかにした。彼女〔テトラクトュス〕[270]曰く、「ただし、お前は差し当たりは[271]、〈この卓抜した数字を〉〔あの〕卓抜したもの[272]に倣ってかたちづくられたものと見做しなさい。それは分割され〈あるいは切り離され〉て、〔プレーローマの〕外側に置かれたままであった。しかし、自分自身が持つ力と狡知によって、また自分自身から流出したものを用いて、七つの力から成る力に倣って、この世界に心魂〔生命〕を吹き込んだ。そして可視的なこの万物の心魂を据えたのである。2 それから彼は自分自身でもそのこしらえ物を、まるで彼自身の独断で生じてきたもののように利用した。ところが、そのこしらえ物の方は、真似のできない者たちを真似たものであるから、〔彼の〕母親の意志《エンテューメーシス》にだけ仕えたの[273]である。

すなわち、まず第一の天は文字アルファ α を発音した。次の天は文字 ε[274]、第三天は文字 η を発音し、七層の天の真ん中に当たる第四の天はイオータ ι の力を、第五天は ο[275]、第六天は υ、そして第七天、すなわち真ん中の天から数えれば第四天はアルファベットの ω を大声で叫んだ[276]」。3〔マルコスがさらに言うところでは〕

これらの力はうちこぞり、互いに重なり合いながら声を響かせ、自分たちを流出してくれた者の栄光を賛美した。その讃美の歌声はあのプロパテール（原父）に向かって送り出されていく。さらに、その讃栄の響きはこの地上にも運ばれてきて、地上の事物の制作者とも産出者ともなったのだと言う。

〈彼[277]〔マルコス〕は〉以上のことの証明として、生まれたばかりの赤子を引き合いに〈出してくる〉。すなわち、赤子たちの心魂は母親の胎から出てくると直ぐに、以上のようなアルファベットの一つ一つを同じように大きな声で発して、その音を響かせると言うのである。4 マルコスが言うところでは、赤子たちの中にある心魂が鳴き叫ぶのも、前述の七つの力がロゴスを賛美するのと同じなのだそうである。[278]また、ダビデが「あなたは幼子、乳飲み子の口に賛美のことばを備えられた[279]」、あるいは「天は神の栄光を物語る[280]」と語ったのも、同じ理由によるのだと言う。また、人間の心魂も艱難辛苦に陥ったときには、他でもない「オー」（ω）と大声を発して、苦しみを表すものである。そうすると、上の世界にいる心魂が下方にいる自分の同族の心魂を認識して、助け手を送り出してくれるのだと言う。

四九 1 さて、この問題については、以上とする。他方、アルファベット二四文字の成立の次第については、彼〔マルコス〕は次のように物語る。[281]まず、モノテース（単一者）と共にヘノテース（単独性）が存在する。この両者からは、モナスとヘンという二つの流出が生じた。その結果、二×二＝四となった。なぜなら、二の二倍は四だからである。さらにまた、二と四が加算された結果、数字の六が現れてきた。さらに、この六つのものが四倍されて二四〈のかたちを生んだ〉。2 〈第一の〉テトラス（四つのもの）の名前は聖の聖なるものである。それらを思考することだけは可能だが、語ることはできない。それらはただ御子によってのみ認識される。しかし、父はそれらの名前が何であるかを知っている。さて、彼[282]が〈他にも尊厳さと[283]〉敬いと信心を込めて名付けるところでは、それらの名前はアッレートス（語り得ざる者）とシゲー（沈黙）、パテール（父）とアレーテイア（真理）である。

3 このテトラス（四つのもの）の数の総和はアルファベット二四文字の数となる。なぜなら、まずアッレートス（Ἄρρητος）という名前は自分の中に七つの文字記号を持っており、セイゲー（Σειγή）は五つ[284]、パテール（Πατήρ）は五つ、アレーテイア（Ἀλήθεια）は七つの文字記号を持っているからである。[285] 第二のテトラス（四つのもの）についてもまったく同じ事情である。ロゴス（Λόγος）とゾーエー（Ζωή）、アントローポス（Ἄνθρωπος）とエクレーシア（Ἐκκλησία）で、アルファベット文字の総数は同じ〔二四〕であることを示している。4 次に、ソーテール（救い主）の名前の内で口で語り得る方の名前〈すなわち、イエス（Ἰησοῦς）〉は六つの文字記号から成っている。[286] 他方、彼の口で語ることのできない方の名前は、アルファベットの文字記号を個々に数えれば、二四になる。御子キリスト（Υἱὸς Χρειστός）は一二の文字記号から成っている。**キリスト（Χρειστός）の中にある語り得ざる名前は三〇の文字記号から成っている。**つまり、その中に含まれる文字記号《グランマ》それぞれをアルファベット《ストイケイオン》の名前で読んで、その読みに含まれる文字記号の数を数えるとそうなるのである。すなわち、キリスト（Χρειστός）は八つのアルファベット記号で出来ている。5 〔[287]最初の〕χはアルファベット名で読むとχεῖで、三つの文字記号から成っている。同じようにして、次のρはῥῶで二文字、次のεは[288] ει で二文字、次のιはἰῶταで四文字、次のσはσῖγμαで五文字、次のτはταυで三文字、次のοはοὖで二文字、最後のσはσανで三文字である。[289] この結果、彼らは、キリスト（Χρειστός）の中にある語り得ざる〈名前は〉三〇の文字記号から成っていると言うわけである。彼〔マルコス〕が言うところでは、この理由から、**キリストは**「わたしはアルファ（α）であり、オーメガ（ω）である」[290] と言ったのである。それによって、あの鳩[291]がこれと同じ数字、すなわち八〇一を持っている[292]ことを指し示したのだそうである。

五〇 1 マルコス[293]が言うところでは、イエスが生成した次第は次のとおりで、言葉では語り得ないものであった。すなわち、すべてのものの母である第一のテトラス（四つのもの）から、いわばその娘として第二のテトラス（四つのもの）が出てきた。その結果、オグドアス（八つのもの）が生じた。そのオグドアスから、さらにデカス（一〇のもの）が出てきた。こうして、一八が生じた。2 デカスはオグドアスの上に乗って合体し、オグドアスを十倍にした。そして八〇という数字を生み出した。さらにデカスはその八〇を十倍にしたので、八〇〇という数字を生み出した。その結果、オグドアスからデカスの中へ出て行った文字記号の総数は、八＋八〇＋八〇〇となり、これがイエス（Ἰησοῦς）という名前のことなのである。なぜなら、この名前はそれに含まれている文字記号の数価に直すと八八八になるからである[294]。3 さらに[295]、ギリシア語のアルファベットでも、一の位の数字が八個、〈十の位の数字も八個〉、百の位の数字が一〇個あるので[296]、その合計は八八八になる。つまり、これらすべての数字から成り立っているイエスという名前になるなどと言う。それゆえに、イエスはαであり〈ωであるとも〉呼ばれる。これは〈彼が〉すべてのものから生成してきたことを示すものだと言う。



五一 1 その〔イエスの〕生成の次第については、彼〔マルコス〕は次のように言っている。すなわち、第二のオグドアス（八つのもの）から流出した諸力たちが、地上に出現したイエスを造ったのである[297]。その際、ロゴスの位置を〔地上で〕占めたのは天使ガブリエールであり、ゾーエーの位置を占めたのは聖霊であり、アントローポスの位置を占めたのは「いと高き者の力」であり、エクレーシアの位置を占めたのは処女〔マリア〕であった。(298) 彼〔マルコス〕の見方では、あの人間〔イエス〕がマリアを通して生まれてきたのは救いの経綸によるのである。(299) ²その彼〔イエス〕が〔ヨルダン川の〕水に入ったとき、彼の中に(300)鳩の姿で降りてきた者は、一二の数を満たすと(301)再び上に向かって上っていった。その者の中には、かつて彼と一緒に種子を蒔かれ、かつ一緒に下降してきた者たちの種子も含まれていた。³マルコスは、そのように下降してきた力は他でもないプレーローマからの(302)〈種子〉であって、その種子は自分の中に父と御子を内包し、さらにこの両者によってだけ認識されるシゲー（沈黙）の名付け得ざる力、またさらにはすべてのアイオーンをも内包していたのだと言う。⁴そしてこの種子こそ、御子の口を通して語った霊なのであり、自分が「人間の子」（人の子）であることを公に言い表し、(303)さらに父をも啓示したのだと言う。それはイエスの中へ降ってきた後、彼と一つになった。(304)マルコスが言うところでは、救いの経綸からきたソーテール（救い主）は死を取り除いて、父であるキリスト・イエスを告知した。⁵〔地上の〕イエスは救いの経綸からきたその人間のための名前であると言う。それは彼〔地上のイエス〕の上にやがて降りて来ようとしていた「アントローポス」（人間）に似るものとして、またそれにかたちを与えるものとして、(305)彼〔地上のイエス〕につけられたものである。〔地上の〕イエスはその「アントローポス」（人間）を受け容れたので、その時から後は、〔自分の中に〕「アントローポス」（人間）自身、ロゴス自身、パテール（父）、アッレートス（語り得ざる者）、シゲー（沈黙）、アレーテイア（真理）、エクレーシア（教会）、ゾーエー（生命）を持っていたのだと言う。

五一 ¹以上のような彼らの言い分には何の証明力もなく、〔真の〕敬神に沿った認識からは〈見た目にも〉ほど遠いものである。私が願うところでは、すでにこのことは、健康な叡智を身につけているすべての人に明白になったことと思う。本書がここまでの巻を費やして述べてきた彼らの教説は、ピュタゴラス学派の占星術と数字学による発見[306]から取られた断片に過ぎない。そのことは、篤学の士であるあなたがたにはお見通しのことである。2しかし、われわれとしては、彼らがキリストではなく、ピュタゴラスの弟子であることを、さらに明確にしてみたい。そのために、私はさらに、彼らが星辰の現象に関して〔ピュタゴラスから〕もらってきていることについても、可能な限り要約して暴露しておきたい。彼らが主張することは次の通りである。

すなわち[307]、**すべてのものはモナス（単一のもの）とデュアス（二つのもの）から成り立っている。そしてそのモナスから四までを数えることによってデカス（一〇のもの）を生み出す**[308]。3**さらに今度は、そのデュアス（二つのもの）が自分自身から外へあの卓抜した数字（である六）まで歩み出た。すなわち、二と四と六（合計一二）を生み出すことでドーデカス（一二のもの）を現した。もしわれわれが〈同じようにして〉一〇まで数えるならば、その結果は三〇《トリアーコンタス》のものになる**[309]。**その中には、オグドアス（八つのもの）とデカス（一〇のもの）とドーデカス（一二のもの）が含まれている。**4**このドーデカス（一二のもの）のことを〈彼らは〉卓抜した受難とも〈呼んでいる〉。その理由はあの卓抜した数字（六）を絶えず自分の後に随伴させていたからだと言う**[310]。**そしてその数字の一二にあの過失が生じたために**[311]、**あの羊も跳ねて飛び出し迷ってしまい、**[312]〈そのために、一二のものからの隔たりが生まれたのだと言う[313]〉。デカス（一〇のもの）についても同様である。5このデカスに関して、彼らが語るのが、見失った一枚のドラクメ貨を灯火を点して探す女の話[314]である。彼らは、失われた一匹の羊の話[315]〈と見失ったドラクメ貨が一枚の話〉を合計して、九九という数字の話を紡ぎ出す[316]。すなわち、一一を九に乗じると数字の九九になるからである。まさにこの理由から、「アメーン」（ἀμήν）という言葉にも九九という数が含まれているのだと言うのである。

6それとまた別の数字〔についても〕彼らはこういう話をする。すなわち[317]、**アルファベット文字のエータη は、アルファから数えると、例の卓抜した数（六）を一緒に数えれば、八番目の位置にくるから**[318]、**オグドアス**

〔八つのもの〕なのである。ところが、彼らは今度はその卓抜した数〔六〕を抜かした上でエータまでのアルファベット文字の数価を合計することで、[319] あの三〇《トリアーコンタス》のものになることを示すのである。7 なぜなら、アルファから始めて〈最後は〉エータまでのアルファベット文字を数価に直し、途中あの卓抜した数〔六〕を欠いたまま、〈それぞれの文字記号の数価を小から大へ足し算すると〉[320]、その和は三〇になるからである。[321] さて、その三〇という数は三つの力が合体して一つになったものである。[322] そこで三〇が三倍されて九〇になった。三〇の三倍は九〇だからである。8 こうしてオグドアスは九九という数を第一のオグドアス〔八つのもの〕、デカス〔一〇のもの〕、ドーデカス〔一二のもの〕から生み出したのである。彼らは時として、これらをすべて合算して三〇という数を得るかと思えば、またある時は、〈ドーデカス〔一二のもの〕から〉一二番目を差し引いて一一を産出する。同じようにして、〈デカス〔一〇のもの〕から〉一〇番目を差し引いて九を造り出す。さらに、これら掛け合わせたり、十倍したりして、[323] 九九という数を仕上げるわけである。9 一二番目のアイオーンは他の一一のアイオーンを残して〔プレーローマを〕離れて、下方へ降りてしまったのであるから、これで話の筋が通ると彼らは言うのである。

さらに、〔ギリシア語の〕文字記号の形《テュポス》もそのことを教えてくれると言う。すなわち、一一番目の文字記号はラムダλであるが、その数価は三〇であるから、上なる〔プレーローマの〕経綸《オイコノミア》の似像となっているのだそうである。というのも、アルファから始めてラムダまでのすべての文字記号の数価を、途中例の卓抜した数〔六〕を入れないで、小から大へ順に加算すると、九九という数になるからである。10 さて、その一一番目の場所に位置する文字記号であるラムダλは自分と同類であった者を探し求めて降っていった。それは一二という数を再び満たすためであった。また、それを見つけることで、自分自身をも満たすためであった。そしてまさにこのことが、他でもないラムダというアルファベット文字の形そのものから明らかになると言う。なぜなら、自分の同類者を探し求めて出立したラムダλは、その同類者を発見するとそれを急いで奪い取って、一二番目の場所を再び満たして元に戻したのである。それゆえに、現にアルファベット〔で一二番目〕のミュウMは二つのラムダΛから出来ているのだと言う。11 彼らはまさにこのことを知るがゆえに、九九の場所から、すなわち欠乏から、すなわち左手によって象徴される場所から逃げ去って、一《ヘン》を追い求めているのだと言う。それが九九に加わる暁には、彼らを右手に〈移し〉替えてくれるのだと言う[324]。

〈さて、この被造世界が見えざるものの似像として作られたのは、たしかに造物主によるのではあるが、彼自身はそうと知らないままそうしたのであって、実はその〉[325]仕上げは彼の母親によってなされたのである。彼らはそのことを〈次のように〉言う。

五三 1 先ず[326]最初に四つの元素が、〔デーミウールゴスの〕母によって準備された。すなわち、彼曰く[327]、火と水と地と大気が、上にある〔第一の〕テトラス（四つのもの）の似像として流出されたのである。それらの元素の四つの働き、すなわち熱と冷、湿と乾をそれに加算すると、今度は正確にオグドアス（八つのもの）の似像になると彼らは言う。次に彼らが順に数え上げるのは以下の一〇の力である。2 まずは七つの球体。彼らはこれらを天とも呼んでいる。次はその七つの球体と天を取り巻いている円蓋で、これを彼らは第八の天とも名づけている。これにさらに太陽と月が加わる。3 以上から成る一〇の数字は上なる領域でロゴスとゾーエーから〈流出した〉不可視のデカス（一〇のもの）の似像であると彼らは言う。他方、〔上なる〕ドーデカス（一二のもの）について言えば、それはいわゆる獣帯（ゾーディアコス）によって示される。なぜなら、彼らの言うところでは、一二の動物がアントローポスとエクレーシアの娘であるドーデカスの影絵であることはまったくもって明白だからである。

4さらに彼が言うところでは、一番高い天は〔星辰の〕宇宙全体がものすごい速度で回転していることに対抗して歩んでいる。それは自分の湾曲した円蓋で〔星たちの動きを〕妨げ、自分自身の重さで彼らのものすごい速度と均衡させている。その結果、至高天は三〇年の周期で〔獣帯の〕一つの徴からもう一つの徴への回転を続けているのだと言う。そしてその至高天のことをホロス（境界）の象徴と呼んで、三〇番目の名前を持つ彼らの母〔上のソフィア〕を取り巻いていると言うのである。5また、月は〈自分自身の〉天を三〇日かけて周回するが、この日数はあの〈三〇の〉アイオーンたちの数を模写するものである。さらに、太陽も〔一二ケ月をかけて〕回転して、自分自身を周期的に更新するが、この一二という月数は明らかにあのドーデカス（一二のもの）を示していると言う。6また、一日《ヘーメラー》も一二時間を尺度としている。(328)これも明るく輝く(329)ドーデカス（一二のもの）の模像なのである。(330)また、獣帯の円周そのものの度数も三六〇度である。なぜなら、どの動物もそれぞれ三〇度を占めているからである。7そして獣帯が円周を成していることとそのことによって、一二と三〇が互いに緊密に結び合わされていることが象徴されていると言う。さらに彼らが言うには、実は大地も一二の気象に分けられているのである。そして大地はそのそれぞれの気象ごとに、もろもろの天から垂直に特定の力を受け取って、その力に似た子孫を生み出す。なぜなら、その力が自分の横溢を下方に向かって送り出しているからであると言う。これがあのドーデカス（一二のもの）とその子供たちの模像であることはあまりにも明白だ、と彼らは力説するわけである。

廿四　彼ら(331)は以上に加えて、こうも言う。すなわち、デーミウールゴスは上なるオグドアスの無窮性、永遠性、無限定性、そして無時間性を真似たいと考えた。しかし、オグドアスの持続性と永遠性を真似ることができなかった。なぜなら、彼は欠乏の子であったからである。そこで彼はオグドアスの永遠なるものを時間《クロノス》と時季《カイロス》と多くの年[332]に移し替えた。なぜなら彼は時間《クロノス》を膨大にすればオグドアスの無窮性を真似ることができると考えたからである。ところが、そのとき真理は彼の手から逃げていってしまった。その結果として残ったのは虚偽だった。それゆえに、彼の手に成るこしらえ物は、やがて時が満ちるならば、解消の憂き目に遭うことになると彼らは言うのである。

**五五** 1 ヴァレンティノス派の輩が創造と万物について繰り広げるおしゃべりは以上のごとくである。彼らはそのつど新奇な話を生み出していく。そしてもし誰かがより大げさで奇抜な話を紡ぎ出すのに成功すると、それをもって大きな成果だと見做すのである。[333] 2 そして聖書から、以上紹介してきたような数字に合致することを、そのつど見つけてきては、〔その語り手である〕モーセや預言者は寓喩的な表現を用いながら、実はアイオーンたちの間にある順序のことを指していたのだと言う。それによって、彼らはモーセや預言者の評判を貶めている。しかし、そのことを逐一ここであげつらうことが適切だとは、私には思われなかった。なにしろ、それは空しく馬鹿げた話だからである。また、すでに長老エイレナイオスが恐ろしいまでの労苦を注いで、彼らの教説を論破しているからでもある。〈われわれが〉〔本巻で〕そのエイレナイオスから〈書き写しながら証明してきたことは〉、彼らが発明の成果と自称するものは、実はピュタゴラスの哲学と占星術師たちの衒学〈から〉貰ってきたものにすぎず、彼らはそれを我が物顔に横領した上、あたかもキリストがそれを教えて伝授したかのごとくに言って、責任をキリストに帰していることである。3 しかし今や彼らの空しい教説の暴露は十分に遂行され、しかも、マルコスとコラルバソス（Κολάρβασος）という、今やヴァレンティノス派の後継者となっている人物たちが、〔本当のところ〕一体誰の弟子なのかも明確に証明されたと思う。したがって、次はバシリデースが一体何を唱えているのかを見ることにしよう。

# 第七巻

一　『全異端反駁』の第七巻の内容は次の通りである。
二　バシリデースはどのような説を唱えているか。彼はアリストテレスの教説に圧倒されて、そこから自分の分派を立ち上げたということ。
三　バシリデースとほぼ同じ頃に盛んに活動したサトルニロスは、何を言っているのか。
四　〈メナ〉ンドロスは、如何にして、この世界は天使たちによって生まれたという主張を試みたのか。
五　マルキオンの思考力のなさはどれほどのものか。彼の教説は新しくもなく、聖書からくるものでもなく、むしろエンペドクレスから来ているということ。
六　カルポクラテースの見栄っ張りはどれほどのものか。彼は自分から、存在するものは天使によって生まれたと言っていること。
七　ケリントスは自説を立ち上げるに当たって、何一つ聖書には〈基づかず〉、エジプト人の教説を貰い受けたということ。
八　エビオーン派はどのような説を唱えているか。彼らはむしろユダヤ教徒の道徳に傾倒していること。
九　テオドトスの迷妄はどれほどのものであったか。彼はエビオーン派から貰ってきたものもあれば、〈ケリントスからそうしたものもある〉。

一〇　ケルドーンはどのような説を唱えているか。彼もエンペドクレスの教説を唱えているが、マルキオンの劣悪な先道者だということ。

一一　ルキアノスは、マルキオンの弟子になった後、同じように神を冒瀆して恥じるところがなかったということ。

一二　アペレースは〈マルキオンの〉弟子になったが、師と同じ説を唱えず、むしろ自然学者たちの学説から出発して、万物の本質について論じたということ。

一三[1]異端者たちの教説は、言わば暴風に煽られて波浪荒れ狂う大海原のようなものである。本書を聞いている聴衆の方々は、それを〈目の当りにしながら〉巡航しているわけであるから、穏やかな良港を探し出すことが必要であった。その大海原は獣で満ちあふれ、難航そのもので、まるでシチリアの海だからである。シチリアの海には、神話によれば、キュクロープス、カリュブディスとスキュラ、さらにはセイレーンたちの山があると言う。ギリシアの詩人たちの言うところでは、オデュッセウスはその海を、まだ見たこともないような獰猛な獣たちを巧みな策略で操りながら、渡り切ったのである。セイレーンたちが自分たちの側を船で通過しようとする者たちに襲いかかる獰猛さは尋常なものではなかった。[2]もっとも、セイレーンたちは側を通り過ぎようとする者たちを、良く響く歌声で騙すのがいつものやり方だった。その甘美な声に聞き入らせて、引き寄せるのであった。詩人たちが言うには、オデュッセウスはそのことを知るや、仲間たちの耳を蠟で塞ぐ一方、自分自身を船の帆柱に縛りつけることによって、セイレーンたちの歌声を聞きながら、害も受けずに通り過ぎたと言う。[3]私は本書の聴衆〔読者〕も、同じようにしてくれるよう忠告したい。すなわち、一つは、〔自分の〕弱さを知って、耳を蠟で塞いでから、異端者たちの教説〔の海〕を渡り切ることである。そしてそれに聞き入ることがないようにするのである。〔なぜなら、〕それはあのセイレーンたちの禍の歌声のように(3)、容易に〔あなたがたを〕信じ込ませて、快楽へと連れ込むからである。もう一つには、自分自身をキリストの柱〔十字架〕に縛りつけ、それにしっかり耳を傾けて、心を騒がせないことである。そして、現に繋ぎ止められているところに信頼して、正しく立ち続けることである。

## バシリデース

**一四** さて、ここまでの六巻で、先行する異端派の教説を暴露したから、今やバシリデースが唱えていることについても、黙過するべきではないと思われる。それは、実はスタゲイラのアリストテレスの学説に他ならず、キリストの教えではないのである。ただし、アリストテレスの学説は、すでに前述ずみである(4)。それでもわれわれは、以下で述べることに先立って、ここでももう一度要約的に述べることをためらうべきではないだろう。それは読者の方々に、両者を間近に並べて比較することで、バシリデースによる教説がアリストテレースの教説にまことしやかに手を加えたものに過ぎないことを、容易に了解していただくためである。

### アリストテレス再論

**一五** 1 アリストテレスは実体《ウーシア》を三つに区分している。すなわち、一つは「類《ゲノス》」、もう一つは、彼曰く、「種《エイドス》」、さらにもう一つは「個体《アトモン》」(5)である。ただし、「個体《アトモン》」とは、身体《ソーマ》の微小さゆえにそう呼ばれるのではなく、その本性ゆえに、それ以上の分割を受け入れることができないもののことである。2 「類《ゲノス》」というのは、言ってみれば、たくさんの異なる種類の種子《スペルマ》が山積みになって混ぜ合わさっている状態のことである。現に生成して存在している事物のあらゆる「種《エイドス》」が、その言わば山積みになっている「類《ゲノス》」から取り出されて、区別される。「類《ゲノス》」はただ一つで、すべての生成したものに対して十分である。(6) どういう意味でこう言われるのかをより明瞭にするために、私は以下で一つの事例を示すことにしたい。その事例によって、ペリパトス学派の理論全体を跋渉することになるであろう。

一六 1 われわれは何か特定の動物のことを指さずに、むしろ抽象的に「動物《ゾーオン》」の存在について語ることがある。すなわち、今問題になっている「動物」は、牛のことではなく、馬のことでもなく、人間のことでもなく、〔神のことでもなく、〕その他何であれ明らかにこのようなものの一つではない。むしろそれは抽象的に「動物」である。まさにこの意味での「動物」からこそ、個々に存在するすべての動物の概念《イデアイ》が実体《ヒュポスタシス》を得ているのである。2 そしてこの意味での「種」を具えていない動物こそが、「種《エイドス》」を具えて生成した個々の動物たちにとっての〈始原《アルケー》〉〔原理〕なのである。(7) それは個々の生成した動物たちの一つではない。例えば人間という動物は、その〔類としての〕「動物」から始原〔原理〕を得ているのである。馬という動物も、その〔類としての〕「動物」から始原〔原理〕を得ているのである。〈人間、〉馬、牛、犬、その他のどの動物も、その抽象的な「動物」から始原〔原理〕を得ているわけである。しかし、その始原そのものは、これらの概念の一つではない。

一七 そのように、もしその〔抽象的な〕「動物」がこれらの概念の一つではないとすれば、アリストテレスの言う生成した個々のものの実体《ヒュポスタシス》というのは、存在しないものから生じたことになる。(8) すなわち、それらの〈個々の動物〉が、そこから取られている〈あの〉〔抽象的な〕「動物」は、「無」(9) なのである。しかし、それは

「無」でありながら、実在する〔個々の〕ものの唯一の始原〔原理〕となったわけである。それでは、〔遅れて〕生じて来た〔個々の〕ものにとってのその存在〈しない〉始原〔原理〕を、[10]一体誰がもたらしたのか。このことについては、われわれはやがて後ほど本巻の適当な場所に到達した時に語ることにしたい。

**一八** 1 すでに私が述べた通り、実体《ウーシア》は、「類《ゲノス》」、「種《エイドス》」、「個体《アトモン》」の三つに〈区分される〉。われわれは、その内の「類《ゲノス》」については、「動物」がそれに当たること、また、「人間」が、沢山存在する動物の中から区分された「種《エイドス》」に当たることを明らかにした。しかし、この〔「人間」という〕「種《エイドス》」は未だ包括的で、実体《ウーシア・ヒュポスタテー》に〔個別的な〕形《モルフェー》を与える「種《エイドス》」にはなっていない。[11]そこで今や私は、あの「類《ゲノス》」から〈部分として〉取られた「人間」に、それぞれの名前によって形を与えてみよう。すなわち、ソクラテス、ディオゲネース、あるいはその他、沢山ある名前の一つで名付けるのである。そうすると私は、名前によって「類《ゲノス》」〈から〉〔具体的な〕「種《エイドス》」になった人間を手に入れるわけである。私はそのような実体《ウーシア》のことを「個体《アトモン》」と呼ぶ。2 すなわち、「類《ゲノス》」は「種《エイドス》」に分割され、「種《エイドス》」は「個体《アトモン》」に分割されたのである。さらにそれは名前によって把握されるものとなる。そうなると、それは、われわれが前述の二つ〔「類」と「種」〕を分割したようには、もはや他の何かに分割され得ないのである。

アリストテレスが第一義的に「実体《ウーシア》」と呼ぶもの、しかも語の最も強い意味で、非常に頻繁にそう呼ぶものは、そのようなものであって、目の前にある何かに対して言われるわけでも、その中に在ると言われるわけでもない。[12] 3 目の前にある何かを指して語るのは、例えば「類《ゲノス》」である。例えば、私がすでに言及した「動物」がそれであって、これは現に存在している個々の動物を指している。すなわち、牛、馬、その他これに類するものが、共通のその概念によって言われるわけである。例えば、人間は動物である、馬は動物である、牛は動物である、そしてその他のものもそれぞれ動物であると述定することは正しい。これが「目の前にある何かに対して」と言われる意味である。すなわち、「種《エイドス》」としては互いに異なる多くのものに対して、同じ一つのことが言われ得るのである。4[13]なぜなら、馬も牛も、動物である点では、人間と何も違わないからである。動物の定義はすべての動物に当てはまるものとして言われているわけである、なぜなら、もしわれわれが動物とは一体何なのかを定義するとすれば、共通の定義がすべての動物を包括するべきだからである。例えば、動物とは有魂の実体であり、感覚を具えているという定義である。牛、人間、馬、その他どの動物もこの通りである。

5それに対して、「目の前にあるものの中に在る」とアリストテレスが言うのは、「一定のものの中に部分として存在することができないもの、それが現にその中にあるものを離れては存在できないもの」のことである。[14]すなわち、〈これは〉実体がそのつど具えることになる偶発的なもののことであり、「性質《ポイオテース》」と呼ばれる。[15]それに従って、われわれが一体どのような性状をしているかが語られる。例えば、白い、甘い、黒い、正しい、不正、思慮深い、〈思慮がない〉、その他これに類することである。[16]これらはすべて、それ自体として生じることは出来〈ず〉、何かの中に在るのでなければならない。

6さて、私があらゆる個々の動物に対して口にする「動物」〔という「類」概念〕と、また、すべてのものにたまたま具わっていることが見出される偶発的なものと、その両方ともに、それぞれそれ自体では生じてくることができないものだとすれば、〔アリストテレスによって〕三つに区分された実体は、何か別のものから構成されているわけではなく、むしろ存在しないものから構成されたことになる。[17]したがって、アリストテレスによれば、第一義的に語の最も強い意味で、非常に頻繁にそう呼ばれる「実体《ウーシア》」とは、そのようなものに由来しているのである。つまり、存在しないものから〈生じて〉来ているわけである。

一九 1 実体《ウーシア》に関しては、以上述べたところで十分であろう。実体《ウーシア》は、「類《ゲノス》」、「種《エイドス》」、「個体《アトモン》」と呼ばれるだけではなく、「質料《ヒューレー》」、「形相《エイドス》」、「剝奪《ステレーシス》」とも呼ばれる。しかし、分割が行われる点では、これらの呼び方の間に違いはない。実体とはそのようなものであるとして、この宇宙《コスモス》の秩序は、彼〔アリストテレス〕によれば、ほぼ次のように生じてきたのである。

2 宇宙は、アリストテレスによれば(18)、多くの異なる部分に分かれている。宇宙の内で、大地から月までの部分は、前もっての思考力も舵取りもないまま、自分自身の自然《フュシス》だけで自足している(19)。その月から上(20)、天の栄光の輝きまで〈の部分〉は、全き秩序、摂理《プロノイア》、舵取りの中にある。3 天の栄光の輝きは、言わば第五の実体であって、宇宙を構成している自然界のすべての元素から分離されている。そのために、それは、アリストテレスによれば、第五の実体であり、言わば超宇宙的《ヒュペルコスミオス》な実体なのである。

宇宙がこのように区分されることに対応して、彼〔アリストテレス〕の哲学の論述も区分された。4 すなわち、まず自然学《フュシケー》が生まれた。そこでの彼は、大地から月までの事物が自然《フュシス》のままに進んでいて、摂理《プロノイア》によって統率されていないことの論述に努めている。さらに彼は『形而上学(21)』と題された別の本を著した。それは月よりも上(22)にある事柄について論じる著作であった。彼はさらに第五の実体についての独立の著作(23)を著した。それは神について論じるものである。万有の区分は、概説すれば、ほぼこのようなものであり、それがアリストテレスの哲学〈の区分でもある〉。

5 彼の『心魂について』という著作は明解ではない。全部で三巻にわたるこの著作でアリストテレスが心魂に関して何を考えているのか、明確に語ることはできない。たしかに、彼が心魂に〈ついて〉下している定義を語るのはやさしい。しかし、その定義で一体何が明らかにされているのかの見極めがむずかしいのである。

6たとえば、心魂とは――と彼曰く――自然の有機体としての身体《ソーマ》の「エンテレケイア」（ἐντελέχεια）だと
言う(24)。ところが、これが一体何のことかとなると、〈実に多くの〉言葉と一大探求が必要なのである。神はす
べて善いものの原因者である〔と言う〕。その神が心魂に属するということは、どれほど透徹した観察眼を具
えた理性にとっても、了解が困難である。7アリストテレスが神について行っている次の定義も、覚えるのは
やさしいが、理解は如何とも為しがたい。すなわち、彼曰く、「〔神とは〕思考の思考《ノエーシス》である」と言う(25)。しか
し、これはまったくもって〔具体的に〕有るものではない。アリストテレスによれば、宇宙は不滅かつ永遠で
ある。それは自分の中に不足を抱えていない。なぜなら、摂理《プロノイア》と自然《フュシス》によって統率されているからである。8
しかし、アリストテレスは、ただ自然、宇宙、摂理《プロノイア》、そして神についての著作を著したばかりではなく、倫理
について論じる著作も著していて、それらを『倫理学著作集』と銘打っている。それによって彼は聴衆〔読
者〕たちの劣悪なモラルを改善しようと努めているのである。
9さて、バシリデースは、アリストテレスの学説を、その権能だけではなく、言葉遣いと文言そのものにお
いても、われわれが使っている福音書の救いの言葉に無理矢理調和させていることが明らかになった。そうだ
とすれば、〈われわれに〉残されていることは何かと言えば、彼の弟子たちに対して、それとはまるで違う種
類のものを提供して、キリストは異教徒である彼らには何の利益ももたらさない(26)ことを示すことしかないでは
ないか。

二〇 1 その(27)バシリデースと彼の実子のイシドーロスが言うには、マティアがある時彼らに隠された言葉を語っ
てくれたのだそうである。マティアはそれらの言葉を、直接救い主から一対一で教えられて聞いたのだと言
う(28)。そこでわれわれは、バシリデースとイシドーロスが、さらには彼らの周りの輩が、どれほど明白にマティ

アのみならず、救い主自身さえも欺き侮辱しているか、確認してみよう。

## バシリデースの神話

2 彼(29)が言うには、「かつて何にもない(30)時があった」。ただし、「その『何もない』ということそのことが、何か
存るものの一つだというわけではない。そうではなくて、あらゆる美辞麗句と難渋さを避けて端的に言うが、
全く何一つなかった(31)のである」。彼がさらに言うには、「わたしが『かつて〜あった』と言う場合、わたしは
〔何かが〕在ったと言っているのではない。むしろ『かつて〜あった』は、〔あくまで〕わたしがそれによって
示したいことの記号なのである。すなわち」、――と彼曰く――「わたしは全くもって何もなかったと言いた
いのである。3 なぜなら」、――と彼曰く――「『言葉で表現できない』と名付けられる〈もの〉、それは〔そ
う名付けられるものである以上〕端的に言葉で表現できないものではない。すなわち、〔本当に〕言葉で表現
できないものは『言葉で表現できない』とも名付けられ得ないわけであるから(32)。それはむしろ」――と彼曰く
――「あらゆる名付けられ得る限りの名前を超越しているのである(33)」。

4 彼曰く、「この宇宙がかくも多種多様であってみれば、名前は〔いくつあっても〕足りず、不十分なままだからである」。彼曰く、「わたしは〔万有の中の〕あらゆる〈事物〉に対して妥当な名前を見つけることは請け合えない。むしろ、名辞によらず、〔すなわち、言葉に出さず、〕思考《ディアノイア》そのものによって(34)、〔あらゆるものの〕特性を把握しなければならないのである。なぜなら、これまでにも同音異義語が、聴衆たちの間で不安を掻き立て、事柄を迷わせてきたからである」。

5 彼ら〔バシリデースの輩〕はこれをペリパトス学派からの第一の分捕り品あるいは盗品として使って、彼らに付き従ってくる思考の足りない者たちを騙している。アリストテレスはバシリデースよりも何世代も先に

生まれて、すでに『範疇論』の中で[35]いろいろな同音異義語について論述しているのである。それをこの輩はあたかも自分たちが新しく紡ぎ出したかのように、また、マティアが語った何か隠された言葉であるかのように見せびらかして、大法螺を吹くのである。

二 1〈さて〉、かつて何もなか〈った〉時、質料《ヒューレー》も、実体《ウーシア》も、実体なきもの《アヌーシオン》も、単純なものも、複合的なものも、〈思考可能なもの《ノエートン》も、知覚可能なもの《アイステートン》も〉[36]、思考不可能なもの《アノエートン》も、知覚不可能なもの《アナアイステートン》も、人間も、天使も、神も、その他如何なる名付けられるものも、あるいは、知覚によって把握される如何なるものも、あるいは思考される如何なるものもなか〈った〉時、否、すべてのものが未だこのように細かく、かつ端的に区画されていなかった時、[37]存在しない神——すなわち、アリストテレスが「思考の思考」と呼び[38]、この〔バシリデース〕派の者たちが「存在しない神」と呼ぶ神——が、思考せず、知覚せず、意志せず、予定せず、感情もなく、欲求もないまま、この世界《コスモス》を造ろうと欲したのである。2ただし、わたしが——と語るのは彼〔バシリデース〕である——今「欲した」と表現しているのは、あくまで記号としてであり、神は意志せず、思考せず、知覚せずにそうした〔欲した〕のである。また、「世界《コスモス》」とは、広がりと区分による世界、すなわち、やがて遅れて生成して、〔さまざまな部分へ〕分岐して行った世界のことではなく、むしろ世界の種子《スペルマ》のことである。3その世界種子は自分自身の中に万物《パンタ》を内包している。それは、ちょうど芥子種がすべてのものを同時に極小の形で内包しているのと同じである[39]。すなわち、根、茎、枝、無数の葉、その株に結ばれる芥子の実の中の種子、それから生じてくる別の株、さらにまた別の株に繰り返し孕まれる種子を内包しているのと同じである。

4このようにして、存在しない神が、存在しない世界を、存在しないものから造ったのである。すなわち、彼は一つの種子を出現させて存在に導いたが、それは自分の中に、やがて世界全体となる汎種子《パンスペルミア》[40]を丸ごと内包していたのである。(41) 5 彼ら〔バシリデース派〕の言っていることを、私の立場からさらに明確にするために言えば、今ここに、孔雀のように彩りも鮮やかで、極彩色の鳥の卵がある。あるいはそれよりもさらに姿も複雑で極彩色な鳥のものでもよい。その卵はたった一つなのに、自分の中にその鳥の多様な形、色、骨格の実体を、それぞれ理念《イデアイ》としてすでに内包しているのである。それと同じで――と彼曰く――、存在しない神によって生み出された存在しない種子も、世界の多様な形と実体の〈汎種子《パンスペルミア》〉を内包しているのである。

三 1 さて、言葉で言えるかぎりのものすべて、あるいは未発見であるために言及せずにおかざるを得ないものも含めて、すべてのものが、(42)その種子の中に貯えられていた。その種子からこれから生じて来ようとしている世界に、すなわち、偉大な神の働き――それがどれほどのものかを、被造物はたとえ思考《ノエーシス》を働かせても口にすることができなかった――によってこそ増殖されて行く世界に、それぞれに必然的に定められた時機《カイロス》に準じて適合しようとするものもすべて、〈未だ存在しないものの、やがて生じてくるべきものとして前もって意図されて〉、(43)その種子の中に貯えられて待機していたのである。それは、ちょうど産まれて間もない幼児にやがて歯が生えて来て、父親の性質や気質が具わり始めるのをわれわれが目にするのと同じである。加えて、その幼児がその後間もなく若者に成長した時には、それまではなかったものが具わってくるのと同じである。

2 ところが、「存在しない神」から流出《プロボレー》されたものが「存在しないもの」となった、と主張することは無理であるから、(44)――というのは、バシリデースは、事物の実体が〈生成してきたのは〉流出《プロボレー》によるという見方を完全に避けて、それを怖がっていたからである。なぜなら、神が世界を仕上げるのに、一体どのような流出が必要だと言うのか。また、一体どのような質料〔物質〕が現にそこに在ることが必要であろうか。それでは、まるで蜘蛛が〔巣を張るのに〕糸を必要とし、死ぬべき人間が何かを仕上げるために、銅、木材、その他何か素材を必要とするのと変わらないではないか！　――　3むしろバシリデースが言うのは、こうである。「〔主が〕言われた。するとそのようになった(45)」とある。そして、この男たち〔バシリデース派〕が言うには、これこそがモーセによって「光あれ。すると光があった(46)」と言われている意味なのだそうである。彼〔バシリデース〕曰く、その光は何処から生じたのか。何もない無からである。なぜなら、――と彼曰く――何処からかは、書かれておらず、そう語る者の声によって〈そうなった〉とだけ書かれているからである。ところが、そう語っている者は存在していなかったし、生成したもの〔の一つ〕でもなかった。

4彼曰く、世界種子は存在しないものから生じたのであり、その〈存在しない〉世界種子こそが「光あれ」と言われていた言葉に他ならない。彼曰く、これこそが、福音書の中で、「すべての人間を照らす真の光があって、世界の中へやって来ようとしていた(47)」と言われている意味なのだそうである。5〈世界全体〉はあの種子に始原を有し、それによって輝くのである。この種子こそ、自分の中に汎種子《パンスペルミア》全体(48)を内包しているのである。それをアリストテレスは「類《ゲノス》」と呼んで、無数の「種《イデアイ》」に分割されると言うのである。すなわち、われわれが「動物」〔という「類」〕を、牛、馬、人間に分割する通りである。その「類《ゲノス》」とは〔概念であるから、具体的に〕存在するものではないのである(49)。

6彼ら〔バシリデース派〕が言うには、そのように世界種子が根底にあるわけだから、たとえわたしが――と言うのは彼〔バシリデース〕であるが――その後で何かが生じてきたと言うことがあっても、それが何処から生じてきたのか探求してはならない(50)。なぜなら、それ〔世界種子〕はあらゆる種子を自分の中に貯えて持っていたのであるから。あらゆる種子は、たしかに未だ存在していないが、やがて生じるべきものとして、存在しない神によって、前もって意図されていた、そう言っても同じことである。

7さて(51)、それでは次にわれわれは、その世界種子から第一、第二、第三に一体何が生じてきた、と彼らは言うのか、確認することにしょう。彼[52]〔バシリデース〕曰く、世界種子の中には、「子性《ヒュイオテース》」[53]が三つに区分されて含まれていた。それらはどれも存在しない神と完全に本性が等しく、存在しないもの〔複数〕から生まれてきた。この三つに区分された「子性《ヒュイオテース》」の一つは、軽いものであったが、別のそれは〈重く〉、もう一つはなお浄化を必要としていた。

8 まず最初に軽い「子性《ヒュイオテース》」は、世界種子が存在し〈ない〉神から最初に生み出された時、直ちに飛び出して、下方から上方に向かって、駆け上って行った。その速さたるや、例えばある詩人が、

鳥の翼か、胸の思いのよう〔であった〕[54]

と歌っているのに似ていた。そしてそれは――彼〔バシリデース〕曰く――あの存在しない者〔神〕のもとに到達したのである。なぜなら、その存在しない者〔神〕の卓抜した美しさと麗しさには、すべての本性がそれぞれの仕方で憧れるものだからである。[55]

9 さて、より重い「子性《ヒュイオテース》」は、なおも世界種子の中にとどまったままであった。そしてその本性は模倣に傾くものであったが、上方へ駆け上って行くことはできなかった。というのは、自分自身の「子性《ヒュイオテース》」のゆえに上方へ駆け上って行ったもの〔第一の「子性」〕が具えていた軽妙さにくらべると、こちらの「子性《ヒュイオテース》」には、軽妙さが不足していたのである。そのために、後に取り残されたのである。10 そこで、このより重い「子性《ヒュイオテース》」は、自分自身に羽を生えさせた。それはアリストテレスの師にあたるプラトンが『ファイドロス』篇[56]の中で、心魂に羽を与えているのと同じ具合であった。ただし、バシリデースはそれを羽とは呼ばず、「聖霊《プネウマ・ハギオン》」と呼ぶのである。「子性《ヒュイオテース》」はその聖霊を着ると、自ら善行を施すと同時に、善行を施されること

にもなるのである。11 善行を施すというわけは、こういうことである。すなわち、鳥の羽は、当の鳥から切り離されてそれ自身だけとなったのでは、上方の高みに向かって飛翔することはとてもできない。それと同じように、当の鳥も羽が壊れてしまっては、やはり上方の高みに向かって飛翔することはとてもできないであろう。重い「子性《ヒュイオテース》」は聖霊に対して、逆に聖霊は重い「子性《ヒュイオテース》」に対して、ほぼそれと同じ関係であったのである。

12 この「子性《ヒュイオテース》」は聖霊によって、あたかも羽によってそうされるかのように、上に向かって運ばれてゆくのだが、それは同時に、その「子性《ヒュイオテース》」が羽、つまり聖霊を上に運んでいるということでもある。そしてそれは、あの軽妙な「子性《ヒュイオテース》」と存在しない神――つまり、存在しないものから〈存在しない世界〉を造った創造者《デーミウールゴス》――のすぐ側までやってきたが、軽妙な「子性《ヒュイオテース》」と同じ境遇になることはできなかった。なぜなら、それ〔重い「子性」〕はこの〔軽妙な〕「子性《ヒュイオテース》」と同じ本性を持っていなかったからである。13 ちょうど魚にとっては、清潔で乾いた空気が自分の本性に反し、滅びをもたらすものにほかならない(57)のと同じで、聖霊にとっても、あの存在しない神の領域は、言葉で表せないもの以上に言葉に表せず、あらゆる名前を超えた彼方にある領域であるがゆえに、本性に反するものであったのである。

そのために、〔重い〕「子性《ヒュイオテース》」は、思考の対象ともなり得ないほど、そしてその特徴を言葉で表すこともできないほど浄福なその領域に近づい〈たとき〉、聖霊を置き去りにしたのである。ただしその際、聖霊はその「子性《ヒュイオテース》」から、まったくもって完全に裸にされ、切り離されてしまったわけではなかった。14 むしろ事情はこうであった。例えば、芳香を放つ油を一度瓶の中に入れてから、今度は細心の注意を払ってその瓶を空にすると、油が瓶から外へ移された後でも、油の香りはそこに残っており、逆に瓶の方も、もう油はないのに、油の香りを〈とどめている〉ものである。(58) ちょうどそれと同じで、聖霊もその「子性《ヒュイオテース》」とのつながりを失って、切り離されてしまったものの、それでも自分の中に言わば油の力を、つまり〈重い「子性《ヒュイオテース》」の〉香りを保っているのである。15 そしてこれこそが、「頭上に注がれた油が、アロンの髭にまで滴った」(59)と言われている意味なのだそうである。すなわち、上にいる聖霊からの香りが下方に向かって運ばれ、今現にわれわれがいるこの無定形の深みにまで降りてきたというのである。まさにそこから、かつて重い「子性《ヒュイオテース》」は、言わば鷲の翼と――彼〔バシリデース〕曰く――背中に乗せられて運ばれ(60)、上に向かって飛翔し始めたのであった。16 なぜなら、万物が下から上へ、劣悪なもの〔複数〕からより善いもの〔複数〕へと急ぐからである。しかし、より善いもの〔複数〕の中には、下方に降りて来ようとしないほど愚かなものは何もないのである(61)。彼〔バシリデース〕曰く、なお浄化を必要としている第三の「子性《ヒュイオテース》」は、あの巨大な山積みの汎種子《パンスペルミア》の中にとどまったまま、〈自ら〉善行を施す一方、善行を施されている(62)。如何にして、善行を施されると同時に、自ら善行を施すのか。このことについては、われわれは本巻の論述が然るべき場所に来た時に(63)、語ることとしたい。

二二 1 さて、「子性《ヒュイオテース》」の第一と第二の駆け上がりがすでに起きて、聖霊が、前述のような次第で、同じところに、すなわち、超世界的な領域とこの世界の中間に定められた天蓋《ステレオーマ》としてとどまっていた時(64)、2 ――(65)というのは、バシリデースによると、存在するものは、二つの主たる領域に区分されるからである。その内の一つは、彼によれば、世界《コスモス》と呼ばれ、もう一つは超世界的領域と呼ばれる。そしてその世界と超世界的領域の間に〈置かれた〉境界《メトリオン》が前述の聖霊であり、自分の中にあの〔重い〕「子性《ヒュイオテース》」の香りをとどめているのである(66)。――3 さて、〈こうして〉天の上側に天蓋《ステレオーマ》が在ることになった時、あの世界種子と山積みのままの汎種子《パンスペルミア》から、一人の大いなるアルコーン（支配者）が生み出されて立ち上がった。それは世界の首領であり、それに具わった美しさ、威厳、そして権能は言葉にしようがないほどのものだった。すなわち、彼〔バシリデース〕曰

く、言葉で表せないと言う以上に言葉にできず、権能に満ちていると言う以上に権能に満ち、知恵に富むと言
う以上に知恵に富み、その他どのように形容しようとも、それ以上に美しく、しかも善なるものであった。
4さて、この者は生まれるや否や、立ち上がり、自分を高めていった。彼は上の天蓋まで到達すると、その
天蓋で自分の上昇の道が終わり、それ以上の高みはないのだと考えた。それ以上にはもはやまったく何もない
と思ったのである。こうして、たとえ世界の中になお何があろうとも、すべて彼の下位にあって、彼はそのす
べてよりも知恵があり、群を抜き、栄光に輝いて、たとえ人が他にどんな美しいものを挙げようと、それより
さらに抜きん出た者となったのである。ただし、未だなおあの汎種子《パンスペルミア》の中に残されたままの「子性《ヒュイオテース》」だけが
例外であった。なぜなら、それが彼に勝って知恵があり、権能に富み、善でもあることを彼は知らなかったか
らである。5さて、彼は自分こそが主であり、独裁者であり、知恵に富む建築家(67)なのだと思い込み、今や世界
をその中にあるべきあらゆる事物を含めて創造することに手をつけた。彼がまず最初に欲したのは、一人のま
まではいないことだった。そこで彼は眼下にあるものから、自分のために一人の息子を創造して、産み出し
た。その息子は彼自身よりもはるかに善良で、知恵にも富んでいた。6なぜなら、このことはすべて、存在し
ない神があの汎種子《パンスペルミア》を生み出したときに、すでに前もって計画していたことであったからである。さて、彼
〔独裁者、建築家〕は息子を見ると、驚嘆しながらも好きになったが、同時に仰天した。その大いなる支配者
の目には、自分の息子の見事さは、それほどのものと見えたのである。そこで支配者は息子を自分の右の座に
坐らせた(68)。7これが彼ら〔バシリデース派〕の間で、「オグドアス」(第八の者)と呼ばれるものであり。そこ
に前述の大いなるアルコーン(支配者)が座しているのである。天から上の被造世界、すなわち、精霊の大気《アイテール》
は、その全体が、その大いなる知恵者の造物主《デーミウールゴス》が仕上げたのである。ただし、その彼を通して働き、彼の基
盤となったのは、彼の息子なのである。その息子の方が造物主《デーミウールゴス》よりもはるかに知恵に富んでいたからである。

**二四** 1 これは、アリストテレスが自然の有機体としての身体《ソーマ》の「エンテレケイア」（ἐντελέχεια）(69) と呼ぶもの、すなわち、身体において働いている心魂《プシュケー》のことである。身体《ソーマ》は、それを離れてはまったく働くことができない。それは身体《ソーマ》よりも大いなるもの、より卓抜で、より能力と知恵に富むものである。アリストテレスこそ、最初に心魂《プシュケー》と身体《ソーマ》について論じたわけであるが、バシリデースはその論を大いなるアルコーンとその息子に関して敷衍しているのである。2 すなわち、バシリデースによれば、そのアルコーンが息子を生んだのだが、アリストテレスが言うのは、心魂が自然の有機体としての身体の働きと結果、つまりエンテレケイアだということである。さて、そのエンテレケイアが身体を統率しているのと同じように、バシリデースによれば、息子がすべての言葉に表せないものに勝ってさらに言葉にできない神〔前述の大いなるアルコーン、造物主〕を統率しているのである。

3 したがって、〔上から下方の〕月までの領域のすべての精霊の大気《アイテール》の領域は、その大いなるアルコーンのエンテレケイア〔息子〕によって、予め見透され、統率されているわけである。そこから、〔下方の〕通常の大気《アエール》が、精霊の大気《アイテール》から分けられるのである。

さて、精霊の大気の領域がすべて整えられ終わったとき、(70) またあの汎種子《パンスペルミア》からもう一人別のアルコーンが登場してきた。たしかに、そのアルコーンは、〔汎種子の中に〕まだ残されたままの〔第三の〕「子性《ヒュイオテース》」を別とすれば、彼に属するものすべてよりも大いなる者であったが、前述の第一のアルコーンよりははるかに劣っていた。それでも、このアルコーンもまた、彼ら〔バシリデース派〕の間では、言葉で言い表せないものと言われている。4 この者が「ヘブドマス」（第七の者）と呼ばれる場所である。この者が彼に従うすべてのものの統率者であり、創造者《デーミウールゴス》である。彼はさらに、自分のために、汎種子《パンスペルミア》から息子を生んだ〔造った〕。ところが、その息子は彼よりも考え深く、知恵にも富んでいた。この消息は第一の〈アルコーン〉についてすでに述べたところとそっくりである。

5 この眼下の〔下方へ最も遠く〕隔《ディアステーマ》たった場所にあるものは、――彼〔バシリデース〕曰く――あの山積みのものと汎種子《パンスペルミア》である。そして〔そこでは〕生じるべきものが本性に準じて生じて来る。(71) そのことについては、何時、何が、どのように生じるべきなのか、来らんとすることの計画を立てていた者〔存在しない神〕によって、すでに前もって語られていた通りである。そしてこれらの点については、誰一人それを監視する者、考えを巡らす者、演出する者もいないのである。なぜなら、あの存在しない〈神が世界の〉創造の時に立てた計画で十分だからである。

二五 1 彼ら〔バシリデース派〕によれば、この世界全体とその上にある超世界的領域が完成されたとき、そこには不足は何もなかった。ただし、汎種子《パンスペルミア》の中にはまだ第三の「子性《ヒュイオテース》」が残っていて、その種子の中で、善行を施し、施されを繰り返していた。そしてこの残された「子性《ヒュイオテース》」も、明らかにされ、上方へ立て起こされる必要があった。すなわち、上方で、中間の境界《メトリオン》である〔聖〕霊をも超えて、あの軽妙な「子性《ヒュイオテース》」と模倣の「子性《ヒュイオテース》」(72)、さらに、存在しない神のもとに到達しなければならないのであった。彼〔バシリデース〕曰く、それは「〈今に至るまで〉被造物自身もうめき、産みの苦しみを味わいながら、神の子らの出現に与ることを待ち望んでいる」(73)と書かれている通りである。2 ただし、――と言うのは彼〔バシリデース〕であるが――ここで「子ら」とあるのは、われわれ霊的な者たちのことである。われわれがここに残されてきたのは、この下方に遠く隔《ディアステーマ》たった場所に本性からとどまり続けようとする心魂を、整え直し、形造り、矯正して完成へともたらすためであった。(74)

それは「アダムからモーセの時までは、罪が力を揮った[75]」と書かれている通りである。3すなわち、あの大いなるアルコーンが王として権力を揮ったのである。彼の目指すところは天蓋〔中間の境界、聖霊〕の手前まで及び、自分こそが唯一の神であって、自分より上にはもう何もないと思い込んでいたのであった[76]。なぜなら、〔そこから上の〕すべてのことは、押し隠す沈黙によって守られていたからである。彼〔バシリデース〕曰く、これこそが秘義である。それはこれまでの世代には知られずにきた[77]。それらの時代に、王であり主であったのは、おそらく、あの大いなるアルコーン、すなわち「オグドアス」〔第八の者〕であった。4それに対して、この下方へ隔たった《ディアステーマ》場所に、王および主として君臨したのが、〈もう一人のアルコーン〉「ヘブドマス」〔第七の者〕であった。その際、「オグドアス」〔第八の者〕は言葉で表現できない者であったが、「ヘブドマス」〔第七の者〕は言葉で語り得る者であった。彼〔バシリデース〕曰く、この「ヘブドマス」〔第七の者〕の[78]アルコーンこそが、モーセに向かって、「わたしはアブラハム、イサク、ヤコブの神である。ただし、わたしは彼らに、神の名は明かさなかった[79]」と言った者なのだ。──彼ら〔バシリデース派〕は、これがこの箇所に書かれていることの解釈だと言いたいのである。──ということは、すなわち、「オグドアス」〔第八の者〕を支配する神の名は言葉で表せないという意味である。5彼〔バシリデース〕曰く、救い主〔イエス〕以前に登場したすべての預言者たちは、この〔ヘブドマスの〕アルコーンから語ったのである。

　さらに彼〔バシリデース〕曰く、さて、神の子らであるわれわれの出現すべき時がきた。被造物が──と彼がさらに曰く──うめき、産みの苦しみを味わいながら、それに与ることを待ち望んでいた出現[80]とは、われわれが現れることであったのだ。その時に初めて、福音《エウアンゲリオン》がこの世界に到来した。それはあらゆる支配、権威、〈権力〉、主権[81]、そして名付けられ得る限りのもろもろの名前の間を通っていった。6それ〔福音〕は本当に到来した。ただし、上からは何も降りてきたわけではない。あの祝福された「子性《ヒュイオテース》」が、あの祝福された存在しない神、すなわち、それについて思考することが不可能な神から離れたわけでもない。そうではなくて、むしろインド産のナフサと同じ消息なのである。それは現れるだけで、はるかに隔たったところからさえ、火を呼び寄せる。[82] それと同じように、下方でまだ何の形も具えていなかった山積みのものの中から、もろもろの力《デュナミス》が離れて、上方の「子性《ヒュイオテース》」にまで向かっていくのである。7 なぜなら、「オグドアス」〔第八の者〕の大いなるアルコーンの息子が、中間の境界《メトリオン》〔聖霊〕の背後〔上〕にいる「子性《ヒュイオテース》」から、その考え〔複数〕を、ちょうどインド産のナフサの場合と同じような引きつけ方で、引きつけて、受け取るからである。その「子性《ヒュイオテース》」との境界《メトリオン》に位置する聖霊の中の力が、その〈祝福された〉「子性《ヒュイオテース》」〈から〉流れて運ばれてくる考え〔複数〕を、大いなるアルコーンの息子に伝えるからである。

二六 1 さて、彼〔バシリデース〕曰く、福音は「子性《ヒュイオテース》」から出て、まず最初に、〈大いなる〉アルコーンの傍らに坐っている息子を通して、そのアルコーンのもとへやってきた。このアルコーンは〈自分が〉すべてのものの神ではなかったこと、自分はむしろ産み出された者であって、〈自分よりも〉さらに上位に、言葉で言い表せ〈ず〉、名前で呼ぶこともでき〈ない〉存在しない神と「子性《ヒュイオテース》」という宝物が留保されていることを、学び知った。そして彼は立ち帰った。そして怖れに捕われた。自分がどれほどの無知の中にいたかを了解したからである。2 彼〔バシリデース〕曰く、これこそが、「知恵の始めは主を怖れること」[83] と言われている意味なのだそうである。[84] すなわち、〈アルコーン〉は自分の傍らに坐っているキリストとの問答で教えられて、知恵を身に付け始めたわけである。彼が教えられたのは、存在しない者〔神〕とは一体誰のことなのか、「子性《ヒュイオテース》」とは一体何なのか、聖なる霊とは一体何なのか、すべてのものが造られたとは一体何なのか、そしてそれは一体何処へ向かって立て直されるのかということであった。3 これこそが、奥義として語られる知恵なのである。彼〔バシリデース〕曰く、この知恵についてこそ、聖書が「人間の知恵に教えられた言葉によるのではなく、霊によって教えられた言葉によって〈語られる〉[85]」と言っている意味なのである。彼〔バシリデース〕曰く、問答によって教えられ、怖れに陥ったアルコーンは、自分が高慢なことを口にして犯した罪を告白した。4 彼〔バシリデース〕曰く、それこそが、「わたしはわたしの罪を知った。わたしは自分の無知も認めよう。そしてそのことをとこしえに告白してゆこう[86]」と言われている意味なのである。大いなるアルコーンがそのように悟ったとき、「オグドアス」〔第八の者〕に属する被造物全体も教えられて悟った。奥義が天上の者たちに知らされたのである[87]。

さて、今や、福音は「ヘブドマス」〔第七の者〕のところにも到来しなければならなかった。それは「ヘブドマス」のアルコーンも同じように教えられて、福音の告知に接するためであった。5〈そこで、〉大いなるアルコーンの息子が「ヘブドマス」のアルコーンの息子に光を送った。それは彼〔大いなるアルコーンの息子〕自身が上にある「子性《ヒュイオテース》」から引き寄せていた光だった。「ヘブドマス」のアルコーンの息子はその光によって照らされた。さらに彼〔大いなるアルコーンの息子〕は「ヘブドマス」のアルコーンにも福音を告げ知らせた。すると、彼〔「ヘブドマス」のアルコーン〕も、すでに述べたところと同じで、怖れに襲われて〔罪を〕告白した。

6 こうして、「ヘブドマス」にあるすべてのものも光に照らされ、福音が彼らにも告知されたとき[88]、――というのは、彼ら〔バシリデース派〕によると、同じ〔下方へ遠く〕隔たった場所《ディアステーマタ》〔複数〕と〈もろもろの世界〉もそれぞれが被造物であり、無数の支配、諸力、権威なのである。これらのものに関しては、彼らの間では、多くの者が実に膨大な論を繰り広げている。彼らが言うには、そこには三六五の天があって、それらを支配する大いなるアルコーンはハブラサックス（Ἁβρασάξ）だそうである。その理由は、彼のこの名前を数価に直すと三六五になり[89]、その結果、彼の名前のこの数がすべてを包括するからだと言う。そしてそれは一年も同じ数の日数から構成される理由でもあると言う。――7彼〔バシリデース〕曰く、以上のことが起きたとき、次には、今現にわれわれの周りにある無定形なものが光に照らされること、そして無定形のまま、言わば流産の子のように放置されてきた〔第三の〕「子性《ヒュイオテース》」にも、奥義が啓示されることが必要であった。それはそれまでの世代には知られずにきたものであり、彼〔バシリデース〕曰く、「奥義が啓示によってわたしに示された[90]」と、また「〔その人は〕言い表し得ない言葉を聞いた[91]」とも書かれているのは、そのことを言うのだそうである。

8〈さて〉上の「オグドアス」（第八の者）から「ヘブドマス」（第七の者）の息子に降りて来ていた光は、今や「ヘブドマス」（第七の者）からマリアの子イエスの上に降りてきた。イエスは彼に輝いたその光によって捕えられ、そして照らされた。9彼〔バシリデース〕曰く、これこそ「あなたの上に聖なる霊が下ってくるだろう[92]」と言われている意味なのである。すなわち、その霊は〔上の〕「子性《ヒュイオテース》」から中間の境界である霊を通過して「オグドアス」（第八の者）と「ヘブドマス」（第七の者）へ、〔さらに〕マリアまで降りて来たのである。さらに「そしていと高き者の力があなたを覆うでしょう[93]」とも言われているが、その力とは判断力のことであって、上の〈「子性」の〉頂点から〈降り〉、造物主《デーミウールゴス》を〈経て〉被造世界にまで、つまり〔彼の〕息子にまで至る。10彼〔バシリデース〕曰く、この世界は、無定形のまま取り残されて心魂たちに善行を施したり、施されたりしてきたあの〔第三の〕「子性《ヒュイオテース》」が、定型を与えられ、イエスの後に従うようになるまで、そして浄化されて上方へ駆け上って来るようになるまで、現にある形で存続することになる[94]。その「子性《ヒュイオテース》」は、はるかに軽やかなものとなり、かつての第一の〈「子性《ヒュイオテース》」〉と同じように、自分自身で駆け上って行くことができるようになる。なぜなら、それは、上から下方に向かって輝いたあの光によって、持てる本性を限なく強固にしてもらっているからである。

二七 1 彼〔バシリデース〕曰く、その〔第三の〕「子性《ヒュイオテース》」全体が上って来て、中間の境界、つまり〔聖〕霊を超えるところまで来たときには、被造世界は憐れみを受けることになる。なぜなら、それは今この時に至るまで、呻きと産みの苦しみを続け、神の子らの出現(95)を待っているからである。その憐れみとは、その「子性《ヒュイオテース》」に属するすべての人間たちが、この場所から上昇して行くことである。

彼〔バシリデース〕曰く、そのことが起きた後、神は世界全体の上に、大いなる無知《アグノイア》をもたらすであろう。それはすべてのものが自分の本性に即し、本性に反するようなことは決して何一つ欲しがらないようになるためである。2 すなわち、この遠い隔たり《ディアステーマ》の場所にいるすべての心魂は、他でもないこの場所でしか不死のもの〈として〉とどまることが出来ない本性を有しているのであるから、この隔たり《ディアステーマ》の場所と異なるもの、あるいはそれよりも更に善いものが何かあるなどとは決して考えないであろう。そして高いところにあるものが、下方のものの間で耳にされることも、知られることもないだろう。それはこの下方にいる心魂たちが、あたかも魚たちが山で羊たちと共に牧草を食みたいと欲するかのように、不可能なことに憧れて苦しみに遭うことがないためである。そのような欲求がもし生ずれば、それは心魂たちにとって滅びとなるだろう。3 すべてのものは、自分の場所にとどまる限りは、滅びることがない。しかし、もし本性に即したものから歩み出て、越境したいと思うなら、それは滅びとなる。

同じように、「ヘブドマス」のアルコーンも、〔自分より〕上にあるものを何一つ知ることがないだろう。なぜなら、大いなる無知《アグノイア》がこの者も捕えるからである。「悲しみも痛みも呻きも(96)」彼から離れるだろう。彼は不可能なことを決して求めないだろう。それゆえ、悲しみに遭うこともないだろう。4 同じ無知《アグノイア》は、「オグドアス」の大いなるアルコーンと彼に従っているもろもろの被造物も、残らず同じように捕えるだろう。その結果、自分の本性に反するものに憧れて、痛みに遭うようなものは何もない。こうして、最初に万物の種子《スペルマ》〔汎種子〕の中にそれぞれの本性に準じて基礎を置かれたすべてのものが、立ち上げ《アポカタスタシス》られる。ただし、その立ち上げはそれぞれの時機《カイロス》に従って起きるだろう。

5 なぜなら、——彼〔バシリデース〕曰く——あらゆるものに、それぞれの時機があるからである。それは救い主がいみじくも「わたしの時はまだ来ていない」[97]と言っている通りである。また、占星術師たちが〔救い主の〕星を観察していたの[98]も同じである。なぜなら、——彼〔バシリデース〕曰く——救い主自身〔の誕生〕も、すでにあの大いなる山積み〔の汎種子〕の中で、星たちの生成と〔万物の〕立ち上げ《アポカタスタシス》の次第の中へ、前もって織り込まれていたからである。6 これこそが、彼らの考える内なる霊的な人間[99]であり、心魂的な人間の中にあると言う。——これ〔内なる霊的な人間〕こそが、心魂をこの場所に残して行くあの〔第三の〕「子性《ヒュイオテース》」に他ならない。その心魂は死ぬべきものとしてではなく、本性に即してここにとどまるのである。それはちょうど、第一の「子性《ヒュイオテース》」がかつて上なる領域で、聖霊を然るべき場所に、中間の境界《メトリオン》として残して行ったのと同様である。——それ[100]〔内なる霊的な人間〕は、それまでは自分に属する心魂を身にまとっていたのである。

7 さて、彼ら〔バシリデース派〕が考えていることは一つも見落とさないために、私は次に彼らが福音について言っていることも暴露しておきたい。彼らによると、福音とは超越的な領域についての認識《グノーシス》のことである。すでに明らかになっている通り、あの大いなるアルコーンにはこの認識がなかったわけである。その彼に、聖なる霊、つまり中間の境界《メトリオン》が存在すること、また、「子性《ヒュイオテース》」も存在し、存在しない神がこれらすべてのことの原因者であることが、明らかにされた。そのとき、彼は言われたことを聞いて躍り上がって喜んだ[101]。彼らによれば、これこそが福音なのである。

8他方、イエスは、彼らによると、すでにわれわれも報告したような仕方で、生まれてきたのである。その誕生が前もって言われていた通りの仕方で起きた後は、彼らによれば、救い主に関連するすべてのことが、福音書〔複数〕に書かれている通りに、起きていったのである。彼〔バシリデース〕曰く、それらのことが起きたのは、イエスが混ぜ合わされたもの系統分け《フュロクリネーシス》の端緒となるためであった。9なぜなら、世界は三つに区分されているからである。第一は「オグドアス」である。これは世界全体の頭である――世界全体の頭領とはあの大いなるアルコーンのことである。――第二は「ヘブドマス」である。その「ヘブドマス」の頭領は下方にあるものを造った者《デーミウールゴス》である。そして第三に、今現にわれわれの周りにあるこの遠い隔たり《ディアステーマ》の場所である。そこにあるのは無定形である。世界がこう区分されている以上、混ぜ合わされてしまったものが、イエスの行う仕分けによって、系統別に区分けされること[102]は避けがたいことであったのである。10そのイエスの身体的な部分はもともと無定形に属するものでもあった。この部分は苦難に遭い、再び無定形へと定められた。しかし、イエスの心魂的な部分はもともと「ヘブドマス」に属するものであった。この部分は立ち上がって、再び「ヘブドマス」の中へ定められた。〔イエスの中で〕もともとあの大いなるアルコーンの高さに属する部分は、立ち上がって、その大いなるアルコーンの側にとどまった。しかし、もともと中間の境界《メトリオン》である霊に属するものは、上方〈の天蓋〉まで運ばれて行き、そこで境界《メトリオン》の霊のもとにとどまった。11第三の「子性《ヒュイオテース》」は、〈無定形のまま〉取り残されて、善行を施したり、施されたりしていたが、イエスによって浄化された。そして以上述べたものをすべて通過しながら、あの祝福された「子性《ヒュイオテース》」のもとまで上っていった。

彼ら〔バシリデース派〕の仮説は、言わば汎種子《パンスペルミア》の中での混合《シュンキュシス》、混合されていたものの系統分け《フュロクリネーシス》[103]、そして本来のものへのそれぞれの復興《アポカタスタシス》のことなのである。[104] 12イエスはその系統分け《フュロクリネーシス》の発端となった。〔彼の〕苦難が起きたのは、そのように混合されていたものが系統分けされるためであって、それ以外の何か他のことのためでは決してなかったのである。彼〔バシリデース〕曰く、無定形の中に取り残されて、善行を施したり、施されたりしていた〔第三の〕「子性《ヒュイオテース》」全体が、このようにして系統に分けられねばならない。その分けられ方は、イエス自身が系統に分けられることに応じている。13 バシリデースがエジプトで学んで語った神話は以上のとおりである。彼が彼ら〔エジプト人〕から教えてもらった知恵で結んだ実は、この程度のものだった。[105]

## サトルニロス

二六 1 サトルニロス（Σατορνεῖλος）という名前の人物は、バシリデースと同じ時代に最も盛んに活動した。シリアのアンティオケイアで過ごす間に、ほとんどメナンドロスと同じ教説を説いた。曰く、すべてのものにとって不可知の唯一の父がいて、[106] その父が天使、天使長、もろもろの勢力と権能たちを造ったのだと言う。2 この世とその中にあるすべてのものは七人の天使たちによって造られた。人間も天使たちが造ったものである。すなわち、彼の言うところでは、上なる至高の権威から光り輝く像が出現したのだが、天使たちはその像を即座に捕まえることができなかったのである。なぜなら、その像は再び上へ駆け上っていってしまったからである。そこで天使たちは互いにこう言った、「あの像にかたどり、似せて人間を造ろう[107]」。3 さらに彼〔サトルニロス〕が言うには、事はなされたものの、天使たちの能力が弱かったために、彼らのこしらえ物は立ち上がることができ〈なかった〉。むしろそれは地面を這い回る虫のようであった。上なる力はそれを見て憐れに思った。なぜなら、それはその力に似たものとして造られたものだったからである。そこでその力はいのちの火花を送り出した。4 その火花は人間を起こして〈直立させ〉生きるものとした。このいのちの火花は〔人間の〕最期の後は自分と同類のもののもとへと再び駆け戻っていくが、人間を構成しているその他の部分は自分と同類のものの中へ再び解消されていくのだと言う。

また、彼が主張した説では、ソーテール（救い主）は生まれざる者で、身体も形を持たず、ただ見かけの上で人間として現れたにすぎない。[5]そしてユダヤ人たちの神は天使たちの一人にすぎないとも言う。そしてすべてのアルコーン（支配者）たちが〈彼の[108]〉父を打ち倒そうとしたので、キリストが到来した。それはユダヤ人たちの神を打ち倒し、彼を信じる者たちを救うためであった。というのは、自分の中にあのいのちの火花を持っている者たちのことである。[6]こうして彼〔サトルニロス〕は二つの人間種族が天使たちによって造られたと唱えたことになる。一つは邪悪な種族、もう一つは善良な種族である。そして悪霊たちは邪悪な人間種族を支援した。そのためにソーテール（救い主）がやって来て、劣悪な人間たちと悪霊たちを滅ぼし、善良な者たちに救いをもたらした。

[7]結婚して子をもうけることはサタンからくるのだと彼は言う。彼に追随する者たちの大半は有魂のもの〔肉類〕を食べない。その種の見せかけだけの節制によって〈多くの人々を騙しているのである〉。また、預言については、その内のいくつかはこの世の造物主の天使たちによって語られたものであるが、また別のいくつかはサタンによって語られたのだと言う。そのサタン自身も天使の一人であって、この世を造った天使たちに、とりわけユダヤ人たちの神に逆らう者だと言う。サトルニロスは以上である。

## マルキオン

二九 [1]ポントス出身のマルキオンは、サトルニロス派よりもはるかに気が狂れていて、〈聖書文書の〉多くを省いた上で、さらに大きな破廉恥目指して突き進んだ。すなわち、万物には二つの始原があるという説を唱えたのである。その内の一つは、善なる〈神〉で、もう一つは劣悪な〈神〉だと言う(109)。そして彼自身としては新しい説を導入することになるとの思い込みから、一つの学派を設立した。その学派たるや、愚かな考えと犬のような生活態度で満杯だった。そうなったのも、彼が喧嘩好きな人間だったためである。2 この人物は、自分がキリストの弟子などではなく、実は何世代も前に生きたエンペドクレスの弟子であることを、多くの人の目から隠し通せるだろうと考えたのである。そこで彼は万物の原因は、〔エンペドクレスが説いた〕争い《ネイコス》と友愛《フィリアー》の二つだと定義して、自説としたわけである。3 さてそれでは、そのエンペドクレスは宇宙〔世界〕のたどってきた経過について、一体何を言っているのか。このことについてわれわれはすでに本書の前の方ですでに一度語っているのであるが(110)、ここでも黙って通過しないで〔、むしろ再説して〕この異端の剽窃家に対置してみたい。

### エンペドクレス再論

4 エンペドクレスが言うには、宇宙がかつてそれによって構成され、現に今も成り立っている元素は、全部で六つある(111)。その内の二つは素材的《ヒユリカ》なものであり、土と水がそれである。さらに二つは道具的《オルガナ》なものであり、これらによって素材的元素が整えられ、変えられるのである。火と大気がこれに当たる。さらなる二つが争い《ネイコス》と友愛《フィリアー》であり、今述べた二つの道具的元素を使って、素材に働きかけ、それを形作るのである。このことをエンペドクレスは、こう述べている。

まず最初に聞くがよい。すべてのものの根源は四つある。

〈アイテールの〉ゼウス、命を運ぶヘーレー、アイドーネウス、
そしてネースティス。彼女〔ネースティス〕は涙で地上に泉を流れさせる。[112]

5ゼウスとは火のことであり、命を運ぶヘーレーとは、生きるために必要な稔りをもたらす大地のことである。アイドーネウスとは大気のことである。なぜなら、われわれは何でもその大気を通して目にするが、当の大気だけは目にすることがないからである。[113] ネースティスとは水のことである。[114] なぜなら、すべての養われるものにとっては養分の原因となる水が基盤であるが、その水自体では、養われるべきものを養うことができないからである。6彼曰く、[115] もし仮に水が〔それ自体で〕養うことができるものなら、未だかつて生物が飢えに捕われることは一度もなかったに違いない。[116] なぜなら、水は宇宙の中に溢れんばかりにあるのだから。彼〔エンペドクレス〕がネースティスのことを水と呼ぶわけは、そのように養分の原因となりながら、〔自分だけでは〕養うべきものを養うことができないからである。7したがって、ごく大まかに捕えると、宇宙の基盤全体を構成しているのは、次のものである。まず水と土。生成してきたものはこの二つから来ている。次に、火と風《プネウマ》。この二つは道具的なもの、そして実行するもの。次に、争いと友愛。この二つは巧みに造り出すものである。

8その内、友愛は一種の平和、一致した思い、親密さのことであり、宇宙が完全に一つであるように仕上げるべく予め定められている。他方で、争いは一つになっている宇宙を絶えず引き裂き、分断して、一つのものから多くのものを造り出す。9ただし、争いは被造物全体の原因でもある。彼〔エンペドクレス〕は、争いのことをたしかに「ウーロメノン」(οὐλόμενον)、つまり、「破壊的なもの」と言う。[117] ところが、それが気遣っていることは、この被造世界が世々絶えることなく存続して行くことなのである。〔そのようにして〕破壊的な

ものである争いが、すべて生じたものの生成を造り出す者《デーミウールゴス》かつ創造者でもある。他方では、生じたものから成っている宇宙からの脱出と変容、および一なる状態への原状回復《アポカタスタシス》が友愛である。10 エンペドクレスによれば、この二つのどちらも不死であり、生まれたものでもなく、その昔に生成の緒に就いたこともないものである。そのことを彼は、別の言葉で、こう述べている。

まことに　この永遠不朽の時《アイオーン》は　かつて有り、この先もあるだろう。そして　わたしが思うに、これら二つを空しく手放すことはないだろう。(118)

ここで「これら二つ」とあるのは、何のことか。それこそ、争いと友愛のことである。なぜなら、この二つはいつか生成を始めたわけではなく、その前にすでに在ったからであり、今後も常に在るであろうから。どちらも生成したものではなく、滅びを己が身に甘んじて引き受けることのできないものであるがゆえに。しかし、火〈と水〉、土と大気は、死んではまた生き返る。11 すなわち、争いから生じたものが死ぬ時には、友愛がそれを引き受けて導き、万物に付け加えて、そこに場を与える。その結果、万物は友愛によって不断に同じ仕方、同じ形で整えられ、一つであり続ける。12 逆に、友愛が多から一を造り出し、分断されたものを一に統合する時には、再び争いがその一なるものを分断し、多を造り出す。すなわち、火、水、土、大気、およびこれらのものから生じる動物と植物、その他われわれが宇宙の中に認めることができるさまざまな部分を造り出すのである。13 他方、友愛によって宇宙にはどのような形が整えられるのか。このことについて、彼〔エンペドクレス〕は次のように語っている。

その背中から　二本の枝が揺れることはなく
足もなく、速い膝もなく、生殖器もない
ただ球形で〔どこから見ても〕同じ丸さ(119)

14 友愛はそれほどに〈完全で〉美しい一なる世界のかたちを多から造り出すのである。他方、争いは部分から成るものが設定される原因である。それは今述べた一なるものを引き裂いて、多を造り出す。

そしてこれこそまさに、エンペドクレスが自分自身の出自について語っていることである。

わたしもまた〈今や〉彼らの一人、神から逃げて道に迷う者(120)

すなわち、ここでの彼は一なるものを神と呼んでいる。それは、一なるものが争いによって分断されて現にある多くのもの――その争いによって〈生じた〉多くのもの――の間に来る前に、その中にいた単独性《ヘノテース》のことである。15 なぜなら、彼〔エンペドクレス〕はさらに続けて、「〔わたしは〕〈狂ったような〉争いを〈信じた〉ばかりに(121)」と言っているからである。エンペドクレスはこの宇宙の造物主《デーミウールゴス》を指して、「狂ったような」動揺と不安定に満ちた争いだ、と断言しているわけである。これこそ、争いが一なるものから分断して、手を加えて造り上げる心魂たちに用意された刑罰と強制のことに他ならない。そのことを彼はこう語っている。

16 〔争いゆえに〕悪事を犯しておきながら、偽りを誓う者
長命を割り当てられた悪霊たち(122)

彼がここで「長命の悪霊たち」と言っているのは、心魂《プシュケー》のことである。なぜなら、心魂は不死であり、悠久の時を生きるからである。

17 彼ら〔悪霊たち〕は三万年の間、幸いなる者たちから遠く離れて　さ迷わねばならないだろう。(123)

ここで彼〔エンペドクレス〕が「幸いなる者たち」と呼んでいるのは、友愛によって多から呼び集められて、思惟の世界の単独性《ヘノテース》へと導かれた者たちのことである。〔反対に、〕「さ迷うだろう」と彼が言う者たちは、

生まれた後、時の流れの中で、ありとあらゆる死ぬべきものの形となって、苦難ばかりの人の世の紆余曲折の途を行く。(124)

ここで彼〔エンペドクレス〕が「苦難ばかりの途」と言っているのは、心魂が変容し、造り替えられて、身体《ソーマ》の中へ入ることである。18 そのことを彼は「苦難ばかりの人の世の紆余曲折の途を行く」と言い表しているのである。「紆余曲折の途を行く」のは、次々と身体を取り替えていく心魂のことである。心魂たちは争いによって、変容させられ、懲らしめられ、一のままでいることを許されない。かえって、争いによるありとあらゆる懲罰を受けて、身体から身体へと移っていくのである。〈彼〔エンペドクレス〕曰く、〉

19 大気《アイテール》は〔心魂たちを〕海へと追いつめ、

海は陸の大地へ吐き出し、大地は照りつける太陽の
日射しの中へ、太陽は渦巻く大気《アイテール》の中へ投げ込んだ。
どれもが他から受け取っては、どれもが嫌って遠ざけた。[125]

20 これは造物主《デーミウールゴス》が〈心魂たちに〉下す刑罰のことである。それはあたかも、鍛冶職人が鉄を火から水に浸けて鍛えるのに似ている。なぜなら、造物主《デーミウールゴス》が心魂たちを大気から海へ投げ込むというときの大気とは火のことであり、陸とは大地のことだからである。だからこそ、彼〔エンペドクレス〕は水から大地へ、大地から大気へ、と言うのである。それが今見た中の次の件である。

21 大地は照りつける太陽の
日射しの中へ、太陽は渦巻く大気《アイテール》の中へ投げ込んだ。
どれもが他から受け取っては、どれもが嫌って遠ざけた。

エンペドクレスに従えば、そのようにこの世界の中で憎まれ、苦しめられ、懲罰を受けている心魂たちを、一つに集めるもの、それが友愛である。それは善なるもので、「狂ったような争い[126]」による騒乱と悪ゆえに呻く心魂たちに同情して、〈彼らを〉できるだけ早くこの世界から脱出させて、一なるもののもとへ連れ戻そうと懸命に努めるのである。すなわち、すべてのものが、友愛によって導かれて、あの単独性《ヘノテース》へ向かうようにするわけである。

22 破壊者である争いが設定するところはそのようなものであるゆえに、エンペドクレスは弟子たちに、多様

に区分されたこの世界の中のすべての有魂の生き物を食べないように教えているのである。彼曰く、食用にされる生き物たちの身体は、懲罰を受けた心魂たちが宿っている場所なのである。さらに彼は彼の講義を聴く者たちに、女との性交も避けるべきだと教えている。それは争いが仕出かす所業に協力して、それに巻き込まれないためである。なぜなら、争いは友愛の働きを解消し、分断するものに他ならないからだと言う。
23 エンペドクレスによれば、万物を支配する最大の法則とはこれだと言う。

これこそ必然性の事柄、神々による裁下、古からの永遠のもの。宏大な誓いによって封印されたもの。(127)

ここで彼〔エンペドクレス〕は、争いによって一が多になり、友愛によって多が一に変化することを「必然のこと」と呼んでいる。しかし、すでに私〔ヒッポリュトス〕も報告した通り(128)、「神々」の内の四つは可死的なもので、火、水、土、大気がそれである。しかし、他の二つは不死のもの、生まれざるもの、常に互いに敵対し合うものである。すなわち、争いと友愛がそれである。24 争いは常に不正を行い、欲張りで、友愛によるものを切り裂いて、自分のものにしようとする。反対に、友愛はどのような時も常に善良で、一体であるように気遣い、万物から分断されたもの、そして造物主による被造物の中で苦しめられているもの、罰を受けているものを、再び〈万物に〉呼び戻して導き、一つにする。
25 エンペドクレスが宇宙の生成と滅びについて語る哲学は以上の通りである。それは善と悪から成っていると言うのである。彼曰く、さらに第三の叡智的な力が存在するが、それについては以上のことから知ることができるとして、こう語っている。

26 もし君がこれらのことを強く(129)心に刻み
善き思いと清らかな気遣いをもって眺めるならば、
これらのことはすべて　悠久の時にわたって　君の側にあるだろう。
そして君はそこから　他にも多くのことを　手にするだろう。(130)なぜなら、これらのものが各人を成長させて
それぞれの性格を具えさせるからである。それぞれの本性の在り方に応じて。
しかし、もし君がさまざまな他事に憧れるならば、そしてちょうど人それぞれに
無数の恐るべきことが沸き立って、反省を(131)やめさせるようになるならば、
これらのものは　時の移ろう間に　すぐさま君を見捨てて、
自分自身の愛すべき親族のもとへ去ろうと思うに違いない。
知るがよい、すべてのものには意識があり、一片の思考が宿っていることを。

三〇 1 さて、マルキオンと彼に付き従う犬たちの一匹が造物主《デーミウールゴス》に吠えかかり、善と悪を対立させる議論を持ち出しているわけであるから(132)、その彼らに言っておかねばならないことがある。そんな議論は使徒のパウロも、親指を詰めたマルコも(133)公に語ったことはまったくないのである。――マルコ〈による〉福音書に、そうは書かれていない――。そう語ったのは、むしろ［シチリアの］アクラガス出身のメトーンの子のエンペドクレスであった。〈マルキオンは〉そのエンペドクレスを剽窃しているのだが、今この時に至るまで人には気づかれずに切り抜けてきたと思い込んでいた。そしてシチリア発の自分の分派全体の教説を、エンペドクレスと同じ文言を使いながら、福音書が言っていることに置き直しているに過ぎない。

2 おお、マルキオンよ、よく注意するがよい。お前は善と悪を対立させるわけだが、今日は私の方でもお前の唱える教義に準じて、対抗説を提示して見せよう。お前が言うところでは、この世界の造り主《デーミウールゴス》は悪い奴だそうである。ところが、お前は教会で教理問答をするときには、〔争い《ネイコス》についての〕エンペドクレスの論を講じて一向に恥じないのか。3 お前はさらに、その造物主の造ったものを、善なる神がやがて解消するのだと言っている。ところが、善なることを聞こうとして耳を傾ける者たちにお前が福音として語っていることは、明らかにエンペドクレスが友愛《フィリアー》について語っていることではないのか。お前は結婚と子づくりを禁じ、〔ある種の〕食物を断つように〔命じている〕。それらの食物も神が造って、信じて真理を知るに至った者たちに愉しむように与えたものであるにもかかわらず[134]。4 ひょっとして、お前は人目を忍んで密かにエンペドクレスの著作『浄め』[135]を教えているのでは〈ないのか〉[136]。お前自身は徹頭徹尾彼に従いながら、自分の弟子たちに食物の節制を命じて、彼らが何かの身体を口にして、造物主《デーミウールゴス》からの懲らしめを受けている心魂の残滓を食らうことがないようにさせている。お前が神によって結ばれた結婚を解消させるのも、エンペドクレスの教えに準じてのことである。すなわち、そうすることで、友愛《フィリアー》の働きによって一つとされているものが、引き裂かれないままで保たれるためなのである。なぜなら、エンペドクレスによれば、結婚は一なるものを引き裂き、多を生み出すからである。そのことは、われわれがすでに前述した通りである[137]。

## プレポーン

三一 1 マルキオンの分派は、その最初の最も純粋な形では、善と悪から構成されたものであり、エンペドクレスに由来する。そのことが、以上でわれわれに明らかになったわけである。ところが、われわれの今の時代にも、マルキオン派の一員でプレポーン（Πρέπων）とかいう名前のアッシリア人が、何やらまた新たなことを試みて、アルメニア人のバルデーシアネース（Βαρδησιάνης）に対抗して、[138] この分派〔マルキオン派〕に関することを文書にしているので、私としてはこれも黙っては見過ごせない。

2 すなわち、彼〔プレポーン〕が言うところでは、第三の始原《アルケー》〔原理〕があって、それは義なるもの《ディカイオン》で、善と悪の中間に置かれている。プレポーンのこの論も、エンペドクレスから逃れるには不十分であった。

3 なぜなら、エンペドクレス自身が曰く、一つの宇宙は悪しき争いによって支配されているが、もう一つの宇宙は友愛《フィリアー》によって支配される叡智的なものだからである。そして、これらは互いに異なる二つの始原〔原理〕、つまり善と悪である。しかし、これら二つの異なる始原〔原理〕の中間に正義のロゴスが存在すると言うのである。このロゴスによって、争いが引き裂いたものが集められ、友愛《フィリアー》に従って調和にもたらされ、一なるものへ向かっていく。4 エンペドクレスは、友愛《フィリアー》と共に働くこの正義のロゴスのことをムーサと名付けた。そして彼自身が自分のためにその助けを請い求めて、こういう詩文を著している。

不死なるムーサよ、死ぬべき定めの人間ゆえに、
われら〔詩人〕の思いの丈を　汝の心にかけて下さるならば、
どうか今こそ、カリオペーよ、祈る者〔わたし〕の傍らに立ち給え
浄福なる神々を　高らかに言祝ぐ者の傍らに。[139]

5 マルキオンはこの〈言葉〉に従って、われらの救い主が〔両親の〕交合から生まれたことを丸ごと否定した。彼の考えでは、友愛《フィリアー》と共に——つまり善と共に——働くべきロゴスが、滅びをもたらす争い《ネイコス》〔交合〕によ

って形作られたものであることはあり得ないことであったからである。(140) 彼の考えでは、救い主は交合による誕生なしに、「皇帝ティベリウスの治世第一五年に」(141) 上から降りて来て、悪と善の中間に場所を占めながら、「会堂で」(142) 教えたのである。6 彼〔マルキオン〕曰く、もし救い主が中間にいるのならば、彼は悪の本性からはまったく離れていたわけである。反対に、悪とは造物主《デーミウールゴス》と彼が造ったもののことである。だからこそ、イエスは——と彼〔マルキオン〕はさらに言う——産まれる形では降りて来なかったのである。それはあらゆる悪から離れているためであった。しかし、彼は——と彼〔マルキオン〕はさらに言う——善の本性からも離れていた。それは中間の者であるためであった。そのことは、パウロが言っていることである。(143) またイエス自身も「なぜあなたがたはわたしのことを『善い』と言うのか。〔神お〕一人のほかに、善い者はだれもいない」(144) と表明しているとおりである。

7 さて、マルキオンが考えていたことは以上である。彼はエンペドクレスの語録をたくさん使って、多くの人を惑わした。そしてエンペドクレスによって紡ぎ出された哲学を自分勝手な教義に改竄して、神無き異端派を立ち上げたのである。8 その彼の異端派も今やわれわれによって、〈論破されずに〉残されているものは何一つないと私は思う。彼らはギリシア人の言葉を剽窃して、キリストの弟子たちの名誉を損なっているのである。多くの人々に剽窃されたそれらの言葉を、あたかも彼ら自身が教えたかのように。しかし、この点についてもわれわれはもう十分に述べたと思う。次はカルポクラテースが何を言っているのか、見てみることにしよう。

## カルポクラテース

二三 [1]カルポクラテース(145)〈とその弟子たち(146)〉が唱えるところでは、この世界とその中にあるものは、生まれざる父からははるかに下位にいる天使たちによって造られた。さらにイエスはヨセフから生まれ、その他の人間たちと同じように成長した。しかし彼の心魂は〈他の〉人間たちにはるかに勝って真っすぐで、清浄になっていた。それゆえに、彼の心魂は生まれざる神と共に循環する間に見ていたものを想起(147)することができた。それはその心魂がこの世を造った者たちから、その力によって逃れるためであった。[2]それからその心魂はすべてのものの間を行き巡ったが、すべて［のアイオーン］の場所で自由放免を獲得して、再びあの神のもとへと上っていった。〈そして〉彼の心魂と同じことを喜ぶ心魂たちにも、〈同じことが〉起きるだろうと彼らは言う。イエスの心魂について彼らがさらに言うところでは、それはユダヤ人の習慣で、律法に訓練されて育てられたにもかかわらず、それらを軽蔑した。その結果それは、人間たちの中に懲らしめのために置かれていた情念の働きを無にする権能を与えられたのだと言う。

[3]イエスの心魂がそうしたのと同じように、この世を造った支配者たちを軽蔑できる心魂ならばどの心魂であれ、イエスの心魂が受けたのと同じ力を受けて同じことを為すであろう。こうした彼らの見栄ばかりの考えは度を超してしまい、ある者たちは自分たちがイエスと等しい者だと主張するかと思えば、また別の者たちは自分たちの権能の方が〈イエスよりも〉上だと主張し、また別の何人かは、自分たちがペトロやパウロやその他のイエスの使徒たちのような弟子たちよりも勝っていると言う。ただし、この弟子たちもいかなる点において

も決してイエスに劣っているわけではないと言う。4 しかし、彼ら[148]の心魂は〔イエスの心魂よりも〕さらに高い権威からやって来ているのである。そのため、同じようにこの世を造った者たちを軽蔑することができる。また彼らは〔イエスの心魂と〕同じ力を与えられるに相応しいものとされて、やがて再び同じ場所へ戻っていくであろう。もしだれであれこの世にあるものをイエスに勝って軽蔑することができるなら、その者はさらにその分だけイエスを凌駕するであろう。

5〈彼らもまた〉魔[149]術のわざを行っている。それと共に、呪文、性愛の術、媚薬、守護霊術、夢送り、さらにその他の邪悪な手管を操っている。その際、彼ら曰く、この世の支配者たちと創造者たちを自在に扱う権能をすでに今現に手にしているのだそうである。おまけに、この世にある被造物についても劣らずそうだと言うのである。6 他でもない彼らこそは〔われわれの〕教会が負っている神的な名前を誹るために、サタンによって、〈あたかもキリスト教徒であるかのように〉、異邦人たちの間へ送られてきた者たちである。人々は彼らの変転目まぐるしい教説を耳にすると、われわれもまた全員が同類だと思い込んでしまい、〔われわれが語る〕真理の宣教から耳を背けてしまうのである。〈あるいは〉、彼らのしていることを見て、われわれすべてについても悪し様に言うようになる。7 ところが、彼らが言うには、心魂は、ありとあらゆるすべての罪を満たし終わるまでは、身体から身体へ転生し続けるのである。逆[150]に、もはや何一つ足りないことがなければ、〈その者の〉心魂はこの世を造った天使たちよりもはるかに高いところにいるあの神のもとへと立ち去っていく。そしてこのようにしてすべての心魂が救われることになる。8 もっとも、その際、ある心魂たちは他の心魂よりも進み方が早いため、たった一度〔身体の中へ〕到来している間にすべての罪に身をさらすので、も[151]はや身体への転生はせずに、すべての借りたものを一挙に返却してしまい、それ以後身体の中へ生まれ変わることはなくなると言う。

彼らの中には、[152]自分たちに従う弟子たちの目印として、右の耳たぶの裏側に焼き印を押している者たちもいる。彼らはまた、キリストの肖像〔複数〕を制作して、それらはその当時、ピラトゥスによって作られたものだと言っていた。

## ケリントス

三三 1 さて、[153]ケリントス[154]という人物は、エジプト人の教養の訓練を積んだ者で、こう唱えていた。すなわち、[155]この世界は第一の神によって造られたものではなく、すべてのものを凌駕する至高者からは劣り、かつ隔たったところにいる或る力によって造られたものであり、その力は万物を凌駕する権威のことを知らないのだと言う。また、イエスについては乙女から生まれたのではないと唱えていた。イエスはむしろヨセフとマリアの息子であって、その他のすべての人間たちと何ら異なるところはなかった。ただし、〈万人の間で〉際立って義しく、思慮深かったと言う。2 そして彼が洗礼を受けた後、すべてのものを凌駕する至高者のもとから、キリストが鳩の姿で彼の上に降ってきて、知られざる父を告知するとともに、力あるわざを行った。そして最後にキリストはイエスから離れて飛び去っていった。たしかにイエスは苦難を受けたが復活した。他方、キリストは受難しないままだった。なぜなら、彼は霊的な存在であったからと言うのである。

## エビオーン派

三四 1 [156]エビオーン派の者たちは、たしかに、この世界が〔唯一の真の〕神によって造られたと告白している。

**しかし、キリストに関してはケリントスおよびカルポクラテースとまったく同じことを説いている。**彼らは〈あらゆる点で〉ユダヤ人の慣例に従って生活しており、律法に準じて義とされるのだと主張し、イエスもまた律法を実行したから義とされたのだと言っている。[157] 2 そのために、イエスは「キリスト」[158]および神の〈子〉〔そしてイエス〕と呼ばれた。なぜなら、〈その他には〉誰も律法を全うした者がいないからだと言う。もし誰か他の者が律法で定められたことを実行していたとすれば、その者もまた「キリスト」であることになるだろう。彼ら自身も同じように〈律法を〉実行すれば、「キリスト」になることができる、と言うのである。なぜなら、イエスも〔他の〕すべての者と同じように人間に過ぎないのであるから。

## テオドトス（1）

三五 1 [159]テオドトスという名前でビザンティウム出身の人物は新しい分派を導入した。[160] 彼が万物の始原《アルケー》について唱えた説は、部分的には真の教会の教説と合致していた。つまり、彼も万物は神によって成ったことを告白していた。しかし、キリストの出現に関しては、ケリントスとエビオーンに属するグノーシス主義者たちの説を剽窃して、こう唱えていた。すなわち、2 イエスは父の御心にしたがって、乙女から一人の人間として生まれた。そしてその他の人間と同じような生活を送ったが、その敬虔さは抜きん出ていた。やがてヨルダン川で洗礼を受けた時には、上から「キリスト」が鳩の姿で降りてきた。[161] それゆえ、霊《プネウマ》——彼〔テオドトス〕はこの霊のことを「キリスト」と呼ぶわけである——が上から降りて来て彼〔イエス〕の中に現れたその時までは、彼〔イエス〕の中にまだ何の権能も運ばれてきてはいなかったわけである。〈彼〔テオドトス〕に従う或る者たちは〉[162]、そのようにイエスの上に霊が降りて来た時に、イエスは初めて神になったのだと考える。それに対して、死人の間から復活した後で神になったのだと考える者たちもいる。

## テオドトス（2）

三六 1 彼らの間でさまざまな探求が行われていた時[163]、もう一人同じテオドトスという名前で、本職は両替商の人物が登場して、こう言い始めた。すなわち、メルキゼデクという偉大な力[164]が存在する。それはキリストよりも大いなるもので、キリストは単にその似像に過ぎない。彼らも前述のテオドトス派と同じように、イエスは人間に過ぎないと言い、そのイエスの中にキリストが降りて来て入ったことを唱える言葉遣いも同じである。2 グノーシス主義者たちの見解は実にさまざまである。その教説はあまりに多弁で、理性を欠くのも甚だしく、瀆神の言葉に満ち満ちている。そのため、われわれは〈そのすべてを〉逐一数え上げる労苦は無駄と判断した次第である。また、彼らが神について繰り広げる哲学者ぶった議論は、ギリシア人からのまったくの剽窃であることは、すでに暴露された通りである。[165] 3 彼らの間では、多くの悪が合体することになったが、その原因となったのはニコラオスである。この人物は使徒たちによって任命された七人の執事の一人であった。[166] 彼は正統な教えから逸脱し、生活態度と食べ物に関する放縦を教えた。〔主の弟子の〕ヨハネが黙示録の中で、聖なる霊を穢して、不倫に耽り、偶像に捧げたものを食べる輩であると論難したのは、彼〔ニコラオス〕の弟子たちのことである。[167]

## ケルドーンとルキアノス

三七 1 ケルドーン[168]という名前の人物もまた、彼らとシモンから刺激を受けた。彼が言うところでは、モーセと預言者たちによって告知された神はイエス・キリストの父ではない。なぜなら、その神は知られる神であるのに対して、キリストの父は知られざる神だからである。また、前者の神は義なる神であるが、後者は善なる神だからである。2 マルキオンはまさしくこの教説を我が物として、彼の「反対命題」をまとめることを試み、その他にも万物の造物主を侮辱する彼の教義全体を唱えたのである。彼〔マルキオン〕の弟子であったルキアノスもそれと同じことを行った。

## アペレース

三八 1 アペレース[169]は〈自ら〉これらの者たちの〈弟子〉となった人物で、次のように主張した。すなわち、マルキオンが想定したように、まず善なる神が存在する。しかし万物を創造した神は義なる神で、生成したものを造ったのはこの神である。さらに〈それとは別に〉第三の神がいる。それはモーセに語りかけた火の神である[170]。さらにそれとは別に第四の神がいる。それはもろもろの悪の原因者である。2 彼〔アペレース〕はこれらの神を天使と名付けた。彼は律法と預言者を軽蔑している[171]。なぜなら、そこに書かれていることは、人間的な偽りばかりだからと言うのである。反対に、彼が喜んで受け入れるのは、福音書〔複数〕と使徒〔単数〕である。ただし、フィルーメネー（Φιλουμένη）[172]という名の人物を言わば女預言者と見做して、その言葉を「啓示」[173]と〈呼んで〉尊重している。

キリスト[174]については、上なる力、つまり善なる神から降りて来たのであり、キリストはその善なる神の子であると言う。3 ただし、彼は乙女から生まれたわけではない。しかし同時に、肉をまとわずに現れたわけでもないと言う。彼はむしろ万物の諸々の部分、すなわち、温かいもの、冷たいもの、湿ったもの、乾いたものを取って、自分の身体を造ったのだと言う。そして彼がこの世界の中に生活した間は、その身体の中に潜んで、この世のもろもろの権威たちの目を免れていたと言う。

4 しかし、やがてユダヤ人たちによって十字架に架けられて死んだが、三日の後に起こされて、弟子たちに現れ、釘の痕と脇腹をわざわざ見せて、間違いなく彼自身であって、幽霊ではないこと、そして肉をまとっていることを証明したのである。(175) 5 彼〔アペレース〕曰く、彼〔キリスト〕は自分の肉を見せた後は、それを大地に返した。肉はそこから来たものであったからである。彼〔キリスト〕は何一つ身に付けたままにはせず、適当な期間それを用いた後は、それぞれを元の場所へ戻したのである。そして身体という枷を再び解消した。すなわち、温かいものは温かいものへ、冷たいものは冷たいものへ、湿ったものは湿ったものへ、乾いたものは乾いたものへ戻しながら、善なる父のもとへと歩んでいった。その際、彼は弟子たちを通して信じる者たちのために、生命の種子をこの世界に残していったのだと言う。

6 さて、以上でわれわれの論述は十分に尽くされたと思う。しかし、誰であれ誰かによって唱えられたことのある教説であればたとえどんなものでも、われわれの論駁の手にかからずにすんだと言われないように、次はドケータイ派によって考えられた〈教説〉が何なのか、見てみることにしよう。

# 第八巻

一 『全異端反駁』の第八巻の内容は次の通りである。

二 ドケータイ派は何を考えているのか。彼らが唱えている説は、自然哲学から貰ってきたものであること。

三 モノイモスの駄弁は詩人、幾何学者、数字学者たちに依拠していること。

四 タティアノスは如何にして、ヴァレンティノスとマルキオンの教説から自分の説を造り上げたのか。また、ヘルモゲネースはソクラテスの教えを利用していて、キリストの教えを用いているのではないということ。

五 復活節を一月一四日に祝うことを頑として譲らない者たちは如何に誤っているか。

六 フリュギア派の者たちがモンタノス、プリスキラ、マクシミラを預言者と見做していることは、如何なる間違いなのか。

七 エンクラティータイ派〔克己派〕の見栄っ張りはどのようなものか。また、彼らの教説は聖書からではなく、彼ら自身〔とインドの裸の賢者たち〕の考えから来ているということ。

八 1 これほど多くの者たちが、主の忠告を真に受けず、〔自分の〕目に丸太を入れたままそれでも見えると言い張りながら(1)、実は何も見えていないのである。それゆえ、われわれとしてはこれらの者たちが唱えていることも黙過すべきではないと思うわけである。それはまた、われわれの論駁によって、ひょっとして彼らが恥を知るかも知れないからである。そして救い主が、まず最初に〔自分自身の目の中の〕丸太を取り除き、その後で兄弟の目にあるおが屑に目を留めるようにと忠告された意味を、彼らが理解するようになるためである。

2 すでにわれわれは本巻に先立つ七巻において、多数の分派の教説を必要かつ十分に暴露済みである。今やこれから先の論述も、それを語らずに済ませるのではなく、むしろ聖なる霊が惜しみなく恵みをお与えになる方であることを証明する機会としよう(2)。そして単なる憶説によって確実な言説を手に入れたと〈思い込んでいる〉(3)輩たちを論駁しよう。彼らは自分たちのことを「ドケータイ」(4)と呼んでいた。その説く教えは次の通りである。

## ドケータイ派

3 第一(5)の神が存在する。その神は言わば無花果の木の種子《スペルマ》のようなものである。その大きさはたしかに極めて微小である。しかしその権能《デュナミス》においては無限大、多数さにおいては数え切れず、生成のために自分以外の何かを必要とすることがない神である。さらにこの神は恐怖に襲われた者たちの逃げ場、裸の者たちにとって身を覆う衣、恥部を隠すものであり(6)、その実は探求の的である。彼曰く(7)、その果実を求めて三回もやって来た者は、その度に何も見つけられなかった。そこで彼〔イエス〕(8)は、——と言うのは彼であるが(9)——その無花果の木を呪ったのである。食べるに十分な甘さの果実を〔探したのに、〕その木には見つけられなかったからである(10)。

4 彼ら〔ドケータイ派〕によれば、要するに、神はそのような者、そのように微小と同時に〈巨〉大(11)な者であるから、この世界も、彼らの考えでは、次のようにして生成したことになる。無花果の木の枝が〈すでに〉柔らかくなって、いつも見慣れている通り、やがて葉が伸びてきた。[12] 続いて実が結ばれた。その実の中には、無限無数の無花果の種子が貯えられ、守られている。[13] **5** 彼ら[14]の考えでは、その無花果の木の種子から最初に三つのものが生じてきた。まず、幹である。これは無花果の木そのものである。次は、葉と実である。[15] 実とはわれわれ[16]がすでに言及した〔甘い〕果実のことである。彼曰く、こうして、万物の最初の始原《アルケー》から、三つのアイオーンが三つの始原《アルケー》として生じてきた。彼曰く、モーセもこのことを黙過しなかったという。なぜなら、彼が「闇と雷雲と暴風。〔主は〕それに何も付け加えなかった[17]」と言ったとき、神のロゴス（言葉）には、三つあることを語っていたのだからである。**6** 彼曰く、神は三つのアイオーン以上には何一つ付け加えなかったからである。むしろ、その三つですべてのものが生成して来るには完全に十分であったし、現に今も十分だからである。ただし、神自身は、それ自身としては、三つのアイオーンからはるかに遠く隔たっている。

彼曰く、これら三つのアイオーンは生成し始めた後、すでに述べた通り、〔それぞれが〕しばらくすると、成長し、増大し、完全なものとなった。[18] **7** 彼ら〔ドケータイ派〕の考えでは、数え上げて一〇になるものが完全なものなのだそうである。[19] 彼らの考えでは、こうして〔三つの〕アイオーンが数と完全さにおいて互いに等しくなったとき、アイオーン全体の数は三〇となった。なぜなら、〔最初の三つの〕アイオーンがそれぞれ一〇《デカス》の数を満たしたからである。三つのアイオーンは互いに異なっていたが、具えている名誉は同一である。なぜなら、異なるのは、第一、第二、第三のアイオーンという位階《テシス》の違いだけであったからである。ただし、位階の違いは彼らの間に権能《デュナミス》の違いをもたらした。**8** 言わば種子《スペルマ》に当たる第一の神に最も近いところにあるアイオーンには、他の〔二つの〕アイオーンよりも強い生殖力が具わっていた。このアイオーンは自分で自分を十倍して測定不能なほど巨大となった。位階の上で、第一のアイオーンに続く第二のアイオーンとなったものは、自分で自分を六回把握して、把握不可能なものとなった。位階の上で第三のアイオーンは、兄弟たち〔以上二つのアイオーンたち〕がそのように成長したために、〔彼らから〕無限に隔たったものとなったが、三回自分で自分を思考して、〈思考不可能なものとなった〉[20]。そして〔三つのアイオーンの〕一体性のための言わば紐帯として、自分で自分を縛った。

九 1 彼ら〔ドケータイ派〕の考えでは、これこそ救い主によって「種蒔きが種を蒔くためにやって来た。善良な土の中に落ちた〈もの〉は、百倍、六十倍、三十倍の実を結んだ[21]」と言われたことの意味なのだそうである。そして彼曰く、彼〔救い主〕が「聞く耳のある者は聞くがよい[22]」と言ったのも、そのためである。なぜなら、これはすべての人間が耳を傾けるとは限らない事柄だからである。2 以上の三つのアイオーンとその三つから〈流出された〉無限無数のアイオーンたちは、すべてが両性具有の男女《おめ》である。

[23]これらすべての〈アイオーン〉は、あの最初の〈無花果の〉唯一の種子《スペルマ》から——すなわち、彼らの調和と一体性〈の象徴〉から——生じて成長し、〈完全な者〉になったのである。そのすべてのアイオーンたちがこぞって、自分たちの真ん中で合体して、ただ一つのアイオーンになった。そして〔すべてのアイオーンたちが〕乙女マリアを通して、共通の胎児を産み出した。それがすべてのものの中央《メソテース》にいる救い主に他ならない。この救い主は、あらゆる点で、あの無花果の木の種子と同じ権能を具えている。唯一の違いは、救い主は産まれた者であるのに対して、あの種子——無花果の木がそこから生じて来た種子——は産まれたものではないということである。3 彼ら〔ドケータイ派〕の教師たちが言うところでは、前述の三つのアイオーンが申し分なく、しかもまったく聖なるものとして整えられたとき、そしてあの独り子も整えられたとき——というのは、無限無数のアイオーンたちの中で、彼だけが三重の生まれ《トリゲネース》の者だからである。つまり、〔前述の〕測定不能な大き

さの三つのアイオーンたちが思いを一つにして彼を産み出したからである。——叡智的な本性が全体として不足のない形で整えられた。

すべて叡智的で永遠なるものは光であった。[24] その光は形のない無力な光ではなく、さらに何かの助力を必要とするような光でもなかった。むしろその光は、あの無花果の木がそうであったのと同じように、自分自身の中に無限無数の〔アイオーンの〕充満を〈内臓していた〉。〔すなわち、〕アイオーンたちの間にある多種多様な生き物のイデア（原型）を〈内臓していた〉のである。そしてその光が、上から、下方の混沌《カオス》に向かって輝いた。4 それによって照らされた混沌は、上からきた多様なイデア（原型）によって形を与えられて、堅くされた。そして第三のアイオーンを通して上からのイデア（原型）を受け入れた。その際、その第三のアイオーンは自分自身を三重のものとした。

この第三のアイオーンは自分自身のものである指標《カラクテール》が一塊となって下方の闇の中へ取り込まれてしまったのを見た。彼は闇の能力、および光の単純さと妬みのなさを知らなかったわけではなかったから、上からの光の指標が下方の闇によって引き裂かれていることに、長くは耐えられなかった。5 そこで彼はアイオーンたちのために、下方に天蓋を定めた。そして「闇と光を分け、天蓋よりも上にある光を昼と名付け、〔天蓋よりも下にある〕闇を夜と呼んだ」。[25] 6 さて、私がすでに述べた通り、第三のアイオーンに属する無数のイデア（原型）が最も下方にある闇の中に取り込まれたとき、その〔第三の〕アイオーンの模像《エクビュトーマ》もその他の模像とともに形造られた。すなわち、それは光の模像としての活ける火のことである。その火から、大いなるアルコーン（支配者）が生じてきた。モーセが「神は始めに天と地を造った」[26] と言ったのは、このアルコーンのことなのである。

7 モーセはこの神のことを柴《バトス》[27] の中から語った「火の神」と呼んだ。[28] すなわち、それは闇の大気の中から語った神という意味である。――なぜなら、「柴」とは闇の根底に横たわる大気全体のことだからである。――しかし、彼曰く、モーセが「柴」（βάτος）と言ったわけは、あの光のすべてのイデア（原型）が上から下に向かって〔大気を〕通り抜けて行ったからである。それらのイデアにとっては、大気は「通り抜けることができるもの」（βατός）[29]であったのである。8同じことをわれわれは、それに劣らず、「柴」（βάτος）という単語そのものからも、知ることができる。なぜなら、単語の意味を伝達する発音は、圧縮された大気であり、それなしでは、人間の語る単語は認識されないからである。「柴」[30]の中から発語された言葉、つまり大気を通して発語された言葉が法を定め、われわれと共同の生活を営むというだけではない。臭いと色彩も大気を通してこそ、その持てる力をわれわれに示してくるのである。

10 1さて、この火のような姿をした神、すなわち、光から生じた火が、この世界を造ったのである。その次第はモーセが語っている通りである。すなわち、その神自身は実体を持たず、本質においては闇に過ぎなかった。それにもかかわらず、彼は上から下方に捕われたままになっている光のアイオーンたちの指標《カラクテール》に対して、高慢に振る舞った。救い主が出現するまでは、その火のような姿の光の神から、すなわち造物主から、心魂たちに対する大いなる惑わしが行われた。すなわち、心魂と呼ばれるものは、実はイデア（原型）たちのことだからである。心魂たちは冷えてしまい[31]、上なる領域から〈落下して〉下方の闇の中にとどまって、身体から身体へと〈不断に〉転生しながら、造物主によって絶え間なく監視され続けて行くのである。2こういう消息であることは、ヨブが「わたしはある場所から別の場所へ、家から家へとさ迷い歩いていました[32]」と語っていることからも、分かる通りである。また、救い主が「もしあなたがたが受け入れるつもりがあれば、彼こそは来るべきエリヤである。聞く耳のある者は聞くがよい[33]」と言うときも同じである。

しかし、救い主の時以降は、身体から身体への転生は終わりを告げ、罪の赦しを得させるための信仰が告知されている[34]。その次第は次の通りである。すなわち、3あの独り子なる御子が、上の〈三つの〉アイオーンたちの間から、〔あの上からの〕イデアたちが〔下方の〕闇の身体の中で転生を続けている様を見届けて、彼らを救い出すために下方へ降りてゆきたいと思ったのである。しかし彼は、〔下方にイデアとして捕われている〕アイオーンたちが、すべてのアイオーンが一塊となっているプレーローマ[35]を一挙に目にするには耐え得ないということ、むしろ彼らが驚愕のあまり、そして〔闇の〕勢力の大きさと栄光に捕われた者として滅ぶべきものに変わってしまうこと、そして事実滅びを招いてしまうことを知っていた。そこで彼〔独り子なる御子〕は、あたかも極大な雷光が自分を縮めるかのように、自分を極小の身体の中に収め〈て見えなくなっ〉たのである。いや、さらに適切に言えば、目の光が瞼の奥に閉じ込められているのと同じである。それは〔瞼が開かれると〕天空にまで達して、そこで星々に触れた後は、ふたたび瞼の奥に好きな時間だけ閉じ籠るものである。4目の光も、そうすることで、あらゆるところに往くことができ、あらゆるものを〈見る〉ことができる。しかし、われわれにはそれを見ることができない。われわれに見えるのは[36]、ただ瞼、明るい目尻と目頭、条紋の多い虹彩膜と血管が条紋のように見える薄膜、角膜だけである。これらすべての奥に瞳が隠れている。その形はイチゴに似ており、丸い網目模様をしていて、さらにその他の覆いで――それらをどう表現しようとも――覆われて隠れている。5彼曰く、永遠の上なる領域の独り子なる御子は、第三のアイオーンに属するすべてのアイオーンを順番に着ながら〔下降し〕、三〇番目のアイオーンの中に生まれることによって、この世界へやって来たのである。そしてそこでの彼は、すでにわれわれが前述したように、〔人間の〕目には見えず、知られず、栄光を認められず、信じられることもなかった。

6ドケータイ派がさらに言うところでは、彼〔独り子なる御子〕は最も外側にある闇[37]、すなわち、彼曰く、肉《サルクス》も身につけた。彼に随伴して上から下ってきた天使がマリアに語った福音は、そのためのもので、彼曰く、〔福音書に〕書かれている通りである。(38) 7 そのマリアから何が産まれたかは、〔そこに〕書かれている通りである。(39) 彼〔独り子なる御子〕は、上からやって来た後、その時に〔マリアから〕産まれたものを着たわけである。そして、それから後は、すべて福音書〔複数〕に書かれている通りに行動した。すなわち、まずヨルダン川に入って洗礼を受けた。(40) ただし、彼は水で洗われた時に、乙女から産まれた身体にとっての徴《テュポス》と印章《スフラギスマ》を受けたのであった。(41) それは〔この世の〕アルコーン〔支配者〕が〔彼を〕死にわたす時、つまり十字架にかける時に、自分自身の造り物〔肉の身体〕だけを裁く結果となるためであった。すなわち、それまでその〔肉の〕身体の中に言わば埋葬されてきたあの心魂《プシュケー》が、その身体をついに脱ぎ捨て、しかもそれを木〔十字架〕に釘付けにして、その木によってもろもろの支配者と権威たちに対して勝利を収める時に、(42) 丸裸のままではなく、洗礼の際にあの肉の代わりに徴として受けていた〔霊の〕身体を、〔実際に〕着るためであった。(43) 8 彼曰く、これこそ救い主が「人は水と霊から生まれなければ、天の国に入ることはできない。肉から生まれたものは肉だからである」(44)と言った意味なのである。

彼〔独り子なる御子〕は三〇のアイオーンから三〇(45)のイデア（原型）を受け取って身に着けた。それゆえに、あの永遠なる者〔独り子なる御子〕は三〇歳の年まで地上に留まったのである。なぜなら、一年ごとに、それぞれのアイオーンのイデアが現れたからである。9 ところで、三〇のアイオーンそれぞれから来たイデアも、そのすべてが捕われの状態の心魂なのである。そしてどの心魂も、あの独り子が永遠の場所から来た時に着たイエスを、本性に即して、理解することができる。10 しかし、次のような違いも存在する。だからこそ、かくも多くの分派の者たちが、イエスのこととなると争って探求に精を出し、どの分派にとってもイエスは自分たちと同類となるわけである。しかし、そのイエスは違うところから見られるたびに、違った形で〈現れる〉。彼曰く、どの分派もイエスに係って、このイエスしかあり得ないと言って夢中になる。そのイエスはそれぞれの分派の親類であり、同胞市民なのである。そのイエスは、見た途端にこれだけが自分たちの仲間、言わば兄弟だと思われるから、それと違う他のイエスは正嫡のイエスではないと言うわけである。[11]ある者たちは、下方の場所に由来する本性しか持ち合わせていないから、救い主に関して自分たちに優越するようなイデアを認識することができない。しかし、上からの者たち、すなわち、彼曰く、中央の「デカス」（一〇のもの）と至上の「オグドアス」（八つのもの）から来ている者たちは、すなわちわれわれは――こう言うのは彼ら〔ドケータイ派〕である――、救い主イエスのことを、部分的にではなく、全体として、しかも自分たちで認識している(46)のである。そしてこの者たち〔われわれ〕だけが完全な者であり、他の者たちはすべて部分的に知るにとどまっているのである。

二 [1]以上述べてきたことで、善意の読者の方々にとっては、ドケータイ派が如何に複雑で不確実な分派であるかを知るには、十分であろうと私には思われる。彼らは物質《ヒューレー》が立ち入って把握することのできないものであることについて論述を試みた者たちであって、自分たちのことを「ドケータイ」と呼んだ。彼らは虚ろなことを喋りまくっているだけなのに、それで自分たちが何がしかの者であると思い込んでいる。彼らのその思い込みをわれわれは可としない。むしろわれわれは、〔他でもない〕その物質という丸太を目の中に抱えたままでいる(47)彼らのことを論駁してきたわけであるが、それは彼らがそれに気づくためであった。もしそうでないとしても、他の者たちまで盲目にするのをやめさせるためであった。[2]彼らの教説は、すでにその昔に、ギリシアの知者《ソフィステース》たちによって、言われていたことなのである。そのことは、読者の方々も気づくに違いない。ドケータイ派の教説は以上である。次に、モノイモス（Μονοΐμος）は何を唱えているのか。われわれは、これも黙過しないつもりである。

## モノイモス

三 1 アラブ人のモノイモス[48]は、あのあまりに有名な詩人〔ホメーロス〕の栄光には、とても及びもつかなかった。しかし、彼が人間について抱いていた見方は、その詩人がオーケアノスのことを、次のように歌っているのと似たところがある。すなわち、詩人曰く、

2 オーケアノス（大洋河）は神々と人間たちの生成〔のもと〕[49]。

モノイモスはこのことを他の表現で言い換えて、「人間」が万物《パーン》であると言う。すなわち、すべてのものの始原《アルケー》であり[50]、生まれざるもの、不滅なもの、永遠なものであると言う。ただし、今触れた「人間」の「子」〔人の子〕は産まれたもの、受難し得るもの、無時間的に、意志もなく[51]、予測もなしに生成したものである[52]。3 彼〔モノイモス〕曰く、かの「人間」の権能はそれほどのものなのである。彼はそれほどの者なので、その権能によって産まれた「子」は、思考《ロギスモス》よりも意志《ブーレーシス》よりも、迅速に生じて来た。4 そして彼〔モノイモス〕曰く、これこそ聖書に、「彼は在った、そして生じた」[53]と言われていることなのである。その意味は、「人間」が存在した、そしてその子が生れた、ということである。それはちょうど、今たとえば誰かが「火があった。そして光が生じた」と言うのと同じである。〔その光が生じるのは〕火がそこに在るのと同時であって、その間に時間の開きはなく、意志も介在せず、予めの計画もない。

5 この「人間」は一つの「モナス」〔単一性〕であり、合成されたものではなく、分割も不可能なものであるが、同時に合成されたもの、かつ分割されたものである。完璧に親愛に満ち、完璧に平和に溢れているが、同時に完璧に戦闘的で、自分自身に対してもあらゆる点で敵対するもの、似ていながら似ていないものである。それは言わば音楽で言う調和《ハルモニアー》が自分自身の中にすべてを内包しているのと同じである。それ〔モナス〕は人が口にすること、あるいは気づかずに取り残してしまうことを、(54) 何であれすべて再現して、生み出して行く。それは母であり、父であり、二つの不死の御名である。(55) 6 彼〔モノイモス〕曰く、この完全なる「人間」を最も的確に具体《エイコーン》的に考えるには、一つのイオータ、すなわち、たった一つ〔モナス〕の微小な一画《ケライア》から成る文字(56)を思い浮かべてみるがよい。それはたった一画であるから、合成されたものではなく、単純で、端的に単一〔モナス〕であって、他のものからも合成されたものではまったくない。ところが、同時に合成されたものであって、多様な形をしており、多様に分岐し、多くの部分から成っている。(57) 7 彼〔モノイモス〕曰く、かの部分に分かたれざる〈たった一つ〔モナス〕の〉微小な一画は、多くの顔と無数の目と名前を持つイオータの一画《ケライア》であり、あの完全なる見えざる「人間」の似像《エイコーン》なのである。(58)

〔三〕 1 彼〔モノイモス〕曰く、「モナス」、すなわち、たった一つ〔モナス〕の一画《ケライア》は、同時に「デカス」〔一〇のもの〕である。(59) イオータのたったの一画《ケライア》の権能《デュナミス》〈の中には、すべての数の実体が含まれている。すなわち。「モナス」〉と「デュアス」〔二〕、「トリアス」〔三〕、「テトラス」〔四〕、「ペンタス」〔五〕、「ヘクサス」〔六〕、「ヘプタス」〔七〕、「オグドアス」〔八〕、「エンネアス」〔九〕そして「デカス」〔一〇〕までの数が含まれている。彼〔モノイモス〕曰く、これらの数字こそ、たった一画から成るイオータ、すなわち、単純で合成されたものではないイオータの中に多岐に分かれて住んでいる数字なのである。(60) 2 そしてこれこそが、「プレーローマ全体が人の子の上に、見える形で住むのがよいと思われた」[61]と言われている意味なのである。なぜなら、単純にたった一画から成り、合成されたものではないイオータから、それほどの数が合成されて、具体的に実体として生じているからである、と彼〔モノイモス〕は言う。

3さらに彼〔モノイモス〕曰く、その完全なる「人間」から、「人の子」〔人間の子〕が生じてきた。ところが、彼のことには未だに誰も気づいていない。全被造物はその御子を認識しないまま[62]、女の産んだものだと思い込んでいる。御子のまったく朧な輝きがこの世界に近づいてきて、変化と生成を差し止めている。「人の子」〔人間の子〕の美しさは、今に至るまで、すべての人間たちにとって把握できないままである。彼らは女が産んだものに惑われてしまっているからである。4その彼[63]〔モノイモス〕曰く、この世界にあるものは、何一つあの「人間」から生じたものではない。また将来も何一つ生じて来ない。すべて生じたものは、「人の子」〔人間の子〕から、しかもその全部からではなく、その一部から生じてきたのである。なぜなら、――こう言うのは、彼〔モノイモス〕である――「人の子」〔人間の子〕こそがあのたった一画から成るイオータだからである。すなわち、上から流れて来て、満たされるとともに、すべてを満たしながら、そしてあの「人間」、つまり、「人の子」〔人間の子〕の父が持っているものを残らずすべて、自分自身の中に内包しているイオータだからである。

四 1さて[64]、この世界は、モーセが言っているように、六日の間に生じた[65]。ということは、すなわち、たった一画から成るイオータに〈含まれた〉六つの力によって生じたということである[66]。第七日の休息と安息日[67]はそこで、「ヘブドマス」（七つのもの）から生じた。土、水、大気、そして火の…[68]。これらのものから成り立つこの世界は、微小な一画《ケライア》から生じたのである。2なぜなら、これらは立方体、〈二十面体[69]〉、八面体、四面体（ピラミッド体）、その他これに類するすべての形体から出来上がっているからである。[70] 火、大気、水、土それぞれの形体はあの単純なイオータのたった一画の中に含まれた数から生じてきたのである。そしてそのイオータの一画とは、完全なる「人間」の御子なのである。

3 彼〔モノイモス〕曰く、モーセは巧みにエジプトの地に向かって杖を伸ばして、災難をもたらしたと語っているが、その災難は被造物を象徴的に言い換えたアレゴリーに他ならない。その際、モーセが彼の杖――これは〔あのイオータの〕微小な一画《ケライア》に過ぎない――で形にした災難は一〇より多くはないのである。[71] この二重の意味の、多岐にわたった一〇の打撃[72]は、彼〔モノイモス〕曰く、この被造世界のことである。4 なぜなら、すべて撃たれるものは、撃たれることで実を産み出すからである。それはぶどうの樹が示す通りである。[73] 彼〔モノイモス〕曰く、「人間は人間から飛び出してきて、一撃[74]で分けられるかのように、引き裂かれる」[75]。それは生まれてきて、法を宣布するためである。モーセはその法〔律法〕を神から受けて定めたのである。その法はあの微小な一画《ケライア》に即したもので、十戒のことであり、十の言葉〔戒め〕の神的な奥義のアレゴリーに他ならない。5 なぜなら、彼〔モノイモス〕曰く、万物に関するあらゆる認識《グノーシス》は、一〇の打撃と十戒のことだからである。女が産んだものに惑わされている者は、誰一人その認識に達していない。もし君が〔モーセの五書が〕律法の全体だと言うとすれば、それはあの微小な一画《ケライア》の中に含まれた「ペンタス」（五つのもの）から来ているということである。

6 彼〔モノイモス〕曰く、思考力を全く損なわれてしまった者でない限り、万物は奥義であり、古びることがない新しい祝祭であり、律法に叶い、われわれの世に至るまで永遠のもので、主なる神の「過越《パスカ》」である。[76] それは見分ける力がある者たちによって守られるもので、一〇日目から始まる。[77] 一〇日目とは、「デカス」（一〇のもの）の始まりのことで、そこから、彼〔モノイモス〕曰く、彼らは数え始めるのである。なぜなら、一四日〈に含まれている四〉までが一体〔モナス〕のものであることは、その総合計が微小な一画《ケライア》、すなわち完全数〔の一〇〕になるからである。すなわち〔一一は〕一、〔一二は〕二、〔一三は〕三、〔一四は〕四〔と数えるから〕合計は一〇になる。[78] これは微小な一画《ケライア》〔イオータ〕他ならない。

7 彼〔モノイモス〕曰く、さらに一四日から二一日までの間にある七日間《ヘプドマス》は[79]、この世界の微小な一画《ケライア》の中に含まれている「ヘブドマス」のことであり、その七日間全体で被造世界がパン種なしで造られたことを意味すると言う。すなわち、彼〔モノイモス〕曰く、どうしてその微小な一画《ケライア》が何かパン種に当たるようなものを外部から補充される必要があっただろうか。もしそうならば、まるで、世々にわたって与えられてきた主の永遠の「過越祭《パスカ》」[80]がそうして初めて祝えるかのようではないか。むしろ、この世界全体が、また被造物の原因となっているもののすべてが、主の「過越祭《パスカ》」[81]なのである。8 なぜなら、神は微小な一画《ケライア》——すなわち、神からモーセに与えられたあの杖[82]——が一〇の打撃でもたらした被造世界の変容を喜ぶからである。神はその杖でエジプトの人々を撃って、その身体を変容させた。すなわち、モーセの手を〈雪に〉[83]、水を血に変え[84]、その他これに類する多くのことを行ったのである。彼は〈例えば〉イナゴ[85]——その意味は草ということであるが——のことを、元素が肉に変わったものだと言う。彼曰く「すべての肉は草だからである」〈と書かれている通りである[86]〉。

9 この者たち〔モノイモス派〕は律法全体も、以上に劣らず同様に解している。おそらくその際の彼らは、私が思うには、ギリシア人たちが、一つの実体が存在するのと同じように、「どのような」、「どれほどの」、「何のために」、「どこで」、「何時」、「〜の状態にある」、「〜を実行する」、「〜を被る」も存在するのだと言っていることに従っているのだと思われる[87]。

五 1 それゆえに、モノイモス本人がテオフラストス宛の手紙の中で明瞭にこう言っている。「[88]〈もし君が万物を認識したいのであれば〉、君は神を被造物やその他これに類するものから探求することを放棄して、君自身の中から神を[89]探求すべきである。そして君の中にすべてのことを一挙に具えてくれたのは一体誰なのか。2 また、『〔わたしの神、〕わたしの叡智、わたしの思考、わたしの心魂、わたしの身体』と語っているのは誰なのかを学ばねばならない。また、〈君が〉悲しむことは何処から来るのか、そして喜ぶこと、愛すること、憎むこと、〈君が〉欲せざるままに目覚め、欲せざるままに眠りに落ち、欲せざるままに怒り出し、欲せざるままに友愛を覚えること、これら〈すべては〉一体何処から来るのか」。――さらに彼〔モノイモス〕曰く――「君はもしこれらのことを厳密に探求するならば、神を君自身の中に[90]発見するだろう。そして〔神が〕ちょうどあの微小な〈唯一の〉一画《ケライア》と同じように、一と同時に多〈であること〉を発見するだろう。もし君が自分自身から出発するならば」。

3 モノイモス派については、以上である。われわれは彼らの教説をすでにギリシア人によって言われていたことと対照してみるまでもないと考える。なぜなら、彼らの構築物が、ギリシア人によって幾何学と数学の技能の分野ですでに言われていたことに〔多くを〕負っていることは明白だからである。[91] この技能については、ピュタゴラスの弟子たちがはるかに見事に論述したとおりである。そのことは本書の読者の方々にも、すでにわれわれがギリシア人のすべての知恵について論述した場所で、[92] 認識していただける通りである。しかし、モノイモスに対しては、われわれはすでに十分に論駁を尽くしたので、さらに別の者たちが一体どのような技巧を凝らして、自分たちの名を高めようと虚栄な努力をしているか見てみることにしよう。

## タティアノス

一六 さて、[93]タティアノスは殉教者ユスティノスの弟子となったのだが、師と同じ考えは取らずに、ある新奇な説を試みて、いくつかの見えざるアイオーンの存在について語った。その物語はヴァレンティノスに発するそれと似たものであった。結婚は滅びであると言ったのは、マルキオンと似ている。ただし、アダムは不従順の元祖となったことで、救われなかったと主張した。タティアノスについては、以上である。

## ヘルモゲネース

一七 1 次に、ヘルモゲネース某は自分は何か新しいことを考えついたと思って、神は〔自分と〕同時に、しかも生まれざるものとして在った物質《ヒューレー》から万物を創造したのだと言った。なぜなら、現に存在している事物を存在しないものから創造するなどということは、神にも不可能だったからである。[94]ただし、神は終始主であり、終始創造主であるのに対して、物質《ヒューレー》は奴隷であり、〈終始〉造られるべきものである。[95]ただし、すべての物質《ヒューレー》がそうだというのではない。2 なぜなら、〈神は〉凄まじく無秩序に動揺していた物質《ヒューレー》を次のようにして秩序づけたからである。すなわち、神はそれが下から加熱された鋳物の素材のように沸き立っているのを目にすると、部分に分けたのである。[96]一部を全体から取ると、それを鎮めたが、〈別の〉一部は無秩序のまま動揺するに任せた。[97]彼〔ヘルモゲネース〕が言うには、鎮められた部分がこの現下の世界であり、別の凄まじく動揺している部分は〈無定形〉で無秩序な物質《ヒューレー》と呼ばれる。あらゆる物の実体《ウーシア》はこのようなものであると彼は言って、それを自分の弟子たちに新しい説として提示した。しかし、その際彼は、このストーリーはすでにソクラテスのものであったこと、しかもプラトンによって、ヘルモゲネースには及びもつかないほどに、より良いものに仕上げられたということには、考え至らなかった。
3 他方、彼はキリストが万物の創造主なる神の御子であることを告白し、また、乙女と霊から産まれたことも、福音書〔複数〕の証言[98]にしたがって告白している。さらに、キリストが受難した後、甦らされて、身体を具えて弟子たちに出現したこと、それから諸々の天に上って行ったが、太陽のところにその身体を置き去りにして、自分はさらに父のもとへ進んで行ったと言う[99]。
4 彼はダヴィデの詩篇で言われていることによって自説が証明されると考えて、その詩篇の文言を利用している。その詩篇曰く、「〔主は〕太陽に天幕を張り、婚礼の部屋から出て来る花婿のように、自ら勇士のごとく喜び勇んで走っていく[100]」。以上がヘルモゲネースの仮説である。

## ニサン十四日派

一八 1 それとは別の喧嘩好きの者たちがいる。知識の程度は素人で、性格は戦闘的である。彼らの主張では[101]、「過越祭《パスカ》」〔復活節〕は、律法の定めに従って[102]、年の最初の月〔ニサン〕の一四日に、その日が何曜日であろうとも、守らなければならないのである。その際彼らがこだわっているのは、律法には、そこに定められている通りに行わない者は呪われると書かれていることなのである[103]。逆に彼らは、ユダヤ人たちにその定めが宣布されたのは、〔来るべき〕真の「過越祭《パスカ》」〔復活節〕を彼らが拒むためであったことを見逃していた。そしてその真の「過越祭《パスカ》」がもろもろの諸国民のもとへともたらされていること、そして信仰によって理解されて、今や文字通りに遵守されるものではないことに彼らは気づかなかった。2 彼らは律法の中の前述の戒めの一つに気を奪われてしまい、使徒〔パウロ〕によって、「わたしは割礼を受ける者すべてにはっきり言っておくが、その人は律法全体を行う義務を負うのである」(104) と言われていることに注意を向けていないのである。ただし、この者たちはその他の点では、使徒たちから教会に伝えられてきていることに、すべて一致している。

## フリュギア派

一九 1 (105) その他にも、より異端色の強い者たちがいる。彼らの出身はフリュギアである。彼らは女たちに振り回されて欺かれたのである。その女たちはプリスキラとマクシミラという名前で、彼らはこの二人を女預言者と見做している。また、彼らが言うところでは、この二人の女たちの中には、パラクレートス〔弁護者〕たる聖霊(106)が到来しているのだと言う。さらに彼らはこの二人の女たち以上に、モンタノスという男もやはり預言者として称えている。彼らはこれら〔三人〕の者たちが著した書物を無数に所持した上で道を誤っているのである。なぜなら、これらの者たちによって語られることを理性によって判断するのではなく、また、その判断ができる者たちに耳を傾けることもせずに、ただ無批判的に彼らを妄信しているからである。この分派の者たちは律法と預言者と福音書からよりも、この〔三人の〕者たちからこそ、はるかに多くのことを学んできたのだと言っている。2 彼らは使徒たちやすべての霊の賜物以上に、この女たち〔の預言〕を賞賛している。ところが、その程度が余りに高じて、ついに彼らの内の何人かは、彼女たちの預言においては、キリスト〈による〉よりも偉大なものが生じているのだと言って憚らないほどである。この分派は、たしかにすべてのものの父なる神が万物の創造者であることを教会と同じように告白しており、その他にも、福音書がキリストについて行っている証言もすべて同じように告白している。ただし、彼らは断食と祭事については新奇なことを導入し、乾物主食主義(107)とキャベツ主食主義(108)を前述の女たちから教わったと主張している。
3 また、この分派の一部の者たちは、ノエートスの分派に賛同して、「父」自身が「子」に他ならないと主張し、この者が誕生、受難、死を引き受けたのだと言っている。この〔ノエートスの〕分派については、私は改めて詳論することにしよう(109)。この者たちの分派は多くの人々にとって禍のきっかけとなっている。4 ただし、〔フリュギアからの〕分派については、すでに述べたことで十分だとわれわれは考える。すなわち、要約的にではあったが、彼らの駄弁ばかりの書物と仮説がいかに弱体で論議に値しないかは、すべての人々に証明済みである。健全なる思考力の持ち主はそんなものに注意を向ける必要がない。

## エンクラティータイ〔克己派〕

二〇 1 さらに別の者たちで(110)、エンクラティータイ〔克己派〕を自称している者たちがいる。彼らは神とキリストに関しては、教会と同じ信仰を告白しているが、生活態度に関しては、思い上がった生き方をしている。すなわち、食べ物を通して自分たちの名声を高めようと考え、有魂のものを遠ざけ、飲み物は水だけで、結婚を禁じ、その他の生活面も簡素きわまりない(111)。その様子はキリスト教徒というよりも、むしろ犬儒派と目されるべきものである。彼らは、使徒パウロが予め語っていたことに気づいていない。パウロはやがて虚しく事を新たにしようと試みる者たちが現れることを予言していたのだが、それは実は彼らに対する批判に他ならないのである。2 パウロ曰く、「霊が明確にこう告げている。後の時代には、健全な教えから脱落し、迷いの霊と悪霊たちの教えに心を奪われる者たちが現れるであろう。このことは、偽りを語る者たちの偽善によって引き起こされる。彼らは自分の良心に焼き印を押されており、結婚を禁じたり、ある種の食べ物を断つことを命じたりするのである。しかし、それらの食物も、信仰を持って真理を認識した人たちが感謝して食べるようにと、神が造ったものなのである。というのは、神が造ったものはすべて善いものであり、感謝して受けるならば、何一つ捨てるべきものではないからである。それは神の言葉と祈りによって聖なるものとされるのである」[112]。

3 祝福されたパウロのこの発言だけで、前述のように生活して自分たちを義人だと思い上がっている者たちへの論駁には、そしてこれもまた分派の一つに違いないことを証明するには、十分である。

以上以外にも、カイン派、オフィス派、ノカイテース派、およびこの種の名前で呼ばれる分派があるとしても、私としては彼らによって言われたり、行われたりしていることは、ここで報告するまでもないと思う。願わくば、それでも、彼らについてもここで一言あってしかるべきではないかと思われる方がおられないように[113]。4 〔私には〕これらの分派についても、すでに十分だと思われるので、われわれは次にノエートス派に移ることにしたい。この分派はすべての人にとって禍の因となっている。われわれはこの分派の絡み合った根源を分解して、そこに含まれた毒を白日の下に〈持ち出して〉暴露するだろう。それによって、この言わば激流のような霊の猛威によって拉致されてしまった人々の迷いを覚ますことにしたい。

# 第九巻

一　『全異端反駁』の第九巻の内容は次の通りである。

二　ノエートスの瀆神の無思慮ぶりはいかほどのものか。彼が傾倒していたのは、キリストの教えではなく、蒙昧なヘラクレイトスの学説であったこと。

三　どのようにカリストスは、ノエートスの弟子のクレオメネースとテオドトスの分派を混ぜ合わせて、別の新しい分派を立ち上げたか。また、その〔カリストスの〕生活態度はどのようなものであったか。(1)

四　エールカザイという見知らぬ悪霊が新たに登場した次第はどうであったのか。また、彼が律法の遵守を心がけているというのは、自分自身の咎を覆うための見せかけであり、実際のところは、グノーシス主義、占星術、そして魔術の教説に傾倒しているということ。

五　ユダヤ人たちの慣習はどのようなものか。また、彼らの間には、どのような差異が存在するのか。

六　以上、(2)われわれは一つの分派も看過せずに論駁しようと、すべての分派を相手に大変な格闘をしてきた。それでもなお、最大の闘いが残されている。それは今現にわれわれに対抗している諸々の分派について論述、論駁することである。というのは、それらの分派によって、何人かの無学で向こう見ずな連中が、全世界の信仰者たちの間に大いなる騒擾を引き起こして、教会を踏み潰そうと試みたからである。そこでわれわれには、そうしてもたらされた諸々の害悪の発端となった物の見方にまで遡って、その見方の原因は一体何であったのかを暴露することが必要だと思われる。そうすることによって、その見方からの派生物も、すべての人によって良く理解されて、軽蔑されるようになるであろう。

## ノエートス派

七[1]生地はスミュルナで、名前はノエートスという男(3)が生まれてきた。この男はヘラクレイトスの学説から出発して、一つの分派を導入した。そのノエートスに仕えて弟子ともなった男で、エピゴノスという名前の男がいた。そのエピゴノスはローマにやって来て、神無き教えの種を蒔いた。そのエピゴノスの弟子となったのが、クレオメネースであった。彼は生活態度においても、性格においても、教会とは異質な男であった(4)。そのクレオメネースの説が力を揮ったのは、ちょうどゼフュリーノスが教会の指導権を握っていると思い込んでいた時期だった(5)。このゼフュリーノスというのは、蒙昧で、あこぎな金儲けにも何ら憚るところがない男であった。[2]彼はクレオメネースからの汚い賄賂で買収されてしまい、自分のもとへやって来る人々に対して、クレオメネースの弟子になるように斡旋したのである。そればかりか、やがて彼自身も［クレオメネースの説に］足下を掬われて、それに夢中になったのである。そのクレオメネースに悪事を進言して、一緒になって事を運んだのが、カリストスだった。このカリストスの生活態度と捏ち上げの分派については、私は間もなく後述する予定である(6)。[3]この二人の開いた学塾《ディダスカレイオン》は後継者によって存続し、ゼフュリーノスとカリストスが加わったことで、力をつけて増大を続けた。もちろん、われわれの側では決して妥協せず、何度となく彼らに対抗してきた。そしてたとえ彼らが欲しなくても、無理にでも真理を告白させようと試みてきたのである。すると、彼らはほんのしばらくの間は、恥じ入り、真理に導かれて〔信仰を〕告白するのだが、その後しばらくすると、またもや糞尿の中へ転げ落ちていく(7)の繰り返しであった。

八 1 さて、以上でわれわれは彼らの間での世代のつながりと後継を明らかにしたので、以下では、彼らの唱える教説に含まれる害悪を暴露することが必要だと思われる。そのために、〔われわれは〕まず最初に、あの蒙昧なヘラクレイトスが唱えた教説と並べてみよう。それによって、彼らの言っていることがヘラクレイトスの説の一部に過ぎないことを明らかにしてみよう。それがあの蒙昧なヘラクレイトスのものだとは、この分派の現在の指導者たちも承知していないことである。彼らはそれがキリストのものだと思い込んでいるからである。2 もし彼らがこのことを読むならば、あまりに自分を恥じて、これまでの神無き雑言をやめるかも知れない。もちろん、ヘラクレイトスの見解は、すでに本書の「哲学誌」（Φιλοσοφούμενα）の部分で前述済みである(8)。しかし、ここで比較対照させてみるのが良いと思われる。そうすることによって、われわれの論駁も立ち入ったものとなり、自分たちはキリストの弟子だと思い込んできた彼らも、実はそうではなくて、むしろあの蒙昧なヘラクレイトスの弟子であったことを、明瞭に教えられることになるだろう。

## ヘラクレイトス再論

九 1 ヘラクレイトスの言うところでは、万物は分割可能であると同時に分割不可能、生まれたものであると同時に生まれざるもの、死ぬべきものであると同時に不死なるもの、永遠《アイオーン》なるロゴス、父にして子、正義の神である(9)。「わたしからではなく、ロゴスから聞いた者たちが、万物は一つであると言い表すのは賢明である」とヘラクレイトスは言う(10)。2 ただし、このことは必ずしもすべての人が知るところでも、言い表すところでもないということを咎めて、さらにこう言っている。――「異なるものが合致するということを彼らは知らないのだ。弓と竪琴が互いに回帰して調和するように(11)」。3 ロゴスが永遠に万物であり、万物を貫いていることについては、彼は次のように言っている。「だが、人間たちはこの永遠に存在するロゴスのことを知らないままである。〔それについて〕聞く前からも、初めて聞いた後も。すべてのことがこのロゴスによって起きていくが、彼らはまるで初心な者と変わらない。わたしが今こうして物語り、〔あらゆるものを〕本性に準じて仕分け、それが如何に在るかを明らかにするために、言葉と業で〔彼らを〕試してみる限り(12)」。

4 また、子供が万有であって、永遠にわたりすべてのものの永遠の王であることについては、「永遠《アイオーン》は将棋の駒で遊ぶ子供、子供の王様ごっこだ(13)」と言う。さらに、すべて生成した事物の父が生まれた者であると同時に生まれざる者であること、被造物であると同時に造物主であることについては、われわれは彼がこう言うのを聞くのである。――「戦いは万物の父であり、万物の王である。彼はある者たちを神々とし、別の者たちを人間としてきた。さらに、ある者たちを奴隷、別の者たちを自由人としてきた(14)」。5 ……(15)ということは、「弓と竪琴が互いに回帰して調和するように(16)」。彼はまた、〈神が(17)〉人間には隠されていて、目には見えず、知ることもできないということを、「隠された一致の方があからさまなそれよりも素晴らしい(18)」と言い表している。彼は、知ることができるものに勝って、それに含まれる不可知なもの、目に見えない権能をこそ賞賛し、それに驚嘆している。神が人間の目には見えず、探して見つかるものでもないということ(19)、このことを彼は「見ること、聴くこと、学ぶこと。これこそわたしはまず尊ぶ(20)」と語っている。すなわち、それは目に見えないものに含まれる目に見えるもののことである。〈同じことは(21)〉彼の次の言葉から容易に知ることができる。6 「あからさまな事物の認識において、人間は欺かれるものである。すべてのギリシア人の中で最も賢明な人物となったホメーロスにも、それと似たことが起きた。すなわち、そのホメーロスを欺くことになったのは、シラミを潰していた子供たちがこう口にした時である。『僕らは見つけて捕まえた奴らは全部置いていくけど、まだ見つけても捕まえてもいない奴らは、そのまま運んでいくまでさ(22)』。

10 1 このように、ヘラクレイトスは目にあからさまに見えているものをそうではないものと、同等に評価するのである。それは、目に見えるものと見えないものを同一だと言っているようにさえ思われるのである。彼曰く、「なぜなら、隠された一致の方があからさまなそれよりも素晴らしい(23)」からであり、「見ること、聴くこと、学ぶこと——これはつまり、感覚器官ということである——、これこそわたしはまず尊ぶ(24)」と言う。つまり、彼は隠されたものを優先しないわけである。2 ヘラクレイトスがさらに言うには、闇と光は異ならず、悪と善も別物ではなく、同一である。そのため、彼はヘシオドスのことを、昼と夜のどちらも分かってい〈ない〉と言って叱るわけである。なぜなら、彼曰く、昼と夜も同一のものだからである。そしてこう言うのである。「大抵の人々にとって、ヘシオドスは先生だ。彼らの理解では、この人物こそが最も多くのことを知っていると言う。ところがその人物が昼と夜のことさえ分かっていない。二つは一つものなのだ(25)」。3 善と悪も〈同一だと彼は言う〉。ヘラクレイトスが言うには、「医者というものは、体を病んで弱っている患者を切ったり、焼いたり、やりたい放題に扱っておいて、その上さらに患者から診療代を要求する。しかし、結果は善でもあるが病気でもあって、どっちみち同じことなのだから、不当な要求である(26)」。4 また彼曰く、真っすぐと曲がったも〈同一〉である。彼曰く、「縮絨の工房では、道は真っすぐでもあり、曲がってもいて、同一である(27)」。——縮絨工房で「カタツムリ《コクリオン》」と呼ばれる道具〔ねじ込み器〕の回転運動は真っすぐと曲がりの組み合わせである。それは上に向かったり、回転したりである。——また、上も下も同一である。「上への道も下への道も同一である(28)」。5 彼が言うには、汚いと清潔も同じこと、飲めるものと飲めないものも同じことである。彼曰く、「海水は最高に綺麗と同時に汚い。魚には飲めて、救いの水だが、人間には飲めず、滅びの水だ[29]」。

6 また、彼は不死なるものも死ぬべきものであり、死ぬべきものも不死であることを、憚らずに次の言葉で言い表している。曰く「不死なる者たちも死ぬべき者、死ぬべき者たちも不死の者。生きている者たちはかの者たちの死を生き、死んでいる者たちはかの者たちの生を死んだのだから[30]」。彼はまた、この目に見える肉の復活、すなわち、われわれが今現にその中に生まれてきている肉の復活《アナスタシス》についても語り、神がその復活の原因者となることも知っていて、こう述べる。──「そこに居合わせる方〔神〕に向かって立ち上がり、活ける者と死者を不断に見守る者となるだろう[31]」。7 彼はまた、この世界とその中にあるすべてのものに対する審判が火によって行われると言う。なぜなら、彼曰く、「上から到来する火が万物を裁き、呑み込むであろうから[32]」。彼はまた、その火には思慮が具わっていて、あらゆる事物の秩序づけの原因者であると言う。そのことについては、「あらゆるものを雷光が司る[33]」と言っている。つまり、〔雷光がすべてのものを〕真っすぐに直すということであり、雷光とは永遠の火[34]のことを指しているのである。彼はまた、その火のことを「欠乏と満腹[35]」とも呼んでいる。彼によれば、その欠乏とは〔世界が〕秩序づけられたこと、満腹とは世界焼尽《エクピュローシス》のことである。

8 彼〔ヘラクレイトス〕は以上の要約で、自分自身の思考をすべて開陳したことになるが、それが同時にノエートスの分派の考えをも示している。なぜなら、このノエートスはキリストの弟子ではなく、むしろヘラクレイトスの弟子だからである。そのことはすでに私が手短に明らかにしてある通りである[36]。ヘラクレイトスは、造られた世界そのものが自分自身を造った造物主《デーミウールゴス》であることを、こう述べている。「神は昼であって夜であり、冬であって夏であり、戦争であって平和であり、満腹であって飢餓である」。──すべてが対立物である。これが彼の考えである。――「しかし、〔神は〕、ちょうど〈火が〉燻香に混じり合う時のように、そのつど変容し、それぞれの人が好む名前で呼ばれる(37)」。

9 誰が見ても、ノエートスの後継者たちとその分派の現在の指導者たちの思慮の〈無さ〉は明白である。よしんば彼ら自身はヘラクレイトスを聴講したことなどないと言うとしても、ノエートスの唱えた教説を受け入れることによって、〔ヘラクレイトスと〕同じことを言っているのは明らかである。

すなわち(38)、彼らの言い分によれば、万物の創造主と父は同一の神に他ならない。これは不可視の神であったが、それでも最初から義人であった者たちには、自分を現すことをよしとした。10 なぜなら、彼は見られない時には、見えざる者であるが、〈見られる時には、見える者であり〉、把握されたくない時には、把握できない者であるが、把握される時には把握可能な者だからである。このように、制御しがたい者でありながら制御可能な者、生まれざる者でありながら〈生まれた者〉、不死の者でありながら可死的な者である。どちらも同一の根拠（ロゴス）によるのである。〔そうだとすれば〕彼らはヘラクレイトスの弟子だとされずに済むはずがないではないか。〈よしんば〉この蒙昧な人物〔ヘラクレイトス〕が先にそのような文言を使って哲学したということではないとしても(39)。

他方で、ノエートスが子と父が同一だと主張したことを、知らない者はいない。11 彼の言うところでは、父は未だ生まれていない段階で、いみじくも「父」と呼ばれていた。父はやがて〈乙女からの〉誕生を自分の身に引き受けることをよしとした時には、自分自身の子として生まれたのであって、他の者の子としてではなかった。彼〔ノエートス〕の思い込みでは、そうしてこそ単一の原理《モナルキア》を確保できるはずだと言う。同一の者が父とも子とも呼ばれるのであって、別のものが別のものから生まれたのではなく、同一の者が自分自身から生まれたのだと彼は言う。父と子という名前で、しかも時系列の上で、そう呼ばれるのである。その結果、その同一者が出現し、乙女からの誕生を引き受けて、人間たちの間を人間として往き交い、目を留める者たちには自分が誕生によって生まれた者であることを憚りなく言い表すとともに、把握力のある者たちには、自分が同時に父であることを隠すこともなかったのだと言う。[12]この同一の者〔神〕は苦難に〈赴き〉、木〔十字架〕に架けられ、自分自身に霊を引き渡した。死んだけれども死なず、三日目に復活した。(40) 槍で刺し貫かれ、釘づけにされ、墓に埋葬された。この者こそがすべてのものの神であり、父であるとクレオメネースとその一派は言うのである。(41) こうして彼らは、ヘラクレイトスの暗闇を多くの者たちの間に広めている。

## カリストス派

一二[1]この分派の勢力を確立したのはカリストスである。彼は悪事とあらば何でも持って来い、詐欺にかけては百戦錬磨の男で、〔ローマ〕司教座を狙って猟官活動に余念がなかった。他方、ゼフュリーノス(42) は蒙昧で無学で、教会のもろもろの約束事にも通じない男だった。カリストスはこのゼフュリーノスに賄賂と引き換えで禁則破りの要求をして、自分の思惑に引き込んだのである。ゼフュリーノスの方も贈り物に弱く、金銭欲が強かったこともある。カリストスはゼフュリーノスを言い含めて、兄弟たちの間に常に騒ぎを引き起こした。カリストス自身は、その後しばらくしたところで、騒ぎの当事者双方を言葉巧みに説き伏せて、自分に好意を抱かせたのである。そして一方では、真理〔正しい信仰〕を抱いている人々に対しては、自分も同じ考えだ〈と言って〉欺いておいて、他方では、サベリオス(43) の信奉者に対しては、サベリオスと同じことを語るのであった。カリストスには、サベリオスを矯正する可能性もあったのだが、〔むしろ反対に〕悪い方へ連れ込んでしまった。[2]すなわち、サベリオスはわれわれから警告を受ける場面では、決して頑な態度ではなかったのである。ところが、カリストスとだけの対面状況になるや否や、彼におだてられて、クレオメネースの説に傾いて行くの繰り返しであった。というのも、クレオメネースはカリストスと同じ考えを述べていたからである。[44] その当時のサベリオスはカリストスが悪事なら何でも持って来いの男であることに気づいていなかった。ただし、後になってから、それを知ることになった。この点について、私は間もなく述べるつもりである。[45]

3 さて、カリストスはゼフュリーノスを言い含めて、公に「わたしが知っている神はキリスト・イエスただ一人である。彼の他に生まれ、かつ受難した神はいない」と宣言させたのである。カリストスはさらに、「父が死んだのではなく、子が死んだのである」とも言って、民衆の間に絶えず騒擾を引き起こし続けた。われわれは彼のこの考えを知った時、真理の名においてこれを暴露し、〈彼に〉反論して〈闘った〉。ところが、他のすべての人々が彼の欺瞞になびいてしまった。ところが、われわれはそれに同調しなかったため、彼の無思慮が度を超してしまい、われわれを指して、「二神論者[46]」だと呼んだのである。そうすることで、彼は自分の胸中深く秘めていた毒を思い切り吐き出したわけである。

4 われわれには、ここでこの男の生涯の経緯を語っておくことが必要だと思われる。それは同じこの時代に起こったことであるし、この男の生活態度が如何なるものであったかが明らかになれば、良識ある人々の目には、この男が立ち上げようと試みた分派のことも、直ちに明らかに、かつ洞察可能になるはずだからである。この男は、フスキアヌスが都市ローマの行政官《エパルコス》であった時に、殉教した。その殉教までの次第は次の通りであった。

三 1 カリストスはカルポフォロスという男の家僕であった。カルポフォロスは〔キリスト教の〕信徒で、皇帝の家系に連なる者だった。そのカルポフォロスが、カリストスに、彼も〔キリスト教の〕信徒だというので、少なからずの額の金を預け、それで両替〔銀行〕業を営んで利益を挙げるように指示したのである。カリストスはその金を受け取ると、〔カペナ門の前にある〕「魚池」(Piscina publica)と呼ばれる公共の場所で、両替業に手を着けたのである。時が経つ間に、その彼に寡婦や〔信仰上の〕兄弟たちから、少なからずの金が預けられることになった。彼らがそうしたのは、カルポフォロスの令名が〔背後に〕あればこそだった。ところが、カリストスはその金をすべて無益に消尽して、窮地に陥ってしまった。

そういう顛末となったとき、カルポフォロスに事の次第を報告する者がいた。2その時、カルポフォロスは、カリストスに釈明させると言った。カリストスはこれを知ると、主人からの身の危険を予見して遁走した。海路で逃げようという算段であった。港に急ぐと、巧い具合に一隻の船が出航準備を終ったところだった。その行く先は何処であれ、渡りに船と飛び乗った。ところが、そう巧い具合に人の目を欺くことはできなかった。3というのは、〔今度も〕事の次第をカルポフォロスに知らせる者が出てきたからである。カルポフォロスは報告を受けるや、そのわけを理解して、港に急ぐと、息せき切って自分も当の船に乗り込もうと試みた。ところが船は港の真ん中〔の沖〕に停まっていたのである。船頭が船を出すべきかどうかと躊躇している間に、カリストスの目には、まだ遠くにいる主人の姿が入ってきた。そのまま船にいたのでは、捕まってしまうと分かった時、万事休したと考えた彼は、生きることに見切りをつけて、海に身を投げたのである。4ところが居合わせた船員たちは、小舟に乗り移るや、カリストスを本人の意に反して引き上げてしまった。陸の野次馬たちのやんやの叫び声たるや、どれほどであったことか。こうして主人の手に落ちたカリストスはローマに引き戻された。主人はその身柄を脱穀小屋(pistrinum)送りとした。

5その後時間が経つうちに、たまたま何人かの〔信仰上の〕兄弟がカルポフォロスのもとへやってきて、例の逃亡奴隷を懲罰から解放してやって欲しいという話になった。というのも、彼が自白したところでは、何人かの人々に金を貸したままになっているそうだから、と言うのであった。6カルポフォロスは善意の人であったから、自分の金については惜しくはないが、〔他の人から〕預かった金のことが気になると言った。――なぜなら、多くの人が、彼の令名を信ずればこそ、カリストスに金を任せたのだと、彼に泣いて訴えたからである。――そうして説得されたカルポフォロスは、指示を出して、カリストスを解放した。7ところが、カリストスには、金を返そうにも、実は〔貸したままの金など〕一銭もない。監視されているから、もう一度逃げ出すこともできない。そこでどうして死のうかと思案した挙げ句、ある安息日に、負債者に返済を迫りに行く振りをして、ユダヤ人たちが集まっている会堂に出掛けて行った。そしてその中に紛れ込んで、彼らに騒ぎを焚き付けたのである。彼に騒ぎを焚き付けられたユダヤ人たちは激高し、彼を繰り返し殴打した上で、その時の〔ローマ〕市の行政官《エパルコス》であったフスキアヌスのもとへ連行した。8そのとき彼らはこう訴えた。「ローマ人たちは、われわれが父祖伝来の律法を公の場所で朗読することを容認しています。しかし、この男はわれわれの中へ押し込んでくるや否や、騒ぎを焚き付けて、われわれの邪魔をしたのです。その際、自分はキリスト教徒だとわめいていました」。フスキアヌスは裁判の席に着くと、ユダヤ人たちが告発したカリストスの所業に腹を立てた。この時も、カルポフォロスに事の次第を報告する者がいた。9彼は行政官の裁きの席に駆けつけると、大声で叫んで言った、「フスキアヌス様、お願いです。その男〔カリストス〕を信用しないで下さい。彼はキリスト教徒ではありません。彼はわたしの大金を無にしたために、死ぬきっかけを探しているだけなのです。わたしはそれを証明して御覧にいれます」。しかし、ユダヤ人たちはこれはまったくの捏ち上げで、カルポフォロスはそれを口実に、カリストスの自由放免を手に入れようとしているのだと考えた。そしてそれまで以上に妬みを募らせて、行政官《エパルコス》に向かって大声で叫び続けた。フスキアヌスはそれに動かされた。そしてカリストスを鞭打ちに処してから、サルドニア《サルディニア》島の石切り場へ追放した。

10その島には、時の経過と共に、他の〔キリスト教信仰の〕告白者もいるようになった。その時、コンモドス帝の側室《パラカレー》(47)にマルキアという女性がいた。彼女は敬神の人で、何か善行を為したいと思っていた。そこで彼女はその時の〔ローマ〕教会の司教であったウィクトールを呼び寄せて、今サルドニア《サルディニア》島にいる告白者〔キリスト教徒〕は誰々かと尋ねたのである。ウィクトールはすべての該当者の名前を答えたが、カリストスの名前だけ挙げなかった。彼によって為された向こう見ずな行為のことを知っていたからである。11コンモドス帝からの承認を得たマルキアは、ヒュアキントスという名前で、宦官であると同時に〔教会の〕長老でもあった人物に、赦免状を渡した。この人物はそれを受け取ると、サルドニア《サルディニア》島へ渡り、当時その地を差配していた総督にそれを渡して、カリストス以外の告白者たちを解放させた。12ところが、当のカリストスは跪いて、涙ながらに、自分も是非とも赦免に与りたいと嘆願したのである。ヒュアキントスは躊躇したが、それでも総督に〈カリストスも赦免するように〉求めた。その際、彼は自分はマルキアの養父だから、総督にとって危険はないと言ったのである。総督はそれを信じて、カリストスも赦免した。

13そういうわけで、カリストスが〔ローマに〕戻って来たとき、ウィクトールは事の次第にひどく立腹した。しかし、腹の底から善人であったから、平静を保っていた。しかし、実は多くの人々から非難を受けることを恐れていた。——というのも、カリストスが仕出かした向こう見ずな所業は決して遠い昔のことではなかったからである。——その上さらに、カルポフォロスまでが反対に回ったので、改めてカリストスを〔ローマ南方の街〕アンティウムに流して、月々の扶持を与えて、そこに住まわせたのである。

14そのウィクトールが永久の眠りについた後、〔後任の〕ゼフュリーノスはもろもろの聖職を任命するに当たり、カリストスもその数に加え、名誉を回復させた。それがやがてゼフュリーノス自身にとって禍の種となった。すなわち、彼はカリストスをアンティウムから呼び戻して、「永眠所《コイメーテーリオン》」の担当に任命した。それ以来、カリストスはいつもゼフュリーノスのすぐ側にいて、すでに述べた通り、彼に欺瞞をもって仕え、彼を亡き者としてしまった。つまり、ゼフュリーノスは言われることの真偽を判別できないから、カリストスの企みに気付きもしなかった。そのため、カリストスは彼に対して、何でも言いたい放題のことを言っていたのである。15 そういうわけで、ゼフュリーノスが最期を迎えた時には、カリストスは長年鵜の目鷹の目で狙ってきた獲物[48]がやっと手に入ったと思ったわけである。そこで例のサベリオスさえも、考え方が正しくないという廉で、追放した。それは実はこの私〔ヒッポリュトス〕を怖がってのことだった。そうしておけば、カリストス自身が〔正しい信仰とは〕違う考え方なのではないかという懸念が教会の中に生じてくるのを退けることができるだろうと思ったのである。実に彼は魔術師で、悪事なら何でも来いの男であって、時間の経つ内に大勢の者たちを自分の側につけたのである[49]。16 カリストスは心中深く毒を含んでいるから、真っすぐに考えることができず、臆して真理を語ることができ〈ない〉。そしてすでにわれわれ〔ヒッポリュトスの陣営〕を侮辱するために、「君たちは二神論者だ」とまで言い放っていたから[50]、さらにサベリオスからは絶えず、彼〔カリストス〕自身が以前の自分の信仰を裏切っていると告発され続けていたので、今や新たな分派を捏ち上げたというわけである。

すなわち[51]、その言い分では、ロゴス自身が御子であり、呼び名としては同時に「父」でもあって、存在としては分割不可能な一なる霊だと言う。17 父と子はそれぞれ別の者ではなく、同一〈の霊〉なのである。そして万物は上にあるものも下にあるものも、すべてが神的な霊で満たされていると言う。そしてあの乙女の中で肉となった霊も、父の傍らに異なるものとして存在するのではなく、同一の霊なのである。そしてこれこそ、「あなたはわたしが父の中におり、父がわたしの中にいるのを信じないのか[52]」と言われている意味なのだと言う。18 目に見えるもの、つまり人間、これは子である。その子の中に宿った霊、これが父である。なぜなら、

──と彼曰く── わたしは父と子を二柱の神ではなく、ただ一人の神だと言い表すからである。父は子において肉をまとった後、それを自分と同化させて神とし、一つにしたのである。それは父と子で「一人の神」と呼ばれるためである。そしてこれはただ一人の方であるから[53]、二つであることはできない。こうして、父は子と一緒に受難したことになる。

19 すなわち、カリストスは父〔だけで〕受難したとも、一人の人格であるとも言いたくないのである。むしろ、父に対する瀆神を避けたい〈一心なのである〉[54]。そこで考えもなしに手練手管のこの男は、四方八方を侮辱しながら、ただ見せかけだけでも真理を語っているかのように装うために[55]、ある時はサベリオスの説に同調するかと思えば、別の時にはテオドトスの説に同調して憚るところがない始末であった。

20 かつて向こう見ずで鳴らした悪漢カリストスは、今やそのような教えでもって学派を成して教会に対抗する者となった[56]。そして快楽〈の罪〉を人々に容認することを考えた最初の人物でもあった。彼曰く、誰であれ犯した罪は彼によって赦してもらえるというのであった。仮に別の指導者の集会に連なってキリスト教徒と呼ばれる人がいて、その人が罪を犯してしまった場合も、彼ら〔カリストス派〕が言うには、もしその人がカリストス派に移ってくれれば、その人の罪も罪とは数えられないというのであった。21 それまで良心に咎めを負っていた者たちや、他のいろいろな分派から追放処分になっていた多くの者たちが、この宣言を好ましく思った。その中には、われわれの教会から、破門処分された者たちも何人か含まれていた。彼らはカリストス派へ流れて、カリストス派の教勢を強めることになった。

カリストスが唱えた教義では、もし司教自身が何か罪を犯した場合、たとえそれが死に値する重罪[57]であっても、その司教は免職されるには及ばないのである。22 このことがきっかけとなって、二重婚あるいは三重婚を犯している者たちでさえも司教、長老、執事の聖職に叙されるようになった。すでに聖職にある者が妻帯した場合でさえも、その者は、まるで罪を犯したわけではないかのように、そのまま聖職にとどまる〈べき〉なのである。使徒によって、「他人の召使いを裁くとは、一体お前は何ものなのか(58)」と言われているのは、このことを指しているのだと言うのである。さらに毒麦の譬えに「毒麦は収穫の時まで育つままにしておきなさい(59)」とあるのも、同じことを指していると言う。つまり、罪人もそのまま教会に留まらせておきなさい、ということである。23 さらにカリストスが言うには、ノアの箱船も教会の比喩として起きたことである。その中には、犬、狼、カラス、その他清い汚いを問わずあらゆる動物がいたのだから(60)、教会でもそれと同じであるべきだと言うわけである。彼はその他にも同じように引っ張ってくることができるものは何でもそうして、同じように解釈したのである。

カリストスの聴衆たちはこの教えに快感を覚え、自分たちはもちろんその他多くの者たちも有頂天になって、大挙して彼の派閥に流れ込んでいる。24 こうして、彼らは、他でもないキリストが決して容認することはなかった快楽のゆえに、教勢を増しており、〈集まる〉人間の数の多さを誇っている。しかし、彼らはキリストを蔑ろにしているのである。なぜなら、キリストが善意の人には赦しを与えて下さるから、と言って、何であれ罪を犯すことを一向に妨げようとしないからである。その上さらに、カリストスが女たちに容認している別の件がある。それは、高貴な身分に属し、まだ夫を持っていないが、年は若いため〈男への〉情欲に燃えることがある女たちの場合である。もし彼女たちが法に即して嫁げば、現に持っている自分たちの身分を失うことになると恐れるなら、家僕でも自由人でもよいから、手頃なパートナーを手に入れ、そのパートナーを夫の代わりと考え、法に即して結婚したわけではないことにするというのである(61)。25 そこから、［キリスト教の］「女信者」と呼ばれる女たちは、避妊薬で妊娠回避を試みるようになった。また、コルセットをはめて、腹にいる胎児を流そうと試みるようにもなったのである。というのも、奴隷の子はもちろん、自由人の子も産みたくないからである。その理由は〔自分自身が〕高貴な生まれで、莫大な財産を持っているからである。よくよく注意していただきたいのは、このカリストスという無法者は姦淫と殺人を同時に教えて、一体何と言う不信心へ導いたことであろうか。彼らはことほどさような向こう見ずを犯しておきながら、それでも自分たちを「公同《カトリケー》」の教会と呼ぼうと画策して、一向に赤面の気配もないのである。そしてそうすることは善いことだと考えて、彼らのもとへ馳せ参じる者たちもいる始末である。26 かてて加えて、カリストスは、そのような者たちに対して、敢えて二回目の洗礼を施すという前代未聞のことを試みている。カリストスというまことに仰天すべき男が立ち上げたことは以上の通りである。その学閥は〔使徒たちからの〕慣例と伝承を守ら〈ず〉[62]に、今なお存続している。[63] 彼らは誰と共に交わるべきかを区別していない。すべての人に無差別に交わり《コイノーニア》[64]を提供するからである。その派閥は、これらのことを最初に立ち上げたカリストスに因んで、「カリストス派」(Καλλιστιανοί)という別称を奉られているのである。

## エールカザイとアルキビアデース

一三 1 この男〔カリストス〕の教説が全世界に広がるに及んで、アルキビアデースという名前の男がローマにやって来た。こちらの男はシリアのアパメイアに住んでいたが、世故と狡知に長けて、浅薄な考えで一杯の人物であった。彼は詐欺にかけてはカリストスよりも自分の方が策士で頭も良いと考えて、ローマにやって来たのだが、[65] その際一冊の書物を携えていた。彼が言うには、それはエールカザイ(᾿Ηλχασαΐ)とかいう義人がパルティアのセール(Σήρ)人から手に入れたもので、2 エールカザイはそれをソビアイ(Σοβιαί)とかいう名前の人物に譲ったのだそうである。さらに、その書物は一人の天使によって託宣として告げられたものだそうで[66]、[67]その天使の背丈は二四スコイニオン[68]、すなわち九六ミリオン〔ローマ・マイル[69]〕、身体の幅は四スコイニオン、両肩の間は六スコイニオン〈すなわち、二四ミリオン〉、足の長さは三スコイニオン半、つまり一四ミリオン、〔足の〕幅は一スコイニオン半、甲の高さは半スコイニオンであった。3その天使には、一人の女も一緒にいたそうで、その大きさは今述べた天使と同じだったと言う。その男の方は神の子であり、女の方は聖なる霊と呼ばれる。

彼〔アルキビアデーズ〕はこの手の摩訶不思議な話をすることで、蒙昧な連中を動揺させようと考えているのである。そして言うには、4トラヤヌス帝の治世三年目に、人々に新たに罪の赦しの福音が布告されるというのであった[70]。そう言って、彼は私が間もなく後述する予定の[71]〈二回目の〉洗礼を定めたのである。その言い分では、あらゆる放縦、悪徳、不法行為の数々にまみれて生きてきた者も、しかもキリスト教徒になってからそうしてきた者も含めて、もし立ち帰って、その書物の朗読を聞き、それを信じて〈二回目の〉洗礼を受けるならば、罪の赦しを得るだろうと言う[72]のである。

アルキビアデースが向こう見ずにもかかる悪行の数々を企んだのも、彼以前にすでにカリストスが打ち出していた前述の教義[73]に唆されてのことである。5彼は大衆というものはその手の約束を喜ぶものだと見越した上で、〈類似の企み〉を実行に移す千載一遇の好機だと考えたわけである。これに対しては、われわれは反対し、決して長く放置して大勢の者が惑わされるに任せたりはしなかった。すなわち、これは偽りの霊の仕業であり、妄想で膨れ上がった心の為せる思惑であること、またアルキビアデースは迷える羊たちの間に送り出された狼であること、その羊たちをその前に迷わせ散らせてしまったのがカリストスであることを暴露したのである。

6さて、われわれはすでに〈アルキビアデース[74]が唱えた教えの話に〉入ってしまったので、これについても黙って通過しないことにしよう。むしろ、先ずは彼のそれまでの生涯を紹介して、彼の自称する禁欲は見せかけに過ぎないことを証明してから、その後で、彼の言説の要点を提示することにしよう。そうすれば、彼の書いたものをよく注意して読む読者には、彼が向こう見ずにも立ち上げた分派が一体どのような体のものであったかが、分かることであろう。

**四** [1]アルキビアデースは律法に即した生活を言わば疑似餌として使っている。その言い分は、部分的には、これまで私が語ってきたいろいろな分派からの剽窃であって(75)、〔新たにキリスト教の〕信仰に入った者は、律法に従って割礼を受けなければならないというものである。彼曰く、キリストは万人とまったく同じ人間となったのであるが(76)、このことは最初に乙女から生まれたときだけのことではなくて、それ以前にすでに繰り返し生まれていたのである(77)。そして生まれた者として現れて、成長していくが、それは次々と誕生〈によって身体を〉変化させながら、身体から身体へと転生していくのである。アルキビアデースのこの言はピュタゴラスの学説を利用したものである。

[2]彼ら〔アルキビアデース派〕の法螺吹きは甚だしく、遂には自分たちは未来も予見できると言い出す始末である。その際、明らかに彼らにきっかけを与えているのは、私がすでに論述したピュタゴラス学派による尺度と数字についての技能であって、彼らはそれを実際に利用しているのである。彼らは数字学、占星術、魔術を真理とみなして傾倒し、それらを利用しては、思慮の足りない人々を駆り立てるのである。その結果、その人々は彼らが権能ある言葉《ロゴス》を具えているかのように思い込んでしまう。[3]また彼らは、狂犬に咬まれたり、悪霊に取り憑かれた者、その他の病気に縛られている者に効くという呪文や魔術の文言を教えている。われわれはそれについても黙過しないことにしよう。しかし私は、彼らの向こう見ずな所業の発端と原因については以

上で十分に説明したと思うので、次に私は〔彼らが持っている〕書物の説明に移りたい。読者の方々は、それを通して、彼らの吹いている法螺と行おうとしている神無き業を知ることができるだろう。

一五 1 まず〈二回目の〉洗礼については、アルキビアデースは、彼によって欺かれて道を逸らされた者たちに授与するに当たって、こう言っている。「子供たちよ、もし誰であれ動物と性交〔獣姦〕したり、男、兄弟、あるいは自分の娘を相手に不倫や姦淫を犯してしまい、それらの罪を赦されたいと思うならば、その人は今からこの書物の中身を聞いたあと直ちに、洗礼を受けなさい。すなわち大いなる至高の神の名において、そしてその御子であり、大いなる王(78)である方の名において、二回目の洗礼を受けなさい。2〈そうして〉浄められ、聖なる者とされたら、この書に記されている七つのものを証人として、こう呼び求めなさい。『〈ご覧ください、わたしは今、〉天、水、もろもろの聖なる霊、祈りの天使たち、オリーブ油、塩、そして大地に〈呼び求めます(79)〉』」。

これがエールカザイの驚くべき、語り得ざる、大いなる奥義というものだそうで、これをアルキビアデースはそれに相応しいと見做した弟子たちに伝授している。しかし、この無法者はそれで満足するわけではない。さらに二人または三人の証人の前で、自分自身の悪行に最後の封印を施す。すなわち、またもやこう言うのである。3「繰り返して言うが、姦淫した男、姦淫した女、偽預言者たちよ、もしお前たちが立ち帰って、罪を赦されたいと思うなら、今からこの書の朗読を聞いて、衣類を着けたまま、〈大いなる至高の神の御名において〉二回目の洗礼(80)を受けなさい(81)。そうすれば直ちに、お前たちにも平安があり、義人たちの分け前を受けるであろう」。

4 さて、われわれは彼らが狂犬に咬まれた者やその他の患者のために呪文を使っていると述べた。次にその証拠を示そう。アルキビアデースの言葉はこうである。「滅びをもたらす霊に取り憑かれて気が狂れて凶暴になった犬が、男であれ、女であれ、青年であれ、少女であれ、誰かに咬みついたり、〔衣服を〕引きちぎったり、触ったりしたときには、その者はすぐさますべての持ち物も抱えて、急いで走り、川か泉に飛び込みなさい[82]。5 そして、少し深い場所で、自分の持ち物も〈一緒に〉洗い浄めて、信心深い心で、大いなる至高の神に向かって祈りなさい。その際、この書に記された七人の証人に向かって、こう呼び求めなければならない。『ご覧ください、わたしは今、天、水、もろもろの聖なる霊、祈りの天使たち、オリーブ油、塩、そして大地に呼び求めます。6 この七人の証人に向かってわたしは誓います。これから先、わたしは決して罪を犯さず、決して姦淫せず、決して盗みを働かず、決して不正を為さず、決して貪欲にならず、決して人を憎まず、決して誰かを見下さず、決して悪事に心を動かされることはありません』。その人は、こう唱えながら、持ち物もろともに、大いなる至高の神の名において〈再び〉洗礼を受けなければならない」。

一六 1 アルキビアデースはこの他にも実に多くの無駄口を叩いているが、結核の患者にも同じ呪文を唱えて、冷水で七の四十倍だけの日数にわたって洗い浄められるように教えている。そして悪霊に取り憑かれた者たちに対しても同じようにしている。ああ、何と言う真似のできない知恵の極みか、何と言う権能溢れる呪いか。それらの言葉にそこまでの権能があろうとは、一体誰が驚かずにいられようか。

　ところで、われわれは彼らが占星術の惑わしも利用していると述べたので、その証拠を彼ら自身の言い分から証明しておこう。2 すなわち、アルキビアデースが言うところであるが、「不信心な悪しき星辰たちが存在するのである。お前たち、神を畏れる弟子たちに、わたしはこのことを言っておく。悪しき星辰たちが支配する日があるのであって、それらの日が揮う権能に気をつけねばならない。そして彼らの支配する日に、何か事を始めてはならない。また、彼らが支配を揮うそれらの日々に、月が彼ら〔悪しき星辰〕から出て渡って行く時、あるいは彼らと一緒に進んで行く時には、決して男であれ、女であれ、洗礼を授けてはならない。3その ことが起きる日については、月が渡り切って彼ら〔悪しき星辰〕から外へ出て行くまで、気をつけなければならない。そしてその後で初めて、洗礼なり、その他何でもお前たちが始めようとしている業を始めるがよい。なお、安息日を畏れなさい。それはそのような日々の一つであるから。4特に第三安息日には、事を始めないように注意しなさい。なぜなら、トラヤヌス帝がパルティア人たちを自分の支配下に置いた後、その治世がさらに三年を満たす時は、〔すなわち三年が満ると、〕北方の不敬神な天使たちの間で戦争が巻き起こるからである。不敬神なすべての王国がそれによって騒ぎ立つであろう」。(83)

一七 1アルキビアデースは、これらのことを〈大いなる〉語り得ざる奥義と見做していて、それを粗末にしたり、大衆に投げ与えることはあってはならないと考えている。(84)むしろ、それを高価な真珠のごとく秘匿するよう忠告して、こう言うのである。「この言葉を大向こうの人々に読み聞かせてはならない。また、これらの戒めもよくよく注意して遵守しなさい。なぜなら、すべての男たちが信心深いとは限らず、すべての女たちの身持ちがよいとは限らないからである」。

2たしかに、ことほど左様な奥義となると、さすがのエジプトの神殿の至聖所に仕える賢者たちも、ギリシア人の賢者ピュタゴラスでさえも、思いつかなかったところである。もし仮にエールカザイがその当時に生きていたとしたら、ピュタゴラスにせよ、タレースにせよ、ソローンにせよ、あるいはプラトンほどの賢者にせよ、さらにその他ギリシアの賢者の誰にせよ、エジプトの祭司たちに弟子入りすべきどれほどの必然性があったことか。アルキビアデースはそのエジプトの祭司たちにも、せいぜいその種の知恵がその程度しか具わっていなかったのだと言って、エールカザイとの巡り合わせの悪さを代弁して驚かせるのであるから。(85) 3しかし今や以上述べたことで、健全な理性を身につけている方々がこの分派の狂気を理解するためには、十分だと思われる。したがって、この他にも笑止千万なことは沢山あるが、そのためにこれ以上の言葉を費やすには当たらない思われる。

しかし、われわれはここまで、今現にわれわれに向かって立ち上がってきている分派と、かつてわれわれよりも前の時代にそうであった分派を、一つも取り残さず、黙過しないように努めてきた。したがって、すべての分派を跋渉して、一つも論駁なしに放置しないためには、ユダヤ人たちの慣習についても、そして彼らの間に如何なる相違が存在するかについても、一言無かるべからずだと思われるのである。4私が思うに、この点がまだ未決のままである。私はそれを黙過して、その先の真理についての証言へ歩を進めたくはない。すべての分派に対する論駁のために激しく闘った後ならば、謹んで真理を信じながら勝利の王冠を目指して走ることに、われわれが不安を抱く理由は何もないからである。

## ユダヤ教徒

一八 1ユダヤ人たちの神は初めからただ一人であった。その神から彼らに与えられた教師もモーセただ一人であり、そのモーセを通して与えられた律法もただ一つ、砂漠の土地もただ一つ、山もシナイただ一つであった。彼らに律法を与えた神は唯一の神であった。彼らはヨルダン川を渡って、武力で土地を奪取した。しかしその後は、神からの律法をばらばらに引き裂いてしまった。すなわち、そこで言われていることを、それぞれのグループがそれぞれ勝手に受け取って、それぞれが自分たちだけの教師を立てて、分派としての教義を捏ち上げたので、互いに分岐してしまったわけである。私は以下で、彼らの間の違いを明らかにしてみよう。2その後の長い時間の経過の中では、彼らは無数の分派に分かれてしまったので、ここで私としては、その中で最も主要なものに限って取り上げてみよう。その他の分派についても、篤学の読者ならば容易にお分かりになることであろうから。

彼らは三つの党派に分かれている。その一つはファリサイ派という分派である。もう一つはサドカイ派、さらにもう一つはエッセネ派である。3最後に挙げたエッセネ派は、(86)際立って禁欲的な生活を送る者たちである。彼らは互いに友愛に溢れ、克己的で、あらゆる欲望による行為から遠ざかり、そのような行為についての話に耳を傾けることさえも忌避するのである。さらに、結婚も禁止している。ただし、他人の子供を受け入れて、〔自分たちの〕子供とした上で、自分たちの生活態度に順応させている。そのように養育しながら、習い事にも精を出させるのである。自分たちは結婚を忌避しているものの、その子供たちがそうするのを妨げているわけではない。ただし、女たちについては、仮に彼女たちがこの分派に心を傾けていても、受け入れないというのは、彼らは女というものをまったくもって信用していないからである。

〔一九〕1彼らは富を軽蔑している。同時に、〔自分たちのものを〕困窮者に分け与えることを拒まない。そのために、彼らの間では、ある者が別の者に勝って富んでいるということがない。というのも、彼らの間の決まりとして、この分派に加わろうとしてやって来る者は、まず自分の持ち物を売って、それを共同体に供出することになっているからである。〔共同体の〕指導者はそれを受け取って、すべてのメンバーに必要に応じて分配するのである。2その結果、彼らの間には一人も困窮する者がいないわけである。彼らは〔オリーブ〕油を使わない。それを身体に塗ることは汚れることだと考えているからである。共同体全員のことに配慮する世話人が選ばれることになっている。彼らはいつも白装束をしている。

二〇 [1]彼らはただ一つの町にだけ住んでいるわけではなく、どの町にも彼らの仲間が大勢いる。同じ分派の仲間が他所の町からやって来ると、彼らはその人もすべてのものを共有していると考えるのである。たとえその人がそれまで面識のない者であっても、家族あるいは親類として受け入れる。逆に彼らが他所の町へ出掛ける場合も、それが何処であっても、自分の郷里であるかのように動き回るので、〔身を守るための〕武器(87)の他には、何一つ携帯しない。[2]彼らは町ごとに指導者を置いていて、その指導者が集められたものをそのために使用するのである。例えば、衣類、食料をそのような旅行者のために準備しているのである。彼らの着ているもの、身に着けているものは、慎ましい。外套もサンダルも二つ持ち合わせることはしない。物の売買はまったくしない。誰かが何かを持っていれば、持っていない者に分け与え、逆に自分が持っていないものは、分けてもらうからである。

二一 [1]彼らは早朝から秩序正しく、しかも不断に祈り続ける。それ以前には一言も言葉を発せず、ただ神を賛美するのみである。それから、それぞれがしたいと思うことをするために出て行き、第五時(88)までそうするが、第五時にはそれを中断する。[2]それから、また一つの場所へ集まってくる。そして腰に秘部を隠すだけの麻布を巻いてから、冷水で沐浴する。そうして身を浄めてから、〔全員が〕一つの部屋に入って行く。――というのは、彼らの誰一人、考えの違う者と一緒に同じ建物の中に入らないのである。――それから昼食の席に着く。[3]決まりに従って静かに着席すると、パンと一定の料理が運ばれてくる。そこからそれぞれが自分にとって十分なだけ取るのである。祭司が祝福の祈りをささげるよりも前には、誰もそれを口に入れることはしない。食事の後に再び祭司が祈る。彼らは食事を始める時も、終る時も、神を賛美するのである。4それから彼らは、それまでの食事の間、室内で聖なる服として身に着けていた服を——それは麻製だった——脱ぐと、その間入り口のところに置いてあった服に着替え、それからそれぞれ好きな仕事に、夕方まで励むのである。夕食の時も、すべてのことを、今述べたのと同じように行う。5誰一人叫び声を挙げたりする者はおらず、他から騒がしい音が聞こえて来ることもない。誰もが静かに物を言い、礼儀正しく相手にも発言の時間を与える。その様子は、外から見ていると、室内の沈黙がまるで何かの奥義の啓示であるかのようである。彼らはいつも適量の飲食を心がけている。そのために、いつも健全な精神を保っているのである。

二二 1彼らは全員が指導者に従っており、彼が命じることはまるで律法であるかのように、それに準じるのである。彼らは疲れ切っている人々を憐れみ、助けることに邁進している。とりわけ、怒りを発することと気持ちを荒立てること、そしてすべてその種のことを遠ざけている。彼らの判断では、これらのものは人間に敵対するものだからである。彼らの間では、誰一人誓約ということをしない。なぜなら、誰であれ普通に口にすることがすべて、誓約以上の拘束力を持っているという考え方だからである。それにもかかわらず、もし誰かが誓約するならば、その人は、〈神から離れた〉不信仰者として軽蔑される。2彼らは律法と預言者、その他にも信仰者たちが著した書物であれば、それを読むことに精を出している。また、植物やさまざまな石にも関心を持っている。とりわけそれらの効能については、非常な関心を抱いており、これらのものは決して無意味に生じて来たのではないのだと言っている。

二三 1彼らは自分たちの分派に加わりたいと希望する者たちに対しても、すぐには教えを伝授することはせず、まずは吟味期間を置く。すなわち、自分たちとは別の建物に住まわせて、〈自分たちと〉同じ食べ物を与える。その他に、小さな斧(89)と麻製の腰巻きと白装束を与える。2 その期間にわたって節制を吟味されて、それに無事合格した者は、彼らの生活様式に一段と近づくことを許され、それまでと比べてもさらに厳しく洗い浄められることになる。それでもまだ、彼らと一緒の食事に与ることはできない。節制に耐えられることが最初に証明された後も、さらに二年間にわたって、当の人物の性格が吟味されるのである。そこで相応しいことが明らかになって初めて、彼は彼らの一員と見做される。

3 ただし、実際に共に食事をすることを許されるに先立って、厳粛な段取りでの誓約が行われる。まず第一に神を敬うこと、次には人々に対する義を遵守すること、決して他の誰かに害悪を及ぼさないこと、逆に害悪を働く者でも敵でも、決して憎まないこと、むしろ彼らのために祈ること、義人たちと力を合わせること、すべての人に対して信実を貫くこと、とりわけ上に立つ者たちに対してそうすること——なぜなら、上に立つことは、神の意志なしに偶然起きることではないからである——、4 もし当人自身が指導者の立場になったら、その権能を鼻にかけて威張らないこと、浪費しないこと、何か通常以上のもので飾り立てないこと、真理を愛すること、偽り者を暴くこと、人の物を盗まないこと、不法な利得を欲しがって自分の身を汚さないこと、分派の仲間たちに何一つ隠さないこと、外部の者たちには、たとえ死の脅迫を受けても、何も漏らさないこと〔を誓うのである。〕さらに以上のことに加えて、〔分派の〕教えを誰かに伝授するときには、決して自分が授かったのと違う仕方で行わないことも誓約する。

**一四** 1 彼らは以上のような誓約で、新規の加入者を縛っている。しかし、もし誰かが何かの罪に捉われてしまった時には、その者は共同体から追放される。すると追放された者は、やがていつか残酷きわまりない死を迎えて滅びる。2なぜなら、以上のような誓約と慣例に縛られている彼は、他の人々からの食物を一緒に食べることができないからである。そのため、やがていつか彼の身体が飢えのために滅びてしまうのである。そのために、彼らはすでに死にかけている多くの者たちに、最期の最期のところでやっと憐れみをかける。その者たちは〈罪責に対する〉刑罰を死に至るまで十分に払ったものと見做してそうするのである。

二五 1彼らの裁判のやり方は、きわめて厳格、厳正である。まず、彼らは少なくとも百人が集まらないときには、裁判を行わない。しかし、彼らが一度下した判決は決して揺るがない。彼らは法を布告した人物（モーセ）のことを、神の次に敬っている。もしその宣布者を侮辱する者がいれば、その者は〈死の〉懲罰を受ける。彼らは指導者と高齢者の言うことに聞き従うように教えられているのである。もし今同じ場所に一〇人が坐っているとすれば、誰一人として、自分以外の九人が同意しないままで、発言することはない。2また、彼らは集会の真ん中へ唾を吐いたり、右に向かってそうすることをしないように心がけている。また、彼らはすべてのユダヤ教徒に勝って、安息日に何の作業もしないように注意を払っている。すなわち、当日火を使わないで済むように、その日に食べるものを一日〈前に〉準備しておくというだけではない。当日には、食器さえ移動しないのである。また、用を足すことさえも控える。また人によっては、寝床を離れることさえしない。3もし安息日以外の日に大きい方の用を足したいとなったならば、まず足の平ほどの穴を鍬で掘り——彼らが新規加入希望者に先ず最初に与える小さな斧はこのために使うのである——、次に自分の身体を着物で覆ってから、穴の上に坐るのである。彼らが言うところでは、それは〈神の〉光の面目を失わせないためである。事が済んだら、近くの土を掘り返して、穴に投げ込んで覆うのである。しかも、彼らはもっとも人気のない場所を選んでこうするのである。そうしてすべての用を足したら、ただちに自分を洗い浄める。その理由は、排泄

物は汚いからというのである。(90)

二六 [1]彼らも時間の経過の中では、最初の禁欲的生活をそのまま継続することができず、やがて四つの系譜に分かれて行った。(91)その内のある者たちは、度を超した禁欲に走っていった。その結果、彼らは貨幣を一切持ち歩かない。それは、彼ら自身の言うところでは、偶像は持ち運ぶことはもちろん、見ることも造ることも禁じられているからである。彼らの中には、そのために町の中へ入ろうとしない者もいる。そのためには町の門を通らねばならないが、その門にはいろいろな立像が置かれており、その下を通ることは禁令違反だと考えているのである。[2]さらに別の者たちは、たまたま誰かが神について、あるいは神から与えられた律法について議論しているのを聞きつけ、しかもその人がまだ割礼を受けていないと知ると、その人を捕まえて特定の場所で一人きりにしてから、もし割礼を受けないなら、殺すぞ、と言って脅すのである。そういう事件があったことが原因になって、その者たちには渾名が付けられた。すなわち、「ゼーロータイ」(熱心党員)、あるいは場合によっては、「シカリ派」(92)と呼ばれることになった。彼らの中のある者たちは、どんな虐待を受けても、よしんば殺されても、〔自分たちの〕神の他には何も神と呼ばないのである。――[3]これらの後代の者たちは、節制生活からそこまで変容してしまったため、その後も原初の慣例に忠実であり続けている者たちは、もはや彼らと接触しようとしないのである。もし接触した場合には、何か外国人に触ったかのように、直ちに自分の身を洗い浄めるのである。

彼らは大抵が長生きで、百歳を超えて生きている。その原因は、彼ら自身が言うところでは、彼らの敬神の念が並外れていること、そして〈すべての点で〉浄く、しかも節度を保った克己者として身を処し、怒りから離れて生きていることである。(93) [4]彼らは死を見下しており、もし直ぐにでも善き良心とともに最期を迎えられるなら、それを喜ぶのである。このような彼らを仮に誰かが脅迫して、律法を侮辱し、偶像に捧げたものを食べるように強制してみても、彼らは決してそうはせず、むしろ死と拷問を引き受けるばかりで、自分たちの良心を滅ぼそうとはしないのである。

二七 1 彼らの間では、復活についての教えも堅持されている。すなわち、彼らは肉体もやがて復活し、すでに心魂が不死であるのと同じように、不死のものとなるという信仰を告白している。心魂はすでに今〔肉体から〕離れて、ある場所へ移動して、そこで裁きの時まで、心地よい大気を吸いながら光に照らされて、安息を続けるだろうと言う。ギリシア人たちは、その場所のことを聞いた時に、それを「福者の島《マカローン・ネーソイ》」と名付けたのである。2 多くのギリシア人〈の賢人〉たちは、彼ら(94)のその他の教説も自分たちの側へ取り入れて、自説を立ち上げたのである。なぜなら、彼らによる神的なるものを目指しての訓練は、その他すべての国民よりも古いからである。そのことは、これまでにいやしくも神について、あるいは存在する物の造作《デーミウールギア》ということについて発言してきたすべての者たちが証明している通りである。すなわち、彼らは他でもなく、まさにユダヤ教が授与された律法から原理を得ているのである。3 そのユダヤ人たちに最も多く〈の原理〉を負っているのは、ピュタゴラスとストア派である。彼らはエジプト人たちのもとで(95)、ユダヤ教に弟子入りして学んだのである(96)。――彼ら〔エッセネ派〕はまた、〔最後の〕審判、すなわち、万物の焼尽《エクピュローシス》が起きて、不法な者たちが永遠の懲罰に定められると言う。彼らの間では、来るべき未来についての予言と予告の業も熱心に行われている。

二八 1 さて、エッセネ派には、実はもう一つ別の組織体があるが、生活習慣としては同じことをしている。ただし、相違点が一つだけある。それは結婚の問題である。彼らの言い分では、結婚を拒否する者は恐るべきことを行うことになるのである。すなわち、それは生命を断絶させることになる。しかし、子供たちによる生命の継承ということを断ち切ってはならないと彼らは言う。もしすべての人が同じように考えるならば、人類はたやすく断絶を迎えることであろう。2ただし、その彼らも妻となる女性たちを、三年にわたって吟味する。もし彼女たちが三年にわたる浄めを経て、子を産む能力があることを証明できれば、その上で彼女たちは妻とされる。彼らは妊娠中の女とは性交しない。妻たちも同じように沐浴を行う。そして夫たちが腰布に着けているのと同じ麻製の衣類を身につけている。エッセネ派については以上である。

3さて[97]、やはりユダヤ教徒としての訓練を積んでいるさらに別の集団がある。彼らは素性と遵守している法に即して、ファリサイ派と呼ばれている。[98]彼らはどの場所にもいて、「ユダヤ教徒」と呼ばれるすべての者の中でも最大の集団であるが、彼ら独自の考え方があるために、わざわざ〔ファリサイ派という〕別名で呼ばれるのである。4この者たちは古くからの父祖伝来の伝承を完全に身に着けている。そして律法によると何が浄く、何が不浄なのかについて、絶えず研究し続けている。そしてそのために律法の解き明かしをしており、わざわざそのための教職まで育成しているのである。

5彼らの主張によれば、宿命《ヘイマルメネー》というものが存在する。〔われわれ人間の〕権能の範囲の事柄もあるが、宿命による事柄もある。すなわち、われわれ次第のこともあるが、宿命次第のこともある。[99]しかし、すべてのことの原因者は神であって、神の意志なしには、何事も収まらず、何事も生じない[100]。彼らはまた、肉体《サルクス》は復活すると言い表しており、心魂《プシュケー》が不死であること、やがて〔最後の〕審判と世界焼尽《エクピュローシス》が到来すること、そこで義人たちは不死の者とされるが、不法者たちは永遠の刑罰のために、消えることのない猛火の中へ投げ込まれると信じている。

二九 1 ファリサイ派については、以上である。他方、サドカイ派は宿命《ヘイマルメネー》を否定している。そして神は何一つ
悪を行わず、大目に見ることもないと言っている。善と悪のどちらを選ぶかは、人間の権能の範囲だと言うの
である。彼らは肉体が復活することを否定するのみならず、心魂も死後まで存続はしないと考えている。2 む
しろ、〔人間は〕この世界でだけ生きるのであり、それこそが人間が生まれてきた目的なのである。この地上
に子孫を残して最期を迎えるということ、復活をめぐる議論はそこに尽きるのである。死んだ後には、悪に与
るか善に与るかなどと希望を抱くものではない。なぜなら、心魂と身体は解消されてしまうからである。人間
が無に帰すことは、その他の動物と同じなのである。3 もしある人が生涯の中で何か悪いことをしでかして、
しかもバレずに済んだとしよう。その人が人間の手による懲罰を免れたのは、利得だったわけである。また、
もしある人が大もうけして金持ちになり、名誉も手に入れたとしよう。これもまた利得だったのである。神は
個々の人間の成り行きは何一つ気にしないのである。4 ファリサイ派は利他的であるが、サドカイ派は自己愛
主義なのである。彼らの派閥はとりわけサマリアで勢力を張ることになった。ただし、彼らも律法が定める慣
例を尊重していて、〈人間は〉善き生活を送り子孫を地上に残す生き方を心がけるべきだと言っている。しか
し、彼らは預言者にも、その他の知者たちにも傾倒せず、ただひたすら、モーセを通して与えられた律法だけ
に耳を傾けている。その際、それを〔ファリサイ派のように〕解き明かすということが決してない。

三〇 1 さて、われわれは以上で、ユダヤ人の間にある〔考え方の〕相違についての論述を終った。それに続け
て、彼らが実行している敬神の業についても、黙過しないことがよろしいであろう。すべてのユダヤ人につい
て言えることであるが、彼らが実行する敬神行為は、神学、自然、倫理、儀礼の四つの分野に分かれる。[101] 2 ま
た彼らは、神はただ一人であって、万物の創造主であり、かつ主でもあると言う。この神が万物を創造したと

き、前もって何も存在しなかったのであり、何かの素材が同時にそこにあったわけでもない。ただそう意志することによって創造した神である。彼らは天使たちが存在すると言う。すなわち、彼らは神の創造の業に仕えるために生まれて来たのである。また、権能に満ちた霊も存在して、つねに神の右側にいて、神を褒め称えている。また、被造世界の中にあるものは何でも感覚を具えていて、心魂を持たないものはない。

3 また、[102] 彼らは律法から知られる通りの品のある賢明な生活習慣に憧れている。これらのことは、彼らの間では、古の昔から精密を期して守られてきたことであって、決して最近になってから法として定められたものでは〈ない〉。したがって、本書の読者にとっては、一体どうして、人間に法として与えられた生活習慣に対して、そこまでの気遣いと配慮が行われ得たものかと、[103] 本当にびっくりされるに違いない。

4 祭儀に関連する奉仕は、彼らの間で極限まで整備されて、神的なるものに相応しく適合させられている。その結果、そうしたいと思う人は誰でも、それらについて書き下ろされた書物を読めば、容易に学ぶことができるのである。すなわち、人間たちが活用し、また楽しむために神が与えられるものの初穂を、彼らがどれほど厳か、かつ敬虔な気持ちで、犠牲として神に捧げるものであるか、その際、彼らが定められた通りに秩序を守り、かつ継続的に儀礼行為を遂行するものか、学ぶことができるのである。ただし、サドカイ派はこれらの点のいくつかを拒んでいる。彼らは天使とか霊とかいうものが存在することを認めようとしないからである。

5 しかし、すべての者〔ユダヤ教徒〕が「キリスト」（メシア）の到来を待望していることは同じである。すなわち、律法と預言者がその到来を予言していたからである。ただし、ユダヤ教徒はその到来の時点《カイロス》が何時なのかを知らなかった。〈その結果〉、その予言は未だ実現していないという疑念がその後も続か〈ねばならない〉ことになっているのである。そして「キリスト」（メシア）の到来をすでに現在から予知することはできないのだと思っているので、すでに彼は到来しているのだという時の徴を目にしても、不安がるばかりである。そして、恥ずかしさもあって、「キリスト」（メシア）は事実既に到来しているということを告白できないのである。というわけは、彼らはかつて自ら手を下して彼〔メシア〕を殺害したからであり、また、彼から律法を遵守していないことを咎められて、気分を害しているからである。

6 また、神から派遣されてくるはずの「キリスト」（メシア）は本来そのような者であるから、こんな男〔ナザレのイエス〕がそれであるはずがないと彼らは言っているのである。まだこれから別の人物が「キリスト」（メシア）として到来するはずなのであって、すでに今現にその「キリスト」（メシア）がいるはずもない。律法と預言者が行った予言は、部分的にはその別の人物を指し示す徴ではあるが、的外れのものもあるという(104)のが彼らの考えである。7 なぜなら、「キリスト」（メシア）はダヴィデの家系から生まれるはずではあるが、乙女と聖なる霊から生まれるわけではなく、すべての人間が精子から生まれる定めになっている通り、妻と夫から生まれてくるはずだからと言うのである。さらに彼らの言うことには、「キリスト」（メシア）は彼らの上に王となる者で、力ある戦士であり、〈ユダヤ人の〉全民族を束ねて、すべての異邦人の国民に戦いを仕掛け、ユダヤ人のためにエルサレムを王都として再建するであろう。そしてそこにユダヤの民の全員を連れて入城して、かつての習わしを復興してから、そこに王制を敷き、祭式を行い、長期にわたって安全に住まわせることであろう。8 その後、彼らに向かって連合した〈諸国民が〉戦争を仕掛けるだろう〈と言う〉。その戦争で、「キリスト」（メシア）は剣によって倒されるだろう(105)。その後間もなくして、万物の終わりと世界焼尽《エクピュコーシス》が起きるだろう。こうして、〔死人の〕復活に関してこれまで唱えられてきたことが成就し、各人それぞれがそれまでの行状に応じて報いを受けるだろうと言う。

三一 1 さて、以上をもって、われわれはギリシア人たちと非ギリシア人たちの唱えたすべての教説を、十分に論述したものと思う。その際、われわれは哲学者たちが唱えたこと、および分派の者たちによって論証もなしに唱えられたことを、一つも取り残しはしなかった。彼らに対する論駁から明らかになったことであるが、彼らはすでにギリシア人たちが労苦して示していたことを剽窃するか掻き集めるかして、それをそのまま何か神的な教えとして提示しているに過ぎないのである。[2]さて、われわれは先行する九巻において、多くの労苦を費やして、それらすべての教説を跋渉し、報告して、すべての人の生涯の旅路のために決して小さくはない路銀を書き残してきた。それはまた、今この時代を共に生きている篤学の人々には、少なからず、学ぶ喜びと悦楽を提供するはずである。そこで今やわれわれは、この〈論駁〉全体の冠として、真理そのものについての論述がなされてしかるべきであろうと思う次第である。その論述は次の第一〇巻を費やして行うのがよいであろう。そうすることによって読者は、向こう見ずにも分派の立ち上げを試みた者たちに対する退け方を知って、その空虚な教説を軽蔑できるのみならず、真理そのものが持つ力を信じて、あるべき仕方で神を信じ、やがては救われるようになるであろう。

# 第一〇巻

一 『全異端反駁』の第一〇巻の内容は次の通りである。
二 すべての哲学者たちについての総括
三 すべての異端〈についての〉総括
四 総説＝真理について語るとは何か。



五 [1] われわれはここまで、もろもろの異端から成る地下迷宮《ラビュリントス》を暴力によって破壊するのではなく、ただ真理の力による論駁を通して解体してきた。今やわれわれは真理そのものの証明へと進むことにする。なぜなら、真理の定義が明示されることによって、迷妄に技巧を凝らして洗練された知識を装っているだけのものが、如何に不確実なものであるかが明らかになるであろうから。その真理を定義する原理は、ギリシア人たちの知恵からもらってきたものではない。ギリシア人の間で信頼の厚かったエジプト人たちの秘教——これは実は虚しい教説に過ぎない——の教えを受けたものでもない。さらに輪をかけて不確かなカルデア人たちの好奇心の薫陶を受けたものでもない。バビロニア人たちが悪霊の助けを借りて行っている理性なき狂気に惑わされたものでもない。真理の定義というものは、事柄そのものの性質として、自己を防衛することも、飾り立てることもしないのである。それはただ己自身を示すことによって、迷妄を論駁する。[2] その真理の定義については、われわれはすでに何度となく論証してきたし、希望者に対しては、真理の規準《カノーン》を十分に、惜しむことなく明示し、〈認識に供して〉きた。しかし、われわれの判断では、今この第一〇巻で、もう一度ギリシア人と異端者たちによって唱えられてきたすべての説を振り返った上で、本書全体の結びとして、当の真理の証明を提示するのも決して的外れではないであろう。

## 諸々の哲学説の総括

六 1 さて、われわれは最初の四巻で、ギリシアのすべての知者たちの教説を跋渉し、第五巻では、異端の頭領たちの教説をそうしたので、今や一巻を費やして、真理を証明することにしたい。そのために、先ず最初に、それらすべての者たちが唱えたことを、もう一度要約することにする。まず、ギリシアの理論家〔教義学者〕たちは哲学を三つの分野に分け、ある者たちは自然学《フュシケー》、別の者たちは倫理学《エティケー》、さらに別の者たちは弁論術《ディアレクティケー》の哲学を論じた。

2 自然学者となった者たちはこう唱えた。すなわち、(1)ある者たちは、万物は一《ヘン》から〈生じたとした〉が、別の者たちは、多くのものから成ったとした。一《ヘン》からと言う者たちの間でも、ある者たちは、それ〔一《ヘン》〕には属性がない《アポイオス》と言うが、別の者たちは、一定の属性《ポイオス》があると言う。一定の属性があると言う者たちの間でも、ある者たちは、万物は火《ピュール》から成っていると言うが、別の者たちは、大気《アエール》からと言い、他にも水《ヒュドール》から、あるいは土《ゲー》からと言う者もいる。

3 他方、多くのものから成っていると言う者たちの間でも、ある者たちは、それらの数は数えることができると言い、別の者たちは、〈無限だと言う。数えることができると言う者たちの間でも、〉ある者たちは、それは二つだと言い、別の者たちは四つだと言う。さらに、五つだ、六つだと言う者たちがいる。無限だと言う者たちの間でも、ある者たちは、それら無数のものは現に生じて存在しているものと同類だと言い、別の者たちは、同類ではないと言う。さらに加えて、ある者たちは、それらは作用を受けない《アパトス》と言い、別の者たちは作用を受ける《パテートス》と言う。

4 さらにストア派が立ち上げた説では、すべてのものは属性のない一つの身体《ソーマ》から生成してきたものである。すなわち、彼らによれば、すべてのものの始原は属性を持たない質料《ヒューレー》なのであり、その質料はすべてのものに変化することができるのである。それが変化することによって、火、大気、水、土が生じてくるのである。万物は一《ヘン》から、しかも一定の属性を持ったものから生じたと考えようとするのが、ヒッパソス(2)、アナクシマンドロス、そしてミレートス出身のタレースの仲間たちである。〈その内〉、メタポントス出身のヒッパソスとエフエソス出身のヘラクレイトスは、〔万物の〕生成を火から導いたが、アナクシマンドロスは大気から、タレースは水から、クセノファネスは土からそうした。クセノファネス曰く、「万物は土から来ている。そして万物は土に帰って終る(3)」。

七 1 万物が多くのもの、ただし数えることができるもの、それも二つ、すなわち、土と水から成っていると言うのは、詩人のホメーロスで、その言はこうである。

神々の生成《ゲネシス》〔の親〕オーケアノスと母なるテテュスに(4)

それからまた、こうもある。

そなたらはそろって水と土に帰るがよかろう(5)

2 これに一致すると思われるのが、コロフォーンの人クセノファネスである。曰く、

われらはすべて土〈と〉水から生まれてきた。(6)

しかし、土と大気からだ、と言うのがエウリピデースである。そのことは彼の次の詩行からよく分かる。

大気と土を　わたしは褒め称える　万物の生みの親として(7)

3 四つからだ、と言うのはエンペドクレスで、その言はこうである。

まず最初に聞くがよい。すべてのものの根源は四つある。
ア〈イテ〉ールのゼウス、命を運ぶヘーレー、アイドーネウス、
そしてネースティス。彼女は涙で死すべき者らの泉を流れさせる。(8)

4 五つからだ、と言うのは、レウカーニア〔南イタリア〕出身のオケロス(9)とアリストテレスである。この二人は四つの元素に、さらに第五の元素を付け加えた。それは円周運動をする身体《ソーマ》であって、もろもろの天はそれ

によって成立したのだと言う。しかし、エンペドクレスの弟子たちは、万物の生成は六つの元素から起きたという説を唱えた。もちろん、〔前述のように〕「まず最初に聞くがよい。すべてのものの根源は四つある」と言う時には、エンペドクレスは同じ生成を四つの元素によるものとしているわけである。5 ところが、彼はさらに付け加えて、こう言うのである。

> それらと別に争いがある。それは呪われたもの　いたるところで重さの等しいもの。
> さらにそれらの間の友愛がある。長さも幅も等しいもの(10)。

それゆえ、彼は万物の始原を六つ提示しているわけである。その内の四つ、すなわち、土、水、火、大気は質料因であり、後の二つ、すなわち、友愛と争いは能動因である。

クラーゾメナイ出身のアナクサゴラスの弟子たち、デーモクリトスの弟子たち、エピクロスの弟子たち、さらのその他実に多くの者たちが、万物は数え切れないものから生成したのだという説を唱えた。これらの者たちの内の何人かについては、われわれはすでに言及済みである(11)。6 ただし、アナクサゴラスは生み出されたものと同類のものから生成したと言うのに対して、デーモクリトスの弟子たちとエピクロスの弟子たちは、同類ではないもの、しかも感覚を具えないもの、つまり、原子《アトモイ》からだと言い、ポントス出身のヘーラクレイデースの弟子たちとアスクレピアデースの弟子たちは、同類ではないものからには違いないが、作用を受けるもの、言わば継ぎ手のない粒子のようなものから、生成したのだと言う。他方、プラトンの弟子たちは、三つのものから生成したと言う。

7 その(12)三つとは、彼らが言うには、神《テオス》、質料《ヒューレー》、そして範型《パラデイグマ》である。プラトンはその質料をさらに火、水、土、大気に分けるのである。そして神がその質料を用いる造物主《デーミウールゴス》であり、範型《パラデイグマ》が〈神の〉叡智《ヌース》なのである。

## すべての異端説の総括

八　われわれが確信するところでは、この手の自然学の言説は、誰の目にも自家撞着しているとしか言いようがないはずである。そこで今や、われわれ自身が真理そのものの範型について、臆することなく語ることにしたい[13]。その真理は現にそこにあって、われわれはそれを確信しているのである。ただし、その前にまず、異端の頭領たちの教説をもう一度要約して提示しておくことにする。そうすることによって、それらの教説すべてを互いに並列させて分かりやすくし、真理そのものを明瞭かつ了解可能な形で証明するためである。

### ナハシュ派

九 1 そういう事情であるから、まずは、蛇を崇拝する者たちから始めることにしよう。すなわち、ナハシュ派[14]は万物の始原を「人間」と呼んでいる。その「人間」のことを、彼らは「人間の子」〔人の子〕とも呼ぶ。そしてそれを三つに分けている。彼らが言うには、その一つは叡智的なもの《ノエロン》、もう一つは心魂的なもの《プシュキコン》、さらなる一つは泥的なもの《コイコン》である。2 その「人間」〔あるいは「人間の子」〕は「アダム」と呼ばれる。彼らの考えでは、そのアダムを知ることが、神を知ることの始まりなのである。叡智的なもの、心魂的なもの、泥的なものは、そろってイエスの中に入った。そしてそろってイエスを通して、三つの種族に語りかけた。3 すなわち、彼らが言うところでは、万物には天使的種族、心魂的種族、泥的種族の三種族が存在し、それに応じて教会にも天使たちの教会、心魂的教会、泥的教会の三つがあるということである。それぞれの教会に付けられた名前は、選ばれた教会、召された教会[15]、囚われの教会である。彼らが唱えたことを要約すれば、以上のようになる。彼らはその教説を、主の兄弟ヤコブがマリアに伝えたと言う。それは二人に対する誹謗に他ならない。

### ペラータイ派

10 1 ペラータイ派[16]、すなわち、カリュストス出身のアデメースとペラータイ派のエウフラテース[17]〔に因んで呼ばれる分派〕が現下のこの世界を指して言うところでは、この宇宙は唯一であるが、三つの部分に分かれていると言う。彼らが言うその三部分〔の一つ〕は、いわば唯一の始原である[18]。それは大いなる泉のようなものであって、思考によって、無数の断面に切り分けることが可能である。2 彼らによれば、その第一の最も手近な断面は、三つで一組、すなわち「トリアス」を成している。それ（トリアス）の〈第一の部分〉は完全なる善、父なる偉大と呼ばれる。トリアスの第二の部分は、言うなれば、〈それらから生じた[19]〉もろもろの力の無窮の充満のことである。第三の部分は、それ自体で何か独特なものである。第一のものは生まれざるもの、〈すなわち、完全なる善である。第二のものは自分自身で生まれたものである。第三のものは生まれたものである。〉その結果、彼らは明瞭に、三柱の神、三つのロゴス、三つのヌース（叡智）、三人の「人間」について語るわけである。3 すなわち、彼らは〔世界を三つに〕分割し終わると、そのそれぞれの部分に、神々、ロゴス〔複数〕、〈ヌース〉〔複数〕、「人間」〔複数〕、およびその他のものを割り振るのである。

至高の生まれざるものと世界の第一の断面から、――ちなみに、その世界はすでに完成に達していたのである――三つの本性、三つの身体、三つの権能を具えた人間と呼ばれる者、すなわちキリストが降りて来た。時は大王ヘロデの時代であった。そのキリストは世界を構成する三つの部分からすべてのものと権能を受け取って、自分自身の中で結び合わせていた。4 彼ら[20]は、このことこそ、「彼〔神〕は彼〔キリスト〕の中に、満ち満ちるものを余すところなく、見える形を取って宿らせた」(21)と言われている意味だと解釈したいのである。すなわち、上にある二つの世界から、すなわち、生まれざるものと自ら生まれたものから、われわれが今現にいるこの世界の中へ、あらゆる権能に満ちた種子《スペルマタ》が降りてきたのである。キリストは上の生まれざるものの領域から降りてきたと言うのである。そしてその目的は、三つに分割されたものがすべて、彼のその下降によって救われることであった。5 なぜなら、彼ら(22)曰く、上から下へ運ばれてきたものは、やがてまたキリストによって上へ戻ってゆくからである。しかし、上から運ばれてきたものに害となることを謀るものは裁きによって(23)放り出され、懲罰を受けて追放される。彼ら(24)が言うには、上にある二つの部分は滅びから救い出されるが、あの三番目の部分、つまり、〔現下の〕いわゆる特殊な世界は滅びなければならない。〈さて、〉ペラータイ派については、以上である。

## セート派

二 1 セート派(25)（Σηθιανοί）の見方によれば、万物の原理《アルケー》〔始原〕を成すものは三つある。それらのいずれの原理《アルケー》〔始原〕も、本性上、〔何にでも〕なることができる。(26)それは、あらゆる技能が人間の心魂に教え込まれる場合と同じである。例えば、もしある子供が横笛奏者のもとへやってくれば、一定の期間が経つと、横笛を奏でる〈ことができる〉ようになるであろう。また、幾何学者のもとでそうすれば土地の測量ができるようになり、〈その他の〉技能についてもそうであるのと同じである。2 彼らが言うところでは、三つの原理〔始原〕の実体は光と闇(27)である。これら二つの原理の中間に、純粋な霊《プネウマ》がある。下方の闇と上方の光の間に置かれたその霊は、彼らに言わせると、吹きすさぶ風のようなものではなく、逆に柔らかな息吹のようなものだとも考えられない。むしろ、香油あるいは調剤されて用意された燻香の香りのようなもので、軽やかにあまねく広がりゆく力である。それに具わった芳香の素晴らしさは、思考を超え、何らかの文言で言い表すことを超えている。

[3]さて、上方には光、下方には闇があり、その中間に霊がある。その光は、ちょうど下方に横たわっている闇の中へ上から射し込む太陽の光線のようである。それと同じように、霊の芳香も中間の位置を占めながら、そこから〈あまねく〉広がり漂っていく。ちょうど、燻香が火にかけられると、その芳香が〈至るところに〉漂って行くのと同じである。三つに分離された力はそのような状態にあるのだが、それでも霊と光の力は同時に、両者の下位に置かれた闇の中にも存在している。[4]ところで、彼らが言うには、その闇とは恐ろしい水である。光は霊と一緒に、その恐ろしい本性をした水の中へ、引きずり込まれ、運び込まれてしまっているのである。一方、闇は実在し、しかももし自分から光が取り去られたら、自分は荒れ果て、模糊として無明、無力、無為、虚弱なものであり続けなければならないことも分かっているのである。それゆえ、闇はあらゆる知恵と思考を働かせて、光の輝きとその断片を、霊の芳香ともどもに、自分の中に保持し続けようと努めている。

[5]彼らはこの消息を模像で示そうとして、次のように言う。すなわち、眼の中の瞳が暗い〔闇の〕色をしているのは、その下に水があるからである。しかし、それが同時に明るく輝いているのは、霊の所為である。それと同じで、闇は霊〈と光〉に憧れているのである。そして自分から離反して立ち去ろうと願うすべての〔光の断片〕を引き止めている。ところが、それらの力は数の上で無限のまた無限である。すべてのことは〔それらの力が〕言わば印章同士が混じり合うように混じり合うときに、その刻印を押されて生じるのである。[6]なぜなら、印章は蠟に自分を分与して、刻印をそこに残すが、その印章自体はもとのままである。それと同じように、もろもろの力も、〈互いに〉自分を分与して、無数の生き物の種族のすべてを生じさせるので

ある。

　さて、三つの原理〔始原〕の最初の衝突から、大いなる印章の形《イデア》、すなわち、天と地が生じた。その地は子宮に似た形をしていて、真ん中に臍を持っていた。こうして、〔天と地の中の〕その他すべての〈生き物〉への刻印も、天と地が子宮に似ているのに準じて行われた。7 彼らが言うところでは、水から生まれるものの初穂となったのは、激しく吹き荒れる強風であった。これはあらゆる生成の原因となるものである。すなわち、水を掻き立てることによって、宇宙に動揺と運動を生じさせた。8 その強風が最後に完成された姿は、口で不気味な音を立てる蛇に似ていた[28]。世界《コスモス》はそれを目にすると、子宮のように生殖欲に燃え上がった。彼らはすべてのものの生成がそこから起きてきたと言いたいわけである。9 彼らが言うには、この風の霊こそが完全なる神として、水と霊の芳香から、そして輝く光から生成したのである。しかも、それは女が産んだもの、叡智《ヌース》である。上からやってきた光の断片は、下方で身体に属するものを付け加えられて、それにまみれてしまった。それは〈上に向かって〉逃げ出そうと必死で試みたが、水に拘束されて、解放には至らなかった。そこでそれは、詩編の編者によれば、混じり合う水の中から、大声で叫んだのである[29]。
　10 上なる光が思い図るところはすべて、下方に引き止められた光の断片を下方の父から解放することである。その父とは、あの強風が動揺と騒乱を引き起こしたとき、自分自身のものではなかった叡智《ヌース》を〈完全〔に自分の〕子〉とした者のことである。その者を、上なる光に属する完全なるロゴスが見たとき[30]、ロゴスは自分の姿を蛇の形に変えて、子宮の中へ入って行った。それは叡智《ヌース》を、すなわち光の断片を再び取り戻すためであった。11 そしてこのことこそ、「彼は神と等しくあることを固守すべきこととは思わず、自らを虚しくして僕の姿を取った[31]」と言われている意味なのだと言う。悪霊に取り憑かれ、害悪をまき散らすセート派の者たちが言わんとする〈僕の〉姿とは、このようなものなのである。彼らが唱えていることについては、以上である。

## シモン

三 1 狡知(32)に長けたシモンの主張によれば、〈ある〉無限の力が存在し、その力が万物の根であると言う。彼曰く、その無限の力は火である。ただし、彼によれば、それは決して単純な火ではない。すなわち、多くの者たちが火を、四大元素と同じように、単純なものと見做してきたが、決してそうではないのである。むしろ火の本性は二重である。彼はその二重の本性の一つを「隠されたままのもの」、もう一つを「明らかになるもの」と呼んでいる。火の「隠されたままのもの」は「明らかになるもの」の中に隠されているが、火の「明らかになるもの」自身も「隠されたままのもの」から生じて来た。

2 シモン(33)曰く、見えるものも見えないものも、すべてが火の一部であって、等しく思慮と見識を具えていると見做される。そして彼ら〔シモン派〕曰く、この生まれた世界は生まれざる火から生じた。それは次のようにして生じ始めた。すなわち、生まれた世界は生成の原理《アルケー》〔始原〕から、すなわち、あの火の原理《アルケー》〔始原〕から、最初に六つの根源を受け取った。それらの根源は、火から生じたとき、「対《シュジュギア》」の形を成していた。3 彼はそれらの根源のことを、「ヌース」〔叡智〕と「エピノイア」〔思考〕、「フォーネー」〔声〕と「オノマ」〔名前〕、「ロギスモス」〔反省〕と「エピテューミアー」〔欲求〕と呼ぶ。これらの六つの根源の中には、同時に、あの無限の力〈のすべてが、現実態としてではなく、可能態として〉存在している。その無限の力は「現に立っている者」、「立っていた者」、「やがて立つ者」であるとシモンは言う。4 そして、〈もし〉この者が六つの力〔根源〕において本来の形を具えるに至るならば、彼は本質、力能、大きさ、完成度の点で、あの生まれざる無限の力と同一になるだろう。なぜなら、もはやいかなる点でも、その生まれざる、不変の、かつ無限の力に劣ることがないからである。しかし、もしそれが六つの根源において可能態にとどまり、本来の形を実現しないならば、それは消滅と滅びに至るだろうとシモンは言う。それはちょうど、人間の中にある文法や幾何学の能力が、しかるべき技能者を教師として得なければ、そうなるのと同じである。シモンは自分自身が、その「現に立っている者」、「立っていた者」、「やがて立つ者」、すなわち、万物を超えた権能《デュナミス》に他ならないと言う。

シモンについては、以上である。

## ヴァレンティノス

三三 1 ヴァレンティノス(34)とその分派が言うところでは、万物の原理〔始原〕は「父」である。しかし、彼らの意見は互いに異なる方向へ分かれていった。ある者たちが〈言うには、「父」は〉単独で生殖能力を具えているが、別の者たちは、女性なしに生むことは不可能だと言う。そこでその者たちは、「父」の「対」として「シゲー」（沈黙）を付け加えて、同時に「父」のことを「ビュトス」（深淵）と名づけている。2 その「深淵」とその「対」（「シゲー」）から、六つの流出が生じたと言う。すなわち、「ヌース」（叡智）と「アレーテイア」（真理）、「ロゴス」（言葉）と「ゾーエー」（生命）、「アントローポス」（人間）と「エクレーシア」（教会）〔の三組〕である。そして「ビュトス」（深淵）は以上の八つのもの（オグドアス）を最初に生み出す者となったと言う。また、境界《ホロス》の内側に生じて来た流出は「プレーローマの内側」〈および第一のもの〉と呼ばれるが、その下位〔第二〕のものは「プレーローマの外側」と呼ばれ、最下位〔第三〕のものは「境界《ホロス》の外側」と呼ばれる。この最後のものは、一つの欠乏《ヒュステレーマ》として生じてきたと言う。3 その「欠乏」の中へ投げ込まれてしまった一つのアイオーン〔ソフィア〕から生じたのが〈万物の父〉である。そうヴァレンティノスは〈言いたいわけで〉、それが造物主《デーミウールゴス》であると言うのである。つまり、彼はこの造物主を至高の神と認めたくないので、逆に彼と彼によって生み出されたものを貶めるわけである。

さて、キリストはプレーローマの内側から降りてきた。(35)それは失われてしまった霊《プネウマ》を救い出すためであった。その霊はわれわれの「内なる人」の中に宿っている。われわれの「内なる人」は、その中に宿っているもののおかげで救われるのだと彼らは言う。[4]反対に、肉は救われないと彼は見たいのである。だから、その肉のことを「皮の衣」(36)あるいは「滅びの人」と呼び捨てるわけである。以上、私は要約して報告した。彼らが語る素材は多種多様、彼らの見解も多岐に分かれているからである。というわけで、ヴァレンティノスの分派については、以上でよろしいであろう。

## バシリデース

**四**[1]バシリデース(37)自身が唱えるところでは、存在しない神が存在する。その神が存在しないものから、存在しない世界を造ったのである。その存在しない世界は、言わば一つの種子として投企された。それは、ちょうど芥子種が自分の中に、〈根〉、茎、葉、枝、実を〔すべて〕内包しているのと同じである。あるいは、孔雀の卵が自分の中に、極彩色の色を満たしているのと同じである。世界種子もそれと同じで、その種子からすべてのものが生じてきたのだと彼ら〔バシリデース派〕は言う。[2]なぜなら、それはまだ存在していないすべてのものを、存在しない神によってあらかじめ計画された通りに、やがて生じてくるものとして〈内臓し、内包〉しているからである。

彼ら(38)〔バシリデース派〕が言うには、その世界種子の中には、「子性《ヒュイオテース》」が三つに区分されて含まれていた。それらはどれも存在しない神と完全に本性が等しく、存在しないもの〔複数〕から生まれてきた。この三つに区分された「子性《ヒュノオテース》」の一つは、軽いものであったが、別のそれは重く、もう一つはなお浄化を必要としていた。

3まず最初に軽い「子性《ヒュイオテース》」は、世界種子が存在しない神から最初に生み出された時、直ちに飛び出して、
下方から上方に向かって、駆け上って行った。なぜなら、その存在しない者〔神〕の卓抜した美しさと麗しさ
には、すべての本性がそれぞれの仕方で憧れるものだからである。4さて、より重い「子性《ヒュイオテース》」は、なおも世
界種子の中にとどまったままであった。その本性は模倣に傾くものであったが、上方へ駆け上って行くことは
できなかった。――というのは、それは軽い「子性《ヒュイオテース》」に比べると、軽妙さが不足していたのである。――そ
こで、このより重い「子性《ヒュイオテース》」は、聖なる霊によって、自分自身に羽を生えさせた。この霊を身につけたその
「子性《ヒュイオテース》」は、自ら善行を施す一方、善行を施されている。5他方、第三の「子性《ヒュイオテース》」は、なお浄化を必要と
している。それは〈巨大な〉山積みの汎種子《パンスペルミア》の中にとどまったまま、自ら善行を施す一方、善行を施されてい
る。

(39)さらに〔バシリデースによれば〕、現にある世界《コスモス》と呼ばれるものの他に、超世界的領域が存在する。なぜな
ら、彼によると、〈存在するものは〉二つの主たる領域に分けられているからである。それら二つの間に置か
れたのが境界《メトリオン》と呼ばれる聖霊である。それは自分の中にあの〔重い〕「子性《ヒュイオテース》」の香りをとどめている。6あ
の世界種子と山積みのままの汎種子《パンスペルミア》から、一人の大いなるアルコーン（支配者）が生み出されて立ち上がっ
た。それは世界の首領であり、それに具わった美しさと威厳は言葉にしようがないほどのものだった。さて、
この者は自分のことを誇り高ぶり、上の天蓋にまで達した。そして自分より上には、他の誰もいないと思い込
んだ。そして彼の下位にあるものすべてよりも光輝き、権能に満ちた者となった。ただし、未だなお〔あの
汎種子《パンスペルミア》の中に〕残されたままの「子性《ヒュイオテース》」だけが例外であった。彼はそれが自分よりも知恵に富んでいるこ
とを知らなかったのである。

7彼は今や世界の創造に向かい、最初にまず一人の息子を創造した。その息子は彼よりも〈はるかに〉優れ

ていた。彼はその息子を自分の右の座に坐らせた。彼ら〔バシリデース派〕は、これが「オグドアス」〈第八の者〉であると言っている。[40] さて、この者、〈すなわち、造物主〉が天にあるすべての被造物を造るのである。8 すると、〈また〉あの汎種子《パンスペルミア》からもう一人別のアルコーンが登場してきた。たしかに、そのアルコーンは、〔汎種子の中に〕まだ残されたままの〔第三の〕「子性《ヒュイオテース》」と別とすれば、彼に属するものすべてよりも大いなる者であったが、前述の第一のアルコーンよりははるかに劣っていた。彼ら〔バシリデース派〕は、この者のことを「ヘブドマス」〈第七の者〉と呼んでいる。この者が彼より下位にあるものすべてのものの制作者《ポイエーテース》、造物主《デーミウールゴス》、そして統率者《オイケーテース》である。そして彼も自分のために、息子を生んだ。その息子は〔彼よりも〕考え深く、知恵にも富んでいた。9 彼ら〔バシリデース派〕が言うには、これらすべてのことは、あの存在しない〈神〉による予めの計画に即したことなのである。ただし、無数の世界と〔下方に〕隔たった場所《ディアステーマタ》が存在すると言う。[41]

さて、[42] イエスはマリアの子であるが、福音の力を受け取った。その力は〈上から〉、「オグドアス」〈第八の者〉の息子と「ヘブドマス」〈第七の者〉の息子のもとへ降りてくると、彼らを光で照らした。それは、あの後に残されたままになっている〔第三の〕「子性《ヒュイオテース》」に光を当てて、種族を選り分け、浄化することによって、それ〔第三の「子性」〕が心魂たちに善行を施し、また善行を施されるようになるためであった。10 そして彼らは自分たち自身が〈神の〉子らに他ならないと言うのである。彼らがこの世界に〈残されている〉目的は、心魂たちを訓育して浄化し、その〔第三の〕「子性」とともに、上なる「父」のもとへ、すなわち、第一の「子性」がかつて帰って行った場所へ、昇って行かせることなのである。すべての心魂たちが〔第三の〕「子性」とともに、そこへ帰って行くまでは、この現下の世界は存続していくと彼らは言う。バシリデースが恥ずかし気もなく口にする馬鹿話は以上である。

一五 1 ユスティノス[43]も向こう見ずに、以上と同じようなことを唱えている。曰く、万物には三つの原理〔始
原〕がある。いずれも生まれざるものであるが、二つは男性、一つは女性である。男性原理の一つは「善なる
者」と呼ばれる。こう呼ばれるのは、この原理だけである。彼は万物のことを予知している。もう一つ〔の男
性原理〕はすべて生まれたものの父である。この父は予知能力がなく、また、知られざる者、見えざる者であ
る。彼はエローエイムと呼ばれ、〈父である〉、と彼〔ユスティノス〕は言う。2 女性原理にも予知能力がな
い。また、怒りやすく、心身ともに二重である。このことは、われわれがすでに彼について述べたところで、[44]
話したとおりである。[45] 彼女の下腹部までは処女、そこから下は毒蛇である。その名前はエデム（Ἐδέμ）、あ
るいはイスラエールと呼ばれる。彼〔ユスティノス〕がすべてのものの原理〔始原〕だと言うのは以上のよう
なものであり、それらによって万物は生じてきたのだと言う。
3 さて、そのエローエイムは、もともと予知能力がなかったから、そうとは気づかない内に、処女と毒蛇が
混じり合った女に対する欲情に堕ちてしまい、彼女と合体して、〈自分のために〉一二人の天使を生んだ。彼
らの名前は……。[46] そして〈父に属する天使たちは父〉を補佐し、母に属する天使たちは母を補佐する。これら
の〈天使たちは楽園の樹[47]〉のことであると〈彼は言う〉。なぜなら、モーセは律法に書かれていることを寓喩
として語ったからである。
4 これらすべてのことは、エローエイムとエデム〔の合体〕によって造られたのである。動物はその他の〈生
き物〉と一緒に、〔エデムの〕動物の形をした部分から、人間は下腹部より上の〈人間の姿をした〉部分から
造られた。それからエデムは人間の中に心魂を置いた。それは彼女の力に他ならなかった。〈他方、エローエ

イムは霊を置いた〉[48]。

5 しかし、彼〔ユスティノス〕曰く[49]、エローエイムは〔事情を〕悟ったとき[50]、エデムを置き去りにして、「善なる者」のもとへ昇って行った。それに怒ったエデムは、エローエイムが人間の中に置いた霊に対して、ありとあらゆる策略を仕掛けた。そのために、父〔エローエイム〕はバルクを派遣した。それは彼が預言者たちに〈語って〉、エローエイムの霊が解き放たれるようにするためであった。しかし、すべての者たちがエデムによって、下方へ引き摺られてしまった。6 しかし、彼〔ユスティノス〕曰く、ヘラクレスもまた預言者となった。ところが、その彼もオンファレー、すなわち、アフロディテーとも呼ばれるバベルに敗北を喫してしまう。

しかし、時が経って、大王ヘロデの時代にマリアとヨセフの子イエスが生まれた。彼〔ユスティノス〕曰く、バルクはそのイエスにも語りかけた。7 エデムはそのイエスにも謀略を仕掛けたが、彼を欺くことができなかった。そのため、イエスが十字架に架けられるように仕組んだのである。彼〔ユスティノス〕曰く、そのイエスの霊は「善なる者」のもとへ昇っていった。〈彼の〉議論はこれほど馬鹿げて無力ではあるが、それを信じる者たちがいるならば、その者たち全員の中にある〈エローエイムの霊は〉救われるであろう。しかし、エデムに属する身体と心魂はここに残されるであろう。その心魂のことを、ユスティノスは愚かにも大地とも呼ぶのである。

## ドケータイ派

一六 1 ドケータイ派が唱えていることは次の通りである。第[51]一の神は言わば無花果の木の種子《スペルマ》のようである。その第一の神から、言わば、幹と葉と実として、三つのアイオーンが出てきた。これら三つのアイオーンは、それぞれ〈一〇の〉アイオーン、合わせて三〇のアイオーンを流出した〔生み出した〕。それらすべてが一〇ずつにまとまった。すべてのアイオーンは、あるものが別のものより先で、最初のもの、〈第二のもの、第三のもの〉という(52)〈具合に〉位階において異なるにすぎない。無数の回数にわたって無数のアイオーンが生み出された。そのすべてが男女《おめ》〔両性具有〕であった。2それらのアイオーンたちは共に集まって協議した。その結果、アイオーンの真ん中から、(53)乙女マリアを通して、万物の救い主を生み出すことになった。それはすべての点で、あの無花果の木の種子《スペルマ》に含まれていた最初の有機体《ソーマ》に似ていた。ただ一点、すなわち、生まれたものであるという点でのみ、それよりも劣っていた。なぜなら、あの〈最初の〉種子《スペルマ》、つまり無花果は生まれたものではないからである。

3というわけで、すべてのアイオーンから成る〈プレーローマの〉大いなる光が一つの全体として存在したわけである。それには〔それ以上の〕秩序は具わっていなかった。なぜなら、それはすべての活けるもののイデア（原型）を自分自身の中に内包していたからである。その光が今や下方にあるカオス（混沌）の中へ向かって出立した。それは〈すべて〉生成してきたもの、そして現に存在しているものの原因となるためであった。(54)それは降りて行って、〔自分が内包していた〕上なる〈すべての〉アイオーンたちのイデア（原型）の形《モルファイ》を下方のカオス（混沌）に転写したのである。4第三のアイオーンは自分自身を三重のものとしていた。(55)この第三のアイオーンは自分自身のものである指標《カラクテール》が下方の闇の中へ取り込まれてしまったのを見たとき、闇の能力、および光の単純さと妬みのなさを知らなかったわけではなかったから、闇と光の間を分けて、その中間を堅くして、天蓋を造った。5第三のアイオーンのすべてのイデア（原型）が……(56)、彼〔第三のアイオーン〕の模像《エクビュトーマ》も闇によって支配されることになった、と言われる。その模像とは、光から生じた活ける火のことである。(57)彼ら〔ドケータイ派〕が言うところでは、そこから(58)大いなるアルコーン（支配者）が生じてきた。モーセが言っているように、それは燃える火のような造物主であり、あらゆる〈生き物の〉イデア〔原型〕を絶えず身体《ソーマ》に変えていく者である。――それ〔イデア〕は心魂のことである[59]。

6 彼ら〔ドケータイ派〕が言うには、まさにそのために、救い主は、抑圧されている心魂たちに逃げ出すための道を宣べ伝えるために、生まれて来たのである。イエスはあの唯一のものとして生まれた力を着たのである。その結果、その様変わりした〈彼の〉大いなる栄光のゆえに、どの〈アイオーン〉にもそうと見抜かれることがなかった。しかし、その彼の身には、すべてのことが福音書に書かれている通りに、起きて行ったのだと、彼ら〔ドケータイ派〕は言う。

### モノイモス

**一七** 1 アラブ人のモノイモス[60]が言うところでは、万物の始原《アルケー》は最初の「人間」と「人間の子」〔人の子〕である。そして、すべて生成した事物は、モーセが言っているように、最初の「人間」によってではなく、「人間の子」によって生じたのである。しかもその全部からではなく、その一部から生じてきたのである。2 その「人間の子」はイオータ、すなわち、一〇《デカス》である。つまり、支配者〔主〕の数字である。それにはすべての数字の実体《ヒュポスタシス》が含まれている。あらゆる数字がその実体から成り立っており、万物、すなわち、火、大気、水、土もそれから生じてくる。「人間の子」はたった一つのイオータ、すなわち微小な一画《ケライア》であり、〔完全なるものから生じた完全なるもの〕である。上から流れ下ってきた微小な一画《ケライア》であり、「人間」、すなわち、「人間の子」の父が持っているものをすべて自分でも持っている。

3 モーセ[61]はこの世界が六日間で出来たと言っているが、それはつまり、六つの力から生じたということ、〈すなわち、イオータの微小な一画の中に包括されている土、水、大気、火の……〉[62]。この世界がその微小な一画《ケライア》から生じたということである。なぜなら、火、大気、水、土は立方体、〈二十面体〉(63)、八面体、四面体（ピラミッド体）、その他これに類するすべての形体から出来上がっているが、これらの形体はあの単純なイオータのたった一画の中に含まれた数から生じてきたのである。そしてそのイオータの一画とは「人間」の子、〈完全なる者からの完全なる者〉なのである。4 モノイモス曰く、モーセはエジプトの地に向かって杖を伸ばして、〈さまざまな災難を〉もたらしたと語っているが、世界の災難をイオータで言い換えたアレゴリーに他ならない。その際、災難が一〇より多くはないことを〈杖〉の形で現したのである(64)。

5 モノイモス曰く(65)、もし君がすべてのことを認識したいのであれば、君自身に問うがよい、「わたしの心魂《プシュケー》、私の肉《サルクス》、わたしの叡智《ヌース》」と語っているのは、一体誰なのか。また、〈君の〉中のもう一人の君であるかのように、あらゆるものを自分のものとしているのは、一体〈誰〉なのか。君はその者をこそ、完全なるものから生じた完全なる者、いわゆる存在しないものも、存在するものもすべて自分のものとして司るものと見做す〈べきである〉」。モノイモスの見解は以上である。

## タティアノス

一八 タティアノス(66)の語るところは、ヴァレンティノスおよびその他の異端と似ている。すなわち、いくつかの見えざるアイオーンが存在していて、その内のあるアイオーンによって、この世界と存在するものは〈すべて〉造られたのだと言う。彼は犬儒派ばりの生活程度に努めた。そして〈誕生に対する〉冒瀆と結婚に関する禁則の点では、マルキオンとほとんど何も異なるところがない。

## マルキオン

一九 1ポントス出身のマルキオンとその師に当たるケルドーンが自ら下した定義では、万物には、「善」、「義」、「質料」〔物質〕という三つの原理〔始原〕があると言う。(68) 二人の弟子たちの内の何人かは、さらに〈第四の〉原理を追加して、「善」、「義」、「悪」、「質料」という四つの原理が存在すると言う。2これらの者たちは、善なる者〔神〕がまったくもって何一つ創造しなかったという点で、全員が一致している。しかし、義なる者〔神〕については、ある者たちは、同時に悪い神と名付けているが、別の者たちはただ義であるにすぎない神と名付けている。ただし、この神はすでにそこにあった質料から、すべてのものを造ったと彼らは言う。ただし、その創造は美しくなく、理性によるものでもなかった。3彼らは福音書にある譬え話も同じように用いている。すなわち、善い樹は悪い実を結ぶことができず、その逆も成り立つ、とあるが、彼〔マルキオン〕にとっては、彼〔創造神〕の間違った定めがそれによって言われているのだ、というわけである。(69)

さらに、キリストは善なる神の子であって、その神によって、心魂たちを救うために、遣わされて来たのである。そのキリスト〔子〕のことを彼〔マルキオン〕は「内なる人」と呼ぶ。彼が言うところでは、そのキリストは人間として現れたが実は人間ではなく、肉にある者として現れたが実は肉にある者ではなく、ただ外見上そう見えたに過ぎない。(70) また、彼〔キリスト〕は誕生を身に引き受けたことはなく、受難もしなかった。ただそう見えただけのことである。4彼〔マルキオン〕は肉が復活するとは考えようともせず、結婚は滅びだと言って、弟子たちにも犬儒派のような生活をさせた。そうすることによって彼は、造物主によって生み出されたもの、あるいは定められたものから自分が離脱すれば、当の造物主を苦しませることができると考えたのである。

アペレース

二〇 1 アペレース(71)はマルキオンの弟子であったが、すでに述べた通り、師が唱えたことから離反して、新たな論として、四柱の神々がいるという説を立てた。彼の言うところによれば、その内の一人は〈善なる〉神で、〈律法〉も預言者もこの神のことを知らなかった。キリストはこの神の子である。それとは別に万物の造物主がいるが、この者を彼〔アペレース〕は神とは認めず、〈むしろ神の力〉だと言いたいのである。また別の〔第三の〕者は〈モーセに〉燃える火のように出現した者であり、さらにもう一人は悪しき者である。彼はこれらの者のことを天使と呼んで、それにキリストを加えて、第五の天使だと言っている。2 彼は『フィルーメネーの啓示』と呼ぶ書物を重用している。そのフィルーメネーとは女預言者だというのが、彼の見方なのである。彼がさらに言うには、キリストの肉は乙女からではなく、あらかじめ存在していた世界の実体から取られたものである(72)。この者〔アペレース〕は律法と預言者を誹る書物をまとめた。彼らが嘘ばかり喋っていて、神を認識していなかったのだとして、彼らの解体を試みたのである。

ケリントス

二一 1 ケリントス(73)はエジプトで訓練を積んだ人物であった。自分の説としていたのは、この世界は第一の神によって造られたものではなく、すべてのものを凌駕する至高者からははるかに劣り、かつ隔たったところにいる或る力によって造られたものであり、その力は万物を凌駕する神のことを知らないのだ、ということであった。2 また、イエスについては、乙女から生まれたのではないと唱えている。イエスはむしろヨセフとマリアの息子であって、その他の〈すべての〉人間たちとまったく同じであった。ただし、義しさと思慮深さ、そして理解力の点で、他のあらゆる者から際立っていた。3 そして彼が洗礼を受けたとき、すべてのものを凌駕する至高者のもとから、キリストが鳩の姿で彼の上に降ってきて、知られざる父を告知するとともに、力あるわざを行った。そして最後に〈その時が来て〉、キリストはイエスから離れて飛び去っていった。そしてたしかにイエスは苦難を受けたが、〔死から〕〈起こされた〉。他方、キリストは受難しないままだった。なぜなら、彼は主の霊であったからと言うのである。

### エビオーン派

二二 エビオーン派[74]の者たちは、たしかに、この世界が真の神によって造られたと言っている。ただし、キリストに〈関しては〉、ケリントスと同じことを説いている。そしてあらゆる点で、モーセの律法に従って生活し、そうすることで義とされるのだと言っている。

### テオドトス

二三 1 テオドトス[75]という名前でビザンティウム〔コンスタンティノポリス〕出身の人物は次のような分派を導入した。彼が言うには、万物は真に存在する神によって生じた。ただし、キリストについては、前述のもろもろのグノーシス派と同じように、ほぼ次のように出現してきたのだと言う。すなわち、キリストはすべての人間とまったく共通の人間であったが、次の一点においてだけ異なっていた。つまり、彼は神の御心にしたがって、聖なる霊の影に覆われた乙女から生まれてきたが、その乙女の中で肉となったわけではなかったのである。2 やがて洗礼の際に、キリストは鳩の姿でイエスの上に下って来た。そのため彼ら〔テオドトス派〕は、それ以前には、彼〔イエス〕には、まだ何の権能も働いてはいなかったと言うわけである。彼〔テオドトス派〕は、キリストが神だとは考えない。以上がテオドトスである。

二四　今述べた[76]〈テオドトス派とまったく同じことを〉言っている別の者たちがいる。その者たちが、ただ一つ異なるのは、メルキゼデクという力を想定したことである。彼らは、そのメルキゼデクはすべての力を凌駕する存在であり、キリストはその模像だと言いたいのである。

## フリュギア派

二五　フリュギア派[77]は、異端としては、モンタノス某とプリスキラ、およびマクシミラに発している。彼らは二人の女を女預言者、モンタノスを男預言者と見做している。そして万物の始まりと制作の次第については正しい考え方をしており、キリストについての考えも間違ってはいない。ただし、今預言者として名前を挙げられた者たちに関する見方は誤っている。彼ら三人の言う言葉を福音以上に尊重して、道を誤っているのである。また、新たに伝承に合わない断食を定めている。

二六　彼ら[78]の中には、ノエートス派に賛同する者たちが別にいて、二人の女たちとモンタノスのことを同じように見做している。しかし、万物の父は子であると同時に父であり、目に見えると同時に目に見えず、生まれた者であると同時に生まれざる者であり、死ぬべき存在であると同時に不死であると言って、〔万物の父を〕侮辱している。この者たちのきっかけを作ったのは、ノエートスという人物である。

## ノエートス

二七 1 ノエートス[79]も似たようなものであった。その出身はスミュルナで、飛び抜けて多弁で抜け目のない男であった。彼が導入した異端は、エピゴノスとか言う人物からクレオメネースにまで至り、後継者たちによって今なお存続している。[80] そのノエートスが言うところでは、万物の父と神はただ一人である。万物を造ったこの父〔神〕は、自らがそう欲するか欲しないかによって、存在する者たちの目に、現れたり、現れなかったりしてきた。2 すなわち、見られないときには見られず、見られるときには見られ、生まれないときには生まれざる者、乙女から生まれるときには生まれる者である。受難せず、死にもしないときには、受難せず、死にもしない。受難に向かうときには、受難して死ぬ。彼ら〔ノエートス派〕はこの父自身が子であると考える。その時々《カイロス》の状況に応じて、〔どちらかに〕呼び分けられるのである。

## カリストス

3 [81]この分派を固めたのは、カリストスであった。[82] この人物の生涯については、われわれはすでに確かなところを論述済みである。このカリストス自身が独自の異端を生み出した。彼は彼ら〔ノエートス派〕から出発したが、自分自身としても、こう唱えた。すなわち、「父」と神はただ一人である。それは万物の創造主である。彼は〈ロゴス〉である。その名を「子」とも〈「父」とも〉呼ばれる。[83] そう言われたり、名付けられたりするのは、名辞《オノマ》上のことであり、本質《ウーシア》においては、〈分割できない霊〉である。なぜなら、彼〔カリストス〕曰く、霊なる神はロゴスと並ぶ何か別のものではなく、ロゴスもその神と並ぶ何か別のものではないからである。これはただ一つの人格《プロソーポン》〔後代の「位格」〕なのであって、名辞上は分たれるものの、本質においては、分けられない。4 彼はこのロゴスただ一人を神と名付ける。そしてそのロゴスが肉となった[84]のだと言うのである。そして肉において見られ、捕縛されたのは「子」であり、その〔子の〕中に宿っていたのが〈霊なる〉「父」であると言いたいわけである。こうして彼は、ある時はノエートスの教義に傾くかと思えば、またある時は、テオドトスの説に傾いて、まったく確固として揺るぎないの反対なのである。カリストスについては、以上である。

ヘルモゲネース

二八 ヘルモゲネース某は、(85)自分としても何か〈新しい〉ことを唱えてみたくなって、神は〔自分と〕同時に、〈しかも生まれざるもの〉として在った物質《ヒューレー》から万物を創造したのだと言った。なぜなら、神が〔すでにそこに〕存在しているものから、生じるべきものを創造しないなどということは不可能であったからである。

（エールカザイとアルキビアデース）

二九 [1]また別の者たちが、(86)あらゆる分派の施し物を拾い集めて、あたかも何か新しいことを導入するかの振りをした。彼らは「エールカザイ」とかいう表題のついた摩訶不思議な書物を用意していて、万物の始原は等しく神から生じてきたものであると、公に言い表していた。[2]しかし、(87)キリストをただ一人だとは言い表さない。たしかに、上の領域には一人のキリストがいるが、このキリストは繰り返し何度も身体の中へ注ぎ込まれてきたのであり、今やイエスの中にもそうされたのである。そして〈そのイエスも〉同じように、ある時は神から生まれるが、ある時は霊となり、またある時は乙女から生まれるが、またある時はそうではない。さらに、このキリストは、その後も繰り返し身体の中へ注ぎ直されて、その時々に応じて多数の身体で自分を現わすのだと言う。[3]彼らは、元素に対して信仰を告白しながら、詩文〈や悪霊向けの呪文〉を用い、洗礼を行っている。また、占星術、数字学、魔術を跋渉し、自分たちのことを未来を予見する者と呼んでいる。

三〇 1神が[88]〈命じられたとき、アブラハムは[89]〉メソポタミアにあったハランの町を出て、今はパレスティナとユダヤと呼ばれるが、その当時はカナンと呼ばれた土地へ移り住んだ。その土地については、われわれはすでに本書とは別の著作で詳細にわたって[90]注意深く論述済みである。[91] 2そのアブラハムから始まって、ユダヤの地で人々は増えていった。そもそも「ユダヤ」という呼称そのものが、〔族長〕ヤコブの第四子のユダから来ているのである。このユダは〈別名を獅子[92]〉と呼ばれた。それは彼から後代の王家となる部族が〈生まれたこと[93]〉による。3〈アブラハムは〉メソポタミアの〈町ハランを、七五歳になった時に[94]〉出て移住した。そして一〇〇歳の時に〈イサクをもうけた。イサクは〉六〇歳の時にヤコブをもうけた。ヤコブは八七歳[95]でレビをもうけた。レビは四〇歳でケハト[96]をもうけた。ケハトは〈三歳[97]になった時に〉、ヤコブと共にエジプトに下った。4こういう次第で、アブラハムおよびイサク以下続いたその一族が、その当時カナンと呼ばれた土地に住んだのは、合わせて二一五年になる。

さて、アブラハムの父となったのはテラ、テラの父となったのはナホル、ナホルの父となったのはセルグ、〈セルグの父となったのはレウ、レウの父となったのはペレグ、ペレグの父となったのはエベルである[98]〉。このエベルから〈ユダヤ人は[99]〉ヘブライ人とも呼ばれ始めた。〈他方で、ペレグの時から、もろもろの民が散らばり始めたノアの子孫は〉〔全部で〕七二人であった。〈彼らから七二の〉民が出たのである。5それらの民の名前については、われわれはすでに別の著作[100]で数え上げた通りである。われわれがそうする機会を逃さなかったのは、神的なるものに関して、疑いない認識《グノーシス》を手にしたいと思うわれわれの憧れがどれほどのものであるか、そして事実われわれがどれほどの労苦を払って真理についての認識を身に付けてきたものか、その証明を篤学の読者の方々に、〈われわれ流のやり方〉で、お見せしたかったからである。

6 さて、エベルの父となったのはシェラであり、シェラの父はカイナン(101)、カイナンの父はアルパグシャド、その父はセム、その父はノアである。そのノアの時代に、全世界を洪水が襲ったが、エジプト人もカルデア人もギリシア人も、その洪水のことを覚えていない。彼らにとっては、場所により、オーギュゲースの洪水あるいはデウカーリオンの洪水が起きたのである。さて、〈エベルから〉ここまでで五世代、四九五年(102)である。7 ノアはきわめて信心深く、神の友となった。そしてただ一人、自分の妻と〈三人の〉子供たち、そして彼らの妻と一緒に箱船に入って、洪水を逃れて、救われた。その箱船の大きさ〔尺度〕と遺構は、われわれがすでに述べたように(103)、現在でもなお、アディアベネーに面した地方にあるアララトと呼ばれる山々の間で確証される通りである(104)。8 労苦を厭わずに調べてみようと思う人にとっては直ぐに分かることであるが、今や明瞭に論証されたのは、神を畏れる人間の種族の方が、カルデア人、エジプト人、ギリシア人すべてよりも、古いということである(105)。したがって、どうしてノアよりもさらにさかのぼって、神を畏れ告白する者たちの名前を一人一人あげつらう必要があるだろうか。目下の論題にとっては、その古さについての証言はすでに十分なのであるから。

三 1 ただし、知恵を不断に尋ね求めてきた民族が、神を畏れる者たちより何世代も遅れて生まれて来たものであることを論証することは、決して無意味とは思われない。それゆえ、その〔神を畏れる〕者たちの由来は一体何処なのか、また、一体何時彼らはそれらの土地へ移住したのかについて、述べておくのがよいであろう。彼らは、移住先の土地の名前をもらうことをせずに、自分たちが最初に住み始めた場所の名前を名乗ったのである。2 まずノアには、三人の息子たち、セム、ハム、ヤフェトが生まれた。この息子たちから、人間の全種族が増えていき、すべての土地に人が住むことになった。なぜなら、彼らに向かって「産めよ、増えよ、地に満ちよ」(106)と語られた神の言葉が成就したからである。たった一つの〔神の〕言葉の権能はそこまで強く、三人の息子から七二人の息子たちが、種族として生まれて来た。まずセムからは二五人〔種族〕、ヤフェトからは一五人、ハムからは三二人であった。3 ハムの場合は、今述べた三二人から、次の息子たちが生まれてきた。まず、カナン、その子孫がカナン人である。次はメストライム(107)、その子孫がエジプト人である。次はクシュ、その子孫がエティオピア人である。次はプト、その子孫がリビア人である。これらの民族は今日においても、それぞれの固有の言語では、それぞれの祖先たちの呼称で呼ばれている。しかし、ギリシア語では、現在慣用になっている呼び名に〈変えられ〉ている。

4 これらの民族の土地には、彼ら以前に人が住んでいたということはなく、一定の人間種族がそこで始まったという証拠もない。そうであれば、彼らは神を畏れる人であったノアの子孫なのである(108)。そのノア自身も神を畏れる男たちの弟子であった。それゆえに、彼は洪水によるあっと言う間の大いなる破壊を免れたのである。だから、神を畏れる者たちの系譜の方が、すべてのカルデア人、エジプト人、ギリシア人よりも先に生まれてきていたのでないはずがあろうか(109)。〔それに対して、〕これらの民族の父となったのは、ヤフェトから生まれたのであり、その名はヤワン(110)であった。このヤワンからギリシア人とイオニア人が出てきたのである(111)。5 こうして、寸暇を惜しんで哲学に励んできた民族は、神を畏れる者たちの種族とあの洪水よりも遅れてやってきたことが証明されるわけである。そうであれば、ギリシア人ならざる民族、およびその他この世界の中に、どんな周知の、あるいは未知の民族があろうとも、彼らはすべて、さらに若い民族であることにならないはずがあろうか。6 そこで今や、ギリシア人、エジプト人、カルデア人たち、さらにはすべての人間種族に言うが、君たちは、一体神的なものとは何なのか、それが行う世界制作がいかに秩序だったものであることか、われわれから学んで、身に付けるがよい。われわれは神の友である。われわれがそのことを身に付けてきたと言うのは、法螺を吹いているわけではない。われわれは真理を認識し、思慮を訓練することによって、神を証するために論を張っているのである。

三 [1]神はただ一人であり、万物の最初にして唯一の創造者、そして主である。その神と同時には何一つ存在しなかった。(112) 無限の混沌も、膨大な水も、堅固な大地も、部厚い大気も、熱い火も、軽やかな霊も大いなる天空の青天井も存在しなかった。神ご自身がただ一人いたのであり、それまで何も存在しなかったところから、御心のままに、存在するものを創造したのである。ただし、御心のままに創造されたそのとき、やがて生じてくるべきもののことを承知しておられたのである。なぜなら、神には予知《プログノーシス》が具わっているからである。[2]神はやがて生じてくるべきものの〈四つの〉始原《アルケー》を予め区分して創造した。すなわち、火と霊と水と土である。神はこれらのものから、自らの被造世界を区分しながら創造した。あるものは単一の素材から、あるものは二つから、また別のものは三つから、さらに別のものは四つの素材から、それらを結び合わせることによって創造した。(113) [3]単一の素材から造られたものは不朽〔不死〕であった。——なぜなら、それには解体ということがないからである。単一のものはいつか解体されるというものではない。——二つ、三つ、あるいは四つの素材から造られたものは、解体があり得るから、可死的なものとも呼ばれる。すなわち、死と呼ばれるものは、結び合わされたものが解体されることなのである。

[4]さて、私が思うには、炯眼の読者の方々には、以上の解説ですでに十分であろう。もしその方々が篤学の士であって、〔神による〕万物の制作に使われたこれらの素材とその原因のことをさらに探求したいと思われ

るのであれば、『万物の実体について[114]』と題したわれわれの別の著作をお読みになると、それがお分かりになるであろう。5ただし、すでにここまでのところで、〔世界創造の〕原因は十分に解明されているのである。ギリシア人たちは今述べた原因を知らないまま、そして創造主について無知のままで、造られた世界の限られた部分についてのみ、虚飾な言葉を用いて、思弁を逞しくしてきたのである[115]。〔本書がここまで取り上げてきた〕異端の頭領たちは、そのギリシア人たち〈に〉刺激されて、同じような言葉遣いで、しかも彼らによって前もって言われていたことの外見だけ変えることによって、それぞれ笑うべき異端を立ち上げたという次第なのである。

三三 1万物を支配するこの唯一の神は、最初に思考の中で、ロゴス（言葉[116]）を生み出した。それは発語される言葉《ロゴス》ではなく、万物についての内面の思考（エンディアテトス・ロギスモス）のことである。〔現に〕存在しているものの中で、神が生んだものは、この意味でのロゴスのみである[117]。なぜなら、父〔神〕自身が存在そのものであったからである。そして〔個々に〕生まれたものは、その神によって生まれたのであるから。2個物はそのロゴスが原因者となって生じてきた。彼〔ロゴス〕は自分を生んでくれた方の意志を自分自身の中に内包していた。そして父の考えるところを承知していないはずがなかった。彼は彼を生んだ方から出て来ると同時に、その方から最初に生まれた者《プロートトコス》[118]となったわけである。そして父〈の叡智《ヌース》〉が予め思考した観念《イデアイ》を発音《フォーネー》として自分の中に持っていた[119]。

そこでロゴスは、この世界が生成すべきことを父が命じられたとき、神が善しとすることを[120]一つ一つ仕上げたのである。3生殖によって増えるもの[121]については、牡と牝に仕上げた。しかし、他のものを補助し、その役に立つだけのものには、牝の必要がないので、牡にした。あるいは牡でもなければ、牝でもないものにした。

4 なぜなら、これらのものの最初の素材、つまり火、霊、水、土は、存在しないものから生じて来たのであって、牡でも牝でもないわけだから、そのいずれ〈からも〉、牡とか牝が出て来られるはずが〈ない〉からである。ただひたすら、神が欲せられる通りに起きたのであって、ロゴスはそれに仕えたのである。5 ただし、私〔ヒッポリュトス〕として告白すれば、天使は火〈と霊〉から生まれたのだと思っている。そして彼らには女性はいないのである。太陽と月、さらに星々も、同じように火と霊から生じてきたのであり、男とか女とかはないと私は考えている。6 しかし、水の中を泳ぐ生き物、そして羽のある生き物は、水から生まれてきたもので、牡と牝があると思いたい。——なぜなら、欲するがままに創造した神は、水の中に生きるものは生殖力を具えるように命じられたからである[122]。それと同じで、大地から生じてきた這うものと獣、およびその他すべての生き物には、牡と牝がある。生まれたものの本性はそういうものとして案配されたからである。神はすべてのものを、欲するがままにお造りになったのである。しかもただ言葉のみによって創造したのである。実際にそうなったのとは違う仕方で、それが起きることはあり得なかった。7 神はそのように欲するがままにお造りになったとき、〔それらのものに〕それぞれ名前を付けて呼んだ。

それから神は、〔すでに存在している〕すべての実体を組み合わせて、万物の上に立って支配する者[123]を造る準備を整えた。その時、神は誤って、何か〔別〕の神を造ろうなどと思ったわけではない。また、天使を造ろうと思ったわけでもない。——この点で、私は人を誤らせたくないのである——そうではなくて、人間を〈造ろうと欲して、そうされたのである〉。もし仮に神が〔人間よ、〕お前を神にしたいと思っていたら、神にはそうすることができただろう。あのロゴスの例を見てみるがよい。しかし、神は人間を造ろうと思ったのである。そして事実、人間を造ったのである。〔人間よ、〕もしお前が神になりたいのであれば[124]、まず今ここで、お前を造った方に聞き従うべきであって、逆らうべきではない。それはお前が小さなことに誠実であると判断されて、もっと大きなことを任されるようになるためである。[125]
8それゆえ、この神のロゴスだけが神から出たものであり、それゆえに神であり、神の実体《ウーシア》〔と同じ〕なの
である。この世界は無から造られた。したがって、それは神ではない。それは造った方がそう欲すれば、その
時に解消される。[126]しかし、創造主である神はそれを悪しきものとして造ったわけではなく、今現に悪しく造っ
ているのでもない。〈反対にひたすら〉美しいもの、そして善きものとして造ったのであり、現に造っている
のである。[127]なぜなら、創造主は善なる方だからである。9そうして生じた人間は自己決定権《アウテクスーシオン》を具えた生き物だ
った。それは支配する生き物ではなく、叡智も具えず、すべてのものを思考と権能と力で統率するわけでもな
く、むしろ隷属的な生き物で、すべてのものがそれに対抗していた。しかし、それは自己決定権を具えている
ことによって悪を生み出してしまうのである。その悪は偶然から起きてしまうのであって、もし君が〈それ
を〉行わなければ、無なの〈である〉。なぜなら、何か悪いことを欲したり、それを悪と考えるとき、そのと
きそれは悪と呼ばれるのであって、初めからそうであったわけではなく、むしろ後追いでそうなるのである。
10そのように、〔人間が〕自己決定権を具えているがゆえにこそ、神によって法が定められたのである。それ
は無意味なことではなかった。なぜなら、〔人間〕に欲する、欲しないの権能がなかったのであれば、どうし
て法が定められたのか。なぜなら、〔人間以外の〕理性を持たない生き物たちには、法は与えられないであろ
う。彼らに与えられるのは、むしろ手綱と鞭である。人間には戒めが与えられ、定められたことを行うか行わ
ないかによって報いが与えられる。人間には、その昔から、義人たちを通して法が定められてきた。われわれ
に近いところでは、前述したモーセ、すなわち、あの注意深い人物、しかも神に愛された人物を通して、律法
が定められた。それは威厳と義に満ちたものであった。
11神のロゴスがすべてのものを差配している。ロゴスは父が最初に生んだ御子であり、明けの明星[128]にも先立

って光を運ぶ声である。その後で義人たち、すなわち、神の友たちが生まれてきた。彼らは、これから起こる
ことを予め明らかにしたので、予言者（預言者）と呼ばれている。12彼らにはただ一時的にだけ、言葉が授け
られたのではない。むしろ彼らの予言の声は、あらゆる世代を貫いて、明瞭に示され続けたのである。彼ら
は、同時代の人々に答えた時だけではなく、あらゆる世代を貫いて、来るべきことを前もって明らかにしたの
である。すなわち、すでに過ぎ去ったことを語ることによって、人間たる者に想起を促し、今現に進行中のこ
とを指し示すことによって、軽卒な行動をしないように〈われわれを〉説得し、これからやって来ることを予
言することによって、遠い未来のことをわれわれ一人一人[129]に事前に語り、その〈成就を〉想像させることで、
恐れを抱かせてきたのである。
13おお、すべての人々よ、われわれが抱いている信仰は以上の通りである。〈われわれは〉空虚な文言に信を
置いているのではなく、一時の心の迷いに拉致されているのでもない。美辞麗句に折伏されているわけではな
い。むしろ、われわれは神からの力によって語られた言葉を信じないわけにゆかないのである。そしてこれは
神がロゴスに命じたことであり、そのロゴスが〈預言者たちによって〉語ったのである。それによって、ロゴ
スは人間の耳をそれに傾けさせることによって立ち帰らせたのである。それは力ずくで、無理矢理に奴隷化し
たのではない。人間が自分自身の決断《プロアイレシス》によって、自由に向かって来るように呼びかけたのである。
14後に〈その時《カイロス》〉が訪れると、父〔神〕はこのロゴスを派遣した。それは、もはや預言者によって語ろうと
は思わず、曖昧な言葉で忖度されることも欲しなかったからである。むしろ、ロゴス自身が自分を現して人目
に曝して語ることを[130]願ったのである。それはこの世界が、今までのように、預言者たちの人物を通して命令し
たり、天使たちを通して〔人間の〕心魂を怖がらせる神を目にするのではなく、神自身が現にそこにいて語っ
たことを目にすることで、もはや怖じ気づかないで済むためであった。15われわれはこの方〔ロゴス〕が一人

の乙女から身体を受け取ったことを承知している。そして彼は新しい被造物をもって古い人間〔性〕を運んだのである。[131] その生涯においては、すべての年代を貫いて生きた。[132] それはどの年代の人間にとっても、彼自らが法となるためであり、自分自身の人間〔性〕を、すべての人間の目標として示すためであった。さらにまた、自分自身の現臨をもって、神が何一つ悪しきものを造らなかったこと、人間は欲することも欲しないことも、そのどちらにも自分で決める権能を持っていることを、証明するためであった。16 われわれはこの方〔ロゴス〕がわれわれと同じ陶土〈から〉人間として生まれたことを承知している。もし同じ〈陶土から〉ではなかったとすれば、彼が〔弟子は〕師を見習うようにと定めているのは[133]無意味であろう。もしあの方〔ロゴス〕の人間〔性〕が〔われわれとは〕違う実体に属するものであれば、どうして彼は弱き者として生まれついたこの私に向かって、自分に似た者となるようになどと命じられたのか。それで一体どうして彼自身が善であり、義であり得ようか。17 彼〔ロゴス〕はわれわれと違う実体の者とは見做されないようにと、疲労困憊に身を委ね、飢えることさえ願い、喉の渇きも否まなかった。眠って休息し、苦難も拒まず、死に甘んじて、その後は復活を体現した。彼はこれらすべてにおいて、自分自身の人間〔性〕を初穂として捧げたのである。それは、君が苦難に遭う時に意気沮喪せず、かえって自分が人間にすぎないことを告白して、神がこの方〔ロゴス〕にお与えになった[134]ものを君自身も待ち望むためである

**三四** 1 これこそが、神なるものについての真実の教えである。おお、あなたがたギリシア人よ、ギリシア人ならざるカルデア人、アッシリア人、エジプト人、リビア人、インド人、エティオピア人、ケルト人、そして今現に勢力を張っているラテン〔ローマ〕人、さらにはヨーロッパ、アジア、そしてリビアのすべての住民たちよ。私は君たちの忠告者である。私は人間への愛に溢れるロゴスの弟子であり、自らも人間を愛しむ者であ

る。2今や、君たちは急いでやって来るがよい。そして真実の神とは誰であるのか、その神の創造の業がど
れほどの秩序に満ちたものであることか、われわれから学ばねばならない。技巧を凝らした言葉で語られる華
やかな教説も、剽窃を事とする異端の頭領たちが行っている空約束も、気にかけてはならない。むしろ、飾り
気のない真理の素朴さをこそ畏怖すべきである。

もしその真理を知るならば、君たちは来るべき火による審判での滅びを免れるであろう[135]。そして、ロゴスの
声によって照らされず、光からまったく切り離されたタルタロスの暗黒の目[136]、ゲヘナの泥沼で永遠に燃え盛る
炎の脅し[137]、タルタロスを支配する懲罰天使たち[138]の〈恐ろしく〉絶えず脅迫する目、〔腐敗に〕沸き立つ身体に
餌を求めて[139]〈絶えず〉群がるウジ虫[140]の集落[141]からも、逃れるであろう。
3君は〔真に〕存在する神について教えられた暁には、これらのものから逃れて、不死の身体、すなわち不
朽の身体を、心魂と共に手にすることになるであろう[142]。〈そして〉天の国を受け継ぐであろう。君はこの地に
生きながら、天の王を知り、神を告白する者となり、キリストと共に相続する者となって、もはやどのような
欲望や苦難や法の下僕にもなることがないであろう[143]。なぜなら、君は今や神となっているからだ。
4なぜなら、君が人間として耐えてきたすべての苦難は、一人の人間である限りの君に〔神から〕与えられたものだか
らだ。しかし、その君が神とされ[144]、不死のものとなった暁には、神は何であれ自らの裁量に属するものを〔君
に〕与えると約束しているのである。

これこそが、〈君自身の内側に〉神を創造主として認識することによる「汝自身を知れ」に他ならない。な
ぜなら、人が自分自身を知る時にこそ、その人は神に呼ばれて知られる、ということが起きるからである[145]。そ
れゆえ、人々よ、今や互いに敵対し合うのはやめなさい[146]。反対に、立ち戻ることをためらってはならない。
5キリストはすべての人に対して神であり[147]、古い人間を新しくすることによって、人間の罪を洗い浄めること

を定められた。始めから人間のことを〈神の〉「模像《エイコーン》」と呼ぶとともに、(148)〔人間に対する〕好意を〈「類似性《ホモイオーシス》」〉という比喩で示しておられたのである。もし君がそのキリストの畏怖すべき戒めに聞き従い、この善なる方の善に倣う者となるならば、君はやがてそのキリストに似た者となって、その誉れを受けるであろう。なぜなら、神が君を神としてくださるのは、神自身の栄光のためだからである。神は決して貧しい方ではないのである。

# 訳註

## 略号表

### I　本文の校訂に係るもの（刊行年順）

Cedrenus = Σύνοψις ἱστοριῶν = Histr. comp. I p.275-284. Bonn, ed. Bekker.（序論Ⅱ１参照）

Miller = Emmanuel Miller, Origenis Philosophumena sive omnium haeresium refuatio e codice Parisino nunc primum edidit, Oxonii 1851.

Roeper = G. Roeper, Plilol. VII (1852) 511ff.

Bunsen = Ch. Bunsen, Hippolytus and his age, London 1852 (3. ed. 1854).

Duncker-Schneidewin = S. Hippolyti episcopi et martyris. Refutationis omnium haeresium librorum decem quae supersunt, latine verterunt notas adicerunt L. Duncker et F.G. Schneidewin, Gottingae 1854.

Cruice = Philosophumena sive haeresium omnium confutatio opus Origeni adscriptum e cod. Paris. productum recensuit, latine vertit, notis variorum suisque instruxit, prolegomenis et indicibus auxit P. Cruice, Parisiis 1860.

Diels = H. Diels, Doxographi Graeci, Berlin 1879, S. 553-576.

Förster = R. Förster, Scriptores Physiognomonici Graeci et Latini, Bd. Ⅱ, Stuttgart 1893, S.341-346.（第Ⅳ巻一五－二六章のみ）

Diels-Kranz = Die Fragmente der Vorsokratiker, Griechisch-Deutsch, Bd. I, (1. Auf. 1903), 6. verbesserte

Aufl., Dublin/Zürich/Berlin 1951-1952.

Reitzenstein ＝ R. Reitzenstein, Poimandres. Studien zur griechisch-ägyptischen und frühchristlichen Literatur, Leipzig 1904, 83-98.（第Ⅴ巻七１－九８のみ）

Wendland = P. Wendland (Hg.), Refutatio Omnium Haeresium (Hippolytus Werke Dritter Band, GCS), Leipzig 1916.

Marcovich = M. Marcovich (Hg.), Hippolytus. Refutatio Omnium Haeresium,  Berlin 1986.

## Ⅱ　参照文献

### 1　ギリシア・ローマ関係

Arnim, SVF = Stoicorum Veterum Fragmenta, Bd. I-IV, hrsg. von J. von Arnim, Stuttgart 1903-1924

ストバイオス『詞華集』＝ Ioannis Stobaei Anthologium, Bd. I-V,  hrsg. von O. Wachsmuth Zürich/Berlin 1884 -1912（Appendix 1923）

セクストス第Ⅰ－Ⅵ巻＝セクストス・エンペイリコス『学者たちへの論駁』第Ⅰ－Ⅵ巻：Sextus Empiricus, Adversus Mathematicos i-vi, Loeb Classical Library (Sextus Empiricus Ⅳ), Cambridge-Massachusetts/London 1949

セクストス『自然学者たちへの論駁』第Ⅱ巻（＝『学者たちへの論駁』第Ⅹ巻）：Sextus Empiricus, Adversus Mathematicos x, Loeb Classical Library (Sextus Empiricus Ⅲ), Cambridge-Massachusetts/ London 1936 所収。

FrGH Teil Ⅲ C = F. Jacoby, Die Fragmente der Griechischen Historiker, Dritter Teil: Geschichte von Städten und Völkern C, Leiden 1958.

### 2　グノーシス関係

ナグ・ハマディ文書Ⅰ－Ⅳ＝『ナグ・ハマディ文書』（Ⅰ救済神話、Ⅱ福音書、Ⅲ説教・書簡、Ⅳ黙示録）、岩波書店、一九九七－一九九八年

### 3　旧新約聖書・ユダヤ教・キリスト教関係

聖書外典偽典3＝『聖書外典偽典3』日本聖書学研究所編、教文館、一九七五年

聖書外典偽典　補遺II＝『聖書外典偽典　別巻　補遺II』日本聖書学研究所編訳、教文館、一九八二年

### 4　ヒッポリュトス自身の著作

序論I5の著作一覧を参照

III　長音記号に付いて

翻訳本文においては、固有名詞の表記に長音記号を使っているが、以下の訳註においては、日本語の慣用に準じて省略する。

## 第一巻

1 『全異端集成』（Σύνταγμα πρὸς ἁπάσας τὰς αἱρέσεις）と題された著作であるが、失われて現存しない。ただし、後続の文章から推測する限り、所期の目的を思うように達成しなかったらしい。本書はその巻き返しを意図している。巻頭の序論六―七頁を参照。

2 本文が欠損している箇所。Wendland の補正提案に従って訳す。

3 ἐπικεχειρημένων. Diels, Doxographi 554 は（?·）を付して、本文が壊れている可能性を示唆している。

4 Wendland の補正提案に従う。

5 創三19参照。

6 Diels と共に Cedrenus の読みに従う。

7 以下10節の終わりまで、第IV巻五一4―8で繰り返される。

8 その数の属性が女性だということ。後続の「男性の数」についても同じ事情。

9 ツァラツストラ（ゾロアスター）のこと。

10 Marcovich の補充による。

11 Wendland の脚註によれば、以下の文章は、ポルピュリオス（後二三二／三－三〇五）『ピュタゴラスの生涯』四三－四四が依拠している資料と同じ資料にさかのぼる。ただし、ヒッポリュトスは強度に短縮して引用しているために、文意が不鮮明になっているという。ちなみに、ポルピュリオスの並行部分は次の通りである。――「彼〔ピュタゴラス〕は人間の肉と同じように、豆も避けるように命じていた。彼ら〔弟子たち〕の話では、彼はそう禁じるに当たって、こう述べたと言う。太古には、すべてのものの始原と誕生が混乱していて、多くのものが互いに混じり合って散らばり、一緒に大地の中で腐っていたが、しばらくすると、動物が生まれ、同時に植物が芽を出した。それ以来、誕生と区別が生じた。その時、人間と豆は同じ腐食物から成り立って出現したのだそうである」。

12 本書第VI巻二七5には、豆を食べないさらに別の理由が挙げられている。

13 ドリュイダイ人については、キケロ『神託について』九〇、カエサル『ガリア戦記』第VI巻一四参照。本巻後出二五1－2にも重複記事がある。

14 エンペドクレス断片一一七。Diels-Kranz I 359 参照。ただし、そこではディオゲネス・ラエルティオス『ギリシア哲学者列伝』第VIII巻七七の本文が掲出されており、最後のフレーズが上掲のものと異なる。「波間におどるもの言わぬ魚にもなってきたのだ」（岩波文庫、加来彰俊訳）。

15 後続の文脈から推すと、ピュタゴラス学派を指す。

16 Wendland 版では構文上訳出が困難な箇所。――「彼が言うには、〔すべてのものの〕生成と存在と消滅には時間《クロノス》が定められている」あるいは「時間に関して彼が言うには、生成と存在と滅亡には定めがある」となる。本訳は Marcovich の新しい校訂に準じる。

17 この文章と次の文章は、先行する1節と重複している。同様の重複は本書では繰り返し起きている。おそらく、ヒッポリュトスの資料操作と関連すると思われる。

18 〈それは一九倍である〉と〈その後に月が続き〉は、Diels の補充による。Marcovich の脚註参照。日下部吉信編訳『初期ギリシア自然哲学者断片集I』（ちくま学芸文庫）、二〇〇〇年、八一頁も参照。

19 本文が壊れている箇所。上記の訳は Diels-Kranz I, S. 84, Z.16 の補正 ἐξ ὑγροῦ ἐξατμιζομένου に従う。

20 Diels-Kranz I, S. 84, Z.19 の補正 τῆς ἐκ γῆς ὑφ' ἡλίου に従う。Marcovich も同じ。

21 本文が壊れている箇所。ὅταν ἐκπεπυκνωμένος ὁ ἀὴρ ἀραιωθεὶς φέρηται は 直訳すると、「大気が凝縮して、気化して運ばれる……」となり文意が通らない。Diels-Kranz I, S.92, Z. 21-22 の推測は ἢ πεπυκνωμένος ὁ ἀὴρ καὶ ὠσθεὶς φέρηται「大気が凝縮して激しくぶつかる場合」。本訳は Marcovich の校訂 ὅταν ἐκ <μέρους> πεπυκνωμένος ὁ ἀὴρ ἀρθεὶς φέρηται に準じる。

22 Wendland 版では καὶ τὰς σμικροτέρας αὐτῶν ἄπειρα λέγει. これを Diels-Kranz II, S. 16, Z.3 の補正（脚註）に従って、καὶ κατὰ τὴν σμικρότητα αὐτῶν <τὸ> ἄπειρον λέγων と読んで訳す。内容的にはアナクサゴラス断片一、Diels-Kranz II 32 も参照。

23 Marcovich の補充による。アナクサゴラス断片一五、Diels-Kranz II, 40 も参照。

24 ここから４節の終わりまで、本文が壊れていて訳出が困難な箇所。Diels-Kranz II S. 16, Z.11-12 は、ὑπάρξαι <ἐκ> τε τῶν ἐν αὐτῇ ὑδάτων, <ὧν> ἐξατμισθέν<των> τὰ ὑποστάντα οὕτως γεγονέναι と補正している。Marcovich もほぼ同じ。本訳は Marcovich に準じる。

25 Marcovich の補充による。

26 〈……〉と〈死んだ〉は Diels の補正による。Diels-Kranz II, S. 17, Z.9 参照。

27 「生成の」は Diels-Kranz II, S. 46, Z.5 への脚註における補正に従う。写本の意味は「等しく」（ὡσαύτως）。

28 Duncker-Schneidewin と Marcovich の補正に従う。

29 Roeper, と Wendland の補足による。

30 Marcovich の補充による。

31 Marcovich の補充による。

32 Marcovich の補充による。

33 Wendland の補充による。

34 後出二三1では同じことが、アカデメイア学派のピュローンについて言われている。

35 クセノファネス断片三四、Diels-Kranz I, 137.

36 読解がむずかしい箇所で、一八世紀以来いろいろな補正提案がある。本訳はMarcovichの補正に準じている。

37 Roeperの補正提案に従う。Wendland版もMarcovich版も否定詞なしで済ませているが、文意が取りにくい。

38 以下の一九章全体には、アルビノス（後二世紀半ば）『プラトン哲学要綱』、アプレイオス（後二世紀半ば）『プラトンとその教説について』、ディオゲネス・ラエルティオス（後三世紀前半）『ギリシア哲学者列伝』第Ⅲ巻に類するプラトン哲学の概説書が資料として使われている。以下で訳註を付すのは、プラトン自身の著作との関連を示すために限り、これらの概説書との並行関係（多くの場合、単語レベル）は一々指示しない。必要な場合には、WendlandおよびMarcovichの校訂本の脚註に詳細な指示があるので、そちらを参照していただきたい。

39 『ティマイオス』49A.

40 『法律』第Ⅳ巻715E.

41 『ティマイオス』41A.

42 『ファイドロス』246E.

43 『ティマイオス』41A.

44 『ファイドロス』245C.

45 『ティマイオス』41D.

46 『ファイドロス』250B.

47 アリストテレス『ニコマコス倫理学』Ⅱ, 1107a6参照。ヒッポリュトスが使っている資料が、アカデメイア（プラトン）学派とペリパトス（アリストテレス）学派を折衷させていることの典型的な証拠。詳しくは本書巻頭の序論四〇頁参照。

48 『テアイテトス』176B.

49 『国家』第X巻617E.

50 『ファイドロス』248C.「アドラステイア」は「免れ得ないもの」の意。

51 本文に「『国家』篇の中にある」とあるのは間違いで、正しくは『クリトフォン』407D.

52 『ゴルギアス』478E、『国家』第IX巻591A、『法律』第XI巻934A、『プロタゴラス』324B.

53 前出一八2参照。

54 前出一九14参照。

55 Marcovichはここに一定量の本文欠落を想定し、「それぞれの心魂ごとに一定の時間にわたって」という補足を提案している。

56 以下の「善」論については、ストバイオス『詞華集』第II巻（Wachsmuth版）p.124, 19以下、p.129, l.6以下に保存されたアリオス・ディデュモス（前一世紀）による哲学（倫理学）要綱、ディオゲネス・ラエルティオス『ギリシア哲学者列伝』第V巻三〇を参照。

57 前出一九15参照。

58 内容的に本書後出第VII巻一九2を参照。

59 以上、SVF I, S. 41, Fr. 153参照。

60 以上、SVF II, S. 284, Fr. 975参照。

61 *περίψυξις*（冷えること）と*ψυχή*の語呂合わせ。

62 以上、SVF II, S. 223, Fr. 807参照。

63 以上、SVF II, S. 184, Fr. 598参照。

64 Wendlandの校訂では、*ἀλλὰ ἀνάστασιν*の代わりに*ἀλλὰ ἀνάκρασιν*となっている。これでは意味が通じないので、Marcovichは*σῶμα διὰ σώματος μὲν χωρεῖν, ἀλλὰ ἀνάκρασιν εἶναι*と校訂し直している。本訳はこれに準じている。ただし、Wendlandの脚註によれば、前半の*μὲν χωρεῖν*を*μὴ χωρεῖν*と否定文に読む写本がいくつかある。また、Diels, Doxographie 571（脚註）は後半を*ἀντιπαρέκτασιν*と推測している。K. Preysingの独訳Des Heiligen Hippolytus von Rom Widerlegung aller Häresien（Philosophumena), Kempten 1922（BKV 40）は、前半を否定文、後半をDielsに従って読み、「ある身体は別の身体に入って行くことはなく、ただそれと並存するにすぎない」と訳す。ストア派においては、身体同士の相互浸透を否定する見解と万物の混合説との兼ね合いが微妙な問題であった。M. Polenz, Die Stoa. Geschichte einer geistigen Bewegung, 5. Aufl., Göttingen 1978, S.73参照。

65　以上、SVF II, S. 152, Fr. 469 参照。
66　Roeper の補正提案に従って訳す。Marcovich も同じ。
67　Diels が Cedrenus に従って行っている補充による。
68　ギリシア語は διαίρεσις. 他方、「原子」は ἄτομοι で否定の接頭辞 α- と動詞 τέμνω（分割する）から成る合成語。
69　前出一四1では同じことがクセノファネスについて言われている。
70　Roeper の補正提案に従って訳す。Marcovich も同じ。
71　Roeper の補正提案に従って訳す。Marcovich も同じ。
72　ストラボン（前一世紀－後一世紀）『ギリシア・ローマ世界地誌』第XV巻一59、アレクサンドリアのクレメンス『ストロマテイス』第Ⅲ巻六〇1－2参照。
73　アレクサンドリアのクレメンス『ストロマテイス』第Ⅰ巻七一5参照。
74　Wendland と Marcovich ともに Ταγαβενά. Roeper は Γάγγου（ガンジス河）、Diels は Γάγγεω（同）の可能性も推測。Ταγαβενά については、Marcovich の詳しい注解を参照。
75　アレクサンドリアのクレメンス『ストロマテイス』第Ⅲ巻六〇3参照。
76　フィロン『世界の創造について』§31－32参照。
77　アレクサンドリアのクレメンス『ストロマテイス』第Ⅲ巻六〇2参照。
78　Marcovich の補充による。
79　Marcovich はここで、次のような本文が欠落していると想定している。「それは目には見えない、と彼らは言う。なぜなら～」
80　ダンダミスとカラノスについて、ストラボン『ギリシア・ローマ世界地誌』第XV巻一68参照。
81　この文章には前出二17に重複記事がある。ただし、そこではザモルクシドスの代わりにザモルキス。
82　本書第Ⅳ巻五一1参照。
83　ヘシオドス『神統記』一－七行参照。
84　以上、ヘシオドス『神統記』一〇八－一三九行の訳は、基本的に岩波文庫の廣川洋一訳に準じている。しかし、ヒッポリュトスのギリシア語本文が廣川訳の底本と異なる箇所については大貫訳である。それ以外に個々の文言も若干変更している。

85　ヘシオドス『神統記』四五三行以下参照。

86　Marcovich の補充による。

87　ロマ一25参照。

## 第四巻

1　第Ⅳ巻の冒頭にも、他の現存する巻の場合と同じように、内容の見出し一覧が掲出されていたはずであるが、失われてしまった。第Ⅳ巻が取り上げるのは、占星術、天文学、数字学、予言術、魔術、エジプトの賢者、七種類の数についての説である。この本文欠損個所に関連する A. d'Alès, La théologie de Saint Hippolyte, Paris 1906, 84ff. の仮説については、本訳巻頭の序論の註37を参照。なお、本巻では以下第七章まで、セクストス・エンペイリコス『学者たちへの論駁』第Ⅴ巻（占星術の学者たちへの論駁）からの抜粋が繰り返し行われる。さしあたり、以下後出の註5を付した箇所までは、同書第Ⅴ巻三七―三九からの逐語的転写である。セクストスのこの著作には、すでに邦訳がある（『学者たちへの論駁1』金山弥平・万里子訳、京都大学学術出版会、二〇〇四年）。ただし、ヒッポリュトスが提示する転写本文は、この邦訳の底本と厳密に同一ではなく、しばしば単語レベルでの違いの他に、途中でヒッポリュトス自身が行う省略や要約による違いもある。したがって、以下の本訳は独自訳であるが、占星術の術語については、原則として金山訳に準じる。なお、参考までに、Loeb Classical Library : Sextus Empiricus Ⅳ, Cambridge-Massachusetts/London 1949 のギリシア語本文と重複する部分を太字で印刷している。

2　以上は Marcovich 版がセクストス第Ⅴ巻三七に基づいて補充したもの。Wendland 版はここから始まる。なお、後出の2節までは、写本の保存が劣悪なため、Wendland 版と Marcovich 版のどちらも、ほとんどの単語の綴りを〔　　〕で補正している。あまりに煩雑なので、本訳ではその再現は断念する。

3　Wendland による補充。

4　黄道十二宮のそれぞれがさらに一二等分されたことは、セクストス第Ⅴ巻九で明言されている。ヒッポリュトスはそれを本書では第V巻一三7に転写している。

5　以下次註までは、本文が壊れていて訳出が困難。セクストス第V巻三九の並行箇所によって訳す。Marcovich もほぼ同じ。

6　「三分」と「矩」の意味については、金山訳の巻末補註三七六頁を参照。

7　Marcovich による補充。以下この文章中の〈　〉もそれと一体の補充である。内容的には本書第V巻一三11と重複。なお以下、2節の終わりまでは、セクストス第V巻四四からの逐語的転写である。

8　本書第X巻一〇1に「カリュストス出身のアデメースとペラータイ派のエウフラテース」という類似の表現が出るが、詳細な異同関係は不詳。

9　τοποάρχης「場所の支配者」。

10　προαστείοι「郊外の住人」。

11　本書第V巻一三12も参照。

12　本章はほぼ全体がセクストス第V巻五〇―六一からの逐語的な転写である。ただし、4、5、6、9―10節には逸脱がある。

13　ὡροσκόπος「時の見張り」あるいはそのために用いられる天宮図。

14　〈　〉部分は Wendland による補充。Marcovich も同じ。本書の後出第V巻一五4の並行記事も内容的に目下の箇所と関連しているので参照。ここに出てくる「ホーロスコポス」、「天頂」、「入没」、「天底」は、占星術の術語であり、「家」とも呼ばれる。それは、黄道十二宮を初めとする星辰が地球の自転に応じて日周運動するので、それを正確に観測するために考案された座標軸であり、いわば時計の文字盤に相当する。セクストスが目下の文脈に先立つ第V巻一三―一九で、全体で一二ある「家」の配置を言葉で説明している。その概略を敢えて図表化すると、次頁の図のようになる（Sextus Empiricus IV, Loeb Classical Library 382. p.329 も参考にしている）。

セクストスの報告によれば、十二の「家」の内で中心となるのが、№1「ホーロスコポス」、№4「天頂」（メスーラネーマ）、№7「沈降」（デュシス）、№10「天底」（アンティ・メスーラネーマ）の四つである。私（大貫）の理解では、この四つは黄道上の東西南北に当たる。天の黄道平面は天の赤道平面と一本の直径線を共有す

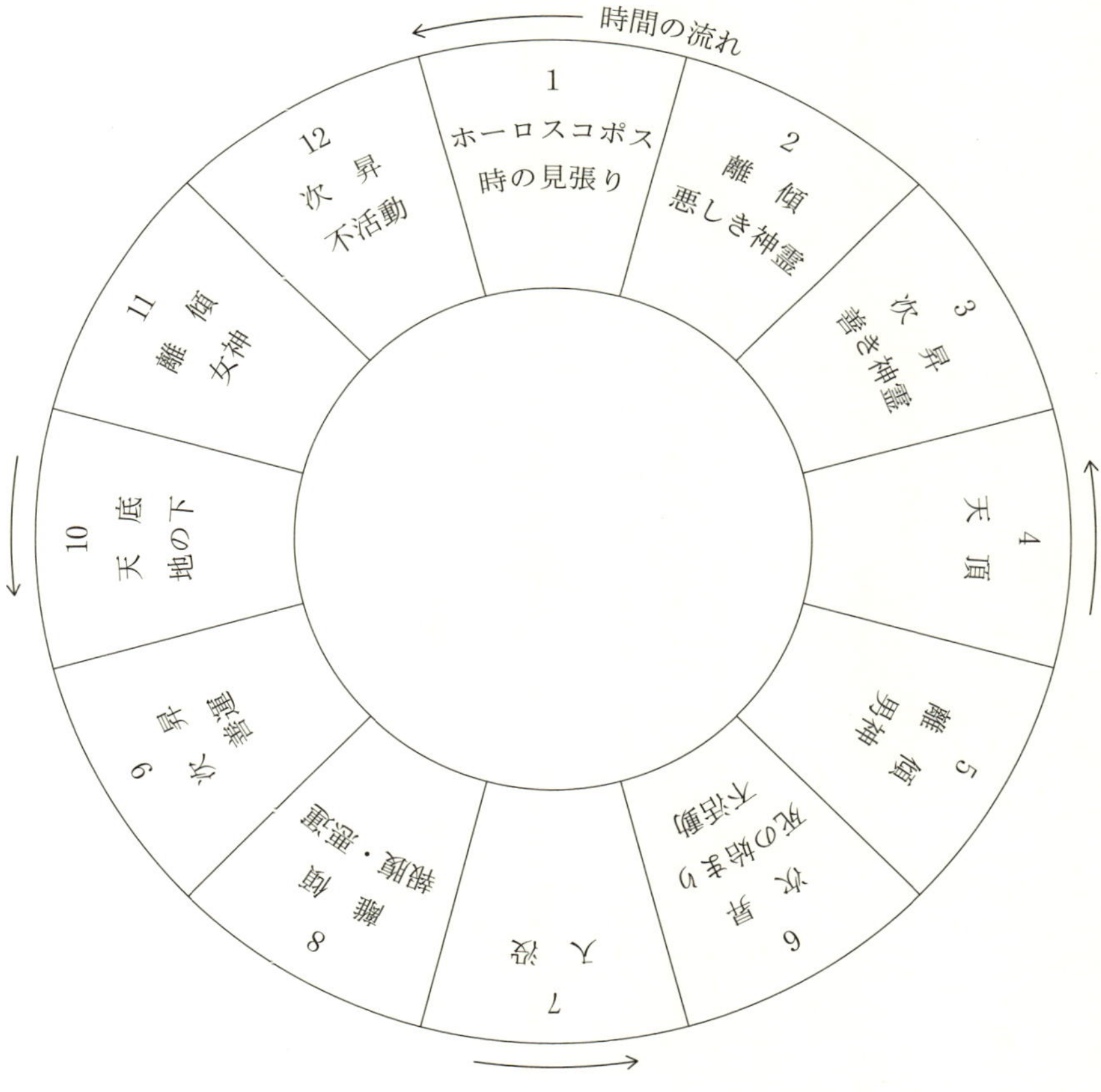
時間の流れ
1
ホーロスコポス
時の見張り
2
離 傾
悪しき神霊
3
次 昇
善き神霊
4
天 頂
5
離 傾
男神
6
次 昇
死の始まり
不活動
7
入 没
8
離 傾
裁判・悪運
9
次 昇
善運
10
天 底
地の下
11
離 傾
女神
12
次 昇
不活動

る形で交わっている。その交線の中央に地球が位置する。二つの平面（円形）の角距離は、地球の自転軸と公転軸のズレと同じ23度27分である。交線の片側では、黄道平面が赤道平面の上に出るが、反対側では黄道平面は赤道平面の下に隠れる。№4「天頂」（メスーラネーマ）とは、天の黄道が赤道面の上に出て、かつ北に向かって最も高くなる位置、つまり「天頂」に到達する場所を指す。№7「入没」（デュシス）は天の黄道が「西」で赤道平面の下に「沈む」場所、№10「天底」（アンティ・メスーラネーマ）は黄道が赤道平面の「地下」に隠れて見えなくなる「北」の最も深い場所、残る№1「ホーロスコポス」は、黄道が再び赤道平面の上に現れて見えるようになる「東」を指すと思われる。

さらにセクストスの報告によれば、以上の四つの中核ポイントのそれぞれには、「離傾」（アポクリーマ）と呼ばれる「家」（№2、5、8、11）が「先行」し、「次昇」（エパナフォラ）と呼ばれる「家」（№12、3、6、9）が「後続」している。そのそれぞれの「家」には、「悪しき神霊」、「善き神霊」、「死の始まり、不活動」などの別名も付与される（図表参照）。№2が№1に「先行」し、№12が№1に「後続」する（以下同様）というのは、整理番号と時系列が一致しないような違和感があるが、図表の時系列が整理番号とは逆に矢印のように進行することによるもので、理屈は通っている。

問題は、この図表（いわば時計の文字盤）の上を、黄道十二宮を初めとする諸星がどう移動していくかである。この問いを解くためには、セクストスが黄道十二宮をどういう順番で考えているかを知らねばならない。それはヒッポリュトスの本書本章の後出一五4－二六2で明示されている。その言及順は明らかに古代の標準型に準じている。その上で、セクストスによれば、今仮にある嬰児が母体から完全に脱出した時点で、巨蟹宮（蟹座）が黄道上を昇ってきて東の空（上昇点）に現れ始めたとすると、№1「ホーロスコポス」は巨蟹宮に設定される。そして白羊宮（雄羊座）が№4の「天頂」に、磨羯宮（山羊座）が№7「入没」に、大熊宮（天秤座）が№10の「天底」に当たるとされる（セクストス第Ⅴ巻一三）。ここで、注意を要するのは、これらの№4、7、10が、今述べた通り、№1の「ホーロスコポス」に時系列の上では先行することである。したがって、黄道十二宮の通常の言及順を巨蟹宮から逆にたどらねばならない。そうして初めて、セクストスの報告は筋が通ることになる。

15　文字通りには「布置」。

16　この一人称複数形は、すでに資料のセクトス第V巻五五にあるもの。
17　セクトス第V巻五五では「それが起きる時は厳密には摑めないのである」。ヒッポリュトスがセクストスを慌てて転写していると想定される箇所（Marcovich）。そのために、後続の文章とのつながりがよくない。
18　Wendland の補充。Marcovich も同じ。
19　Wendland の補充。Marcovich も同じ。以下では、両者による補充について、特別な必要のある場合以外は註記しない。
20　本章はほぼ全体がセクストス第V巻六四－七〇からの逐語的な転写である。ただし、6、7節には逸脱がある。
21　この一人称複数形は、すでに資料のセクストス第V巻六八にあるもの。
22　以下1節の終わりまでについて、セクストス第V巻八六－八七を参照。
23　本文が壊れている箇所。Wendland の脚注に挙げられた Diels の補正に準ずる。
24　前註の補正と一連。Marcovich は「断言しなければならない」。
25　以下2節について、セクストス第V巻七三－七四、八四－八五を参照。
26　以下3節について、セクストス第V巻七五、七七を参照。
27　以下4－5節は、セクストス第V巻八八－八九からの逐語的転写である。
28　以下7－9節は、セクストス第V巻九二－九三からの逐語的転写である。
29　以下2節の初めまでは、セクストス第V巻九五－九六からの逐語的転写である。
30　以下2節の終わりまでについて、セクストス第V巻一〇二参照。
31　以下3節の終わりまでについて、セクストス第V巻九七－九八参照。特に後半はセクストス第V巻九八からの逐語的転写である。
32　アラトス『星辰譜』56、57行。本訳は、邦訳『ギリシア教訓叙事詩集 ―― アラトス／ニカンドロス／オッピアノス』伊藤照夫訳、京都大学学術出版会、二〇〇七年を随時参照している。
33　セクストス第V巻一〇五では七七七七年の代わりに九九七七年。金山訳は「大いなる周年」の代わりに「大年」。

34 一定量の本文が欠落。その末尾に οἶμαι παρέλιπε とあるが訳出不能。なお、本文欠損部はセクストス第Ⅴ巻一〇五の次の記事に並行していたものと思われる。「これらのことは一回限りではなく、繰り返し〔生じる〕。すなわち、何人かの者たちが言っているように、世界の消滅が観察を途中で途切れさせるか、あるいは部分単位で変化することによって歴史の伝統の繋がりを完全に失くしてしまうことによって」。

35 以下一二章の終わりまで、プラトンの『ティマイオス』への一定の註解書が資料として用いられていると想定されている。Wendland はポセイドニオス（前二－一世紀）によるものを示唆している。

36 最上位の円軌道の下側（内側）には、合計六つの円軌道が成り立っていて、それぞれが一定の幅を持っている。その幅が一定の単位の二倍数になっている軌道と、三倍数になっている軌道があるということ。

37 プラトン『ティマイオス』36 CD.

38 プラトン『ティマイオス』35 BC 参照。

39 Wendland の脚註に挙げられた補正に従う。Marcovich も同じ。

40 ギリシアの度量衡によれば、一スタディオンは六〇〇歩＝一八五メートルに相当する。

41 Wendland は判読不可能としていた箇所。Marcovich の校訂 ρξη に従う。

42 本文の上位三文字の読みは ͵εκζ であるが、Wendland の補正提案に従って、͵βκζ と読んで訳す。後出の一〇五に同じ文章が繰り返されるので、そちらの読みに合致させるということ。Marcovich も同じ。

43 本文の読みは上位三文字が ͵δφνδ、下位三文字が ͵δρνδ であるが、Wendland の補正提案に従って、それぞれ ͵δνδ、͵αρη と読んで訳す。Marcovich も同じ。

44 Duncker-Schneidewin と Marcovich の補正に従い、με を βε と読んで訳す。

45 ここから次註までの文章の意味はよく分からない

46 前註参照。

47 Preysing は２０２７７０６４６と読解しているが、根拠は不詳。

48 前出八６参照。

49 前出八７参照。

50 前出註42参照。

51 創六4－5。

52 創一一1－4。

53 文脈の中でこの文章をどう位置づけるか、いささかむずかしい。「不信心な者たち」は、次節で言及される「異端説」のことと解して訳す。

54 本書第VI巻二一章以下で取り上げられるヴァレンティノス派を指す。

55 ギリシア語は πυθμήν. ギリシア語文法で言う「基数詞」との混同を割けるために「根本数」と訳す。

56 Marcovich の補正に従う。

57 Miller の補正に従って訳す。写本通りに訳すと「αとπが二回、οも二回出て来るが、彼らはそのαを一回しか、またοも一回しか数えない」となる。この本文は Πάτροκλος が誤って Πατάτροκλος となっていることを前提としている（Duncker-Schneidewin 説）。Marcovich は先行する Πάτροκλος を Πάτροκ⟨α⟩λος と変更した上で、目下の文章を「α〔とπ〕が二回、οも二回出て来るが、彼らはそのαを一回しか、またοも一回しか数えない」と読む。

58 この章の13節を参照。

59 Diels と Wendland「七」に補正。写本は ὀκτώ「八」。Marcovich は写本通りで可とする。

60 この章の13節を参照。

61 アキレスとヘクトールの勝敗については、Wendland が後二世紀後半の文法学者テレンティアヌス・マウルスの次の詩行を挙げている。

不確かな闘いに危険はつきものゆえ、
大きい数〔名前の数価〕が勝利の棕櫚に恵まれ
小さい合計が、明らかに死を予告する。
〈かつて〉パトロクロスがヘクトールの手に斃れ、
ヘクトールがやがてアキレスに屈したと伝わる通り。

62 エイレナイオス『異端反駁』第I巻一四章（マルコス派の数の神秘主義）の特に第5節を参照のこと。

63 字母ξの数価は六〇であるから、前述の原則（本章2節）によれば、その根本数は六のはずであるが、それを四と計算しているということ。Marcovichは〈七ではなく〉と補充しているが、「六」の誤植ではないかと思われる。

64 「ギリシアの賢人たち」を指すのか、後述予定の異端者たちを指すのか、いささか曖昧。

65 以下文末まで本文が壊れている箇所。本訳はWendlandの提案に従っている。Marcovichは「支配」の代わりに「状態」。

66 本文が壊れている箇所。いろいろな補正提案があるが、FörsterとMarcovichの補正に従って訳す。

67 「と言う」の主語は三人称単数。ただし、指示対象（主語）はよく分からない。文脈上は三人称複数が期待されるところである。

68 ἀπαρέσκονται を ἀπαρέσκοντες とするMillerの補正提案に従って訳す。Marcovichも同じ。

69 ἔθος を ἔπος とするDuncker-Schneidewinの補正提案に従って訳す。Marcovichも同じ。

70 本文が壊れている箇所。τετραγώνοις を τετραγώνῳ とするDuncker-Schneidewinの補正提案に従って訳す。Marcovichも同じ。

71 本文が壊れている箇所。Wendland版の ὀφθαλμοῖς καὶ ὀφρύσι μεγάλαις, μέλλασιν に代えて ὀφθαλμοῖς μέλλασιν καὶ ὀφρύσι μεγάλαις とするDuncker-Schneidewinの補正提案に従って訳す。Marcovichも同じ。

72 本文が壊れている箇所。Wendland版の ὀρθὸς γεγενημένος に代えて νωθροὶ γεγενημένοι とするMillerの補正提案に従って訳す。Marcovichも同じ。

73 本文が壊れている箇所。κυνία を κυνείᾳ「犬に似た」とするMarcovichの補正に従って訳す。

74 本文が壊れている箇所。Wendland版の ἄναλοι に代えて ἄλαλοι とするDuncker-Schneidewinの補正提案に従って訳す。Marcovichの ἀν⟨ωμ⟩αλοι「不釣り合い」は文脈に合わない。

75 Dielsの補正に従い、Wendland版の σώματι, ὑπὸ δὲ τοῦ ὄψει καλοῦ に代えて σῶμα τὸ ὑποκάτω, ὄψει καλοί と補正して訳す。Marcovichもほぼ同じ。

76 ἄλλοις を ἀλλοτρίοις と読むMillerの補正に従って訳す。Marcovichも同じ。

77 Wendlandの補充に従って訳す。Marcovichも同じ。

78 μέρος を κέρδος と読むDielsの補正に従って訳す。

79　本文が壊れている箇所。ἀλυχῷ を λευχῷ とする Förster の補正に従って訳す。

80　本文が壊れている箇所。τριχῶν τεθειμένη を τριχὶ συντεθειμένη とする Miller の補正に従って訳す。Marcovich も同じ。

81　本文が壊れていると思われる箇所。以下、Wendland の脚註には、「しかし、そうして得るものは、やがてまた〔水で〕失うだろう」とする本文があることが紹介されている。

82　本文が壊れている箇所。ποιούμενοι を πτοούμενοι と読む Wendland の推定に従って訳す。Marcovich は πονούμενοι「労苦し」。

83　本文が壊れている箇所。以下、Wendland の脚註に挙げられた Scott の補正に従って訳す。

84　Marcovich は否定文に読んでいる。「どうして病気〈でなかった〉と言えようか」。

85　本文が壊れている箇所。Duncker-Schneidewin の補正に従い、Wendland 版の νομίσαντας ἰδεῖν κατανοεῖν に代えて ὀνομάσαντας ἰδίαν κατ᾽ ἔννοιαν と読んで訳す。Marcovich は「模像の〈形〉が分かるようにと考えて」。

86　セクストス第Ⅴ巻九七と類似。前出本巻六３も参照。

87　二七章の末尾からここにかけて、比較的大きな本文欠損箇所。以下は魔術論となる。この本文欠損箇所に関連する A. d'Alès, La théologie de Saint Hippolyte, Paris 1906, 84ff. の仮説については、本訳巻頭の序論の註37を参照。

88　少年が助手であることについて、アプレイオス『弁明』二七、四二以下、オリゲネス『諸原理について』第Ⅲ巻三３参照。

89　約七文字読解不能。Wendland の推定補充に従う。Marcovich も同じ。

90　少年に燃やさせたものとは別の紙片と思われる。

91　ヘブライ語の使用の点で、ルキアノス『偽予言者アレクサンドロス』一三と類似。

92　本文が壊れている箇所。Wendland の推定に従い、κατ᾽ ἔθος と読んで訳す。Marcovich は〈ἔθει〉で意味は同じ。

93　Roeper の補正に従って訳す。Marcovich も同じ。

94 写本そのもので約五文字以上分の空白。

95 この文章は、直前の2節の後半に、「ただし、依頼者が〔依頼の中身を〕書き付けてあった紙片だけは、すでに炭火に投げ入れて、燃やしてしまっている」と時系列上どう整合するのか、よく分からない。ヒッポリュトスの報告する魔術の手順は多くの点で不分明である。特に、1－3節の手順と4節以下の論述は一部重複している。

96 Wendland は οὖρος であるが、οὖρον と読む Roeper の推測に従って訳す。Marcovich も同じ。

97 非常に訳出が難しい文章。ヒッポリュトス自身が大いなる皮肉（ギリシア語 φρήν による語呂合わせ）を飛ばしているものと解して訳す。

98 ルキアノス『偽予言者アレクサンドロス』二六と類似。

99 詳細不詳。文脈から推すと、直後に出る「蠟」と同じものか。

100 ἄγχουσα. 赤の顔料を作るために使われた植物。詳細不詳。

101 原語 βρωνία. 塊を俊下剤として用いるという。

102 原語 ἀδάρκη. 葦に発生する海綿状の寄生植物?

103 以上、アリストテレス『動物誌』I 一一（492a14）、大プリニウス『自然誌』第Ⅷ巻二〇二参照。

104 「指」と呼ばれる海の生物が何かのみならず、文章全体の意味がよく分からない。

105 原語 μάννην. おそらく瀝青の一種。

106 写本は ἄλλιτα であるが、Wendland の脚注に挙げられた補正提案に従って、ἄχλυτα と読んで訳す。

107 アプレイオス『弁明』四二に、「少年が水の中にメルクリウスの似姿を眺めて」とあるのを参照。

108 原語 ἀείζωον「いつまでも生きているもの」。常緑の薬草。センペルヴィヴム（sempervivum）はラテン語表記。詳細不詳。

109 本文が壊れている箇所。Wendland の提案に従って、χατ᾿ αὐτῶν と補正して訳す。

110 以下、ルキアノス『偽予言者アレクサンドロス』二一にある報告と類似。

111 原語は γύψος. 文字通りには「石膏」。「石膏の花」とは何か。Preysing の独訳の脚註に準じて訳すが、不確実。

112 写本に約七文字分の空白がある箇所。本訳は Wendland の補充に準じている。Marcovich は空白のまま。

113　本文が壊れている箇所。Wendland の提案に従って、τὸ ὑπερῷον と補正して訳す。
114　この水盤と直前の「容器」（単数）の関係は不詳である。
115　おそらく、階下の部屋で変装した仲間たちが演じる動作が、床に開けられた小さな穴（レンズ代わり）を通して、その上に置かれた水盤の底のガラスによって拡大され、ラズリ色（青）に見えている水の中に見えるという仕組みではないかと推測される。ヒッポリュトスの報告はこの点についてあまりに粗雑で、よく分からない。
116　おそらくかなりの量の本文が失われていると推測される箇所。
117　以上の呪文について、ルキアノス『嘘好み』二二にある冥界の女神へカテー像を参照。
118　本文が壊れている箇所。Wendland の提案に従って、συνεργῆσαι πρὸς τὸ μιμήσασθαι と読んで訳す。Marcovich も同じ。なお、この文章と直前の文章が言おうとしている細工の具合は今ひとつ分からない。おそらく、覆いを取られたシンバル盤の部分を、その近くに置いた灯火で光らせるということではないか。
119　本文が壊れている箇所。Cruice の提案に従って、ὑαλουργικῆς と読んで訳す。
120　Marcovich が一定量の本文欠落を想定している箇所。
121　トリッサもヒップーロスも魚の名前であるが、詳細不詳。後者の語義は「尻尾が馬に似ている」。
122　本文欠損。
123　ということは、文字が鏡像のように左右逆転するということか？　ヒッポリュトスもそこまでは教えてくれない。以上について、ルキアノス『偽予言者アレクサンドロス』二六参照。
124　前出二八８以下参照。
125　本文が壊れている箇所。Diels の提案に従って、νομίσαντες προέκριναν と補正して訳す。Marcovich もほぼ同じ。
126　本文が欠損していると思われる箇所。
127　第Ｉ巻二２では、ピュタゴラスの説とされていた。以下、基数詞と個数詞が入り交って出ている。個数詞にだけルビを付す。第Ｉ巻二２との訳語の統一は完全なものではない。
128　原文は「彼」。
129　第VI巻二三２参照。

130 第Ⅰ巻二6、第Ⅳ巻五一4、第Ⅵ巻二三2参照。
131 フィロン『十戒について』二七参照。
132 プラトン『ティマイオス』36CD 参照。本巻前出八1の中の「それより内側の円周は六回分割して」も参照。
133 本文が壊れている箇所。Wendland の提案に従い、ἀρχὴν λαβόντα πρώτην οἱονεὶ θεωρητήν と補正して訳す。内容的には、後出の本巻五一2を参照。Marcovich は「〈神の〉最初の思考（プロノイア）はこれらを『一』から原理（アルケー）として受け取って」。
134 Roeper の提案に従い、ἐχώρισε と補正して訳す。Marcovich も同じ。
135 原語は ἀρρενόθηλυν. 両性具有の意。
136 セクストス第Ⅴ巻五参照。
137 605 −（9 × 67）＝ 2.
138 本文が壊れている箇所。Wendland の提案に従い、νέμοντες τὰ と補正して訳す。
139 Miller の補充による。Marcovich も同じ。
140 本文が壊れている箇所。Diels の提案に従い、ὡς ὁ θεὸς ψηφίσας καὶ τεμὼν εἰς ἐννεάδας εἰς πεντάδα と補正して訳す。Marcovich の補正も実質上同じ。なお θεός をギリシア語での数価に直すと、ϑ＝9、ε＝5、ο＝70、ς＝200で合計284となり、それを9で割ると余りが5になる。
141 奇数が持つ治癒効果について、大プリニウス『自然誌』第 XXVIII 巻二三参照。
142 以上、アテナイオス『食卓の賢人たち』390D-391A 参照。
143 アラトス『星辰譜』一九―二三行。
144 「回転体」の原語は πολέας. ギリシア語では、「数が多い」意の πόλυς との語呂合わせ。
145 アラトス『星辰譜』四五―四六行。
146 この挿入句の主語の「彼」は、内容から見て、アラトスではあり得ない。四六2で言及されている者たち、すなわち、アラトスの『星辰譜』を聖書への寓喩として解釈する者たちを集合的に指すと見るべきである。同じ用例は四七章末尾から四九章末尾にかけて頻出する。そこでは単数形の「彼が言うところでは」と複数形の「彼らが言うところでは」が無原則に入り乱れて現れる。ただし、その途中に、明瞭にアラトスを指して「彼が言うように」と言われる箇所もある（四八2）ので要注意。報告者であるヒッポリュトスにしてみれば、報告している事柄の発言者をアラトスとするべきか、それを聖書への寓喩と解している者たちとするべきか、そもそもの判断が悩ましいところなのである。

147 ヨブ一7参照。

148 アラトス『星辰譜』六一－六二行。

149 アラトス『星辰譜』六三－六七、七三行。

150 前出註146参照。以下、煩わしさを避けるために、一々断らずに「～だそうである」あるいは「～と言われる」と一般的な形で訳す。

151 創三15参照。ただし、そこで蛇の頭を砕き、蛇が踵を狙うのは、アダムではなくエヴァである。

152 アラトス『星辰譜』七〇行。内容的に後出の4節の末尾と関連する。

153 アラトス『星辰譜』二六八－二六九行。

154 Roeper および Wendland の補充による。

155 創一1－二4a参照。

156 Miller および Wendland の補充による。

157 アラトス『星辰譜』七五行以下参照。

158 おそらく「膝を折る男」と同じ。ロゴスが「人間の姿」でその側に立っているとは、万物に先立って神のもとにいた「言葉」（ロゴス）たるイエス・キリストが人間になって地上に生まれたという教義（いわゆる「受肉」）に沿ったもの。「膝を折る男」が「龍とその落し子の企みに同時に曝されている者」と言い換えられるのは、アダムの暗喩（前出四七5参照）であるみならず、ローマ帝国の支配下で迫害されているキリスト教徒の暗喩でもあるからであろう。

159 アラトス『星辰譜』二七行以下、アレクサンドリアのクレメンス『ストロマテイス』第VI巻一四三1参照。

160 ギリシア語での原義は、カタツムリの殻の渦巻き模様のこと。大熊座の周回も渦巻き状となるので、大熊座の別称でもある。

161 アラトス『星辰譜』三七－三八行参照。

162 マタ七14参照。
163 小熊座の別称。
164 アラトス『星辰譜』三九行参照。
165 ヘロドトス『歴史』第I巻一参照。
166 ヨハ一〇10－14参照。
167 ギリシア語の原語は κύων（動詞の現在分詞形）で、「犬」と綴りがまったく同じ。語呂合わせ。
168 アラトス『星辰譜』三三二－三三三行の自由引用。
169 マコ四17並行参照。
170 使一〇42参照。
171 Crruice と Marcovich の補充による。
172 アラトス『星辰譜』一七九行。全体が否定文であるが、引用は定動詞を欠いて未完である。伊藤照夫訳（本巻註32参照）では、「まさに一言も触れぬままにしてはおかれまい」と続く。
173 Κηφεύς. 後出のカシエペイアの夫、アンドロメダの父、ペルセウスの義父。
174 Κῆτος. 海に棲む怪獣。聖書的には、ヨナを呑み込んだ巨大魚との連想が働く。
175 アラトス『星辰譜』二七三行以下参照。
176 白鳥の最期の哀歌は、古代ギリシア文学の定型場面の一つ。
177 前出四六2の「ある者たち」を受ける。
178 「耳フクロウ」と「踊」については、前出四六3－4参照。
179 本巻六3、二七1参照。
180 本書第I巻二5－10、第IV巻四三4－6参照。
181 実は第I巻二章ですでに概説ずみである。
182 以下3節前半までについて、セクストス第III巻一九－二一、フィロン『世界の創造について』四九、同『十戒について』二四以下参照。
183 Marcovich の補充による。

184　使八９以下参照。

185　本書第Ⅵ巻一四６参照。

186　以下８節の終わりまでについて、本書第Ⅰ巻二５－10参照。

187　第Ⅰ巻二８参照。以下の７－９節は第Ⅰ巻二９－10とほぼ逐語的に重複している。

188　Marcovich の補充による。

189　本書第Ⅰ巻二９参照。

190　以下、第Ⅵ巻一二２と重複。

191　以下、第Ⅵ巻二九６以下と重複。

192　読解が極めて困難な箇所。Miller および Wendland に従って、〈ἣν〉 ὡς ἄγνωστον 〈τοῖς〉 πολλοῖς と補正して訳す。Marcovich も同じ。

193　以下、第Ⅴ巻一七11－12と重複。内容的には、ガレノス『身体諸部分の用途について』第Ⅷ巻一一、一四、Ⅸ巻四を参照。目下、邦訳の刊行（四分冊、京都大学学術出版会、二〇一六年）が始まっている。

194　Ⅰテモ六20。

195　ここで一定量の本文が欠落していると思われる。

196　おそらく、失われた第Ⅱ、Ⅲ巻のどこかで言及があったものと思われる。

197　Marcovich によれば、ここで一定量の本文が欠落、

198　パリ写本には、この後少しスペースを置いてから、「哲学誌第四巻」という「あとがき」がある。詳細については、本訳巻頭の序論Ⅱ２参照。

## 第五巻

1　Wendland による補充。

2　ヒッポリュトスのギリシア語表記は νάας. ヘブライ語の表記は נחשׁ nâhâsch. したがって、ヘブライ語に準ずれば、「ナハシュ派」も厳密には「ナーハーシュ派」と表記すべきであるが、邦訳の慣用に準ずる。ただし、ヒッポリュトス自身は、当然ながら、ギリシア語で Ναασηνοί と表記している。また、やがて本巻九11－12で

は、ナハシュ派自身がνάαςを「神殿」を意味するギリシア語ναόςと語呂合わせしていたことを報告する。

3　以下、7節の終わりまでは第Ⅹ巻九1－3と重複。

4　Ⅰコリ二10「神の深み」参照。

5　本文が壊れている箇所。Cruiceの補正に従い、τῶν ἁπάντων 〈ἀρχὴν〉と読んで訳す。Marcovichは「すべてのもの〈に先立って〉」。

6　写本の読みはπαρὰ τὸν αὐτῶν λόγον「彼らの言葉に反して」であるが、文意が通じない。Wendlandの補正に従い、τὸν αὐτὸν ἄνθρωπον と読んで訳す。Marcovichは写本のまま読んでいる。

7　原語は新約聖書の福音書に頻出する「人の子」とまったく同一。

8　本書第Ⅹ巻九1参照。

9　ヒッポリュトスのギリシア語表記は᾿Αδάμας「アダマス」。ヘブライ語の表記はאדם âdâm.

10　Γηρυόνης. 身体が三つある巨人で、エルテイラ島に棲んで大きな牛の群を飼っているが、それをヘラクレスに奪われる。

11　同じ命題が本巻八38にも出る。第Ⅹ巻九2でも要約的に繰り返される。

12　原文では、「〜と彼は言う」。ヒッポリュトスはこの辺りから次の七節にかけて、同じ定型句を繰り返し挿入する。しかし、特定の発言の主（三人称単数）が想定されているわけではなく、ナハシュ派の言い分を直接話法で報告していることを読者に断るための記号である。

13　本書第Ⅵ巻四五3、第Ⅹ巻九2参照。「選ばれる」と「召される」の区別については、マタ二〇16参照。

14　マコ六3、ガラ一19他参照。

15　オリゲネス『ケルソス駁論』第Ⅴ巻六二「マリアンメーに由来する人々」参照。

16　構文はイザ五三8に似るが、内容はかなり異なる。

17　ここから、ナハシュ派自身がさまざまな民族の見解を直接話法で報告する。ヒッポリュトスはその背後に隠れる形になる。そのナハシュ派の文書自体において、ナハシュ派が周辺諸種族の間に伝わる神話や密儀を、直接話法（「われわれ」！）のみならず、間接話法、さらには旧新約聖書からの引用を交えて、報告していた。その報告をさらに本書の読者に報告するのがヒッポリュトスの役割である。しかし、困ったことに、彼には、全体をスマートに間接話法化することができなかった。下敷きの資料がすでに直接話法と間接話法を採用していたから、その全体を無理矢理にでも間接話法化すれば、全体的にも部分的にも、報告の責任者がだれなのか、全く分からないことに結果となっていたことだろう。そのため、ヒッポリュトスは、そのつどの神話や密儀の当事者たちを指す「〜と彼らは言う」、「〜と彼は言う」という挿入句を、チャンスのある度に機械的に挿入する他は、下敷きの報告文をそのまま書き写すのである。その結果、本書の文体は非常に無作法なものとなっている。

18　以上、プラトン『ティマイオス』41E 参照。

19　原文は「〜と彼は言う」。その事情については、本巻註17参照。以下の段落全体が二重の報告、つまり「報告の報告」になる。なお、以下４節の末尾までは、ギリシア各地に伝わる「最初の人間」の誕生譚である。教父の中では、アレクサンドリアのクレメンス『ギリシア人への勧告』第Ⅰ巻六４、オリゲネス『ケルソス駁論』第Ⅳ巻三六にも類似の議論がある。

20　原文 Ῥαρίας οἰκήτορα Λυσαύλην Ἐλευσίν の最後の単語（対格）を Ἐλευσίς（主格）に読み替えて訳す。Schneidewin の補正に準じる。Preysing の独訳も同じ。Marcovich はそのまま読んでいる。

21　ギリシア語 Ὠάννης. 古代バビロニアで紅海の深みに棲むと信じられた神で、上半身は人間、下半身は魚として描かれることが多い。毎朝、深海から立ち上がってバビロンに出現し、知恵、秩序、法、宗教を教授し、夕方にはまた海に戻る。その祭儀は魚崇拝を特徴としている。以上、フリー百科事典ウィキペディアによる。Der kleine Pauly, Bd.4, Sp.220-221 も参照のこと。

22　創二７参照。

23　本巻註９参照。エイレナイオス『異端反駁』第Ⅰ巻二九３（バルベーロー派）にも出る。ナグ・ハマディ文書Ⅰ §24も参照。

24　創一26参照。

25　エフェ三15参照。後続の35節にも出る。

26　「『人間』の造り物」の意味は、当面よく分からない。「の」を同格に解すれば、「造り物」は「人間」と同じであるが、主格に解すれば、「人間」は造り主、「造り物」は被造物となる。

27　ナグ・ハマディ文書Ⅱに収録された類似の名前の文書とは、おそらく別物である。

28 直前の「アッシリア人」ではなく、ナハシュ派を指すと解して訳す。
29 本巻後出九４にも同じ文章がでる。
30 この定型的挿入文は以下頻出する。本巻註17参照。なお、以下では逐一断わらない。
31 フィリ二10。
32 Marcovich の補充に準じる。
33 ガラ三28参照。
34 Ⅱコリ五17、ガラ六15、エフェ二15、四24参照。
35 本章38節以下参照。
36 以下、17節の終わりまで、ロマ一20―23、26。
37 これはヒッポリュトスによる挿入文。「自然な」のギリシア語は φυσική。おそらく直後の20節で報告されるナハシュ派の「本性（φύσις）」論を先取って指示するもの。
38 ロマ一27。
39 これもヒッポリュトスによる挿入文。
40 以上、途中二回にわたる挿入文を除いて、ロマ一20―23・26―27からの引用である。ただし、26―27節からの引用のギリシア語原文は、新約聖書の公式本文から若干ずれているが、20―23節については、ほぼそれと一致している。
41 ヨハ四10参照。
42 ルカ一七21参照。
43 ナグ・ハマディ文書Ⅱに収録された『トマスによる福音書』には、これに該当する語録はない。
44 この箇所だけに伝わるヒッポクラテスの語録。
45 ヘロドトス『歴史』第Ⅱ巻二参照。
46 ヘロドトス『歴史』第Ⅱ巻五二参照。
47 「恥部」のギリシア語は αἰσχύνη で女性名詞。しかし、それに懸かる一連の形容詞句「オシリスが奪い取られて、イシスが七重の黒の衣をまといながら探し求めている」は、すべて中性形であり、整合しない。Duncker-

Schneidewin、Cruice、Wendland は本来のギリシア語は中性名詞の αἰδοῖον であったものを、ヒッポリュトスが変更したものと推定している。なお、プルタルコス『イシスとオシリス』三三には、オシリスと黒の親和性についてのいろいろな説が紹介されている。

48 本文が壊れていると思われる箇所。Wendland の推定 καλάθους に従って訳す。Marcovich はこの挿入文全体については、一定量の本文の欠落を想定し、あり得べき文章として「われわれがこの後しかるべき場所に来たら、物語るとおり」と推定している。

49 箴二四16。

50 出三14参照。

51 アリストテレス『自然学』256b 24 参照。

52 写本のギリシア語 τοῦτον（指示代名詞男性単数対格）であるが、Reitzenstein の補正に従い、τοῦτο（中性単数対格）と読んで訳す。

53 マコ一〇18並行。

54 マタ五45。

55 後出34節のことか。

56 研究史上多くの補正提案のある箇所（Wendland の脚註参照）。しかし、文意はよく通っており、問題があるとは思われない。Marcovich も写本通り読んでいる。

57 プルタルコス『イシスとオシリス』五一参照。

58 最後の句は、文脈上意味がよく分からない。それ以外の部分について、マタ一〇11－12、27並行参照。

59 二つの〈　〉は Marcovich の補充による。Wendland 版では本文欠落箇所として扱われていた。その脚注には Reitzenstein の推測として、キューレーネー人は男性の性器（αἰδοῖον）のことをヘルメースと呼び、ナハシュ派はロゴスと呼んでいたと言う。

60 Ἑρμῆς と ἑρμηνεύς の間の語呂合わせ。

61 ホメーロス『オデュッセイア』二四1－2（大貫訳）。

62 ギリシア語の「求婚者」（μνηστῆρες）と「意識を取り戻す者」（ἀνεμνησμένοι）の発音が似ていることを利用

した語呂合わせ。

63 以下の心魂論の観点からのホメーロス解釈については、プロクロス『プラトン「国家篇」註解』第II巻三五一7ffの次の記事を参照。

　そして神がかりの詩歌〔ホメーロス〕も、ヘルメースを心魂たちの下降と上昇の道のりの導師であると見做して、こう言っているように思われる。すなわち、彼〔ヘルメース〕は杖で——その杖のことを「黄金の」、神〔ヘルメース〕そのものを「黄金の杖の」と詩歌は言うのだが——ある者たちの眼を塞ぎ、あたかも眠らせるかと思えば、別の男たちを眠りから立て起こすのだと。この詩歌が「眠り」と呼ぶのは、心魂たちが生成へとやって来る道のことであり、「立て起こし」と呼ぶのは、われわれに叡智を具えた生き物たちを見過ごさせている朦朧たる状態からの立て起こし……生成から再びまた叡智の思考へと上昇すること、真に存在するものを想起することである。心魂の下降を通して、上にあるものを下にあるものとつなぎ、心魂の上昇によって、下にあるものを上にあるものとつなぐこと、どちらも天使たちの秩序を導く者には相応しいことである（大貫訳）。

64 エンペドクレス断片一一九、Diels-Kranz I 359 参照。

65 ロマ九20－21参照。

66 ホメーロス『オデュッセイア』二四2以下（大貫訳）。

67 詩二9。

68 前出30節参照。

69 エフェ五14。

70 ギリシア語 ὕε χύε. A. Dieterich, Eine Mithrasliturgie, Leipzig 1903, 214によれば、アテネのディピュロンの泉で発見された碑文（IG $2^2$.4876）には、'Ο Πάν ὁ Μήν, χαιρέτε Νύμφαι καλοί. ὕε χύε ὑπερχύε「パーンよ、メーンよ、麗しきニュンフたちよ、ご機嫌よう。ヒュエ・キュエ・ヒュペルキュエ」とあるそうである。また、同じA. DieterichのMutter Erde. Ein Versuch über Volksreligion, 2. Aufl., Leipzig 1913, S.45によれば、エレウシスの密儀の参列者は、天に向かってὕε「ヒュエ」、大地に向かってχύε「キュエ」と呼びかけたと言われる。その意味は前者が「雨を降らせよ」、後者が「孕め」であり、密儀全体が「土の潅水器」とも呼ばれたと言われる。この場合、「雨を降らせよ」に当たるὗεは、ギリシア語の動詞ὕω「雨が降る」の命令形、「孕め」に当たるκύεはギリシア語の動詞κυέω「孕む」の命令形である。ヒッポリュトスが目下の文脈で報告しているナハシュ派は、これをキリストが「人〔人間〕の子」と表示されることに転釈しているわけであるが、その根拠は「子」に当たるギリシア語υἱός「ヒュイオス」が、呼格ではυἱέ「ヒュイエ」となり、これが発音上、先の「ヒュエ」に通じていることである。

71　フィリ二10、Ⅰコリ一五27。

72　ロマ一〇18参照。

73　ホメーロス『オデュッセイア』二四5参照。

74　ホメーロス『オデュッセイア』二四6－8参照。

75　詩一一八22、イザ二八16、マコ一二10並行参照。

76　エフェ三15参照。前出7節も参照。

77　イザ二八16。

78　Ⅱコリ四16、ロマ七22参照。

79　ホメーロス『イリアス』四350他。

80　Ⅱコリ四16。

81　ダニ二45。

82　Ⅱコリ四7。

83　ホメーロス『オデュッセイア』二四9－10。ただし、途中の挿入文はナハシュ派あるいはヒッポリュトスによるもの。

84　ホメーロス『オデュッセイア』二四11－12。

85　ホメーロス『イリアス』一四201参照。同じ文言での引用が本書第Ⅷ巻一二1にも出る。

86　詩八二6。

87　この二人称複数は文脈上いささか唐突だが、ヒッポリュトスが下敷きにしているナハシュ派自身による文書の中で、そのようになっていたものと推測される。

88　出一五22－26他参照。
89　ガラ四26－27参照。
90　創三20参照。
91　エジプトが下方の無知の領域の象徴であることは、本巻一六4－5、第Ⅵ巻一五3にも出る。
92　詩八二7。
93　ヨハ三6。
94　以上、41節全体について、ヨシュ三7－17参照。
95　「王なき種族」はグノーシス主義と政治の独特な関係を含意している。詳細については、大貫隆『グノーシス「妬み」の政治学』岩波書店、二〇〇八年、二〇四－二〇九頁参照。
96　出二22、一八3参照。
97　ホメーロス『イリアス』一五189。本巻後出二〇8にも同じ引用が出る。
98　マコ四12並行参照。
99　ヨシュ三13、16参照。
100　ギリシア語表記は順に Καυλακαῦ, Σαυλασαῦ, Ζεησάρ. イザ二八10参照。
101　指示対象がはっきりしない。文脈的には、直前の「ゼエーサル」のことか。
102　ギリシア語表記は Γηρυόνης. Γῆ は「大地」の意、ρυ- の語根は ῥέω「流れる」。
103　後出九8の途中に出る文言の先取り。
104　ヨハ一3－4。ただし、通常の邦訳とは構文の解釈が異なるので要注意。詳細については、大貫隆「原典と本訳」『言語と身体聖なるものの場と媒体』池上良正他編、岩波書店、二〇〇四年、五三－七八頁所収（特に七一－七三頁）を参照。
105　創四四5参照。
106　創四四1－2、12参照。
107　「酔いの回った口で」について、ヘラクレイトス断片九二、Diels-Kranz I, 172 参照。
108　アナクレオーン『頌歌』五二10参照。

109 アナクレオーン『頌歌』一七25－26参照。
110 ヨハ二1－11参照。
111 ルカ一七21、マタ一三44参照。
112 マタ一三33参照。
113 ルカ一三21並行参照。
114 原文では「彼」（三人称単数）。本巻註17に記したのと同じ事情。そのため、直前の「われわれ」はナハシュ派を指す直接話法である。
115 後出九8の中の「サモトラケー人は敬うべきアダムナ（と呼び）」参照。
116 前出本巻七29参照。
117 原文では「彼」（三人称単数）。本巻註17に記したのと同じ事情。
118 ヨハ六53、マコ一〇33並行、ヨハ八21、一三33の混合引用。
119 後出九8「ハイモニア人はコリュバスと呼び」参照。
120 本書第Ⅳ巻五一10以下、第Ⅴ巻七35、九15、一七11－12参照。
121 本巻註114と同じ事情。
122 申四22、ヨハ三8、五37参照。アレクサンドリアのクレメンス『ストロマテイス』第Ⅵ巻四五1では、類似の文言が聖書の言葉として引用され、「陰府が滅びに向かって」語っている。
123 詩二九10参照。
124 詩二九3参照。
125 詩三五17と二二22の混合引用。なお、「わたしの独り子」はギリシア語原文（七十人訳）では女性名詞単数であり、「心魂」を指す。詩三五17でも「心魂」に言及がある。
126 イザ四一8と四三1の混合引用。
127 イザ四九15の自由引用。
128 イザ四九15－16の自由引用。
129 詩二四7参照。

130　詩二四9参照。

131　詩二二7参照。

132　詩二四8参照。

133　Wendland はヨブ四〇27（七十人訳）を指示しているが、該当しない。何かの間違いと思われる。私には正解が思いつかない。

134　創二八7（七十人訳）。

135　Reitzenstein と Marcovich はここに一定量の本文欠落を想定している。

136　「メソポタミア」とは、ギリシア語の語源に即すると、「川の間の地」の意。

137　創二八17。

138　ヨハ一〇9参照。後出九21も参照。

139　以上、ギリシア語の πα の発音にかこつけた語呂合わせ。

140　フィリ二10。

141　エフェ二17。

142　エフェ二17。

143　マタ二三27参照。

144　「お前たち」が前提している直接話法と最後の「〜と言われる」の関係については、本巻註87、114を参照。

145　ヨハ五28参照。

146　Ⅱコリ一二2－4参照。

147　Ⅰコリ二13－14。

148　本巻註87、114と同じ事情。

149　ヨハ六44。

150　マタ七21。

151　マタ二一31。

152　「徴税人」のギリシア語は τελώνης（複数形は τελῶναι）、「終わり」は τέλος（複数形 τέλη）。発音が似ていることによる語呂合わせ。

153 ナハシュ派を指す。本巻後出註155と連動。

154 Ⅰコリ一〇11。

155 原文は「彼」。本巻註87、114、144、148と同じ事情。

156 マコ四３－９並行。

157 出一三５、申三一20他随所参照。

158 本巻註95参照。

159 ガラ五16。

160 マタ三10並行。本書第Ⅵ巻一六６も参照。

161 トマスによる福音書（ナグ・ハマディ文書Ⅱ）語録一一の中に、「あなたがたが死せるものを喰らう日に、あなたがたはそれを生かすであろう」という文言がある。

162 Marcovich は写本に準じて「実〈として〉」。本訳は Miller の補正提案に従っている。

163 マタ七６。

164 ギリシア語 αἰπόλος.

165 ギリシア語 αἰειπόλος.

166 ギリシア語 πόλοι.

167 ギリシア語 πωλεῖται（＜πωλέομαι）. 各地を巡り回ってやって来るの意。前出の一連の πολ- の音を含む単語との語呂合わせ。

168 ホメーロス『オデュッセイア』四384－385。

169 ギリシア語 πιπράσκεται（＜πιπράσκω）. 本巻註167の動詞 πωλέομαι と似た発音の動詞に πωλέω があり、こちらは「物を売る」の意で、πιπράσκω の同義語。その受け身形の三人称単数は πωλεῖται となり、本巻註167の定動詞とまったく同形である。そのことにかこつけた駄洒落。

170 ギリシア語 πόλις、複数は πόλεις. 本巻註169で説明した語呂合わせの続き。

171 プラトン『クラテュロス』408CD 参照。

172 イザ五四1、ガラ四27参照。
173 エレ三一15、マタ二18。
174 ヨハ三5参照。
175 エレ一七9参照。
176 本巻六6参照。
177 Duncker-Schneidewin と Cruice は、ここに一定量の本文喪失を想定する。本訳は写本の読み通りに訳す。Wendland および Marcovich も同じ。
178 ギリシア語 Βριμώ. 女神ヘカテーの別名。名詞 βρίμη「力、強さ」と同根。
179 ギリシア語 Βρίμος. この名前の神は存在しない。直前の Βριμώ に合わせた造語（男性名詞）と思われる。
180 エレウシスと同じように地名。
181 以上一連の文章は、地名 Ἐλευσίς と普通名詞 ἔλευσις「到来」が全く同じ綴りであり、また後者の動詞形の多くにも ἐλ- の音が含まれることにもとづく語呂合わせである。
182 ἀναχτόρειον、ἄνω、ἀνελθεῖν それぞれの語頭の ἀν- の語呂合わせに要注意。
183 ヘラクレイトス断片二五、Diels-Kranz I, 156.
184 マタ七13参照。
185 おそらく福音書から、イエスの言葉が引用されていたものと思われる。
186 パルメニデースの言葉（?）。Diels-Kranz, I, 246 参照。
187 本巻註183と同じ。
188 創二八17。
189 Duncker-Schneidewin の補正に準じる。Marcovich は「〈婚礼の〉衣裳を着なければならない」。
190 イザ七14参照。
191 マタ七13－14。
192 「引き裂いて」のギリシア語 διήμυξε は διαμύσσω からくる。これはさらに δια + ἀμύσσω からなる合成動詞。この後半の動詞幹は αμυγ- であり、それが ἀμύγδαλον の前半部と同じ綴りになることにかこつけた語呂合わせ。

193 Reitzenstein と Wendland による補充。Marcovich は「父」。
194 ヨハ一３。
195 「気息」は直後の文章以下に出る「霊」と同じギリシア語（πνεῦμα）であることに要注意。
196 ヨハ四21、23、24からの自由引用。
197 写本の読み ἐκεῖ, ὅπου καὶ ὁ πατὴρ ὀνομάζεται を ἐκεῖ ἐστιν, ὅπου καὶ ὁ πατήρ. ὀνομάζεται と補正して訳す。
198 本書第Ⅷ巻一二7にも同じ文言が出る。エゼ一18も参照。
199 本巻前出七10、後出第Ⅶ巻二二8にも同じ文章がある。
200 ギリシア語は Ἀπόφασις τῆς μεγάλης δυνάμεως. ほぼ同じ文言が第六巻九4と同十一にも出る。この二箇所では明確に書名である。
201 以下の文章と次の文章（「～根っ子が据えられている」まで）は、本書第Ⅵ巻九4にも出る。
202 本書第Ⅳ巻五一3、第Ⅵ巻一四6参照。
203 マコ四31－32。
204 詩一九4参照。
205 Reitzenstein と Wendland による補充。
206 前出八9「サモトラケー人は、彼らの間で遂行される密儀の中で、かのアダムのことを明確に『原人』と呼んで伝えて来ている」参照。
207 前出八13参照。
208 前出八22参照。
209 前出八22参照。
210 前出八24参照。
211 前出八31参照。
212 前出八34参照。
213 前出八39参照。
214 前出八36参照。

215　前出九1参照。

216　前出九3参照。

217　前出六3の訳註2参照。以下では、νάας（もとへブライ語で「蛇」）とναός（神殿）の間で、綴り上の類似性に基づく語呂合わせが行われる。

218　本書第I巻一1、プルタルコス『イシスとオシリス』三四、三六参照。

219　ギリシア語訳旧約聖書（七十人訳）の申三三17にこの語（ταύρος μονόκερως）が出る。

220　Marcovichはここに一定量の本文欠落を想定している。

221　創二10参照。

222　創二11－12参照。

223　原文は「彼」。なお、以下では、エデンの園から流れ出る四つの川について寓喩的解釈が繰り広げられる。フィロン『律法の寓喩的解釈』第I巻六三以下、『創世記問答』第I巻一二には、以下と異なる寓喩的解釈がある。

224　創二13参照。

225　原文は「彼」。

226　創二14参照。

227　原文は「彼」。

228　創二14参照。

229　創一7参照。

230　ヨハ四10、14参照。

231　以上の比喩には、本巻一七9－10、二一8と第VII巻二五6に並行記事がある。

232　原文は「彼」。

233　ヨハ九1参照。

234　ヨハ一9参照。

235　ナハシュ（ナアース）派を指す。20節の「彼らが言うには」によって導入される文章以下すべてが、ナハシュ派の直接話法であり、それをヒッポリュトスがそのまま書き留めているのである。この事情については、本巻註

87、114、144、148、155を参照。
236 原文は「彼」。
237 本文が欠損している箇所。Miller および Wendland の提案に従って、πολύτιμος ⟨ἐν τῷ οὐρανῷ, παραδεδομένος⟩ と補正して訳す。
238 この〈　　〉は直前の〈　　〉と一連のもの。
239 イザ四〇15。
240 Marcovich はここに一定量の本文欠落を想定する。
241 原文は「彼」。
242 ヨハ一〇9参照。前出八20も参照。
243 サム上一六13参照。
244 サム上一〇1参照。
245 いわゆる「ナハシュ派の詩篇」。聖書外典偽典　補遺Ⅱに邦訳（柴田有訳）がある。本訳はそれとは独立の私訳であり、Marcovich の校訂本文に基づいている。
246 本文が壊れている箇所。Marcovich の補正 ἔλαβ' ⟨ἐξ⟩ εργαζομένη に準じて訳す。
247 ギリシア語 περαταί.「境界を超える者たち」の意。後出一六1参照。ただし、形容詞が名詞化された形 Περατικὴ αἱρέσις, Οἱ Περατικοί の方が頻繁に使われる。
248 Miller の提案に従って、本書第X巻一から補充する。Marcovich も同じ。
249 以下章末までは、本書第X巻10で再度抜粋的に転写される。
250 明らかに論理的に矛盾した文章である。「三部分の一つは」が本来別の場所にあったものと思われる。本書第X巻一〇1でも同じ文言が現れる。
251 ヒッポリュトス自身による挿入文と解して訳す。ただし、後出5、6節の「われわれ」も参照。「後述する予定」は6節のこと。
252 原文は「彼」。
253 コロ二9参照。併せて、同一19も参照。

254 原文は「彼」。

255 後出一七章のこと。

256 原文は「彼」。

257 ヨハ三17。

258 Ⅰコリ一一32。

259 本書第Ⅶ巻一九2、第Ⅰ巻四3、二〇6参照。

260 本書第Ⅳ巻一以下参照。

261 以下9節の始めまでについて、セクストス第Ⅴ巻四－一一参照。

262 それぞれが30度の幅となる。

263 それぞれが1度の幅となる。

264 「分」。

265 この一人称単数はすでにセクストス第Ⅴ巻八にあるもの。本書第四巻訳注16、21も参照のこと。

266 10節の始めからここまで、セクストス第Ⅴ巻三七および二〇、二九も参照。本書第Ⅳ巻一1も参照。

267 註266からここまで、セクストス第Ⅴ巻三九参照。

268 二つの〈　〉はMarcovich の補正に準じる。Marcovich はセクストス第Ⅴ巻四四の並行記事を根拠にしている。本書第Ⅳ巻一2も参照。

269 語義については本書第Ⅳ巻二1の並行記事参照。

270 語義については本書第Ⅳ巻二1の並行記事参照。

271 出一五27との関連を指摘する学説（Cruice）がある。

272 以上のクロノスに関する記述と類似する文言が、前三世紀のバビロンの歴史家ベロッソスについても伝わっている。「（彼が言うには）、かつて万物が〔闇〕と水だったときがあった。（中略）それらすべてを司っていたのは一人の女で、その名は〔オモルカ〕であった。これはカルデア語ではタラト（Θαλάτθ）、ギリシア語に直すとタラッサ（Θάλασσα）である」（FGrH Teil Ⅲ C, Nr. 680, Fr.1, 370-372）。

273 Marcovich はここに「雨を」と補充しているが、趣旨がよく分からない。

274　この文章の補正は、Marcovich に従っている。ただし訳者には、正直なところ、文意がまったく分からない。直訳である。

275　Marcovich はここに一定量の本文の欠落を想定する。

276　原文は「コレー」（Κόρη）。Cruice の補正提案に従って訳す。内容的には、後出一六２－３を参照。

277　以上四つのギリシア語名の意味は不詳であるが、いずれも否定詞 οὐ と同じ綴りで始まる合成語である。

278　Miller と共に本文の脱落を想定する。Marcovich も同じ。直後の文章が不完全であることも、その脱落の影響と思われる。

279　底本は「大気が」（ἀέρος）。しかし、Duncker-Schneidewin の提案に従って、ἀστέρος と補正して訳す。

280　Marcovich は「大気が昇って来るところ〈と沈むところの〉」。しかし、「大気が沈む」は意味をなさない。

281　本文が壊れている箇所。直後の「エンケラドス」も含めて、Duncker-Schneidewin の補正提案に従って訳す。Marcovich は Παδ<ο>υήλ.

282　引用部分の最後に出る「領民《プロアステイオイ》」を指す。

283　本書第Ⅳ巻三２参照。

284　セクストス第Ⅴ巻一三－一四参照。本書第Ⅳ巻の註14に掲出した図表を参照のこと。

285　原文は「彼」。

286　『シビュラの書』断片三1、聖書外典偽典3所収（一五三頁、柴田有訳）。

287　原文は「彼」。

288　「ペラータイ派」の自称はこのことを指している。本巻註247参照。フィロン『アブラハムの移住』二〇も参照。

289　ホメーロス『オデュッセイア』五184－186。翻訳は岩波文庫（上）に準じているが、文言を変更している。『イリアス』一五36－38も参照。

290　原文は「彼」。

291　ヘラクレイトス断片三六、Diels-Kranz I, 159.

292　出一四28参照。

293　本巻前出七39参照。

294 出一五22参照。
295 原文は「彼」。
296 民二一6以下参照。ただし、そこでは「火の蛇」。
297 出四2－17、七9－13参照。
298 出七11－12参照。
299 創三1－7参照。
300 ギリシア語では「エデム」（'Εδέμ）。
301 創二8、10参照。
302 創四1－16参照。
303 マタ二1参照。
304 創三七3以下参照。
305 創二七14－17参照。
306 創二七1、三三9参照。
307 創三三10参照。創世記のこの箇所では、弟ヤコブが兄エサウの顔を見ている。目下のペラータイ派の寓喩的解釈では、ヤコブが見ているのは、人間エサウの形で現れた「包括的な蛇ロゴス」（前出）のことである。
308 創一〇9。
309 原文は「彼」。
310 人間の形で現れた「包括的な蛇ロゴス」（前出）。
311 ヨハ三14。
312 ヨハ一1－4参照。特に最後の文章（ヨハ一4）は、新共同訳その他の邦訳と構文が違う上に、最後の「命である」の現在形も異なるので要注意。
313 創三20。
314 二つの「　　」と〈　　〉は Marcovich によるもの。
315 原文は「彼」。

316 マタ一三16、ルカ一〇23参照。
317 フィリ二10参照。
318 第Ⅳ巻四七1にも同じ表現が出る。以下16節末までの論述全体が第Ⅳ巻四七1－四八6と並行している。
319 アラトス『星辰譜』六一－六二行参照。本書第Ⅳ巻四七3参照。
320 アラトス『星辰譜』四六行．第Ⅳ巻四七1参照。
321 アラトス『星辰譜』七〇行。ギリシア語本文では、第Ⅳ巻四七5での引用と若干文言が異なる。
322 創三〇37－41。ギリシア語本文はあまりに要約的で、ただ訳したのでは意味不明となるので、ここでは敷衍しながら訳している。なお、創世記の記事の主人公は族長ヤコブであって、モーセではない。目下の本文が「モーセは～語っている」となっているのは、創世記から申命記までを「モーセ五書」として一括して、モーセを著者と考える伝統的な見方に従っているからである。
323 原文は「彼」。
324 ギリシア語訳旧約聖書（七十人訳）の創三〇39には、*πρόβατα διάλευκα*「白が混じった羊」とある。
325 Wendland の脚註は、ギリシア語訳旧約聖書（七十人訳）の創三〇42に「ラバンの弱い羊」とあることとの関連を指摘している。
326 ヨナ四10参照。
327 マタ七11、五48他参照。
328 ヨハ八44。
329 アレクサンドリアのクレメンス『テオドトスからの抜粋』三参照。本巻七30、32も参照。
330 ヨハ一〇7。
331 Marcovich の補正に準じる。
332 以下の比喩には、本巻九19と第Ⅶ巻二五6に並行記事がある。
333 以下の頭脳の解剖論には、第Ⅳ巻五一11－13に並行記事がある。本巻七35、八13、九15、一三11も参照。
334 研究上は「セツ派」と表記されるのが普通である。詳細については、ナグ・ハマディ文書Ⅳ 巻末の用語解説一〇頁を参照。なお、ナグ・ハマディ文書の中では、同書所収の『シェームの釈義』との関連が最も注目される。この点については、私によるこの文書の訳者解説（特に三三三頁以下）を参照のこと。なお、この箇所以下20節末までについては、本書第X巻1－11で再度要約される。

335　原文は「彼」。

336　本書第VI巻一二4、一六5参照。

337　原文は「彼」。

338　以上の比喩について、本書第VII巻二二14参照。

339　原文は現在完了形。

340　以上のギリシア語原文は構文が難解なため、ここに掲出した訳文は意訳である。Marcovich は写本の読みを激しく変更して補正を試みているが、やはり文意が通じない。Wendland の脚註はデモクリトス断片三二(Diels-Kranz II, 152、本書第VIII一四4参照）の反響を認めている。

341　ナグ・ハマディ文書第七写本所収の『シェームの釈義』では、可視的な世界全体が巨大な女性器としてイメージされている。私はこれを「子宮としての世界」と呼んだ。詳しくは、大貫隆『グノーシスの神話』講談社学術文庫、二〇一四年、一三八頁参照。同じイメージはその他のグノーシス文書にも認められる。大貫隆『グノーシス考』（岩波書店、二〇〇〇年）の第一章を参照。

342　本文が壊れている箇所。Wendland の提案に従い、ὁρμὴ ⟨αἰτία τῇ μήτρᾳ ἐστὶ τοῦ⟩ ἐγκύμονα γεγονέναι と補充して訳す。Marcovich は ὁρμὴ ⟨ἀρχὴ τῇ φύσει ἐστὶ τοῦ⟩ ἐγκύμονα γεγονέναι「自然が懐妊する始め」。

343　マタ五13参照。

344　二つの……部は原文では一連の本文欠損。本文校訂の歴史上、早くからさまざまな補充提案がある箇所。Wendland 版は本巻前出八15に、「これこそが、詩編によれば、『洪水の上に住む神』、そして『大水から』声を響かせ、叫んだ神のことなのである」とあることとの関連を推定し、「きわめて小さな〔光の〕断片が、身体のさまざまな混ざり物と混じり合い、大〈水の中から〉叫んでいるからである」という復元を提案している。Marcovich 版はさまざまな補充提案を折衷したもので、Wendland 版と実質的に同じ。この場合、直後に出る「彼が詩篇の中で言っている通り」は詩二九3を指すことになるが、「彼」がだれを指すかは不詳である。

345　原文は「彼」。

346　創一2参照。
347　おそらく文章二つ分ほどの本文が喪失。
348　原文は「彼」。
349　原文は「彼」。
350　フィリ二7参照。
351　原文は「彼」。
352　使二24参照。
353　ヨハ四10、14参照。
354　IIコリ五2、4参照。
355　19－21節では、ロゴス（救済者）の世界の中への到来が、巨大な女性器の中を降りて来るイメージ、つまり男女の性交のイメージで描かれている。この点こそ、ナグ・ハマディ文書IV中の『シェームの釈義』との最も顕著な共通点である。ただし、後者は非キリスト教文書であり、下降して来る救済者は「デルデケアス」という名前になっている。
356　ギリシア語訳旧約聖書の出一〇22参照。そこでは、「エジプト全土に闇と暗黒と嵐が生じた」とある。ただし、マソラ本文には該当する文章は欠。本書第VIII巻八5参照。
357　創二章参照。
358　創四章参照。
359　創七13参照。
360　出六3参照。
361　創一5－13参照。本書第VI巻一四2参照。
362　創二16、17。
363　創一二1。
364　原文は「彼」。
365　出二〇13－15、申五17。

366 意味上は「子宮と蛇と臍に関して唱えている言説」となるべきであるが、ギリシア語原文の構文のまま訳している。「子宮」と「臍」は本巻一九11に前出。

367 パウサニアス『ギリシア案内記』第Ⅰ巻三一4参照。

368 プルタルコスの現存する著作集には見当たらない。

369 原文は πλείοσι「いたるところに」であるが、Miller の推測に従って、πυλεῶσι と補正して訳す。Marcovich は「〈他の〉いたるところに」。

370 語頭が壊れていると思われる。そのこともあって、語義は不詳である。

371 直前の περεηφυχόλα（語義不詳）の後半の綴り。

372 原文が壊れている箇所。Φλειασίων ὄργια と読む Marcovich の補正提案に従って訳す。

373 ホメーロス『イリアス』一五189。前出八3におけるのと同じ引用。

374 ホメーロス『オデュッセイア』五184－186。前出一六3と同じ引用。『イリアス』一五36－38も参照。

375 以下については、ヘラクレイトス断片六七、Diels-Kranz I, 165 参照。本書第Ⅸ巻一〇8も参照。

376 原文は「彼」。

377 マタ一〇34。

378 フィリ三20。

379 原文は「彼」。

380 以上の比喩については、本巻前出九19、一七9－10、後出第Ⅶ巻二五6参照。

381 フィリ二7。前出一九20、21も参照。

382 ヘロドトス『歴史』第Ⅵ巻二〇参照。

383 原文は「彼」。

384 ヘロドトス『歴史』第Ⅵ巻一一九参照。

385 ナグ・ハマディ文書の『シェームの釈義』との関連については、本巻註341に挙げた文献を参照。

386 後二世紀前半のローマで活躍した正統派の教父とは同名異人であるので、要注意。正統派のユスティノスはグノーシス主義に対する最初期の論駁者であるが、こちらのユスティノスはまさに「グノーシス主義者ユスティノス」と呼ばれて区別される。

387 Marcovich はここに一定量の本文欠落を想定している。

388 マタ一〇5。

389 誓約と他言禁止については、本書第Ⅰ巻序2－3参照。

390 Ⅰコリ二9参照。この箇所はパウロ自身において、出典不詳の引用になっている。以下本章二七章までの間で、繰り返し引用される（二六16、二七2）。同じ文言は、グノーシス主義の他の文書でも度々引用される。そのことに関連する伝承史的・思想史的問題について、詳しくは大貫隆『グノーシス考』（岩波書店、二〇〇〇年）一四二頁以下を参照。

391 原文は τὸν ἐπάνω πάντων ἀγαθῶν であるが、Wendland の提案に従って、最後の単語を ἀγαθὸν と補正して訳す。Marcovich も同じ。

392 詩一一〇4参照。

393 ここに出る「バルク」は後出二六3以下に出る天使を指す。

394 ヘロドトス『歴史』第Ⅳ巻八－一〇。

395 直訳「彼女を知って」。

396 直訳「認識《グノーシス》の後で」。

397 以下、二七5までについては、ナグ・ハマディ文書Ⅰ、二七三頁以下に荒井献訳がある。また、本書第Ⅹ巻一五章で再度要約される。

398 本書第Ⅹ巻一五1の並行記事によって補充。

399 本文（七つの天使の名前）が欠落。本書第Ⅹ巻一五3の並行記事では、一二人全員の名前が欠損。

400 創二8。

401 創二9。

402 創二9。

403 創二7以下参照。

404 創二7参照。

405 創一26−27参照。

406 創一28。

407 結婚に係る父祖伝来の法について、フェレキュデースの断片二（第2欄）、Diels-Kranz I, 48参照。

408 創二1参照。

409 創二10−14参照。前出九14も参照。

410 原文は形容詞 φειδωλόν で「吝嗇な」。荒井訳の訳註は、この形容詞と川の名前「フェイソーン」の間で語呂合わせが行われているとする。

411 詩一一八19−20。前出八19−20、24も参照。

412 Ｉコリ二9参照。前出二四1参照。

413 詩一一〇1参照。

414 申九14参照。

415 創六3参照。

416 原文は αὐτῷ であるが、Duncker-Schneidewin の補正提案にしたがって、αὐτῶν「彼らの」と補正する。その意味は「エデムとエローエイムの」であるが、文脈に沿って本文のように意訳する。

417 創二16−17。

418 Marcovich による補充。

419 以上、三つの〈　〉は Wendland の復元に従う。

420 本章前出8節参照。

421 ガラ五17参照。ただし、そこでは肉（サルクス）と霊の対立である。

422 Ὀμφάλη. リュディアの女王、ヘラクレスは三年にわたり、女として彼女に仕えねばならなかった。

423 ルカ一5、マタ二1参照。

424 ルカ一26参照。

425 ルカ二42参照。

426 ヨハ一〇8参照。

427　ヨハ一九26。
428　Ｉコリ一五46－47参照。
429　ルカ二三46参照。
430　πριοποιέω のアオリスト・能動相・三人称・単数形。ただし、ギリシア語には、この綴りの動詞は他に用例が存在しないので、造語である。πρι- は時間的な先行を表す接頭辞、ποιέω は「造る」の意。Πρίαπος とは単純に、発音上の語呂合わせ。
431　あまりに美しい少年であったため、鷹に変身したゼウスによって拉致されて、給仕役にされた。
432　ダナエーはアルゴスの王アクリフィオスの娘。父親によって塔に閉じ込められたとき、ゼウスが黄金の雨に変身して、彼女の子宮に入って子を産ませた。
433　ヒッポリュトス自身がユスティノスとその仲間を指している。
434　イザ一2。アレクサンドリアのクレメンス『ストロマテイス』第Ⅳ巻一六九1参照。
435　この「彼」は、ヒッポリュトスの定型的言い回しとしては、これまでと同様に、ユスティノスを指すはずである。しかし、そうすると、直後の直接話法の中に出る「わたし」もユスティノスを指すことになるが、「善なる者の傍らに」いるのは、神話の役柄の一人としての「父エローエイム」でなければならないから、うまく整合しない。ここでは、エローエイムを指すものと解して訳す。Marcovich は「彼」がユスティノスを指したままにして、その後に〈父〔エローエイム〕が曰く〉と補充している。
436　イザ一3。エイレナイオス『異端反駁』第Ｉ巻一九1（マルコス派）も参照。
437　本文欠損。
438　詩一一〇4。
439　Ｉコリ二9。本巻前出二四1、二六16参照。
440　ヨハ四10、14参照。
441　創一6、7参照。
442　ホセ一2。
443　本文が壊れていて、訳出が困難な箇所。Marcovich の復元による。

444　アウゲイアースはエリスの王。ある日、ヘラクレースはその牛小屋の糞を掃除しなければならなかった。

445　原文は ἐχρηθείη であるが、このままでは読解が困難である。本訳では、ἐχρηθείη（＜χράομαι）と補正して訳す。Marcovich は ἐκκριθείη「選ばれることになる」。

## 第六巻

1　原文が壊れている箇所。ἔσχον を ἐνέσχον と補正して訳す。Marcovich は〈προσ〉έσχον.

2　ギリシア語 ὄργια.

3　ギリシア語 ὀργή. ただし、ὄργια と ὀργή が語源的にどこまで同根かは、疑わしい。ὄργια は語源的には ἔργον「わざ」、「行為」と同根で、広義には密儀の儀礼行為一般を指す。「狂躁」はその熱狂的な形態で、例えばバッカス祭儀のそれがよく知られている。ヒッポリュトスはその辺りを念頭に起きながら（第V巻二〇5参照）、ギリシア語での語呂合わせをしているのだと思われる。

4　詳細不詳。

5　第Ⅳ巻二八章以下参照。

6　使八9－24参照。なお、シモンの人物と活動については、エイレナイオス『異端反駁』第I巻二三1も参照。

7　ギリシア語の関係代名詞（単数属格）οὗ を否定詞 οὐ に補正して訳せば、「そのシモンよりも賢いとも、均衡が取れているとも言えないのが、リビア人のアフェトスだった」となる。Preysing の独訳がこの見解。文脈からすれば、こちらの方が適訳であろう。

8　以下の逸話は後二世紀の著作家の間で広く知られていたらしい。ツロのマキシムス『講義』三五4、クラウディウス・アイリアヌス『逸話集』一四30参照（Wendland の脚註による）。

9　本文が壊れている箇所。本訳は Marcovich の補正 τάχιον ‹τούτου του› ἀνθρώπου γενόμενον [ὄντως] θεόν に準じている。ただし、Marcovich がそれとは別に文頭に ‹τοὺς› と補充している意味が分からない。Miller の補正に準じれば、「彼は真に人間となった神の似像なのではなく、はるかにこのリビア人にこそ似ているのである」となるが、文脈にそぐわない。

10　ギリシア語は ὁ ἑστώς, στάς, στησόμενος. シモン派における術語。ここでは、ヒッポリュトスの地の文に属し、シモンと同格である。後出一二3、一三、一七1、一八4にも出る。ただし、そこでの指示対象は、「第七の力」あるいは「無限の力」（一三）、または「上」と「下」の中間領域にいる「父」（一七1、一八4）と、いささか流動的である。

11　ヨハ一13参照。

12　申四24、九3、出二四17。

13　ヘラクレイトス断片三〇、三一、六四、Diels-Kranz I, 157-158、165参照。なお、第Ⅰ巻四章の要約には該当する文言はない。

14　以下の4－5節は、本書第Ⅹ巻一二1で再度要約される。

15　ギリシア語は τὸ γράμμα ἀποφάσεως φωνῆς καὶ ὀνόματος ἐξ ἐπινοίας τῆς μεγάλης δυνάμεως τῆς ἀπεράντου. 第Ⅴ巻九5、本巻後出一一章も参照。

16　以下の文章は、内容的に本書第Ⅴ巻九5の繰り返し。

17　本書第Ⅴ巻一九1参照。

18　ダニ四7－9参照。

19　本書第Ⅶ巻二一3参照。

20　マタ三12並行参照。

21　イザ五7。

22　イザ四〇6－7、Ⅰペト一24参照。

23　第Ⅴ巻九5、第Ⅵ巻九4参照。

24　Marcovich の補充。ただし、翻訳は不確実。

25　エンペドクレス断片一〇九、Diels-Kranz I, 351.

26　この章全体が本書第Ⅹ巻一二2－4でかなり忠実に転写される。

27　エンペドクレス断片一一〇、Diels-Kranz I, 352-353.

28　前出九1参照。

29　本書第Ⅴ巻一九1－2参照。

30　イザ一2。本書第Ｖ巻二六36も参照。
31　前出九1、一二3参照。
32　創一31参照。
33　前出一二2の「エピテューミア」（欲求）とズレている。
34　この「私」はシモンを指すのか、報告者のヒッポリュトスを指すのか、よく分からない。三つ前の文章の冒頭に、「シモン曰く」とあるのを重く見れば、シモンの直接話法での語りの一部となるので、シモンを指すことになる。後出の後出一四8節の同じ定型句では、明瞭にシモンを指すので、ここでもそれに準ずる。
35　創二2、出二〇17。
36　創一13－15参照。本書第Ｖ巻二〇2も参照。
37　箴八23、25。
38　創一2。本書第Ｖ巻一九17も参照。
39　創二7。
40　創一26。
41　Ｉコリ一一32。本書第Ｖ巻一二7も参照。
42　本書第Ｖ巻九5、第Ⅵ巻九4、第Ⅵ巻一一参照。
43　本書第Ⅳ巻五一3、第Ｖ巻九5参照。
44　イザ四四2参照。
45　本巻註34参照。目下の「私」はシモンでなければならない。ヒッポリュトスが下敷きにしている『大いなる宣明』では、シモンが一人称で語っていたのだと想定される。
46　創二10。
47　以下の人体解剖に係る記述については、ガレーノス全集第XV巻三八七「すなわち、その真ん中に四つの容れ物があり、その内の二つは動脈、他の二つは血管である。後の二つの中央には尿道管がある。（中略）胎児はそれらを通して、ちょうど幹から［養分をもらうか］のように、子宮から血と霊を吸収するのである」（Wendlandの脚注による）を参照。

48　本文欠落。

49　直前の本文欠落と関連して、この文章も破格構文のままで、完結していない。

50　文脈上、胎児の心臓と解して訳す。

51　本巻註45参照。

52　ギリシア語で「赤い」は *ἐρυθρός, -ά, -όν* という。血が赤いことに掛けた語呂合わせ。

53　出一五22－23参照。本書第Ｖ巻七39も参照。

54　出七14－24でナイルの水が血に変わるのと逆対応。

55　『オデュッセイア』一〇304－306。

56　キルケーは、『オデュッセイア』第一〇歌（特に二一〇行以下）によると、アイアイエー島に住む強力な女魔術師。その館の周りには野獣が棲み、新来者を食い尽くす。オデュッセウスの仲間たちは、秘草「モーリュ」によって、豚に変身させられてしまっている。オデュッセウスはヘルメスの助けを借りて、彼らをもとの姿に戻す。その後は一年間、キルケーと暮らし、最後に故郷までの旅路について指示を受けてから、さらなる帰路に就く。

57　本文が壊れている箇所。Wendland の提案にしたがって、*κριτήριον* と補正して訳す。Marcovich は *δικίμιον*「試金石」と推測。

58　味覚には舌が働く。言葉（ロゴス）も舌の働きで発語されるから。

59　本書第Ｖ巻一九２、本巻前出一二４参照。

60　出一五24、本巻前出一五４参照。

61　イザ二４参照。

62　本巻前出九９参照。

63　「シモン曰く」の意。シモンによる引用文の中に、ヒッポリュトスが行った不自然な挿入。

64　マタ三10並行。本書第Ｖ巻八31も参照。

65　本巻前出九１、一二３、一三参照。なお、偽クレメンス『再会』第Ⅱ巻七２－３には次の記事がある。velit et Christum putari atque Stantem nominari. hac autem appellatione utitur quasi neget posse se aliquando dissolvi, adserens carnem suam ita divinitatis suae virtute conpactum, ut possit in aeternum durare. hinc ergo et Stans applelatur, tamquam qui non possit ulla corruptione decidere.：「彼〔シモン〕は自分のことを『キリスト』および『立っている者』と呼ばれたがっている。彼がこの呼び名を使っているわけは、自分がいつか解消されるなどということはないかのように言うためである。彼は自分の肉が自分の神性によって捕えられているので、永遠に存続できるのだと考えているのである。それゆえに『立っている者』と呼ばれることで、決して消滅の憂き目に遭うことがないかのように言いたいのである」。

66　Wendand に従えば、「生まれ〈ざる〉者」。本訳は写本のまま読む。Preysing の独訳も同じ。この表現の指示対象は前出一四3の「第七の力」と同じであることを考えれば、そう訳すのが妥当である。

67　創一2、本書第V巻一九17、本巻一四4も参照。

68　本巻一四3－5参照。

69　Iコリ七9参照。

70　ギリシア語は στρέφεται.

71　形容詞「抜き身の」の原語は στρεφομένη. 前註に上げた στρέφεται「変化する」と同音異義語。それを理由にした語呂合わせ。

72　創三24参照。

73　本巻前出一二1－2参照。

74　本巻前出一四6参照。

75　本章前出8節参照。

76　この引用符は7節末尾で閉じられる。3－5節によれば、至高の位置に「沈黙」（シゲー）、その下に「叡智」（ヌース・男性）と「思考」（エピノイア・女性）、両者の中間に「父」が位置する。6節では、その「父」が自分自身の中から「自分の思考（エピノイア）」を出現させる。その段階から先の系譜関係が全体とどう関係するのかが不分明でよく分からない。おそらく唯一現存する写本（パリ写本）の写字生自身がよく分かっていないのであろう。一応、Marcovich の校訂に準じて訳す。

77　アナクサゴラス断片一二、Diels-Kranz II, 37-39（特に38頁11－12行：πάντα διεκόσμησε νοῦς).

78 Marcovichによる補正。

79 エイレナイオス『異端反駁』第Ⅰ巻二三2、エピファニオス『薬籠』XXI三1－3（シモン派について）にも、同じヘレネーの言及がある。偽クレメンス『再会』第Ⅱ巻一一1－一二4も参照。

80 以下2節全体について、エイレナイオス『異端反駁』第Ⅰ巻二三2参照。

81 ルカ一五4並行、テルトゥリアヌス『心魂について』三四、エピファニオス『薬籠』XXI三3参照。

82 以下の太字部分は、エイレナイオス『異端反駁』第Ⅰ巻二三2の大貫隆訳（教文館、二〇一七年）九七頁から転載。それ以降の太字部分についても、常に同様である。エイレナイオスのこの著作の全体はラテン語訳でしか伝存せず、もともとのギリシア語本文は、後代の教父たちがそれぞれの著作で行っている大小さまざまな引用の形でしか保存されていない。以下の太字部分はヒッポリュトスが行ったそのような引用（抜き書き）の一部である。上記のエイレナイオス『異端反駁』第一巻の大貫訳では、そのような後代の引用としてギリシア語本文が保存されている箇所について、翻訳の底本としたN. Brox (Hg.), Irenäus von Lyon, Adversus Haereses/Gegen die Häresien, Freiburg 1993（FC 8/1）に、そのつど該当するギリシア語本文が掲出されている限り、ラテン語本文に代えて、そのギリシア語本文から直接訳している。従って、Broxがギリシア語本文を掲出している箇所については、本訳の該当箇所の訳文も、原則としてエイレナイオス第Ⅰ巻の拙訳をそのまま転載する。ただし、Broxが掲出しているギリシア語版本文は、ヒッポリュトス以外にもエピファニオスとエウセビオスも参照して校訂されたものであり、本訳が用いている校訂版とは微妙に異なる場合がある。以下では、その内の重要と思われる場合に限って註記するが、そうでない場合は註記しない。

83 ステーシコロスはマタウロス出身の詩人で、前七－六世紀に活動した。ここに記された伝説はプラトン『パイドロス』243ABに見出されるもの。ちなみに『パリノーディアー』とは、ギリシア語で「歌い直し」の意。

84 Marcovichはここに一定量の本文欠落を想定している。推定される文章は「不断に陵辱され」。

85 使八10、エイレナイオス『異端反駁』第Ⅰ巻二三1、偽クレメンス『再会』第Ⅱ巻七2－3参照。

86 4節の始めからここまで、エイレナイオス『異端反駁』第Ⅰ巻二三2からの要約。

87 本文が壊れている箇所。本訳はMarcovichの補正に準じている。なお、この箇所については、エピファニオス『薬籠』XXVI四1－8（人妻が夫に奨められて衆目の前で他の男と性交し、性交後、神に祈りながら、男と自分自身の放出物を呑み込む）との並行関係を想定する説（K. Holl）がある。

88 アレクサンドリアのクレメンス『ストロマテイス』第Ⅲ巻三〇が、プロディコス派について同じことを報告している。

89 以下、8節末尾までについて、エイレナイオス『異端反駁』第Ⅰ巻二三3参照。ただし、6節後半の通常字体の部分については、エイレナイオス『異端反駁』第Ⅰ巻二三1参照。

90 以下、1節の終わりまでについて、エイレナイオス『異端反駁』第Ⅰ巻二三4参照。

91 以下、1節の終わりまでについて、エウセビオス『教会史』第Ⅱ巻一三6も参照。

92 使八9以下。本書第Ⅴ巻七1も参照。

93 『ペトロ行伝』四、一二―三二章参照（荒井献編『新約聖書外典』講談社文芸文庫、一九九七年、所収）。

94 本文が壊れていて、補正が困難な箇所。ユスティノス『第一弁明』五六1―4（『キリスト教教父著作集1』教文館、一九九二年、所収）も参照。

95 前出一二2、一三参照。

96 本書第Ⅰ巻二一1―15、一九、第Ⅳ巻五一参照。

97 Marcovich による補充。

98 プラトン『ティマイオス』20E 以下参照。

99 プラトン『ティマイオス』22B 参照。

100 本書第Ⅰ巻二3、16参照。

101 以下、3節の前半までについて、本書第Ⅰ巻二6―9、第Ⅳ巻五一4―7参照。

102 ギリシア語は γεννητὴν γεννητῶν. Preysing はこれを der Gezeugten die Gezeugte「生まれた者たちの生まれた者」と訳しているが誤訳だと思われる。本訳の前半の「生む者たち」は、以下の文脈から推せば、「完全数」の一〇がすべての固体を生むことを指す。

103 プルタルコス『ティマイオスにおける心魂の生成について』二・『倫理論集』1012E 参照。

104 以下、3節の終わりまでについて、本書第Ⅳ巻五一2―3参照。

105 本書第Ⅰ巻二9参照。

106　マタ五18に「～律法の文字から一点一角も消え去ることはない」とある中の「一点一角」はギリシア語では、ἰῶτα ἓν ἢ μία κεραία.

107　この「われわれ」、および前後に繰り返し現れる同じ文言も、ヒッポリュトスが自己言及のために挿入したものではなく、彼が下敷きにしているピュタゴラス派自身による文書にさかのぼる。逆に、直前の「ピュタゴラス曰く」は、当然ながら、ヒッポリュトスによる挿入である。

108　Ｉコリ二9参照。

109　ギリシア語は ἀφαιρέσει τινὶ καὶ ἀναποδισμῷ.

110　Wendland はこの章番号と次の（二六）だけが（　）付き、かつ改行なし。その理由は不詳。

111　Preysing の独訳は、ここから二五章。

112　エンペドクレス断片一六。ただし、Diels-Kranz I, 315 の本文と若干異なる。本書第七巻二九10にも出る。

113　プラトン『ティマイオス』41D 参照。

114　本書前出第Ｖ巻八22にも類似の文章がある。

115　プラトン『ファイドン』64C、65A 以下、イアンブリコス『哲学の薦め』二一参照。

116　イアンブリコス『哲学の薦め』二一、ディオゲネス・ラエルティオス『ギリシア哲学者列伝』第Ⅷ巻一七、一八、プルタルコス『ヌマ』一四３参照。

117　エンペドクレス断片一一七以下、Diels-Kranz I, S.359 以下。

118　プラトン『ファイドン』248E 以下。

119　プラトン『ティマイオス』41D 参照。

120　ディオゲネス・ラエルティオス『ギリシア哲学者列伝』第Ⅷ巻一七参照。

121　プルタルコス『イシスとオシリス』一〇・『倫理論集』354F、『子供の教育について』一七・『倫理論集』12E、ディオゲネス・ラエルティオス『ギリシア哲学者列伝』第Ⅷ巻一七参照。

122　プルタルコス『子供の教育について』一七・『倫理論集』12E 参照。

123　プルタルコス『ローマの諸問題』（Quaestiones Romanae）一一二・『倫理論集』290E、『食卓座談』七１・『倫理論集』727C 参照。

124　プルタルコス『イシスとオシリス』一〇・『倫理論集』354F参照。
125　プルタルコス『ローマの諸問題』一一二・『倫理論集』290E、『イシスとオシリス』一〇・『倫理論集』354F参照。
126　Suida辞典のアナクシマンドロスの項にも類似の言葉が出る。
127　プルタルコス『子供の教育について』一七・『倫理論集』12F参照。なお、本書第I巻二14―15も参照。
128　おそらく、次註を付した引用文を指す。
129　プラトン『ティマイオス』31B参照。
130　以上について、本書第V巻一三4参照。
131　以下、3節の終わりまで、本書第X巻一三1で再度要約される。
132　以下3節については、エイレナイオス『異端反駁』第I巻二4、一一5参照。
133　ギリシア語Σιγή.女性名詞。相手方の「父」は男性で、男女の一対を構成する。
134　以下後出三〇5までの記事については、エイレナイオス『異端反駁』第I巻一1―2との並行関係に要注意。
135　本文が壊れている箇所。τεをἦνと補正する提案に従って訳す。Marcovichも同じ。
136　ロマ一一34参照。
137　Iヨハ四8、16、エイレナイオス『異端反駁』第I巻二2参照。
138　原文は三人称単数形。文脈上は「ヌースとアレーテイア」が主語となるはずなので、文法的には不正確。
139　以下5節の終わりまで、エピファニオス『薬籠』XXXI二10も参照。
140　以下8節の終わりまで、エイレナイオス『異端反駁』第I巻二2―3との並行関係に要注意。
141　直前の文脈で言及されたヌースとアレーテイア、ロゴスとゾーエーを指す。
142　アレクサンドリアのクレメンス『テオドトスからの抜粋』四七4：「なぜなら、この神はまだ制作中だったからである。むしろ彼〔預言者〕は、それ〔二つの実体の錯綜〕にまだ形がなく、姿もなく、型もなかったことを、このような仕方で何とか言い表したわけである」参照。
143　創一2参照。ただし、七十人訳（ギリシア語訳旧約聖書）の本文による引用。
144　ヘブ一二22参照。

145　出三三3、三8参照。

146　2節の始めからここまで、エイレナイオス『異端反駁』第Ⅰ巻二3－4参照。

147　以下3節の終わりまでについて、本巻二九3を参照。

148　エイレナイオス『異端反駁』第Ⅰ巻二5参照。

149　杭を並べた防御柵のこと。ただし、新約聖書では「十字架」を指す。以下では「ホロス」（境界）とも呼ばれる。この「スタウロス」と「ホロス」については、アレクサンドリアのクレメンス『テオドトスからの抜粋』二二4、『ストロマテイス』第Ⅱ巻一〇八、エイレナイオス『異端反駁』第Ⅰ巻二2－4、三1、エピファニオス『薬籠』XXXI四3、七3参照。

150　本文が壊れていて訳出が困難な箇所。本訳は χείρονα γενομισμένον と補正する Duncker-Schneidewin の提案に従っている。Miller, Wendland, Marcovich は χείρονα δυν[άμεν]ον と読んで、「～劣らない能力となった」。

151　ギリシア語本文は τὸν υἱόν「御子」。Wendland の提案にしたがって、τὸν πατέρα と補正して訳す。Marcovich は「ビュトス」。

152　アレクサンドリアのクレメンス『テオドトスからの抜粋』二三1参照。

153　本文が壊れている箇所。Diels の提案に従って、ἵν᾽ ᾖ 〈τεχμήριον〉 と補正して訳す。Mrcovich は Duncker-Schneidewin に準じて、σύμβολον. 意味は同じ。

154　1節からここまでについて、エイレナイオス『異端反駁』第Ⅰ巻二6参照。

155　ヘブ四14参照。

156　以下6節の終わりまで、エイレナイオス『異端反駁』第Ⅰ巻四1、2、5参照。

157　キリストと聖霊がソフィアを鎮め、形を与えた場面（前出三一2－4）を参照。

158　グノーシス神話における「妬み」については、大貫隆『グノーシス「妬み」の政治学』、岩波書店、二〇〇八年を参照。

159　以下4節全体について、アレクサンドリアのクレメンス『テオドトスからの抜粋』二九2参照。

160　以下6節の終わりまで、エイレナイオス『異端反駁』第Ⅰ巻五4も参照。

161　前出の3節で「ソフィアは～向きを変えて（τρέπεται）」とあることを指す。

162　エイレナイオス『異端反駁』第I巻五1、六1参照。
163　詩一一10、箴一7、九10。本書第VII二六2も参照。
164　エイレナイオス『異端反駁』第I巻二3参照。
165　以下7節の終わりまで、アレクサンドリアのクレメンス『テオドトスからの抜粋』三七―三八参照。
166　エイレナイオス『異端反駁』第I巻五3参照。
167　ダニ七9、13、22参照。
168　申四24、出二四17。本巻九3も参照。
169　本巻九5参照。
170　Duncker-Schneidewin と Marcovich はここに一定量の本文欠落を想定する。
171　創二2（創造の第七日に神は安息する）参照。
172　本章三二2参照。
173　ヘブ一二22。本巻前出三〇9参照。
174　本文欠損部……以下について、参考までに、Miller の補正提案を訳せば、次の通り。「それは〈父の〉似像としての〈造物主である。物質的実体に由来する力は、その造物主の似像の〉悪魔である」。Marcovich の補正もほぼこれと同じ。なお、本文中の「この世界を支配する者」について、ヨハ一二31、一四30参照。
175　本文欠損。Marcovich は「これはもろもろの悪霊の頭領である」。
176　以下三三章の終わりまで、エイレナイオス『異端反駁』第I巻五3、アレクサンドリアのクレメンス『テオドトスからの抜粋』四九1参照。
177　イザ四五5他、エイレナイオス『異端反駁』第I巻五4参照。
178　本巻前出二一―二九章（特に二九1参照）。
179　偽テルトゥリアヌス『全異端反駁』四（221, 14）参照。なお、偽テルトゥリアヌス『全異端反駁』は、テルトゥリアヌスの真作『異端者への抗弁について』（＝異端からの告発と裁判請求の棄却を勝ち取るための事前の反論）De praescriptione haereticorum に Adversus omnes haereses という表題の下に付された後代の付録である。なお、出典表記の括弧内の数字は A. Kroymann の校訂本（GSEL47, Wien Leipzig 1906）の該当箇所。

180 本巻前出二八３－４、第Ⅴ巻一三４参照。
181 創三20。本書前出第Ⅴ巻七39も参照。
182 ガラ四26参照。本巻三〇９も参照。
183 創二7。
184 エイレナイオス『異端反駁』第Ⅰ巻五５、アレクサンドリアのクレメンス『テオドトスからの抜粋』五一１の反論も参照。
185 本文は τέλειος であるが、ἀτέλειος に補正する提案に従って訳す。Marcovich は副詞に修正して、「完全に悪魔《ディアボロス》に由来する物質的実体から造られたもの」。
186 アレクサンドリアのクレメンス『ストロマテイス』第Ⅱ巻一一四５も、ヴァレンティノスについて同じことを報告している。なお、デモクリトス断片一七一、Diels-Kranz II, 179 も参照。
187 エフェ三14、16－19参照。
188 以上「深み」、「広さ」、「長さ」が出ることについては、エフェ三18参照。
189 Ⅰコリ二14。エイレナイオス『異端反駁』第Ⅰ巻八３参照。
190 本巻前出三三章参照。
191 ヨハ一〇８。アレクサンドリアのクレメンス『ストロマテイス』第Ⅰ巻八一１－３も参照。
192 ロマ一六25。エフェ三４－５、コロ一26も参照。
193 ロマ八19。本書第Ⅶ巻二五５も参照。
194 Marcovich の補充に従う。
195 Ⅱコリ三15。
196 ルカ一35。
197 ルカ一35。
198 エフェ二15、四24参照。
199 Wendland の補正に従って訳す。
200 アレクサンドリアのクレメンス『テオドトスからの抜粋』の正式タイトル『ヴァレンティノスの時代のテオド

トスといわゆる東方派の教説からの抜粋』に要注意。テルトゥリアヌス『ヴァレンティノス派反駁』一一も参照。

201 マコ一10並行、エイレナイオス『異端反駁』第Ⅰ巻七2参照。

202 ロマ八11。

203 この文章も全体が、原文では「彼曰く」で導入されている。これを今まで通り「ヴァレンティノス曰く」と訳しては、目下の文脈に合わないので、一般的な伝聞の意味で訳す。

204 Marcovich の補充。

205 ガラ三10参照。

206 創三19。

207 テルトゥリアヌス『ヴァレンティノス派反駁』四参照。

208 出六2－3。本書第Ⅶ巻二五4も参照。

209 この「わたし」の構文上の身分は実に微妙である。(1)「ヴァレンティノス曰く」を受ける直接話法と見れば、「わたし」はヴァレンティノス、(2)「〈神が〉モーセに～言っている」を受ける直接話法と見れば、「わたし」はモーセ、(3)文脈の内容から推せば、「わたし」は造物主を指す。(3)で考えるのが、最も妥当と思われる。

210 以下5節までの合計五つの引用の出典は、プラトン『第二書簡』312DE、313A、314A-Cである。しかし、ヒッポリュトスは引用と引用の間でプラトンの原文を随時省略しており、その省略の幅もそのつど違っている。また、引用の順番もプラトンの原文とは厳密には一致しない。引用される本文のギリシア語も、現在プラトン研究の分野で公式のものとされている本文とは細部でしばしば食い違っているので要注意である。以下では、その食い違いについて逐一の註記はしない。本訳は独自訳であるが、『プラトン全集14 エピノミス・書簡集』岩波書店、一九八七年所収の邦訳を参照している。なお、引用を五つの段落に区分したのは、本訳の独自判断である。Wendland は引用符を付さず、段落区分も行っていない。Marcovich は引用符を付して段落区分を施している。しかし、本訳の第五段落に相当する部分をさらに二つに割っているのは、不必要と思われる。なお、最初の引用(312E)に含まれる「第二のもの」、「第三のもの」は、殉教者ユスティノス『第一弁明』六〇6－7、アテナゴラス『弁明』二三にも言及がある。

211　Duncker-Schneidewin と Wendland は <αἰ>θέρος（精霊の）と補充しているが、Marcovich とともに写本どおり θέρος と読む。

212　先行するヴァレンティノス派の神話では、「ホロス」の外側の「第八のもの」にとどまるソフィアについては、「外にいるソフィア」として、頻繁に言及がある。エイレナイオス『異端反駁』第Ⅰ巻二４－５、四１では、そのソフィアは「アカモート」と表記され、再びホロスの内側のプレーローマに戻ったソフィア（内側のソフィア）から明確に区別されている。

213　本文欠損。Wendland の補正に従って訳す。Marcovich もほぼ同じ。

214　偽テルトゥリアヌス『全異端反駁』四参照。

215　以上、三八１からここまでの太字部分は、エイレナイオス『異端反駁』第Ⅰ巻一一２－３からの転写である。

216　以下、７節の終わりまでの太字部分は、エイレナイオス『異端反駁』第Ⅰ巻一一３－一二１からの転写である。

217　ギリシア語 θέλημα は θέλησις（テレーシス）の別形。

218　以下２節の終わりまでの内容については、エイレナイオス『異端反駁』第Ⅰ巻一三１－２参照。ヒッポリュトスはエイレナイオスの記事を転写ではなく、要約している。

219　第四巻二八13参照。

220　以下２節の終わりまで、エイレナイオス『異端反駁』第Ⅰ巻一三２参照。

221　エフェ三・一六、参照。

222　マコ四・三一および並行箇所、参照。

223　マコ四・八および並行箇所、参照。

224　該当箇所があるとすれば、第Ⅳ巻二八－四二のどこかであるが、厳密に該当箇所と呼べる文章は見当たらない。Wendland の脚注によれば、ヒッポリュトスがそこで用いている資料には該当する箇所があったのだが、ヒッポリュトスはその箇所を未使用のままで終ってしまった。彼はそのことを忘れて目下の文章を記していると推測される。

225　本文が壊れている箇所。いろいろな補正提案があるが、Wendland の提案〈σύνεγγ〉υς に従って訳す。Marcovich は「満杯の」。

226 エイレナイオス『異端反駁』第I巻一三3参照。

227 前出三九1参照。

228 本巻前出一九5参照。

229 Marcovich に従って、写本のギリシア語 τελευτᾷ を τελευτῶντι と補正して訳す。

230 「監督《エピスコポス》」は後一世紀の末以降、正統主義の教会で使われるようになった職制用語である。もし目下の箇所での用例がヒッポリュトスによる持ち込みではなく、マルコス派自身の用語だとすれば、マルコス派にも一定の職制が具わっていたことになる。

231 エイレナイオス『異端反駁』第I巻二一参照。

232 ここから四八4までの太字部分は、エイレナイオス『異端反駁』第I巻一四1－8からのほぼ逐語的な転写（途中の中断もない）である。訳文は、前述の通り（本巻註82）、基本的に『キリスト教教父著作集2/1』（教文館、二〇一七年）所収の大貫訳と合致させてある。しかしヒッポリュトスのギリシア語本文の読みが、その大貫訳が基づいているギリシア語本文と、微妙に異なる点がある。それは多くの場合、ヒッポリュトスが転写にあたって、形式的に余儀なくされたものである。その違いの内、重要と思われるものについては、当然ながら、ヒッポリュトスの本文に即して補正する。太字ではなく、通常字体の箇所がそれに当たる。

233 以下は「至高のテトラス」（＝「彼女」）の語りをマルコスが報告し、それをまたヒッポリュトス（エイレナイオス）が報告する二重の報告になるが、話法としては直接話法になっている。

234 ギリシア語本文が壊れている箇所。エイレナイオス『異端反駁』のラテン語訳（pater cuius pater nemo est）を参考にして、ἀπάτωρ 〈καὶ〉（Diels）と補正して訳す。Marcovich も同じ。

235 単数。以下で挙げられる三〇のアルファベット《ストイケイオン》全体と同じ。

236 直前の「アルケー」もギリシア語（ἀρχή）では四文字からなるが、「この単語」の指示対象はそれではなく、マルコスも属するヴァレンティノス派の神話でいう「［至高の］テトラス」のことと考えるべきである。後続の文脈がそのことを示している。

237 以下では、マルコス派の文字学と数字学が延々と報告される。それは基本的にはプトレマイオス派に代表される神話に登場するもろもろの神的存在とその相互行為を、ギリシア語の文字と数字に置き換えて物語るものである。その際、マルコス派は「ストイケイオン」(στοιχεῖον)、「グランマ」(γράμμα)、「シュラベー」(συλλαβή)という三つの用語を使い分けている。「ストイケイオン」はアレフ、ベータ、ガンマなどそれぞれの名称から見られたアルファベット二四文字を指し(以下での訳語は「アルファベット」)、「グランマ」はそれらが書き表されたもので、発音上の最小単位(音素)を指す(以下での訳語は「文字記号」)。「シュラベー」は複数の文字記号から合成される音節のことで、実質上は単語を指す(以下での訳語は「単語」)。

238 Marcovichがエイレナイオスの並行記事から行っている補充。

239 ギリシア語原文では三人称単数であることのみが明白。報告の語り手を「彼」=マルコスと解した訳である。

240 使三21参照。

241 マタ一八10参照。

242 ここからエイレナイオス『異端反駁』第I巻一四2。

243 底本のギリシア語はεἶであるが、εと補正して訳す。底本の筆記者はアルファベットのεを「エプシロン」ではなく、「エイ」と読んでいたらしい。本巻後出註274も参照。

244 ここからエイレナイオス『異端反駁』第I巻一四3。

245 前出四二3の「[至高の]テトラス」と同じ。

246 マルコスを指すと解する。したがって、「テトラクテュス」の直接話法となる。

247 ここからエイレナイオス『異端反駁』第I巻一四4。

248 ここからテトラクテュスによる直接話法。終わりは本巻後出註254参照。

249 マルコスも属するヴァレンティノス派の術語の一つで、教会のキリスト教を指す。詳しくは、ナグ・ハマディ文書IIに収録された『三部の教え』(大貫隆訳註)の§74–78を参照。本書第V巻六7も参照。「選ばれる」と「召される」の区別については、マタ二〇16参照。

250 ここからエイレナイオス『異端反駁』第I巻一四5。

251 ギリシア語文法では厳密には閉鎖子音と呼ばれる。β、γ、δ、π、κ、τ、φ、χ、θの九つ。

252 λ、μ、ν、ρ、σ、ζ、ξ、ψ.

253 α、ε、η、ι、ο、υ、ω。

254 ここまでテトラクテュスによる直接話法。始まりは前出註248参照。

255 ζ、ξ、ψのことで、それぞれσ＋δ、κ＋σ、π＋σのように二つの単子音からの合成である。δ、κ、πはいずれも前述の閉鎖子音（本巻註251参照）であり、σの助けを借りて初めて明瞭に聞き取り可能な音になる。目下の箇所に「六つの二重子音」とあるのは、三つの二重子音を単子音に分解して数えたもので、厳密には間違いである。エイレナイオスの並行箇所では正しく「三つの二重子音」となっている。Marcovichはそのように補正しているが、明らかにやり過ぎである。なぜなら、それでは本書の目下の文脈の眼目である6＋24＝30の計算が成り立たなくなるからである。

256 ここからエイレナイオス『異端反駁』第I巻一四6。

257 イエスのこと。

258 ロマ一23参照。

259 マコ九2および並行箇所。

260 マコ九2－8参照。

261 マコ一10参照。

262 古代のギリシア語ではアラビア数字がなかったので、アルファベットが（それぞれの字母の右上にダッシュを付けて）数字としても用いられた。それぞれの字母が数字として示す数値を数価という。他方、「鳩」のギリシア語はπεριστεράである。使われている字母の数価を並べると、π＝80、ε＝5、ρ＝100、ι＝10、σ＝200、τ＝300、ε＝5、ρ＝100、α＝1となり、単純に加算すると合計801となる。また、ωの数価は800なので、801はω＋αと表すこともできる。そのために「その鳩はオーメガΩであり、アルファAなのである」と言われるわけである。本巻後出四九5も参照。

263 創一26－31参照。

264 Iコリ一五45参照。

265 ユダヤ教の安息日（土曜日）の準備の日、つまり金曜日。マコ一五42参照。

266 マコ一五33参照。新共同訳では「昼の十二時」。

267　ルカ一六８、ヨハ一二36、エフェ五８、Ｉテサ五５参照。

268　本巻註255参照。二重子音が三つで、単子音は六になるということ。

269　ここからエイレナイオス『異端反駁』第Ｉ巻一四７。

270　エイレナイオスでは、「全知のシゲー」が語り手となっているが、ヒッポリュトスの文脈では、前出四二３の「〔至高の〕テトラス」あるいは、四四３の「テトラクテュス」を受ける。

271　マルコスを指すと解する。従って、以下は「テトラクテュス」の直接話法となる。

272　文脈から推すと、プレーローマを指す。

273　Duncker-Schneidewin の補正に準じて、エイレナイオスに沿って、διακονεῖ と読んで訳す。

274　底本のギリシア語はεἶであるが、εと補正。本巻註243と同じ。

275　底本のギリシア語はοὖであるが、οと補正。底本の筆記者は、アルファベットのοを「オミクロン」ではなく、「ウー」と読んでいたらしい。本巻後出註286も参照。

276　エイレナイオス『異端反駁』第Ｉ巻一四７の並行記事では、ここに次のようなエイレナイオスの地の文があるがヒッポリュトスは削除している。――「以上がマルコスの報告するシゲーの語りであるが、なんとまあ沢山の御託をならべたことか。しかし、そこに真理にあたるものは一つもない」。

277　ここからエイレナイオス『異端反駁』第Ｉ巻一四８。

278　ここでヒッポリュトスは、エイレナイオス『異端反駁』第Ｉ巻一四８の Brox 版のギリシア語本文の次の並行記事を一部削除している。――「マルコスが言うところでは、前述の七つの力がロゴスを賛美するのと同じように、赤子たちの中にある心魂も叫んだり泣いたりするときに、他でもないマルコス自身を褒め称えているのだそうである」。

279　詩八２―３参照。

280　詩一九２。

281　ここからエイレナイオス『異端反駁』第Ｉ巻一五１。

282　マルコスを指すと解する。直前までは「テトラクテュス」の語りの直接話法での報告であったから、ここでは突然二重の報告となるわけである。

283　Marcovich による補充。

284　直前まで「シゲー」（Σιγή）と表記されたきたものと同じ。突然四文字から五文字の綴りに変えるのは文字通り「数字合わせ」のご都合主義に他ならない。ただし、「セイゲー」（Σειγή）の発音は「シゲー」（Σιγή）と大差なかったものと思われる。

285　ここでヒッポリュトスは、エイレナイオス『異端反駁』第Ⅰ巻一五1の Brox 版のギリシア語本文の次の並行記事を一部削除している。――「これらをすべて合算すると、五つの二倍、七つの二倍も足すから、二四という数字を満たすわけである」。

286　エイレナイオスの並行箇所と微妙に異なる。エイレナイオスでは、プレーローマの中のアルファベット（アイオーン）の総数（前出四六1参照）を指すと思われる。しかし、ヒッポリュトスのこの箇所では、直後の文脈から明らかになる通り、Ἰησοῦς に含まれる ι、η、σ、ο、υ、ϛ の六つの文字記号をアルファベット名で読み、それぞれの読みを書き下ろして、そこに含まれる文字記号の数を数えるのである。すると、ι = ἰῶτα「イオータ」、η = ἦτα「エータ」、σ = σῖγμα「シーグマ」、ο = οὖ「ウー」（本巻註275参照）、υ = ὖ ψειλόν「ウープシロン」、ϛ = σαν「サン」となる（最後の σαν は σῖγμα の別称）。含まれる文字記号数は、4＋3＋5＋2＋7＋3＝24（以上、Usener 説による）。

287　以下、敷衍して訳す。

288　底本は εἰ. 本巻註243、274参照。

289　以上を合計しても24となり、直後に続く「この結果、彼らは、キリスト（Χριστός）の中にある語り得ざる〈名前は〉三〇の文字記号から成っていると言うわけである」という文章と整合しない。このため、Marcovich は目下の箇所に次のような本文の脱落を想定している。「〈以上を合計すると、二四文字となる。しかし、それに彼の卓抜した名前、すなわち六文字から成る〉Ἰησοῦς を加えれば」。

290　黙一8、二一6、二二13。

291　マコ一10および並行箇所参照。

292　本巻前出四七2の訳註262を参照。

293　ここからエイレナイオス『異端反駁』第Ⅰ巻一五2．

294 ι=10、η=8、σ=200、ο=70、υ=400、ς=200で、その合計は888。

295 エイレナイオス『異端反駁』第I巻一五2のBrox版ギリシア語本文の並行記事には、ここに次の一文がある。――「ここから君は、彼らによるとイエスの生成の次第がどれほど天上的なものであるかを明瞭に手にすることができる」。

296 本巻註262で言及したアルファベット二四文字の数価は次の通りである。α=1、β=2、γ=3、δ=4、ε=5、ζ=7、η=8、θ=9、ι=10、κ=20、λ=30、μ=40、ν=50、ξ=60、ο=70、π=80、ρ=100、σ=200、τ=300、υ=400、φ=500、χ=600、ψ=700、ω=800。見ての通り、一の位の数字はαからθまで八個、十の位の数字はιからπまで八個、百の位の数字はρからωまで一〇個である。ただし、一の位では6、十の位では90、百の位では900が欠けている。これは、この三つの数字だけがアルファベット文字にはない特殊な記号で表記されたことによる。

297 ここからエイレナイオス『異端反駁』第I巻一五3．

298 ルカ一26、35参照。

299 ここに、エイレナイオス『異端反駁』第I巻一五3のBrox版ギリシア語本文の並行記事では、次の一文がある。――「それはすべてのものの父が彼を選んで母胎を渡り歩かせ、やがてロゴスによって父を知る認識《エピグノーシス》に至らせるためであった」。

300 マコ一10および並行箇所参照。使われている前置詞はεἰςで、出典のマコ一10と変わらない。ここでは、意図的に「中に」と訳しておく。

301 エイレナイオス『異端反駁』第I巻一五2の次の文章を参照。――「マルコスが言うところでは、このキリストは御子キリスト（Υἱός Χρειστός）とも言われる。これはドーデカス（一二のもの）も意味している。なぜなら、御子という名前は四個の文字記号、キリストという名前は八個の文字記号から成っていて、すべてを合算すると一二という値になるからだという」。

302 Wendlandの本文による。Marcovichは「父」。

303 マコ二10、八31、九31、一〇33、一四62他並行参照。

304 マコ一10参照。

305 創一26参照。

306 本書第Ⅰ巻二、第Ⅳ巻四三、五一参照。

307 ここからエイレナイオス『異端反駁』第Ⅰ巻一六1。

308 ここに、エイレナイオス『異端反駁』第Ⅰ巻一六1のBrox版のギリシア語本文の並行記事では、次の一文がある。――「なぜなら、一＋二＋三＋四の和は一〇のアイオーンと同じ数を生み出すからである」。

309 すなわち、1＋2＋4＋6；＋8＋10＝30。

310 この文章の意味は難解で研究上も未決になっているが、訳者（大貫）の推測では、イエスの受難日が安息日の前日、すなわち週の六日目（その後の呼び方では金曜日）であったこと（マコ一五42）を指すと思われる。数字の六が数字の一二の中に「絶えず随伴」していることは、小学校の算数で学習する。

311 大きくはマルコス派も包括するヴァレンティノス派の神話では、三〇番目のアイオーンであるソフィアが過失を犯す（前出の本巻三〇6―7参照）。他方、目下の文脈でも、「ドーデカス」（一二のもの）はオグドアス（八つのもの）およびデカス（一〇のもの）と合算されて「三〇のもの」《トリアーコンタス》を構成するが、その合算の一番最後に来ていることに注意。

312 以下、次の太字部分（6節以下）までの通常字体による部分は、エイレナイオス『異端反駁』第Ⅰ巻一六1からの要約である。その要約は極めて強度で、エイレナイオスの文意をよく伝えていないので、敷衍して訳す。

313 写本に欠落はないが、早くから本文の欠落が推定されてきた箇所。本訳はMarcovichによる補充に準じている。

314 ルカ一五8―12参照。女が最初に持っていたドラクメ貨は十枚である。この枚数が、直前の文章の「デカス（十のもの）」にかかっている。

315 ルカ一五4―7／マタ一八12―14参照。

316 エイレナイオス『異端反駁』第Ⅰ巻一六1のBrox版のギリシア語本文の次の並行記事を参照のこと。――「こうして〔一〇枚あった〕ドラクメ銀貨は九枚になり、〔一二匹いた〕羊は一一匹になった。これらの残った数字を互いに掛け合わせると九十九という数字となる。なぜなら、一一の九倍は九九になるからである」。ちなみに、この計算のベースになっているのは、ルカ一五4―7／マタ一八12―14の譬えである。しかし、その譬えでもともといた羊は百匹である。それが目下の話では、暗黙裏にもともと一二匹だったことに変わっている。エイレナイオスの並行記事でも同じである。この変更の理由を改めて問うことは、ほとんど意味がない。なぜなら、ここで行われているは9×11＝99というかけ算の11を得てくるための単純な数合わせだからである。

317　ここから後出11節末までの太字部分は、エイレナイオス『異端反駁』第Ｉ巻一六2からの転写。ただし、途中の8節は強度に要約的である。

318　ギリシア語のアルファベットの順番はα、β、γ、δ、ε、ζ、ηであり、それぞれを数価で現すと1、2、3、4、5、7、8となる。見てのとおり、途中6だけが欠けている。その6、すなわち「卓抜した数」（前出五二3参照）を加えるとエータ（η）つまり8は八番目となるということ。

319　1＋2＋3＋4＋5＋（6は抜く！）＋7＋8＝30。

320　Marcovichによる補充。

321　エイレナイオス『異端反駁』第Ｉ巻一六2のBrox版のギリシア語本文の並行記事には、次の文章がある。
――「なぜなら、エプシロンεまでの数価の和は一五であり、その後に七（ζ）がくるので、そこまでの和は二二になる。さらにそこへエータつまり八が加わると、何とあの驚くべき数字の三〇《トリアーコンタス》のものを満たすことになる。彼らはまさにここから、オグドアス（八つのもの）こそが三〇のアイオーンたちの母であることを証明するわけである」。

322　前出四六5参照。

323　「一〇倍したりして」は本来不要。畳語法。Marcovichは削除している。

324　これと同じ比喩が『真理の福音』（ナグ・ハマディ文書Ⅱ所収）§26にある。エイレナイオスはこれに『異端反駁』第Ⅱ巻二四6で反駁している。

325　この補足はMarcovichによる。

326　ここから五四章末までの太字部分は、エイレナイオス『異端反駁』第Ｉ巻一七1－2からの転写。

327　指示対象不詳。おそらくマルコス。前後で繰り返される「彼ら」はマルコス派か。あるいは、マルコス派を含む広義のヴァレンティノス派。

328　直後の文章から推すと、ここでいう「一日」は昼間のことである。

329　ギリシア語本文が壊れている箇所。κενῆς をエイレナイオス『異端反駁』第I巻一七2の並行箇所に従って、φαεινῆς と補正して訳す。Marcovich も同じ。

330　ここに、エイレナイオス『異端反駁』第I巻一七1の Brox 版のギリシア語本文の並行箇所では、次の一文がある。——「さらに、一日の一二分の一に当たる一時間が三〇度《モイラ》を分配されていることも、実はあのトリアーコンタス（三〇のもの）の模像だという」。これは次の計算に基づく。昼と夜は合計二四時間で、度数に直すと円周一つ分、つまり三六〇度。従って、一時間は一五度に相当するが、どの一時間も昼と夜の二回数えられるので三〇度となる。以上、エイレナイオス『異端反駁』第I巻の拙訳のこの箇所への訳注を参照。

331　ここからエイレナイオス『異端反駁』第I巻一七2。

332　創一14参照。

333　以上、エイレナイオス『異端反駁』第I巻一八1参照。

## 第七巻

1　一般論だが、古代では本は、朗読者によって、そのつど不特定多数の聴衆の前で朗読された。それを「聞く」ことをもって、「読む」とも言った。この事情は、新約聖書の福音書で、イエスが繰り返し「あなたがたは、モーセが～と言っているのを読んだことがないのか」と語る場面にも反映している。

2　ホメーロス『オデュッセイア』九106以下、一二165―200を参照。

3　ホメーロス『オデュッセイア』一二183を参照。

4　本書第I巻二〇1―7参照。

5　ギリシア語は ἄτομον.「それ以上分割できないもの」の意。いわゆる「アトム」（原子）と同じ語意。なお、アリストテレスの出典としては『範疇論』3a 35 参照。

6　ギリシア語本文が壊れていて、読解が困難な箇所。本訳は Wendland の校訂 τὸ γένος ἓν ὂν πᾶσι τοῖς γεγενημένοις に従っている。Marcovich も同じ。Duncker-Schneidewin に準じて、τὸ γένος αἴτιον πᾶσι τοῖς γεγενημένοις と読めば、「すべて生成したものの原因として十分である」となる。

7　Wendland 版と Marcovich 版が大きく異なる箇所。本訳は Marcovich 版に準じている。

8 ギリシア語 ἐξ οὐκ ὄντων.
9 ギリシア語 οὐδὲ ἕν. 直訳すれば、「一つ〔の動物〕ではない」となるが、実質的には οὐδέν と同じと見て訳す。後出二〇2参照。
10 Marcovich の補正 τῆν <μὴ> οὖσαν τῶν γενονότων ἀρχήν に従う。
11 ギリシア語 εἶδος の原義は「かたち」であることに要注意。セネカ『書簡』五八16参照。
12 アリストテレス『範疇論』2a 11 参照。
13 以下、アリストテレス『範疇論』2a 20 以下を参照。
14 アリストテレス『範疇論』1a 24. 25 参照。
15 アリストテレス『範疇論』8b25 参照。
16 本書第Ⅰ巻二〇2参照。
17 本巻註8と同じギリシア語。
18 以下2節全体の宇宙論については、偽アリストテレス『世界について』六参照。
19 内容的に本書第Ⅰ巻四3、二〇6、第Ⅴ巻一三1を参照。
20 ギリシア語は μετὰ τὴν σελήνην「月から後の」とも訳せる。
21 ギリシア語は Μετὰ τὰ φυσικά、すなわち「自然に関する事柄の後で」。
22 ギリシア語は μετὰ τὴν σελήνην で、本巻註20と同じ。
23 その表題は不詳。「第五の実体」については、直前の3節の他、本書第Ⅰ巻二〇4も参照。その他、アリストテレス『動物発生論』736b30、フィロン『夢について』第Ⅰ巻二一も参照。
24 アリストテレス『心魂について』412a 19 以下。ἐντελέχεια とは、ἐν「中に」＋ τέλει「完成」＋ ἔχειν「〜に在る」から構成された合成語であり、可能態が実現して現実態になっていることを言う。
25 アリストテレス『形而上学』1072b18-21、1074 b 33 以下。
26 ガラ五2参照。
27 ここから後出二七章までには、ナグ・ハマディ文書Ⅰに、小林稔による邦訳（底本は Marcovich 版）が収録されているが、率直に言って、誤訳と思しき箇所が少なくない。本訳は独立の私訳であり、小林訳との違い（修正）を逐一断ることはしない。

28　マティアはいわゆる「裏切り者」ユダの後任としてくじ引きで選ばれる人物（使一25－26参照）。新約外典には、『マティアの福音書』を筆頭に、マティア伝承群と呼ぶべきものがあったことが知られている。W. Schneemelcher, Neutestamentliche Apokryphen Bd. I, 5. Aufl., Tübingen 1987, 308参照。

29　本来は、前節の「バシリデースと彼の実子のイシドーロス」を三人称複数で受けて然るべきであるが単数。如何にこの文言が形式的な挿入句となっているかの証拠。本書第V巻註12、17参照。

30　ギリシア語 οὐδέν.「無」とも訳せる。内容については、第VI巻二九5および偽クレメンス『説教』VI三1：「かつて、混沌以外には何もない時があった」参照。

31　ギリシア語 ἦν οὐδὲ ἕν.「何一つなかった」ということは、つまり ἦν οὐδέν「何もなかった」と同じ。ギリシア語 οὐδὲ ἕν はヨハ一3と同じ。

32　小林稔（本巻註27参照）によるこの文章の邦訳は誤訳である。

33　エフェ一21参照。

34　文頭からここまで、ギリシア語本文が壊れている箇所。αὐτῇ ἄνευ ὀνομάτων と補正するRoeperの提案に従って訳す。

35　アリストテレス『範疇論』1a1以下参照。

36　ギリシア語本文が壊れている箇所。Dielsの補正提案に従って訳す。Marcovichも同じだが、後続の「思考不可能なものも、知覚不可能なものも」を削除している。

37　以下5節の終わりまで、本書第X巻一四1で再度要約される。

38　本巻前出一九7参照。

39　マコ四31、本書第V巻九6参照。

40　ギリシア語は πανσπερμία. すでにソクラテス以前のギリシア哲学者の間で術語として定着している。Diels-Kranz III（Register）333で検索可能である。同 II 18,2；76,4；78,19にレウキッポスとデモクリトスの用例についてのアリストテレスの証言がある。

41　以下5節全体について、偽クレメンス『説教』VI五3を参照。

42　本書第Ⅴ巻一九1参照。
43　Marcovich が後続の6節末尾との関連で補充したもの。
44　この文章は当面未完結のままで、後出の3節で再び受け取り直されて、継続される。すなわち、直後に続く2節全体は、ヒッポリュトスによる挿入である。前掲の小林稔訳は、この点で明らかに誤訳である。
45　詩三三9。一四八5も参照。
46　創一3参照。
47　ヨハ一9。
48　前出二一4参照。
49　以上の5節について、本巻前出一八章参照。
50　以下6節の終わりまで、本書第Ⅹ巻一四2前半で再度要約される。
51　この改行は、Wendland による底本には欠。
52　以下10節の終わりまで、本書第Ⅹ巻一四2－4で再度要約される。
53　「子という身分」の意。
54　ホメーロス『オデュッセイア』七36。
55　本書第Ⅴ巻七10、九4にも同じ文章がある。
56　プラトン『ファイドロス』246A 以下。
57　ヘラクレイトス断片六一、Diels-Kranz I 164 参照。
58　以上の比喩について、本書第Ⅴ巻一九3参照。
59　詩一三三2参照。
60　出一九4、申三二11参照。
61　ギリシア語は οὐδὲν δὲ οὕτως ἀνόητόν ἐστι τῶν 〈ἐν〉 τοῖς κρείττοσιν, ἵνα μὴ κατέλθῃ κάτω. 翻訳の中には、最後の μὴ を虚字と解して無視し、「下方に降りて来ようとするほど愚かな～」と訳すものが多い（Preysing、小林稔）。Marcovich は ἵνα μὴ <μένῃ, ἀλλα> κατέλθῃ κάτω と補正しているが、文意は変わらない。本訳は、15－16節が言おうとするのは、飛翔と下降が不可分一体であることと解したもの。そのことは、たとえば本巻後出二五5以下、二六8－9の論述から明らかである。

62 以上、本書第X巻一四5の前半で再度要約される。

63 本巻後出二五章。

64 この副文章は、直後の説明的挿入文（2節全体）を超えて、3節以下に後文を持つことが期待される。しかし、3節との接合は、かなりぎこちない。内容については、創一7参照。

65 以下6節の終わりまで、本書第X巻一四5－7で再度要約される。

66 小林訳「衝動」はギリシア語を ὁρμήν と読んでいるが、ὀσμήν の読み間違いである。本書第X巻一四5で、この記事が要約される箇所でもそうなっている。

67 Iコリ三10参照。

68 詩一一〇1、マコ一二36参照。

69 本巻前出一九6、註24参照。

70 以下4節に終わりまで、本書第X巻一四8で再度要約される。

71 以下の文章は、ギリシア語本文は一応欠損のない形になっているが、読解がきわめて困難である。本訳は Roeper の次の補正提案に従っている。*φθάσαν ἐλέχθη ὑπὸ τοῦ τὰ μέλλοντα γενήσεσθαι ὅτε δεῖ καὶ οἷα δεῖ καὶ ὡς δεῖ λελογισμένου.* 写本では *ἐλέχθη* の代わりに *τεχθῆναι* となっているので、「前もって生まれていた」となる。

72 「模倣の子性」とは「より重い第二の子性」のこと。前出二二9参照。

73 ロマ八19、22参照。

74 以上、2節の始めからここまで、本書第X巻一四10で再度要約される。

75 ロマ五13－14参照。

76 申三二30、イザ四五5参照。

77 エフェ三3－5、コロ一26－27参照。

78 この「の」は同格用法。

79 出六2－3参照。本書第VI巻三六2参照。

80 ロマ八19、22参照。本書第VI巻三五2参照。
81 エフェ一21参照。
82 本書第V巻一七9参照。
83 詩一一10、箴一7、9、10．本書第VI巻三二7も参照。
84 以上、1節からここまでについて、アレクサンドリアのクレメンス『ストロマテイス』第II巻三五5参照。
85 IIコリ二13。
86 詩三二5参照。
87 エフェ三9－10参照。
88 この時の副文は、次の6節全体を超えて、7節へつながる。6節全体は、ヒッポリュトスによる挿入である。
89 ギリシア語のアルファベットはそれぞれ数字としても使われた。Ἀβρασάξ は語頭の有気記号を度外視すると、α、β、ρ、α、σ、α、ξの七文字から成る。使われているアルファベットの数字としての値（数価）は、α＝1、β＝2、ρ＝100、σ＝200、ξ＝60である。七文字分を合計すると、1＋2＋100＋1＋200＋1＋60＝365．なお、ヒッポリュトスはこの議論を、エイレナイオス『異端反駁』第I巻二四3、5、7から要約している。なお、エピファニオス『薬籠』XXIV七、偽テルトゥリアヌス『全異端反駁』一5、テオドレトス『異端者たちの無駄話要綱』第I巻四も参照。
90 エフェ三3、5。
91 IIコリ一二4。
92 ルカ一35。
93 ルカ一35。なお、8節の始めからここまで、本書第X巻一四9で再度要約される。
94 10節の始めからここまで、本書第X巻一四10で再度要約される。
95 ロマ八19、22参照。本巻二五1、5も参照。
96 イザ三五10、五一11。
97 ヨハ二4。
98 マタ二1－2参照。

99　本書第Ⅵ巻三四5参照。
100　以下の文章は、ダーシで挟まれた挿入部分を超えて、6節の最初の文章へ接続する。
101　マタ五12参照。
102　アレクサンドリアのクレメンス『ストロマテイス』第Ⅱ巻三六1、三八2のバシリデースに関する報告では、ソフィアの役割とされている。
103　前註102参照。
104　Marcovich はここに次のような文章の欠落を想定している。「この知恵はエジプト人からきたものであり、真理に即した教えからはまったく逸脱したものである」。
105　本巻二〇5（およびその他随所）では、バシリデース派の教説はアリストテレス（あるいはペリパトス学派）の塗り替えと言われていた。目下の文章は、明らかにそれとは不整合である。
106　以下二八章末までの太字部分は、エイレナイオス『異端反駁』第Ⅰ巻二四1－2からの逐語的な転写である。ただし、エイレナイオスのラテン語訳の本文では、「サトルニヌス」（Saturninus）と表記されている。エピファニオス『薬籠』XXIIIも参照。
107　創一26。
108　ギリシア語本文には欠。エイレナイオス『異端反駁』のラテン語訳によって補足する。文脈上は「救い主」の父を指す。Marcovich も同じように補足するが、その位置は「彼に属するアルコーンたちが」の意味に誤解を招く恐れがあり、感心しない。
109　テオドレトス『異端者たちの無駄話要綱』第Ⅰ巻二四、偽テルトゥリアヌス『全異端反駁』六（222, 26）、『マルキオン反駁』Ⅰ二以下参照。
110　第Ⅰ巻三章参照。
111　シンプリキス『アリストテレス「自然学」註解』二五26参照。
112　エンペドクレス断片6＝Diels-Kranz I, 311-312 参照。ただし、そこでは「〈アイテールの〉ゼウス」の代わりに、「〈輝く〉ゼウス」。Wendland 版はこれに従って補足している。Marcovich は本書第Ⅹ巻七3に再出する同じ引用と合わせて補正。本訳はそれに準じる。

113 アイドーネウスのギリシア語の原綴は 'Αϊδωνεύς で、語源的には「目に見えない者」を意味するとされる。そのことにひっかけた語呂合わせ。

114 ５節の始めからここまで、ディオゲネス・ラエルティオス『ギリシア哲学者列伝』第Ⅷ巻七六、ストバイオス『詞華集』第Ⅰ巻（Wachsmuth 版）p.121, 10-14、Diels, Doxographi S. 287 も参照。

115 「彼」＝エンペドクレスと解する。以下しばらく同様。

116 ネースティスのギリシア語の原綴は Νῆστις で、もともと「飢えをもたらす」の意の形容詞。そのことにひっかけた語呂合わせ。

117 エンペドクレス断片一七、Diels-Kranz I, 316（13行）、断片一九、Diels-Kranz I, 318 参照。本書第Ⅹ巻七５に引用文あり。

118 エンペドクレス断片一六（ただし、Diels-Kranz I, 315 の本文と若干異なる）。本書第Ⅵ巻二五１に前出。

119 エンペドクレス断片二九（Diels-Kranz I, 325）。

120 エンペドクレス断片一一五第13行（Diels-Kranz I, 358）。

121 エンペドクレス断片一一五第14行（Diels-Kranz I, 358）。

122 エンペドクレス断片一一五第４－５行（Diels-Kranz I, 357）。プロティノス『エンネアデス』第Ⅳ巻八１参照。

123 エンペドクレス断片一一五第６行（Diels-Kranz I, 357）。

124 エンペドクレス断片一一五第７－８行（Diels-Kranz I, 358）。

125 エンペドクレス断片一一五第９－12行、Diels-Kranz I, 358.

126 前出15節参照。

127 エンペドクレス断片一一五第１－２行、Diels-Kranz I, 357。

128 前出４－10節参照。

129 ヒッポリュトスのギリシア語本文（Wendland）は ἐν σφαδινῆσιν ὑπὸ πραπίδεσιν. これを Diels-Kranz I, 352 のエンペドクレス断片一一〇の校訂本文に置き換えて訳す。以下では、断片一一〇全体が引用されている。本訳は終始、Diels-Kranz の校訂に準ずる。

130 ギリシア語本文が壊れている箇所。Diels-Kranz の補正 ἐκτήσεαι に従って訳す。Marcovich も同じ。

131 Diels-Kranz に従って、μέριμναι を μερίμνας と補正して訳す。Marcovich も同じ。

132 マルキオンは旧約聖書と新約聖書の間の対立関係を命題として並べた著作があったと伝えられるが、失われてしまったため、詳細は不詳である。テルトゥリアヌス『マルキオン反駁』I 一九参照。より詳しくは、A. Harnack, Marcion. Das Evangelium vom fremden Gott, 2.Aufl., 1924. S.74-92 を参照。

133 マルコ福音書の巻頭に付された古い序文の一つによると、マルコは司祭に叙されることを嫌って、自分の親指を切り落としたと伝えられる。T. Zahn, Einleitung in das Neue Testament II, 2. Aufl., Leipzig 1899, S.211 参照。

134 Iテモ四3参照。

135 エンペドクレスの断片の多くは、『自然について』(Περὶ φύσεως) と『浄め』(Καθαρμοί) という著作からの引用である。前出二九章における一連の断片は、大半が『自然について』に属するもので、14―15節における断片115のみが『浄めについて』に属する。Wendland が脚注で、ここまで『浄め』からの引用が一つもないと言うのは間違いである。

136 否定疑問文は Marcovich の補正に準じている。

137 前出二九22参照。

138 バルデーシアネースとマルキオン派の対立については、エウセビオス『教会史』第IV巻三〇1参照。

139 エンペドクレス断片一三一、Diels-Kranz I, 364-365.

140 テオドレトス『異端者たちの無駄話要綱』第I巻二四、偽テルトゥリアヌス『全異端反駁』六参照。

141 ルカ三1。

142 ルカ四15他参照。

143 ロマ八3「御子を罪深い肉と同じ姿でこの世に送り」が、「善の本性からも離れていた」証拠だという意味。

144 マコ一〇18並行参照。本書第V巻七26も参照。

145 以下三二6までの太字部分は、エイレナイオス『異端反駁』第I巻二五1―3からのほぼ逐語的な転写である。

146 エイレナイオス『異端反駁』のラテン語訳の並行箇所に従って補正。

147 プラトン『ファイドロス』246E-247D のいわゆる「想起説」を参照。
148 純粋に文法的には、直前のイエスの「弟子たち」を指すことも可能であるが、内容的な観点から、カルポクラテース派を指すと解する。
149 エイレナイオス『異端反駁』のラテン語訳の並行箇所に従って補正。
150 以下の太字部分は、エイレナイオス『異端反駁』第Ⅰ巻二五４からのほぼ逐語的な転写である。
151 Marcovich は以下次の改行までの文章について、エイレナイオスの並行記事からの補充を行っているが、無意味である。
152 以下の太字部分は、エイレナイオス『異端反駁』第Ⅰ巻二五６からのほぼ逐語的な転写である。
153 以下２節の終わりまで、本書第Ｘ巻二一１－３で再度要約される。
154 使徒教父のポリュカルポス（小アジアのスミュルナの司教、後一五六年没）と同時代人。エイレナイオス『異端反駁』第Ⅲ巻三３－４によれば、主の弟子ヨハネがエフェソの共同浴場でケリントスと鉢合わせしたとき、建物の倒壊を怖れて急いで逃げ出したという逸話をポリュカルポスが伝えていたという。
155 以下の太字部分は、エイレナイオス『異端反駁』第Ⅰ巻二六１からのほぼ逐語的な転写である。
156 以下の太字部分は、エイレナイオス『異端反駁』第Ⅰ巻二六２からのほぼ逐語的な転写である。なお「エビオン派」という名称はヘブライ語の「エビョーニーム」（ebjonim）、すなわち「貧しい者たち」に由来する。エイレナイオス『異端反駁』第Ⅰ巻二六２の報告からは、きわめてユダヤ教色の強いキリスト教グループであったことが窺われるが、一義的にグノーシス的な特徴は認められない。エイレナイオスはそれ以外にも、第Ⅲ巻一一７、二一１、第Ⅳ巻三三４、第Ⅴ巻一３でもこのグループについて報告している。エイレナイオスが彼らを異端の一つとして扱ったことによって、以後の古代教会でも異端としての位置づけが定着した。しかし、それ以上の歴史的実態についてはほとんど不詳である。なお、ヒッポリュトスの本書は、後出の三五１で「エビオーン派」の名称が創始者エビオーンに由来するという見方を示している。これはそれ以前には見られない説である。
157 以上、１節は本書第Ｘ巻二二で再度要約される。最後の文章については、エピファニオス『薬籠』XXX二参照。
158 ギリシア語 χριστός. ここでは元来の語義「油注がれた者」の意で用いられている。
159 以下本章は第Ｘ巻二三で再度要約される。

160　エピファニオス『薬籠』LIV 一、エウセビオス『教会史』第V巻二八6、偽テルトゥリアヌス『全異端反駁』八2参照。
161　マコ一10、ルカ三22参照。
162　Marcovich による補正。
163　以下本章の前半は第X巻二四でも再度言及される。偽テルトゥリアヌス『全異端反駁』八3参照。
164　創一四18、ヘブ五6、10参照。
165　以下はエイレナイオス『異端反駁』第I巻二六3からの要約である。エピファニオス『薬籠』XXV 一－二、偽テルトゥリアヌス『全異端反駁』一6も参照。
166　使六5参照。
167　黙二14参照。
168　以下三七章の1節はエイレナイオス『異端反駁』第I巻二七1からの要約である。ケルドーンがマルキオンの師に相当することについては、本巻冒頭一〇も参照。後半2節と本巻冒頭一一で言及されるルキアノスは、オリゲネス『ケルソス駁論』第II巻二七で「ルカノス」と表記されている人物と同じ。A. v. Harnack, Marcion. Das Evangelium vom fremden Gott, Leipzig 2. Aufl. 1924 では一貫して Lukanus の表記になっているので要注意。
169　以下、5節の終わりまで、本書第X巻二〇で再度要約される。
170　本書第VIII巻一〇1参照。
171　以上、テルトゥリアヌス『異端者たちへの反論』三四、偽テルトゥリアヌス『全異端反駁』六、エピファニオス『薬籠』XLIV 一も参照。
172　偽テルトゥリアヌス『全異端反駁』六参照。
173　ギリシア語 φανερώσεις.
174　以下5節の終わりまで、テルトゥリアヌス『キリストの肉について』一、偽テルトゥリアヌス『全異端反駁』六、エピファニオス『薬籠』XLIV 二も参照。
175　ヨハ二〇25、ルカ二四39参照。

## 第八巻

1 マタ七5並行参照。

2 本書第Ⅰ巻序6参照。

3 Wendland による補正。Marcovich は「手に入れ〈たがっている〉」。

4 ギリシア語 Δοκηταί「仮現論者」。イエスの肉体が一時的な仮象に過ぎなかったとする見方（後出一〇7以下参照）を指す自称と思われる。ただし、一一1には、それと少し異なる由来について言及がある。

5 以下九2まで、本書第Ⅹ巻一六1－2で再度要約される。

6 創三7参照。Wendland の脚註はこの創世記の箇所への暗示を見ることに否定的であるが、私はその判断に賛同しない。

7 特定の人物を指すものではなく、ドケータイ派の言い分の報告であることを示すためのヒッポリュトスの定型的挿入句。以下しばらくの間、頻出する。本書第Ⅴ巻註12、17参照。

8 イエスへの最初の言及が「彼」とされるのは不自然であるが、直続の文章の内容から推して、イエスと解する他はない。

9 本巻註7と同じ。

10 マコ一一13－14、20－21と並行箇所の混合引用。

11 Wendland の提案に従って、⟨παμ⟩μεγέθους と補正して訳す。Marcovich も同じ。

12 マコ一三28並行参照。

13 本書第Ⅵ巻九8－10、第Ⅶ巻二一3参照。

14 ギリシア語本文は「われわれ」。Wendland の提案に従って、三人称複数形に補正して訳す。ただし、次々註を考慮すると、「われわれ」をドケータイ派の自己言及として活かす可能性も残っている。Marcovich は「われわれ」。

15 本書第Ⅶ巻二二1、6参照。

16 この「われわれ」は、ヒッポリュトスあるいはドケータイ派のいずれの自己言及とも解することができる。もし後者の自己言及と解せば、ヒッポリュトスはドケータイ派自身の手による文書を転写していることになる。

17　申五22参照。本書第V巻二〇1参照。
18　本書前出第VI巻一七7参照。
19　本書前出第VI巻二三3、二九7－8参照。
20　Marcovich による補充。「思考不可能」は「それについての思考が不可能」の意。
21　マタ一三3、8並行からの自由引用。
22　マタ一三9並行参照。本書第V巻八29参照。
23　以下3節前半までについて、本書前出第VI巻三二1参照。
24　ここから8節の終わりまで、本書第X巻一六2－5で再度要約される。
25　創一4、5、7参照。
26　創一1参照。
27　ギリシア語 βάτος.
28　出三2参照。本書第VII巻三八1も参照。
29　ギリシア語 βατός. 前註に挙げた「柴」の原語 βάτος と全く同じ綴りであることに要注意。鋭アクセントの位置が異なるに過ぎないことにかけた語呂合わせ。
30　SVF I, S.21 ,Fr.74、II, S.43 , Fr.139 以下、III, S.212, Fr.17-19 参照。
31　ギリシア語 ἀποψυγεῖσαι と ψυχή の間の周知の語呂合わせ。本書第I巻二一3参照。
32　ヨブ二9d（七十人訳による）。
33　マタ一一14－15並行。ただし、この引用文が前後の文脈の中で何を意味するのか、はっきりしない。
34　マコ一4参照。
35　Marcovich は「すべてのアイオーンたちの永遠のプレーローマを」。
36　以下4節の終わりまで、ガレーノス全集第V巻六二三－六二四、第XIV巻七〇一－七〇二、第XIX巻三五八参照。
37　マタ八12参照。
38　ルカ一26以下参照。
39　「（マリアから）産まれたものを着た」は、直前の文章とのつながりから、「肉」のことと解される。本書第X

巻一六６も参照。

40　マコ一９並行参照。

41　この文章は、ドケータイ派の仮現論を理解する上で、決定的に重要なはずであるが、読解がきわめてむずかしい。以下の文脈とのつながりを含めて、段落の趣旨を概説すれば、次のようになると思われる。——「独り子なる御子」（「心魂」）が乙女マリアから産まれた時に着たのは「肉」の身体（つまり肉体）であり、心魂はその中に言わば「埋葬」されて地上で活動する。しかし、すでに洗礼の時に、やがてその「肉」に取って代わることになる言わば「霊の身体」が「徴」と「印章」の形で与えられていた。十字架（「木」）の上での「独り子なる御子」（「心魂」）は、「肉」の身体を釘付けにした時に、その「霊の身体」を改めて実際に身につけたのである。

42　コロ二14―15参照。

43　Ⅱコリ五３参照。

44　ヨハ三５―６。

45　ルカ三23参照。

46　Ⅰコリ一三10―12参照。

47　マタ七３、５並行、本巻八１参照。

48　テオドレトス『異端者たちの無駄話要綱』第Ⅰ巻一八も参照。

49　ホメーロス『イリアス』一四201参照。本書第Ⅴ巻七38に同じ文言が既出。

50　本巻八５参照。

51　後出４節に出る。本書第Ⅶ巻二一１参照。

52　以上、本書第Ⅹ巻一七１の要約も参照。

53　ヨハ一１―３への暗示か。

54　本書第Ⅴ巻一九１参照。

55　本書第Ⅴ巻六５参照。

56　マタ五18並行、本書第Ⅵ巻二四１も参照。

57　直後の一三１の論述を参照のこと。

58 本書第V巻九4にも同じ文言が出る。
59 前出一二7の始めからここまで、本書第X巻一七2も参照。
60 ギリシア語のアルファベットは数字としても使われた。それぞれの文字が数字として持つ値を数価と言う。イオータの数価は10であることに要注意。
61 コロ一19、二9の混合引用。本書第V巻一二5参照。
62 マタ一一27参照。
63 以下4節の終わりまで、本書第X巻一七1－2で再度要約される。
64 以下3節の終わりまで、本書第X巻一七3－4で再度要約される。
65 創一章参照。
66 本書第VI巻一三1参照。
67 創二2－3。
68 本文欠損。Marcovich は「始原はこれ〔休息と安息日〕に他ならない、と彼は言う」と推測。
69 Marcovich の補充。その上で彼は立方体を土、二十面体を水、八面体を大気、四面体を火に割り振っている。
70 プラトン『ティマイオス』55D 以下参照。
71 出七－一一章でエジプト人に下される禍は合計一〇であることを指す。
72 ギリシア語は δεκάπληγος. 後半の πληγος は「撃つ」(πλήσσειν) の名詞形。本巻後出註75のデモクリトスの断片に含まれる同じ動詞に語呂合わせで掛かる。
73 剪定のことか。
74 ギリシア語は πλησσόμενα.
75 デモクリトスの断片三二、Diels-Kranz II, S.152（男女の性交に関して）参照。
76 出一二11、14参照。出エジプト記のこの箇所では、ユダヤ教の過越祭の由来と段取りが語られている。しかし、目下のヒッポリュトスの文脈で問題になっているのは、キリスト教の復活節（イースター）のことであると思われる。後続の文脈と本巻前出五章、後出一八章も参照のこと。
77 出一二3「今月（ニサンの月）の一〇日、人はそれぞれ父の家ごとに、すなわち家族ごとに子羊を一匹用意しなさい」とあるように、ユダヤ教の過越祭（別名種入れぬパンの祭）はニサンの月（正月）一〇日から準備が始まったことを指す。過越祭そのものは、同月一四日の日没から始まった（出一二6、18参照）。Duncker-Schneidewin と Wendland は出一二3に従って、「一〇日」という写本の読みのままにしているが、Cruice と Marcovich は出一二6、18を根拠に「一四日」。

78 本書第Ⅰ巻二8、第Ⅳ巻五一4、第Ⅵ巻二三5参照。しかし、目下の文章の訳は多分に推測による。

79 出一二18「正月の一四日の夕方からその月の二一日の夕方まで、酵母を入れないパンを食べる」を参照。

80 出一二14参照。

81 出一二11参照。

82 出四2他参照。

83 ギリシア語本文が壊れている箇所。Marcovich の補正に準じる。モーセの手が雪のように白く変ったことは、出四6参照。

84 出七17参照。

85 出一〇1－20参照。

86 イザ四〇6、Ⅰペト一24参照。本書第Ⅵ巻一〇2も参照。

87 本書第Ⅰ巻二〇1、第Ⅵ巻二四1－2参照。

88 以下2節の終わりまで、本書第Ⅹ巻一七5で再度要約される。

89 Wendland 版は ζήτησον αὐτὸν ἀπὸ ἑαυτοῦ であるが、Marcovich に従い、ζήτησον αὐτὸν ἀπὸ σεαυτοῦ と補正して訳す。内容的には、ディオゲネス・ラエルティオス『ギリシア哲学者列伝』第九巻5：「彼（ヘラクレイトス）は自分自身を探求して、すべてのことを自分自身から学んだのだと語っていた」（加来彰俊訳、岩波文庫）参照。

90 Wendland 版は αὐτὸν ἐν ἑαυτῷ であるが、Marcovich の補正 αὐτὸν ἐν <σ>εαυτῷ に準じて訳す。

91 テオドレトス『異端者たちの無駄話要綱』第Ⅰ巻一八章も参照。

92 本書第Ⅰ巻二章、第Ⅳ巻五一章、第Ⅵ巻二三章参照。

93 本章全体について、エイレナイオス『異端反駁』第Ⅰ巻二八1参照。および本書第Ⅹ巻一八章参照。

94　本書第X巻二八章参照。訳文については、テオドレトス『異端者たちの無駄話要綱』第I巻一九章の並行記事、テルトゥリアヌス『ヘルモゲネス駁論』一を参照のこと。

95　テルトゥリアヌス『ヘルモゲネス駁論』三参照。

96　テルトゥリアヌス『ヘルモゲネス駁論』四一、四三参照。

97　テルトゥリアヌス『ヘルモゲネス駁論』三八、四〇参照。

98　本書第VI巻三五3、第VII巻二六9参照。

99　テオドレトス『異端者たちの無駄話要綱』第I巻一九章参照。

100　詩編一九6。

101　以下の主張をする分派については、エウセビオス『教会史』第V巻一三、テオドレトス『異端者たちの無駄話要綱』第III巻四章、エピファニオス『薬籠』L、偽テルトゥリアヌス『全異端反駁』八1も参照。

102　出一二18参照。

103　申二七25、民九13参照。エピファニオス『薬籠』L二も参照。

104　ガラ五3。

105　以下3節の前半まで、本書第X巻二五―二六章で再度要約される。以下のいわゆるモンタノス主義については、エウセビオス『教会史』第V巻一六―一八章、エピファニオス『薬籠』XLVIII、テオドレトス『異端者たちの無駄話要綱』第III巻二章、偽テルトゥリアヌス『全異端反駁』七2も参照。

106　ヨハ一四16、26参照。

107　ギリシア語 ξηροφαγία. 禁欲行為の一つで、「過越祭」（復活節）の六日間、パン、塩、水しか摂取しない。詳しくは A Patristic Greek Lexicon, ed. G.W.H. Lampe, Oxford 1961 の該当項目を参照。モンタノス主義における断食については、テルトゥリアヌス『有魂のものの断食について』一―二、一五参照。

108　ギリシア語 ῥαφανοφαγία.

109　後出二〇4、第IX巻七章以下参照。

110　この章については、エイレナイオス『異端反駁』第I巻二八1参照。

111　コロ二16、18参照。

112 Ⅰテモ四1－5。

113 ギリシア語本文が壊れていて訳出がきわめて困難な箇所。本訳はWendlandの脚註に挙げられている補正提案の内、*ἵνα μὴ κἂν ἐν τούτῳ τινὲς αὐτοὺς λόγου ἀξίους ἡγῶνται* と読む提案（Bunsen）に従って訳す。Marcovichの補正も実質的にこれと同じ。

## 第九巻

1 このテオドトス（本巻一二19、第Ⅹ巻二七4も同じ）は、第Ⅶ巻九、三五1、第Ⅹ巻二三1－2のビザンティウムのテオドトス、第Ⅶ巻三六2の両替商のテオドトスとは別人であるので要注意。マルコヴィッチの巻末索引は「モンタノス主義者」と表記しているが、根拠は不詳である。

2 パリ写本は、この前に一行を追加して、「哲学誌第九巻」と表記。詳しくは本書巻頭の序論三〇頁を参照。

3 ヒッポリュトス『ノエートス駁論』一1参照。

4 1節の始めからここまで、本書第Ⅹ巻二七1の並行記事参照。

5 *Ζεφυρῖνος.* ローマ司教（後一九八－二一七年）。

6 本巻一一章以下。

7 Ⅱペト二22参照。

8 第一巻四章参照。

9 ヘラクレイトス断片五〇、Diels-Kranz I, 161.

10 ヘラクレイトス断片五〇、Diels-Kranz I, 161.

11 ヘラクレイトス断片五一、Diels-Kranz I, 162.

12 ヘラクレイトス断片一、Diels-Kranz I, 150.

13 ヘラクレイトス断片五二、Diels-Kranz I, 162. ただし、ディールス・クランツは *αἰών* を「人生」と訳している。

14 ヘラクレイトス断片五三、Diels-Kranz I, 162.

15 本文欠損。Millerは次のように推定。「分割不可能なものは、同時に分割可能である。彼〔ヘラクレイトス〕

はそのことを『区別されたものは、自分自身と合致する。自己回帰、調和〜』と言っている」。

16 ヘラクレイトス断片五一、Diels-Kranz I, 162.

17 Wendland による補充。

18 ヘラクレイトス断片五四、Diels-Kranz I, 162.

19 ロマ一19、20参照。

20 ヘラクレイトス断片五五、Diels-Kranz I, 162.

21 Miller と Wendland による補充。

22 ヘラクレイトス断片五六、Diels-Kranz I, 163. ただし、なぜ最後の子供たちの言葉が「ホメーロスを欺く」ことになるのか、文脈からははっきりしない。M. Marcovich, Heraclitus. Greek text with short commentaries, Los Andes UP 1967, p.82 によれば、根源的なロゴスはシラミのように隠れていて、見つけ出すのがむずかしいというのがポイントである。最後の子供たちの言葉は、元々は晩年のホメーロスに子供たちが仕掛けた謎かけであって、ホメーロスはその謎を解くことができなかったとする伝説があったらしい。すなわち、ホメーロスの知恵は子供にも及ばなかったという逆理である。なお、以上は畏友山本巍（東京大学名誉教授、古代ギリシア哲学）の教示による。

23 ヘラクレイトス断片五四、Diels-Kranz I, 162.

24 ヘラクレイトス断片五五、Diels-Kranz I, 162.

25 ヘラクレイトス断片五七、Diels-Kranz I, 163.

26 ヘラクレイトス断片五八、Diels-Kranz I, 163.

27 ヘラクレイトス断片五九、Diels-Kranz I, 164.

28 ヘラクレイトス断片六〇、Diels-Kranz I, 164.

29 ヘラクレイトス断片六一、Diels-Kranz I, 164.

30 ヘラクレイトス断片六二、Diels-Kranz I, 164.

31 ヘラクレイトス断片六三、Diels-Kranz I, 164.

32 ヘラクレイトス断片六六、Diels-Kranz I, 165.

33　ヘラクレイトス断片六四、Diels-Kranz I, 165.

34　マタ二五41参照。

35　ヘラクレイトス断片六五、Diels-Kranz I, 165.

36　本巻前出八２参照。

37　ヘラクレイトス断片六七、Diels-Kranz I, 165. 本書第Ⅴ巻二一２も参照。

38　以下11節の前半まで、本書第Ⅹ巻二七１で再度要約される。

39　ギリシア語本文が壊れている箇所。Wendland の提案に従い、⟨εἰ καὶ⟩ μὴ τῇδε τῇ λέξει διαφθάσας と補正して訳す。Marcovich は μὴ ⟨αὐ⟩τῇ δὴ τῇ λέξει, ⟨ἰ⟩διᾳ ⟨δὲ⟩ φθάσας と補正して、「この蒙昧な人物が先に自分の文言で哲学したわけではないと言うのか」。

40　ヒッポリュトス『ノエートス駁論』三２「父は自らキリストであり、自ら子であり、自ら生まれ、自ら受難し、自らを立て起こした」（Wendland の脚註にあるギリシア語本文による）。偽テルトゥリアヌス『全異端反駁』八も参照。

41　ノエートスから始まり、エピゴノス、クレオメネース、さらに次の一一１で言及されるサベリオスへと続く系譜は「モナルキア（単一原理）派」あるいは「様態論派《モダリスト》」と呼ばれる。

42　ローマ司教（在位一九八－二一七年）。なお、歴代のローマ司教の名前については、エイレナイオス『異端反駁』第三巻三３（小林稔訳、教文館、一九九九年所収、一〇頁）に第一二代のエレウテロスまでの一覧表がある。その後は、ウィクトール（在位一八九－一九八年）、ゼフュリーノス（在位一九八－二一七年）、カリストス（在位二一七－二二二年）と続いた。この三人がヒッポリュトスが目下の章で言及する人物である。

43　Σαβέλλιος. リビアのペンタポリス出身。ローマでの様態論派（モナルキア派）の主導者として活動した（後二一五年頃）。

44　カリストスも様態論者であったということになる。ただし、カリストはやがてサベリオスを追放し、サベリオスからは変節を咎められる（後出一二15－16節参照）。

45　本巻後出一二15参照。

46　「父」なる神と「子」なる神の二柱の神を信じる者という意味。本巻註41で触れた「モナルキア（単一原理）

派」あるいは「様態論派《モダリスト》」の反対概念。

47 貴賤婚によって娶った女。

48 ローマ司教座のこと。ゼフュリーノス（在位一九八―二一七年）の後任がカリストス（在位二一七―二二二年）。本巻前出一一1参照。

49 ヒッポリュトスは彼らの教会と袂を分かったということ。

50 本巻一一3およびヒッポリュトス『ノエートス駁論』一一1、一四2参照。なお、テルトゥリアヌス『プラクセアス反論』一三1、5、一九7―8には、プラクセアスの同様の発言が記されている。

51 以下19節の終わりまで、本書第X巻二七3―4で再度要約される。

52 ヨハ一四11。『ノエートス駁論』七4も参照。

53 ギリシア語は πρόσωπον. 原意は「顔」。ラテン語の persona に当たり、後代の三位一体論で言う「位格」の原語。

54 テルトゥリアヌス『プラクセアス反論』二九5には、プラクセアスに対するほとんど同じ批判がある。

55 ギリシア語は κατὰ τῆς ἀληθείας であるが、κατὰ τὴν ἀληθείαν と補正して訳す。Marcovich も同じ。

56 「教会に対抗する」は、カリストス自身がローマ司教座についているわけであるから、微妙な表現である。ヒッポリュトスがカリストスと訣別後、自分自身の立場をこそ真の「教会」と見做していると考えるべきであろう。直後の21節に出る「われわれの教会」を参照。

57 Ⅰヨハ五16参照。

58 ロマ一四4。本書のこの箇所は、テルトゥリアヌス『慎み深さについて』二との関連でよく問題になる。

59 マタ一三29―30参照。

60 創六19以下参照。

61 この背後には、ローマ法による当時の結婚制度がある。それによれば、元老院身分の家庭の女子が奴隷あるいは解放奴隷と結婚することは禁止されていた。自由身分の中でも身分の低い家の男子との結婚は許されたが、当の女子はそれまでの身分を失った。合法的結婚によるこのような不利益・不都合を避けるための代償策として行われたのが同棲婚で、いわゆる一夫一婦制に準じていた。カリストスはこの同棲婚を教会として是認したのである（Preysing の訳註による）。

62　Marcovich による補正。

63　ヒッポリュトス『ノエートス駁論』一8、二1参照。

64　ギリシア語は κοινωνία. 古代教会の用語としては、きわめて多義的に用いられる。「聖餐」の意味も排除されない。

65　テオドレトス『異端者たちの無駄話要綱』第Ⅱ巻七も参照。

66　本書第Ⅹ巻二九1の要約参照。エウセビオス『教会史』第Ⅵ巻三八に記されたオリゲネスの説教にも、同じエールカザイ派と彼らが所持する書物について言及がある。

67　以下3節まで、エピファニオス『薬籠』XXX一七三、XXIX四、LIII一1の類似記事を参照。この箇所は、G・ショーレムに始まり最近のP・シェーファーによるヘカロート文書研究にまで至るメルカバ神秘主義研究でも注目されている。詳しくは、G.Schorem, Die jüdische Mystik in ihren Hauptströmungen, Frankfurt am Main 1967（初版 1941）, 68-72; P. Schäfer, Die Ursprünge der jüdischen Mystik, Berlin 2011（英語版 The Origins of Jewish Mysticism, Tübingen 2009）, S. 57, 422-426 を参照のこと。

68　ギリシア語は σχοινίον で σχοῖνος「スコイノス」と同じ。古代ギリシアの土地測量の単位。共同訳聖書の巻末に付された度量衡一覧表の換算によれば、一スコイノスは約五・五㎞である。

69　ギリシア語は μίλιον であるが、ローマの距離の単位。共同訳聖書の巻末に付された度量衡一覧表の換算によれば、一ミリオンは約一四八〇メートルである。

70　エピファニオス『薬籠』XX一には、トラヤヌス帝の治世下に、「エールクサイ」という名前の人物がオッサイス派に加わったという記述がある。

71　後出一五1以下。

72　エウセビオス『教会史』第Ⅵ巻三八に記されたオリゲネスの説教参照（本巻註66参照）。

73　本章前出一二21以下参照。

74　Marcovich は「エールカザイ」と補充。後出一五2の中央での改行直後に「これがエールカザイの驚くべき、語り得ざる、大いなる奥義というものだそうで、これをアルキビアデースはそれに相応しいと見做した弟子たちに伝授している」と言われることからすれば、「エールカザイ」と補充するか、「アルキビアデース」と補充するかに大差はない。

75 本書第Ⅶ巻三五1も参照。

76 本書第Ⅶ巻三五2も参照。

77 エピファニオス『薬籠』XXX三、L一では、類似の見方が他の分派についても報告されている。

78 エピファニオス『薬籠』XIX三も参照。

79 直後の5節にも同じ文言が出る。エピファニオス『薬籠』XIX一、XXX一七の類似記事も参照。

80 着衣のままの洗礼は、エピファニオス『薬籠』XIX二がエビオーン派についても証言している。

81 Marcovich はここに次のような文章の欠落を推定している。「そして浄められなさい。それから自分のために、この書物に記された七人の証人を呼び求めなさい」。

82 狂犬に咬まれた場合は、本巻前出一四3でも言及がある。エピファニオス『薬籠』XXX一七（蛇に咬まれた場合）も参照。なお、古代地中海世界では、狂犬病は悪霊憑きの典型的な事例として非常に恐れられていた。詳しくは大貫隆『グノーシス考』（岩波書店、二〇〇〇年）、七五頁以下（補論・「狂犬病―悪霊と砂漠の媒介項」）を参照。教父文書の中では、例えばヨアンネス・クリュソストモス『マタイ福音書講解説教』第八一説教3節では、裏切り者ユダが繰り返し狂犬に擬えられる（大貫隆〔編著〕『イスカリオテのユダ』日本キリスト教団出版局、二〇〇七年、八〇―八一頁参照）。

83 ギリシア語本文が壊れていると思われる箇所。Diels と Wendland の提案に従って、ἀνερεθίζεται と補正して訳す。

84 マタ七6参照。

85 この最後の文章は、本文の保存に問題はないが、内容的に難解である。ここに示した訳は多分に意訳である。

86 以下、後出二八2まで続くエッセネ派についての報告は、ヨセフス『ユダヤ戦記』第Ⅱ巻一一九―一六一と大幅に重複している。しかし、両者のギリシア語本文は、単語および構文のいずれにおいても、明瞭に異なる場合が圧倒的に多いから、ヒッポリュトスがヨセフスの著作を逐語的に転写しているわけではない。では、ヒッポリュトスの典拠は何なのか。他方で、ヨセフス自身が一定の資料を手に入れて、それに依拠している可能性も考慮しなければならないから、この問題は簡単ではない。
87 マコ六8並行の「杖」に相当する。
88 午前一一時。
89 用途については、後出二五2－3参照。
90 申二三13－15にも、以上と類似の規定（野糞の仕方）がある。
91 以下2節の終わりまで、ヨセフスには並行記事が欠。ヒッポリュトス自身による書き込み。
92 「短刀」を意味するラテン語 sica に由来。
93 この文章はギリシア語本文が壊れていて、読解がきわめて困難である。本訳は Wendland の脚註に紹介された Sauppe の補正に従っている。ヨセフス『ユダヤ戦記』第二巻の並行個所（§一五一）は、「これは、私が思うに、単純で規則正しい生活のおかげである」（新見宏訳、山本書店、一九七五年、二五〇頁）。
94 ヒッポリュトスがここでエッセネ派のことを考えているのか、次の文章と同じように、ユダヤ教徒全般のことをそうしているのか、今一つはっきりしない。
95 ピュタゴラスについては、本書第Ⅰ巻二18参照。
96 2節からここまで、ヨセフスには並行記事が欠。ヒッポリュトス自身による書き込み。
97 以下二九章4節の始めまで、ヨセフス『ユダヤ戦記』第Ⅱ巻一六二－一六六と大幅に重複している。
98 以下4節の終わりまで、ヨセフスには並行記事が欠。ヒッポリュトス自身による書き込み。
99 宿命論について、本書第Ⅰ巻一九19参照。
100 以下5節の終わりまで、ヨセフスには並行記事が欠。ヒッポリュトス自身による書き込み。
101 以下4節の終わりまで、ヨセフスには並行記事が欠。ヒッポリュトス自身による書き込み。
102 以下、ヨセフス『アピオーン反駁』第Ⅱ巻一七一、一七三参照。
103 ヨセフス『アピオーン反駁』第Ⅱ巻一五四、一五六参照。
104 Miller と Wendland は *πλανώμενοι* と主格に読んでいるが、写本通り *πλανώμενον* と単数対格に補正して訳す。
105 エズラ記（ラテン語）七29参照。

## 第一〇巻

1 以下七章6節の終わりまでは、セクストス『自然学者たちへの論駁』(＝『学者たちへの論駁』第X巻) 第II巻三一〇－三一八からのほぼ逐語的な転写である。本訳は金山弥平・万里子訳のセクストス・エンペイリコス『学者たちへの論駁3』京都大学学術出版会、二〇一〇年を適宜参照している。また、参考までに、Loeb Classical Library : Sextus Empiricus III, Cambridge-Massachusets/ London 1936 のギリシア語本文と重複する部分を太字で印刷している。

2 ディオゲネス・ラエルティオス『ギリシア哲学者列伝』第VIII巻八四、Diels-Kranz I, 107-110 参照。

3 クセノファネス断片二七、Diels-Kranz I, 135.

4 ホメーロス『イリアス』一四201。すでに本書第V巻七38と第VIII巻一二2にも同じ詩行からの引用がある。ただし、そのつど文言が違っている。

5 ホメーロス『イリアス』七99。

6 クセノファネス断片三三、Diels-Kranz I, 136.

7 エウリピデス断片一〇二三 (Tragicorum Graecorum Fragmenta, ed. A. Nauck, Leipzig 1889、およびH. Diels, Doxographie Graeci S.92 も参照)。

8 本書第VII巻二九4に前出。

9 後代のイアンブリコスの証言 (Diels-Kranz I, 440) によれば、ピュタゴラス派に数えられる。『自然万物について』(De universo, ed. R. Harder, Berlin 1926) は前二世紀の著作とされるが偽作である。

10 エンペドクレス断片一七、Diels-Kranz I, 316-317.

11 本書第I巻八、一三、二二章参照。

12 以下のプラトン学派については、本書第I巻一九1－4を参照。

13 セクストス『自然学者たちへの論駁』第II巻三一九の類似の文言を参照。

14 以下、この章の末尾 (3節) までは、本書第V巻六4－七1の要約である。

15 本書第V巻六7 (訳註13)、第VI巻四五3 (訳註249) 参照。

16 以下、本章末 (5節) までのペラータイ派についての論述は、本書第V巻一二2－7からの要約というよりも、抜粋的な転写である。テオドレトス『異端者たちの無駄話要綱』第Ⅰ巻17の並行記事も参照。

17 本書第Ⅳ巻二1「ペラータイ派のエウフラテースとカリュストス出身のアケムベース」、第Ⅴ巻一三9「ペラータイ派のエウフラテースとカリュストス出身のケルベースは」参照。ただし、詳細な異同関係は不詳。

18 明らかに論理的に矛盾した文言である。本書第Ⅴ巻一二2にも同じ文言が現れる。そこの訳註250を参照。

19 Marcovich の補充であるが、「それら」の指示対象がよく分からない。

20 原文は「彼」。

21 コロ二9参照。

22 原文は「彼」。

23 ギリシア語は εἰκῇ「無造作に」であるが、Wendland の提案に従って、δίκῃ と補正して訳す。

24 原文は「彼」。

25 以下、本章末（11節）までのセート派についての論述は、本書第Ⅴ巻一九1－20からの要約である。要約度が強いため、構文に無理を来している文章が少なくない。

26 本書第Ⅴ巻一九1の並行記事では、「例えば、何であれ君が叡智を働かせて思考すること、あるいは思考するのを忘れてしまうこと」。目下の箇所で、おそらくヒッポリュトス自身が省略したのだと思われる。その結果、文意が通りにくくなっている。

27 ヘラクレイトス断片六七、Diels-Kranz I, 165 参照。

28 この文章のギリシア語本文は、壊れていて読解がきわめて困難である。本訳は Wendland の脚註に紹介された Bernay の提案に従って、τοῦτον δὲ ἐπὶ τέλειον εἶδος σύρματι ὄφεως παραπλήσιον μορφωθῆναι, ὃ ἀφορῶν ὁ κόσμος . . . と補正して訳す。Marcovich は τοῦτον δὲ ἀποτελεῖν εἶδος σύρματι ὄφεως παραπλήσιον, πτερωθέν, εἰς ὃ <ἀ>φορῶν ὁ κόσμος . . . 「その強風が最後に完成された姿は、口で不気味な音を立てる蛇に似ていて、〔背中に〕羽根が生えていた。世界はそれを目にすると～」。

29 詩二九3を指すと思われる。

30 以下11節前半まで、テオドレトス『異端者たちの無駄話要綱』第Ⅰ巻一四の並行記事、オリゲネス『諸原理について』第Ⅳ巻四5も参照。

31 フィリ二5、7。

32 以下、一二1の末尾までは、本書第Ⅵ巻九4－5からの要約である。

33 以下、一二4までは、本書第Ⅵ巻一二1－4からのかなり忠実な転写である。

34 以下本章3節までは、本書第Ⅵ巻二九2－3、6－7、三一6、三四5、7からの要約である。以下本章2節の終わりまで、テオドレトス『異端者たちの無駄話要綱』第Ⅰ巻一の並行記事参照。

35 Marcovichは本書第Ⅵ巻三五3－4を根拠に、次のように補正する。「キリストはプレーローマの外側の〈『聖なる霊』と造物主から生まれて〉降りてきた」。ただし、本書第Ⅵ巻三五3－4で問題になっているのは、「キリスト」ではなく、「イエス」である。

36 創三21参照。

37 以下、註38までは、本書第Ⅶ巻二一1－5、同二二6からの要約である。

38 以下、註39までは、本書第Ⅶ巻二二6－10、16からの要約である。

39 以下、註40までは、本書第Ⅶ巻二三2－7からの要約である。

40 以下、8節の終わりまでは、本書第Ⅶ巻二四3－4からの要約である。

41 本書第Ⅶ巻二六5以下参照。

42 以下10節の終わりまでは、本書第Ⅶ巻二六8－10からの要約である。ただし、その要約は不正確である。ヒッポリュトスの目下の要約では、「第三の子性」とともに「すべての心魂たち」も至高の領域へ帰っていくことになっているが、本書Ⅶ巻二七1－6でのセート派自身の教説では、心魂は「第三の子性」から分離されて現下の世界に残されることになっている。

43 以下、本章は本書第Ⅴ巻二六章からの要約である。

44 前註参照。

45 本書第Ⅵ巻二六1参照。

46 本文欠損。ただし、本書第Ⅴ巻二六3の並行記事では、五人分の名前が読解可能。

47 Duncker-SchneidewinとMarcovichによる補充。

48 第Ⅴ巻二六8の並行記事によって補充。

49 ギリシア語は φάσχειν であるが、φάσχει と補正して訳す。Marcovich も同じ。

50 その内容の報告をヒッポリュトスは省いている。おそらく第Ⅴ巻二六15に対応して、エローエイムが至高の「善なる者」の存在を知ったときに、「なぜなら、わたしは自分こそが主だと思い込んできたからである」と後悔することが該当する。Marcovich の脚註も同じ見解。

51 以下本章全体が本書第Ⅷ巻八－一〇章からの強度な要約である。

52 約五文字分の本文欠損。Wendland の補充に準じる。Marcovich も同じ。

53 この「アイオーン」は単数。文意については、第Ⅷ巻九2の次の文章を参照。——「そのすべてのアイオーンたちがこぞって、自分たちの真ん中で合体して、ただ一つのアイオーンになった。そして〔すべてのアイオーンたちが〕乙女マリアを通して、共通の胎児を産み出した」。

54 この文章は不自然である。しかし、ヒッポリュトスがそう書いているのだから仕方がない。彼が要約しているのは本書第九巻3－4の並行記事である。そこでは、「光」が「混沌」の中へ輝いてさまざまな「形」（イデア）をもたらすことによって、「混沌」は多様な事物になる。目下の箇所でのヒッポリュトスは、その因果関係の時系列を逆転させてしまっている。「要約」が持っている陥穽である。

55 詳しくは前出本章Ⅷ九参照。

56 早くから本文欠損が推定されてきた箇所。Wendland は本書第Ⅷ巻九6の「最も下方にある闇の中に取り込まれたとき」との並行を推定。

57 本文が壊れていて読解がきわめて困難な箇所。本書第Ⅷ巻九4の並行記事と照らし合わせながら、いくつかの補正提案があるが、ここでは ὁ πῦρ ζῶν ἀπὸ τοῦ φωτὸς γενόμενον ὑπῆρξεν と補正して訳す。Marcovich も同じ。

58 ギリシア語は ἐξ ἧς であるが、前註の補正に対応させて、ἐξ οὗ と補正して訳す。Marcovich も同じ。

59 本文が壊れていて読解がきわめて困難な箇所。本書第Ⅷ巻一〇1の並行記事に照らせば、「心魂」は「イデア」（原型）と同じものである。Marcovich は、「彼らは〈イデアを〉心魂と〈呼んでいる〉」と補充。

60 以下2節の終わりまでは、本書第Ⅷ巻一二1－2、6、一三4からの要約である。

61 以下4節の終わりまでは、本書第Ⅷ巻一四1－3からの要約である。

62 Marcovich が本書第Ⅷ巻一四1を根拠に行っている補充。ただし、途中に空白を残している。

63　本書第Ⅷ巻一四2への Marcovich の補充を参照。
64　Marcovich の補充に従っているが、意訳である。
65　以下章末までは、本書第Ⅷ巻一五1－2からの要約である。
66　以下本章は第Ⅷ巻一六章の要約である。
67　以下章末までのマルキオンについての報告は、本書第Ⅶ巻二九の論述とは重複しない。研究上、ヒッポリュトスはそれぞれの箇所で異なる資料を使っていると考えられている。
68　本書第Ⅶ三一2参照。
69　マタ七18並行参照。マルキオンによる解釈については、偽テルトゥリアヌス『全異端反駁』六2、同『マルキオン反駁』Ⅰ二、オリゲネス『諸原理について』第Ⅱ巻五4参照。
70　偽テルトゥリアヌス『全異端反駁』六1、テオドレトス『異端者たちの無駄話要綱』第Ⅰ巻二四、エピファニオス『薬籠』XLII四も参照。
71　この章は本書第Ⅶ巻三八1－5からの要約である。
72　テオドレトス『異端者たちの無駄話要綱』第Ⅰ巻二五の並行記事参照。
73　この章は本書第Ⅶ巻三三と重複している。文言も大幅に一致している。テオドレトス『異端者たちの無駄話要綱』第Ⅰ巻三の並行記事参照。
74　この章は本書第Ⅶ巻三四1からの要約である。テオドレトス『異端者たちの無駄話要綱』第Ⅱ巻一の並行記事参照。
75　この章は本書第Ⅶ巻三五1－2からの要約である。
76　この章は本書第Ⅶ巻三六1からの要約である。
77　この章は本書第Ⅷ巻一九1－4からの要約である。
78　この章の前半は本書第Ⅷ巻一九3の繰り返しである。後半は本書第Ⅸ巻一〇10からの要約である。次々註80も参照。
79　以下、次註80までは、本書第Ⅸ巻七1、3からの要約である。
80　以下2節の終わりまでは、本書第Ⅸ巻一〇9－11からの要約である。

81 以下4節の終わりまでは、本書第Ⅸ巻一二16－19からの要約である。

82 以上、1節からここまで、テオドレトス『異端者たちの無駄話要綱』第Ⅲ巻三の並行記事参照。

83 Marcovich が本書第Ⅸ一二16を根拠に行っている補正。

84 ヨハ一14参照。

85 この章は本書第Ⅷ巻一七1からの要約である。

86 この章は本書第Ⅸ巻一三1、一四1－2からの要約である。

87 以下章末まで、テオドレトス『異端者たちの無駄話要綱』第Ⅲ巻七の並行記事参照。

88 ここから次章（三一章）の終わりまで、創世記一〇－一一章を中心とした民族論となる。その結び（三一6）は、ギリシア人、エジプト人、メソポタミアの諸民族に対して、ヒッポリュトスが代表するキリスト教の真理性に学ぶようにという呼びかけになる。この後方へのつながりは明解であるが、逆にここ（二九章）まで行われてきた異端説の再度の要約とのつながりは、いかにも唐突である。この章の冒頭部分で相当量の本文が失われているためとも一応は考えられるが、実際にはその可能性は小さいと思われる。ヒッポリュトス本人に言わせれば、異端説を要約した後の行論については、すでに本巻の冒頭（五1－六1）で断り済みだと言うであろう。以下の論述へのそれ以上に丁寧なつながりは、今更必要がないという判断なのだと思われる。本書全体が言わばパッチワークであることを考えれば、それも不思議とするに足りない。

89 本文が欠損している箇所。Wendland の補正に従って訳す。

90 ギリシア語本文が壊れている箇所。Wendland の提案に従って、κατὰ τοῦτο τὸ μέρος「この点についても」を κατὰ τὸ λεπτομερές と補正して訳す。

91 ヒッポリュトスの別の著作『年代記』を指す。

92 内容的に創四九9、黙五5参照。ヒッポリュトス『反キリストについて』六も参照。ただし、Duncker-Schneidewin と Marcovich は、「別名をイスラエル」と補充して、先行する「族長ヤコブ」にかけている。なお、以下4節まで、本文の保存がきわめて悪く、写本そのものにおいて相前後して空白部が置かれている。

93 Wendland の補正提案に従って訳す。Marcovich も同じ。

94 Roeper および Duncker-Schneidewin の補正に従って訳す。内容については、創一一4参照。

95　八六歳と読む提案もある。

96　創四六11、出六16他参照。

97　四歳と読む提案もある。

98　以上の系図については、創一一16－26参照。ただし、ヒッポリュトスはギリシア語訳の旧約聖書に準じて、人名を表記している。本訳では、新共同訳の表記に合わせている。地名についても同様である。

99　直後の〈　　〉と共に、Bunsen の補正に従って訳す。

100　ヒッポリュトス『年代記』§二〇〇参照。

101　ギリシア語表記は Καϊνάν. ギリシア語訳旧約聖書では創一一12－13で、アルパグシャドの子、シェラの父。ただし、ヘブライ語旧約聖書に基づく新共同訳では、アルパグシャドの子がシェラであり、カイナンの名前はない。

102　Marcovich に従う。Wendland は「四六五」。

103　別の釈義的著作を指すと思われる。『ダニエル書註解』第Ⅳ巻二四参照。

104　ヨセフス『ユダヤ古代誌』第Ⅰ巻九二も参照。

105　ヨセフス『アピオン反駁』第Ⅰ巻八、一四、二八、二二五参照。

106　創一28。

107　ギリシア語は Μεστραεὶμ. ギリシア語訳旧約聖書の創一〇6では、Μεσραιμ. ヘブライ語の「ミツライム」(מצרים) の音訳。

108　ここでの「子孫」は、「ノアより後の者たち」という時系列上の意味。Marcovich は「ノアの子孫であり、その〈弟子〉なのである」。

109　本章三〇8に前出。

110　創一〇2参照。

111　ヒッポリュトス『年代記』§六〇も参照。

112　ヒッポリュトス『ノエートス駁論』一〇1も参照。

113　以下3節について、プラトン『ティマイオス』41AB参照。

114　一五五一年にローマで発見されたいわゆる「ヒッポリュトスの座像」（現在はヴァティカン図書館蔵）の台座に刻まれた著作群の中に、「『ギリシア人を駁す』および『プラトンを駁す』、あるいは『万物について』」（Πρὸς Ἕλληνας καὶ πρὸς Πλάτωνος ἢ καὶ Περὶ τοῦ παντός）とあるものを指す。ダマスコのヨハネ（七世紀）の『聖なる抜粋集』（II, 801）では『万物の原因に関してプラトンとギリシア人を駁す』（Κατὰ Πλάτωνος περὶ τῆς τοῦ παντὸς αἰτίας καὶ κατὰ Ἑλλήνων）という表題で（K. Holl, Texte und Unersuchungen XX, 2 [1899] 137–143所収 Fr. 353）、フォティオス（九世紀）『図書館』（写本四八）では、それ以外に『万物について』（Περὶ τοῦ παντός）、および目下の箇所と同じ『万物の実体について』（Περὶ τῆς τοῦ παντὸς οὐσίας）という表題で証言がある。フォティオスは、この表題の書物の写本の一つに次のような傍注（scholium）を読んだことを報告している。——「『地下迷宮』（ラビュリントス）の著者は、その著作の末尾で、自分自身が『万物について』の著者でもあると明記している」（Photius, Bibliotheca, Bekker 版 [1824–25] p.11b 7–9）。この傍註の冒頭部にある『地下迷宮』は、まさに本巻五1にある同じ単語を受けている。特徴的な単語を抜き出して、その著作全体の呼び名とすることは古代に一般に見られる習慣であり、本書の場合は本来は第一－四巻のみの呼称であった『哲学誌』が全巻の呼称ともなったことと類比的である。なお、この問題に関する研究の状況については、古くは A. Harnack, Geschichte der altchristlichen Literatur, Bd. I/2, 2. Aufl., Leipzig 1958, S.622、現在では Marcovich 12－15 を参照のこと。本書の序論 I 1(3)も参照。

115　ロマ一21参照。

116　ギリシア語 ἐνδιάθετος λογισμός. もともとストア派の術語。SVF II, Fr. 135, 223 他参照。

117　ヒッポリュトス『ノエートス駁論』一一1「なぜなら、万物から生じた力はただ一つであり、その万物とは父のこと、その父から出た力とはロゴスのことだからである」（Wendland の脚註のギリシア語本文による）。

118　ヘブ一6、ロマ八29参照。

119　ヒッポリュトス『ノエートス駁論』一〇4参照。

120　創一31参照。

121　創一22参照。

122　創一20－25参照。

123　創一28参照。

124　「人間が神になる（γενέσθαι）」であって、グノーシス主義のスローガン「人間は神である」との違いに要注意。神の独り子ロゴスが受肉して人間となることによって、逆に人間が最終的には神の子とされるという思想は、ヒッポリュトスの師でもあるエイレナイオス『異端反駁』第Ⅲ巻一九1、第Ⅳ巻三八3－4に明瞭に認められる。ヒッポリュトス自身は、後出三四3－5で、この観念をさらに明確に表明する。エイレナイオスの後では、アレクサンドリアのクレメンス『ストロマテイス』第Ⅶ巻三6にも認められる。逆にエイレナイオス以前では、『ディオグネートスの手紙』一〇4－6に「神に倣う者」という観念がある。

125　マタ二五21、23並行参照。

126　プラトン『ティマイオス』41B参照。

127　神による万物の創造は太古の初めに一回的に完結しているのではなく、宇宙史のなかで継続され、来るべき終末において完成されるという見方は「連続的創造」と呼ばれ、すでにエイレナイオス『異端反駁』第Ⅴ巻二〇5、三三2に典型的に認められる。詳しくは、大貫隆『ロゴスとソフィア』（教文館、二〇〇一年）二三二頁以下を参照。ヒッポリュトスもこの見方なのだと思われる。

128　詩一〇八3参照。

129　この文章全体がきわめて難解である。目下の文言は、Wendlandでは τὸν κατὰ ἕνα ἡμῶν ὁρῶντας であるが、途中の ἡμῶν を ἡμᾶς と読み直すことによって、本訳のような読解が可能になると思われる。Marcovichは、構文の読解ではわれわれと異なるが、文脈上の意味は同じ。

130　底本の読みは λέγων であるが、Wendland の提案に従って、λέγοντα と補正して訳す。Marcovich は λέγων を削除。

131　ヒッポリュトス『ノエートス反駁』一七4も参照。

132　エイレナイオス『異端反駁』第Ⅱ巻二二4にも類似の文言がある。

133　ルカ六40並行参照。

134　Wendland の提案に従って、τουτῷ παρέσχες を τουτῷ παρέσχε θεός と補正して訳す。Marcovich も同じ。

135　ヒッポリュトス『ダニエル書註解』第Ⅳ巻一一、六〇参照。

136　IIペト二4、ヘシオドス『神統記』八一四行参照。ヒッポリュトス『万物について』の次の文章も参照。「陰府は創造の際に仕上げられないままに放っておかれた場所である。それは地下の領域であり、世の光がそれを照らすことがない。その領域では輝く光がないのだから、必然的に絶えることなく暗闇が続くわけである」（ダマスコのヨハネ『聖なる抜粋集』に含まれる言及＝K. Holl, Texte und Untersuchungen XX, 2 [1899] 137–143所収Fr. 353 [S.137, Z.3] による。以下、ヒッポリュトス『万物について』からの引照は、すべてHollのこの文献が出典である）。

137　ヒッポリュトス『万物について』Holl, 138,9「その領域では、永遠に燃え盛る火の泥沼の涯がない」、Holl, 139,38「（不法な者たちが）ゲヘナの近くに来るや、その脅迫が絶え間なく耳に聞こえてきて、その抑えようもない熱気から逃れることができない」も参照。

138　ヒッポリュトス『ダニエル書註解』第II巻二九、第III巻三一2参照。および『万物について』Holl, 138,6「この領域が心魂たちにとっての監禁場として割り振られた。そこでは監視の天使たちが立てられていて、それぞれの者の行いに対して、時に応じた懲罰を割り振るのである」、およびHoll, 139,33「不法な者たちは懲罰天使たちによって、左側へ引いて行かれる。…彼らを監視するために天使たちが任命されて遣わされ、彼らを馬鹿にした笑みを浮かべながら侮辱し、恐ろしげな目つきで威嚇し…」参照。

139　Bunsenの提案に従って、ἐπιστροφήνをἐπὶ τροφήνと補正して訳す。

140　マコ九48並行、イザ六六24参照。ヒッポリュトス『万物について』Holl, 141,92「火のようなウジ虫が身体を蝕んで止まず、身体から苦痛を沸き立たせて飽きることがない」、および『反キリストについて』六五も参照。

141　Dielsの提案に従って、ἀπουσίανをἀποικίανと補正して訳す。

142　ヒッポリュトス『万物について』Holl, 139, 49; 140, 56にも同趣旨の文言がある。ギリシア語本文はMarcovichの脚註参照。

143　ヒッポリュトス『万物について』Holl, 140, 72にも同趣旨の文言がある。ギリシア語本文はMarcovichの脚註参照。

144　ギリシア語はθεοποιηθῆς.「神とされる」が術語になっているということ。本巻註124参照。

145　Iコリ一三12参照。

146　箴三30参照。

147　ロマ九5、ヒッポリュトス『ノエートス駁論』六1参照。

148　創一26参照。

# 訳者あとがき

本書を翻訳しながら、繰り返し思い出されたことがある。それは一九六四年から六八年にかけての私の大学生時代のことである。もともと私はマックス・ウェーバーの古代ユダヤ教研究に強く惹かれていたが、やがてそこからギリシア哲学と古典文献学にも関心が広がり、卒業論文もその分野でまとめることになった。そのため、古典ギリシア語の学習を始めると同時に、辞書や基礎的な研究文献についての情報を得ようと、神田神保町の古書街に足しげく通うことになった。

最も頻繁に出入りしたのは、崇文荘という名の古書店だった。今でも鮮明に覚えているが、店の一番奥の右手の棚には、H・ディールス／W・クランツの『ソクラテス以前の哲学者断片集』（H. Diels-W. Kranz, Die Fragmente der Vorsokratiker I-II, 1903 [1. Aufl.]）が置かれていた。それを手に取って、眺めたり、透かしたり。もちろん、あまりに高価でとても手には入らなかった。たとえ手に入れたとしても、当時の私の語学力では、まったく歯が立たなかったに違いない。しかし、その時の胸のときめきが今も懐かしい。そのときめきが、その後聖書学およびグノーシス研究へと方向は変わったものの、研究者の道を歩き続ける原動力となってきた。

当時の私は、前記の書名にある「断片集」をまったく文字通り真に受けていた。つまり、それぞれの哲学者の原著の一部がパピルスで残っているのが発見されて、それを集めたものだとばかり思っていたのである。なんともお恥ずかしい限りである。もちろん、実はそうではなくて、後代の著作家たちがそれぞれの著作の中で「断片的に」引用しているものを抜粋して集めたもののことなのである。その後代の著作家たちの中でも、多数を占めるのが古代キリスト教会の教父たちである。その中でも、とりわけヒッポリュトスの本書の第一巻が重要な位置を占めている。そのことは、H・ディールスが前記の『断片集』の編纂に先立って、ヒッポリュトスの本書の第一巻の信頼できる初めての校訂版（『ギリシア哲学学説史』一八七九年、巻末）を刊行していることから明らかである（本書の序論三〇頁参照）。

その意味で、ヒッポリュトスの本書第一巻なしには、H・ディールスの『断片集』もなかったことであろう。私がこのことを初めて認識したのは、聖書学とグノーシス研究に進んでから、かなりの時間が経った後のことであった。かたや後二世紀から三世紀にかけての教父、かたや前五世紀以前のギリシアの哲学者たち。なぜ前者が後者の語録集の主たる源泉なのか。この問いは、一方では古代キリスト教史の研究者にとっても、他方で古代ギリシア哲学の研究者にとっても、グノーシス研究という第三の媒介項を知ることなしには、大きな謎であるに違いない。私にとっても、初めてこの謎が解けたのは、グノーシス研究との関係で繰り返し本書を参照するようになってからのことであった。

しかし、その後も長い間、そのつど該当箇所を拾い読みするだけに終わり、正面から取り組んでの読解には至らなかった。そこには、本書の読解が実は大変な難物であることの直感が働いていたのだと思う。それにもかかわらず、本書はグノーシス研究にとっての古典的な基礎文献の一つであり、それを日本語で読めるようにすることに学術的にきわめて価値があるのは明らかだった。それ以来、いつかこの難物を征服して日本語に移すことが、私の密かな憧れとなっていた。二〇一四年秋に一切の公職から退いたのを機に、正面からの読解に手を着けた。

しかし、叢書『キリスト教教父著作集』では、本書の翻訳は当初は荒井献・東京大学名誉教授、その後は筒井賢治・同准教授が担当されることになっていた。その翻訳が遅延して行くのを見て、私は強引をも顧みず、自分にやらせていただけないものかと、教文館の渡部満社長に相談したのである。二〇一六年秋のことであった。その申し出を受けて調整を進めてくださった渡部社長と、担当を快く譲ってくださった筒井賢治氏に、この場を借りて心からお礼を申し上げる次第である。

本書は、印刷のための編集と組版、そして校正作業においても大変な難物であった。渡部社長は多忙にも係らず、自らその作業を引き受けて、終始貴重な提言を惜しまれなかった。巻頭に鮮明な写真を掲げることができたのもひとえにそのおかげである。ここに記して、心からの感謝を表したい。

二〇一八年九月

大貫　隆

# 索　引

## 固有名詞

・該当箇所の表記は、ローマ数字が巻番号、コンマ(,)の前のアラビア数字が章番号、コンマ(,)の後のアラビア数字が節番号を表す。
・同一の章の中で、複数の節が該当する場合は、節番号をピリオド(.)で区切って表記する。
・節番号が連続する場合は、ハイフン(-)で表記する。
・例　Ⅴ7,6.30.35-36　＝　第Ⅴ巻7章6、30、30-36節

### ア

固有名詞



イ

ウ



エ

オ



カ

キ



ク



ケ

固有名詞



ス

セ



ソ



タ



テ

## ヒ



## フ

固有名詞



### ヘ

ホ



マ



ミ



ム



メ

# 事　項

・この索引は必ずしもすべての該当箇所を網羅していない。
・カタカナ項目は、翻訳本文ではそのつどの必要にしたがってルビとして付されたものが多い。それぞれに対応する日本語は別項として拾っている。
・一般的な語義のもので、あまりに使用頻度が大きいものは、原則として拾っていない。例・父、子、死、光、闇など。
・表記法は固有名詞の索引と同じである。ただし、第Ⅰ巻については、本文の前に目次と序が置かれているので、それぞれ「目次」、「序」と付記している。

事　項

アキネートス(不動者)　VI30,5
悪徳　I19,16.18
アグノイア(無知)　VI31,1 // VII27,1.3-4
悪霊　IV28,1-3.6-9、32,3、35,2-4 // V7,30、9,22 // VI32,6、33、34,1.6、39,1、41,1 // VII28,6、29,16-17 // VIII20,2 // IX4、14,3、16,1 // X5,1、11,11、29,3
アゲネートス(生まれざる者)　VI38,4
アゲーラトス(不老)　VI30,5
アスファルト　IV34,1-3、35,3
アソーフロシュネー(無智)　I19,16
アッレートス(言い表しがたい者)　VI38,3-4、49,2-3、51,5
アトム、アトモイ(原子)　I22,1.3 // X7,6
アトモン(個体)　VII15,1、18,1-2、19,1
アナアイステートン(知覚不可能なもの)　VII21,2
アナスタシス(復活)　IX10,6
アヌーシオン(実体なきもの)　VII21,1
アネンノエートス(思考不可能な者)　VI38,3
アノエートン(思考不可能なもの)　VII21,1
アノノマストス(名付けがたい者)　VI38,4
アバシレウトイ(王なき者たち)　V8,30
アパトス(感覚を具えていない)　X6,3
アペイロン(無規定なもの)　I6,1-2
アポカタスタシス(復興、立ち上げ、原状回復)　VI42,7 // VII27,4-5.11、29,9
アポクリーマ、アポクリーマタ(離傾)　IV3,1 // V15,4
アポッロイア(流出)　V15,2
アポファシス(宣明)　V9,5
アポリアー(困惑)　VI32,5-6、33
アポリュトローシス(解放)　VI41,2.4、42,1
アモルフィア(無定形)　VI31,1
アリストモス(数)　I2,9
アルケー(始原、原理)　I1,1、2,5-6、6,2 // IV3,1 // V19,1、26,1.11 // VI9,3-4、12,1、14,8、15,1、17,4、18,2-4、23,1.3-4、24,1、29,2.4.6、30,7、38,2-4、42,5 // VIII8,5、12,2 // X11,1、12,2、17,1、32,2
アルコーン(支配者)　VI33 // VII23,3.7、24,1-4、25,3-7、26,1-6、27,3.7.9-10、28,5 // VIII9,6、10,7 // X14,6.8、16,5
アルファベット　VI42,5-7、43,1-6、44,2-3、46,1.4-5、47,1.3、48,2-3、49,1.3-5、50,3、52,6-7.10
アレゴリー　VIII14,3-4 // X17,4
アレーテイア(真理)　VI20,4、49,3、51,5 // X13,2
安息日　IX12,7、16,3-4、25,2-3
アンティ・メスーラヌーン(天底)　IV3,2 // V15,4
アンドレイアー(勇気)　I19,16
アントローポス(人間)　VI20,4、29,7、30,3.5、44,3、46,2-3、49,3、51,1.5、53,3 // X13,2

い

イオータ　VI24,1、48,2 // VIII12,6-7、13,1-2.4、14,1-3.6 // X17,2-4
位階　VIII8,7-8 // X16,1
一画　VIII12,6-7、13,1.2.4、14,1-8、15,2 // X17,2-3
怒り　VI6
異教徒　VI16,1、19,1 // VII19,9

意志　Ⅵ30,5、38,5-6、48,2 // Ⅶ21,1-2 // Ⅷ12,2-4
一者　Ⅴ8,1、15,4
異端、異端者　Ⅰ序1.8、26,4 // Ⅳ7,4、15,3、45,1、47,5、50,2、51,14 // Ⅴ6,2、11、13,9、23,2、27,5、28 // Ⅵ21,1.3、27,1、28,1 // Ⅶ13,1.3、14、29,3、31,7-8 // Ⅷ19,1 // Ⅹ3、5,1-2、6,1、8、18、25、27,1.3、32,5、34,2
イデア、イデアイ（概念、理念、原型）　Ⅰ15,2、19,2.4 // Ⅴ17,2 // Ⅶ16,1、21,5、22,5 // Ⅷ9,3-4.6-7、10,1.3.8-9.11 // Ⅹ11,6、16,3.5、33,2
射手座　Ⅳ5,7、23,1
印章　Ⅴ19,10、Ⅷ10,7 // Ⅹ11,5-6

う

魚座　Ⅳ26,1
ウーシア（本質）　Ⅰ20,1、23,2 // Ⅴ19,2 // Ⅵ24,1-3、25,2-3、29,5、30,8、35,4 // Ⅶ15,1、18,1-2.6、19,1、21,1 // Ⅹ27,3、33,8
ウーシア・ヒュポスタテー（実体）　Ⅶ18,1
宇宙　Ⅰ2,2.12-13 // Ⅶ19,1-3.7-8、20,4、29,3-4.6-9.12-13.15.25、30,3 // Ⅹ10,1、11,7
内なる者たち　Ⅰ2,4
乳母　Ⅰ19,1
海鷹　Ⅴ9,19、17,10、21,8
生む者　Ⅵ23,1、29,2.5.7、30,6
ウーロメノン（破壊的なもの）　Ⅶ29,9

え

エイコーン、エイコネス（像、模像、似像）　Ⅵ14,5-6、17,1、38,6-7、42,6、46,5 // Ⅷ12,6-7 // Ⅹ34,5
叡智、叡智的、叡智界　Ⅰ3,1、4,2、8,1-2、9,2.6、15,2、23,2 // Ⅳ16,2、51,9 // Ⅴ6,6-7、8,22.32、10,2、12,3、19,1.8.14-16.20、20,10 // Ⅵ11、12,2、13、14,2、18,3.7、20,4、23,4-5、24,1-4、29,6-8、30,1-5、31,2.4.7-8、36,3-4、52,1 // Ⅶ29,25、31,3 // Ⅷ9,3、15,2 // Ⅹ7,7、9,1-2、10,2、11,9-10、12,3、13,2、17,5、33,2.9
エイドス（種、形相）　Ⅶ15,1-2、16,2、18,1-3、19,1
エクトローマ（水子）　Ⅵ31,2、36,3
エクフォーネーシス（発音）　Ⅵ42,6
エクピュトーマ（模像）　Ⅷ9,6 // Ⅹ16,5
エクピュローシス（世界焼尽）　Ⅸ10,7、27,3、28,5、30,8
エクレーシア（教会）　Ⅳ51,9 // Ⅵ20,4、29,7、30,3.5、43,1、46,2-3、49,3、51,1.5、53,3 // Ⅹ13,2
エクレーシアスティコス（教会の者）　Ⅵ30,5
エケイン（所有）　Ⅰ20,1
エーコス（響き）　Ⅵ43,2
エジプト人による福音書　Ⅴ7,9
エテュモロギア（語源学）　Ⅵ6
胞衣　Ⅵ14,8
エネルゲイア　Ⅵ9,6
エパナフォラー（次昇）　Ⅳ3,1 // Ⅴ15,4
エパルコス（行政官）　Ⅸ11,4、12,7.9
エピクレーシス（感謝の祈り）　Ⅵ39,2
エピスケプシス（観察）　Ⅳ3,3
エピスコポス（監督、司教）　Ⅵ41,4
エピストロフェー（立ち帰り）　Ⅵ32,6

事　項

き

事　項

事　項

す

そ



た

ち



つ

2、53,2.5 // Ⅶ19,2.4、24,3 // Ⅸ16,2-3 // Ⅹ33,5
土　Ⅰ19,4 // Ⅶ29,4.7.10.12.23 // Ⅷ9,1、14,1-2 // Ⅹ6,2.4、7,1-2.5.7、11,1、17,2-3、32,2、33,4

て

ディアステーマ(隔たった場所)　Ⅶ24,5、25,2.4.6、27,2.9 // Ⅹ14,9
ディアテセイス(秩序)　Ⅵ38,5
ディアテマ(天宮図、布置)　Ⅳ3,4
ディアノイア(思考)　Ⅶ20,4
ディアボロス(悪魔)　Ⅵ33、34,1.4-5
ディアモネー(配置)　Ⅵ25,4
ディカイオシュネー(正義)　Ⅰ19,16、20,5
ディカイオン(義)　Ⅶ31,2
デエーシス(嘆願)　Ⅵ32,5-7
テオス(神)　Ⅹ7,7
デカ(十)　Ⅰ2,8
デカス(十のもの)　Ⅵ50,1-2、52,2-5.8、53,3 // Ⅷ10,11、13,1、14,6 // Ⅹ17,2
テシス(位階)　Ⅷ8,7
鉄　Ⅴ7,32、9,19、17,9、21,8-9
哲学、哲学者　Ⅰ4,2,1.3.5、5,10,2、18,1、19,23、20,7、21,1、23,1、24,1.7、25,4 // Ⅳ13,2、15,2、24,2、43,1、45,2、48,14、51,4 // Ⅴ2、6,1-2 // Ⅵ22,2、25,4、26,3、55,2 // Ⅶ19,3-4、29,25、31,7、36,2 // Ⅸ10,10、31,1 // Ⅹ2、6,1、31,5
哲学誌　Ⅸ8,2
テトラ(四)　Ⅰ2,7-8
テトラクテュス(四個組)　Ⅰ2,9 // Ⅵ23,4-5、24,1、34,1、44,1、45,1-2 //
テトラス(四つ、四つのもの)　Ⅰ2,7 // Ⅵ38,1、42,3、46,4、49,2-3、50,1、53,1
デーミウールゴス(造物主、創造者)　Ⅵ25,3、28,1、32,7-9、33、34,1.4.7、35,1-4、36,2、37,8、47,1、53,1、54 // Ⅶ22,12、23,7、24,4、26,9、27,9、29,9.15.20、30,1-2.4、31,6 // Ⅸ10,8 // Ⅹ7,7、13,3、14,8
デュアス(二つ、二つのもの)　Ⅰ2,6 // Ⅴ13,6 // Ⅵ23,1-2、52,2-3 // Ⅷ13,1
デュオ(二)　Ⅰ2,8
デュシス(入没)　Ⅴ15,4
デュナミス(平方数)　Ⅰ2,9
デュナミス(力、力能、可能性)　Ⅰ15,1 // Ⅴ19,1 // Ⅵ9,6、18,7、46,1 // Ⅷ8,3.7、13,1 // Ⅹ12,4
デュノン(入没)　Ⅳ3,2
テュポス(類型、徴)　Ⅳ15,4 // Ⅵ38,6、52,9 // Ⅷ10,7
テレートス、テレーマ、テレーシス(意志)　Ⅵ30,5、38,5-7
テロス、テレー(終わり)　Ⅰ1,1 // Ⅴ8,28
点　Ⅳ51,2-3 // Ⅴ9,5-6
天蓋　Ⅶ23,1.3-4、25,3、27,10 // Ⅹ14,6、16,4
天蝎宮　Ⅳ22,1 // Ⅵ28,3
天球　Ⅳ9,1、10,1
天宮図　Ⅳ3,1
天使　Ⅴ6,7、8,25、9,5、16,13、26,3-7.11-12.14.16.19.21-22.25.27-28.31 // Ⅵ19,3、42,8、51,1 // Ⅶ4、6、21,1、28,1-3.5-7、32,1.7、38,2 // Ⅷ10,6 // Ⅸ13,2-3、16,4、30,2.4 // Ⅹ9,3、15,3、20,1、33,5.7.14、34,2
天上の月の角　Ⅴ8,4
転生　Ⅰ2,11、3,2、19,12、21,3 // Ⅶ32,

と



な



に

ひ



ふ

フォボス(恐れ)　VI32,5-7
深み　VI30,4.6、34,7、37,5.7-8
福音　VII30,3 // IX13,4
福音書　VI29,1 // VII19,9 // VIII10,6-7、17,3、19,1-2 // X16,6、19,3
福者の島　IX27,1
プシュキコス(心魂的)　V6,6、26,32、27,3 // VI32,6-7 // X9,1
プシュケー（心魂）　I15,2、21,3
双子座、双子宮　IV17,1 // V13,7-8 // VI28,3
復活　V8,24 // VI20,3 // VII33,2、35,2 // VIII5、18,1 // IX10,6.12、27,1、28,5、29,1-2、30,8 // X19,4、33,17
物質、物質的　V8,22、17,1 // VI32,6.9、34,1.4-6、37,8 // VII22,2 // VIII11,1、17,1-2 // X19,1、28
不動世界　V13,1
プネウマ(霊、精神、風)　I20,4 // V9,3、19,2.14.17、20,7、23,3、26,8-9.17.25-26 // VI14,4.6.8.10-11、37,8 // VII22,10、29,7、35,2 // X11,2、13,3
プネウマティコイ(霊的な者たち)　V27,3
部分　IV1,1、8,4、43,4、51,7 // V6,6-7、7,9.15、12,1-4.7、13,7、26,7.14 // VI11、28,3-4、34,3 // VII18,1.5、19,2、21,2、27,10、28,4、29,12.14、35,1、38,3 // X10,1-3.5
フュジケー（自然学）　VII19,4
フュシス(本性、自然)　I2,9、6,1 // V7,10、19,15 // VI23,4、34,1 // VII19,2.4.7
フュロクリネーシス(系統分け)　VII27,8.11-12
プラズマ(造り物)　V7,7
ブーレーシス(意志)　VIII12,3
プレーローマ(神性界)　V8,30 // VI29,6、31,1.5-8、32,1-2.4-6.9、34,2-4.6-7、36,1.3-4、37,6.8、38,1.4.7、43,1-2、45,3、46,1.3-5、48,1、51,3、52,9 // VIII10,3、13,2 // X13,2-3、16,3
プロアイレシス(決断)　X33,13
プロアステイオス(領民)　IV2,1 // V13,12、14,10、15,2
プロアルケー（前・始原）　VI38,2-4
プロオーン(先在者)　V7,9
プログノーシス(予知)　X32,1
プロス・ティ（関係）　I20,1
プロソーポン(人格、位格)　X27,3
プロートトコス(最初に生まれた者)　X33,2
プロノイア(先慮、摂理)　I21,1、22,3 // VII19,2.4.7-8
プロノエイン(予め計画する)　I22,3
フロネーシス(思慮)　I19,16、20,5
プロパテール(原父)　VI43,5、44,3、48,3
プロボレー（発出、流出）　IV51,1 // VII22,2
不和　VI11、25,2-4 //
分割　IV8,1.3-4、14,9-19、43,4.6-7、44,2 // V6,6、8,3、9,5-6、12,3.5-6、13,4、20,8、21,5-6 // VI14,6、23,3、25,2-3、28,4、34,3、48,1 // VII15,1、18,2、19,1、22,5 // VIII12,5 // IX9,1、12,16 // X10,3-4、27,3
文法　V19,2 // VI12,4、16,5 // X12,4

へ

平方数　I2,9-10
ヘイマルメネー（宿命）　I19,19、21,2、22,3 // IX28,5、29,1

平面　IV51, 3
ヘクサス(六)　VIII13, 1
ヘードネー（快楽)　I 22, 4 // VI30, 4
ヘストース(立っていた者)　IV51, 9
臍　VI14, 8-9. 11 // X11, 6
ヘノーシス(一体性)　VI30, 4
ヘノテース(単独性)　VI38, 2-3、49, 1 // VII29, 14. 17. 21
蛇　IV47, 2. 5、48, 3. 5. 7、51, 13 // V6, 3. 6、9, 12-14、11、16, 6-8. 10-12. 14-16、17, 2. 8. 10-11、19, 18-20、20, 2. 4、25, 3-4、26, 1. 6. 27 // VI6 // X9, 1、11, 8. 10、15, 2-3
蛇使い(星座)　IV48, 5. 7 // V16, 16
ヘプタス」(七)　VIII13, 1
ヘブドマス(第七のもの、七つのもの)　VI32, 7-8、33、36, 1、47, 1 // VII24, 4、25, 4-5、26, 4-6. 8-9、27, 3. 9-10 // VIII14, 1. 7 // X14, 8-9
ペラス(終わり)　VI18, 2-4
ペリプシュクシス(冷却)　I 21, 3
ヘン(一、一者)　I 2, 8 // V8, 1 // VI38, 3、49, 1 // X6, 2. 4
ペンタス(五)　VIII13, 1、14, 5
変動　V13, 5. 8-9
弁論術　I 目次2、目次5、5、18, 2 // X6, 1
変容　V7, 9、8, 24 // VIII14, 8 // IX10, 8、26, 3

ほ

ポイエイン(能動)　I 20, 1
ポイエーテース(制作者)　X14, 8
ポイオス(属性)、ポイオン(性質)　I 20, 1 // X6, 2
母音　IV14, 19、44, 3 // VI46, 2
宝瓶宮　IV25, 1 // VI28, 3
ポソン(多さ)　I 20, 1
母胎　I 19, 1 // 母胎IV3, 6-8
ポタモス(川)　V26, 11
ポテ(何時)　I 20, 1
ホモイオーシス(類似性)　VI14, 5、17, 2 // X34, 5
ホモイオス(類似した)　VI16, 5
本質　I 2, 6. 13、19, 16、20, 1-2、23, 2、26, 3 // V7, 8. 15. 18. 25. 35、9, 13. 19、17, 12、19, 2. 7-8. 16 // VI12, 3、14, 11、24, 1-3、25, 2-3、29, 5、35, 4、42, 4 // VII12 // VIII10, 1 // X12, 4、27, 3
本性　I 序3、2, 2. 8-10、5、6, 1、7, 5、9, 3、10, 1、19, 9. 23、26, 3 // IV3, 7、6, 3、12, 2、43, 11、51, 3. 7-8 // V6, 7、7, 8. 10-11. 13. 20-21. 32、8, 2. 12、9, 4. 14. 17. 19、12, 4、13, 5、16, 13、17, 10、18, 1. 5. 14-15、26, 13 // VI9, 5、19, 8、23, 4、26, 3、34, 1、38, 3、40, 3-4、45, 3 // VII15, 1、22, 7-9. 12-13、24, 5、25, 2、26, 10、27, 1-4. 6、31, 6 // VIII9, 3、10, 9. 11 // IX9, 3 // X10, 3、11, 1. 4、12, 1、14, 2-4、33, 6
ホリオン(区界)　IV1, 1
ポリス(町、動き回ること)　V8, 35
ホルメー（勢い、衝動)　V19, 14
ポロイ(極)　V8, 35
ホロス(境界)　VI31, 6-8、37, 8、53, 4 // X13, 2
ホーロスコポス(時の見張り)　IV3, 1-4. 11、4, 1. 3. 6、5, 1-2. 7 // V15, 4

ま

磨羯宮　IV24, 1 // V13, 8-9 // VI28, 3
マカリア(祝福された女)　VI30, 4

み



む



め



も

# 引照箇所

・以下に掲出する著作は、ヒッポリュトス自身が明示的に引照するか、暗黙裡に前提していると思われるものに限られる。それも網羅的ではないことをお断りしておく。
・脚註で内容上あるいは文言上の並行例として挙げられた著作は、あまりに多岐にわたるため、原則として拾っていない。
・該当箇所の表記は、巻ごとに脚註番号によって行う。ローマ数字が巻番号、アラビア数字が訳註番号を表す。たとえば、Ⅰ1とあれば、第Ⅰ巻の訳註1のこと。
・人名の長音表記は慣例に従って省略している。

## Ⅰ　古代ギリシア哲学・文学

## Ⅱ　旧約聖書

## III　旧約外典・ユダヤ教文書



## IV　新約聖書

訳者紹介
大貫　隆（おおぬき・たかし）
1945年静岡県生、1980-1991年東京女子大学、1991-2009年東京大学大学院総合文化研究科、2009-2014年自由学園最高学部勤務、現在東京大学名誉教授。
主要編著書『グノーシス考』（岩波書店、2000年）、『グノーシス――陰の精神史』・『グノーシス――異端と近代』（共編著、岩波書店、2001年）、『ロゴスとソフィア――ヨハネ福音書からグノーシスと初期教父への道』（教文館、2001年）、『グノーシス「妬み」の政治学』（岩波書店、2008年）、『グノーシスの神話』（講談社学術文庫、2014年）
訳書『ナグ・ハマディ文書』（全４巻、共訳、岩波書店、1997-1998年）、クルト・ルドルフ『グノーシス――古代末期の一宗教の本質と歴史』（共訳、岩波書店、2001年）、『グノーシスの変容』（共訳、岩波書店、2010年）、ハンス・ヨナス『グノーシスと古代末期の精神』（全２巻、ぷねうま舎、2015年）、エイレナイオス『異端反駁 I、II、V』（教文館、2017年）

キリスト教教父著作集　第19巻

2018年12月10日　初版発行

訳者　大貫　隆

発行者　渡部　満

発行所　株式会社　教文館

〒104-0061　東京都中央区銀座4-5-1

電話　03-3561-5549　FAX　03-5250-5107

URL　http://www.kyobunkwan.co.jp/publishing/

印刷所　文唱堂印刷株式会社

製本所　小高製本工業株式会社

配給所　日キ販　東京都新宿区新小川町9-1　電話　03-3260-5670　FAX　03-3260-5637


ISBN978-4-7642-2919-8

## キリスト教教父著作集　全22巻

下記は本体価格（税別）です

1　ユスティノス　第一弁明，第二弁明（柴田　有訳）　[オンデマンド版]
ユダヤ人トリュフォンとの対話（三小田敏雄訳）　4,700円
2／Ⅰ　エイレナイオス１　異端反駁Ⅰ（大貫　隆訳）　3,400円
2／Ⅱ　エイレナイオス２　異端反駁Ⅱ（大貫　隆訳）　4,000円
3／Ⅰ　エイレナイオス３　異端反駁Ⅲ（小林　稔訳）　3,800円
3／Ⅱ　エイレナイオス４　異端反駁Ⅳ（小林　稔訳）　4,800円
3／Ⅲ　エイレナイオス５　異端反駁Ⅴ（大貫　隆訳）　4,600円
4／Ⅰ　アレクサンドリアのクレメンス１　ストロマテイスⅠ（秋山　学訳）　8,300円
4／Ⅱ　アレクサンドリアのクレメンス２　ストロマテイスⅡ（秋山　学訳）　8,300円
5　アレクサンドリアのクレメンス３　パイダゴーゴス（訓導者）　プロトレプティコス（ギリシア人への勧告）　救われる富者とは誰であるか他（秋山　学訳）
6　オリゲネス１　原理論Ⅰ（水垣　渉訳）
7　オリゲネス２　原理論Ⅱ（水垣　渉訳）
8　オリゲネス３　ケルソス駁論Ⅰ（出村みや子訳）[オンデマンド版]　3,500円
9　オリゲネス４　ケルソス駁論Ⅱ（出村みや子訳）　4,700円
10　オリゲネス５　ケルソス駁論Ⅲ（出村みや子訳）
11　ミヌキウス・フェリックス　オクタウィウス（筒井賢治訳）
12　初期護教論集
メリトン　過越について　諸断片（加納政弘訳）
アリスティデス　弁証論（井谷嘉男訳）
アテナゴラス　キリスト教徒のための請願書（井谷嘉男訳）　5,600円
13　テルトゥリアヌス１　プラクセアス反論
パッリウムについて（土岐正策訳）　2,500円
14　テルトゥリアヌス２　護教論（鈴木一郎訳）　2,700円
15　テルトゥリアヌス３　キリストの肉体について　死者の復活について（井谷嘉男訳）　異端者への抗弁（土井健司訳）
16　テルトゥリアヌス４　倫理論文集――悔い改めについて　妻へ　貞潔の勧めについて　結婚の一回性について　貞節について　兵士の冠について（木寺廉太訳）　5,000円
17　キプリアヌス　ドナートゥスに送る　おとめの身だしなみについてデメトリアーヌスに送る　嫉妬と妬みについて　フォルトゥナトゥスに送る　書簡63，80，81
18　ラクタンティウス　信教提要　迫害者たちの死（松本宣郎訳）
19　ヒッポリュトス　全異端反駁（大貫　隆訳）　9,200円
20　エウセビオス１　教会史Ⅰ（戸田　聡訳）
21　エウセビオス２　教会史Ⅱ（戸田　聡訳）
22　殉教者行伝（土岐正策・土岐健治訳）[オンデマンド版]　6,600円